JULGAMENTO AMPLIADO

Diretora de Conteúdo e Operações Editoriais
JULIANA MAYUMI ONO

Gerente de Conteúdo
MILISA CRISTINE ROMERA

Editorial: Aline Marchesi da Silva, Camilla Sampaio, Emanuel Silva, Karolina de Albuquerque Araújo Martino e Quenia Becker

Gerente de Conteúdo Tax: Vanessa Miranda de M. Pereira

Direitos Autorais: Viviane M. C. Carmezim

Assistente de Conteúdo Editorial: Juliana Menezes Drumond

Analista de Conteúdo Editorial Júnior: Bárbara Baraldi

Estagiária: Mirna Adel Nasser

Produção Editorial
Coordenação
ANDRÉIA R. SCHNEIDER NUNES CARVALHAES

Especialistas Editoriais: Gabriele Lais Sant'Anna dos Santos e Maria Angélica Leite

Analista de Projetos: Thyara Pina da Silva

Analistas de Operações Editoriais: Caroline Vieira, Damares Regina Felício, Danielle Castro de Morais, Mariana Plastino Andrade, Mayara Macioni Pinto, Patrícia Melhado Navarra e Vanessa Mafra

Analistas de Qualidade Editorial: Ana Paula Cavalcanti, Fernanda Lessa, Gabriela Cavalcante Lino e Victória Menezes Pereira

Estagiárias: Beatriz Corrêa, Bianca Satie Abduch, Caroline Dubovicki e Gabrielly N. C. Saraiva

Capa: Linotec

Líder de Inovações de Conteúdo para Print
CAMILLA FUREGATO DA SILVA

Equipe de Conteúdo Digital
Coordenação
MARCELLO ANTONIO MASTROROSA PEDRO

Analistas: Gabriel George Martins, Jonatan Souza, Maria Cristina Lopes Araujo e Rodrigo Araujo

Gerente de Operações e Produção Gráfica
MAURICIO ALVES MONTE

Analistas de Produção Gráfica: Aline Ferrarezi Regis e Jéssica Maria Ferreira Bueno

Assistente de Produção Gráfica: Ana Paula de Araújo Evangelista

Dados Internacionais de Catalogação na Publicação (CIP)
(Câmara Brasileira do Livro, SP, Brasil)

Schaitza, Letticia de Pauli

Julgamento ampliado / Letticia de Pauli Schaitza ; -- São Paulo : Thomson Reuters Brasil, 2022. -- (Coleção o novo processo civil / Luiz Guilherme Marinoni, Sérgio Cruz Arenhart, Daniel Mitidiero, coordenadores)

Bibliografia.
ISBN 978-65-5991-231-5

1. Decisão judicial 2. Julgamentos - Brasil 3. Precedentes (Direito) 4. Processo civil 5. Processo civil - Legislação - Brasil I. Marinoni, Luiz Guilherme. II. Arenhart, Sérgio Cruz. III. Mitidiero, Daniel. IV. Título.

22-104748 CDU-347.951(81)

Índices para catálogo sistemático:
1. Julgamento nas Cortes Supremas brasileiras : Precedentes e decisão do recurso : Processo civil 347.951(81)
Eliete Marques da Silva - Bibliotecária - CRB-8/9380

Coleção
O Novo Processo Civil

Letticia de Pauli Schaitza

JULGAMENTO AMPLIADO

LUIZ GUILHERME MARINONI
SÉRGIO CRUZ ARENHART
DANIEL MITIDIERO
Coordenadores

THOMSON REUTERS
REVISTA DOS TRIBUNAIS™
1912 • 2022 110 anos

JULGAMENTO AMPLIADO

AUTORA

Letticia de Pauli Schaitza

COORDENADORES

Luiz Guilherme Marinoni, Sérgio Cruz Arenhart e Daniel Mitidiero

THOMSON REUTERS BRASIL CONTEÚDO E TECNOLOGIA LTDA.

JULIANA MAYUMI ONO

Diretora Responsável

Av. Dr. Cardoso de Melo, 1855 – 13º andar – Vila Olímpia
CEP 04548-005, São Paulo, SP, Brasil

CENTRAL DE RELACIONAMENTO THOMSON REUTERS SELO REVISTA DOS TRIBUNAIS

(atendimento, em dias úteis, das 09h às 18h)

Tel. 0800-702-2433

e-mail de atendimento ao consumidor: sacrt@thomsonreuters.com

e-mail para submissão dos originais: aval.livro@thomsonreuters.com

Conheça mais sobre Thomson Reuters: www.thomsonreuters.com.br

Acesse o nosso *eComm*

www.livrariart.com.br

Impresso no Brasil [04-2022]

Profissional

Fechamento desta edição [02.02.2022]

ISBN 978-65-5991-231-5

AGRADECIMENTOS

Esse livro corresponde à versão editorial da minha dissertação, defendida na Faculdade de Direito da Universidade Federal do Paraná em agosto de 2019, como requisito parcial para a obtenção do grau de mestre. Os agradecimentos, portanto, dirigem-se àqueles que me acompanharam, especialmente, durante aquele período.

Pelo apoio e amor, agradeço à minha família, sobretudo à minha mãe, Maria Cristina Moss de Pauli, e à saudosa prima Maria Odette de Pauli Bettega.

Pela revisão do trabalho, inspiração, paciência e cumplicidade diária, agradeço a João Pedro Kostin F. de Natividade. Pela ajuda com a coleta de materiais e pela amizade, agradeço a Frederico Gomes.

Ao Desembargador Guilherme Freire de Barros Teixeira, com quem aprendi muito no TJPR e a quem tanto admiro pela retidão e profissionalismo, e ao Professor Gustavo Osna, meu agradecimento pelas considerações realizadas sobre o tema na banca do mestrado.

Aos colegas, professores e servidores do Programa de Pós-Graduação em Direito da UFPR, notadamente ao amigo Pedro Luz, pelas trocas e aprendizado.

Pela confiança e incentivo desde a graduação, agradeço ao Professor Titular de Direito Processual Civil da UFPR, Luiz Guilherme Marinoni, que sempre esteve disponível para debater sobre as mais diversas questões, contribuindo não apenas para o resultado deste trabalho, mas para a minha formação acadêmica e profissional.

Por fim e não menos importante, ao Professor Sérgio Arenhart, agradeço pelo generoso e pertinente intercâmbio de ideias e pela orientação da dissertação de mestrado que deu forma a esse livro, compartilhada com o Professor Marinoni e o Professor Fabrício Ricardo de Limas Tomio, coorientador do trabalho e exemplo de dedicação à docência.

"Democracy is diversity, and diversity of views is often born out of dissent. One measure of a thriving democracy is the extent to which it fosters vibrant dissent."
(COLLINS, R.; SKOVER, D. On Dissent: Its Meaning in America, p. XII)

LISTA DE ABREVIATURAS E SIGLAS

AC – Apelação Cível
a.C. – antes de Cristo
AI – Agravo de Instrumento
AREsp – Agravo em Recurso Especial
Art. – Artigo
CC – Código Civil
c/c – Cumulado com
CF – Constituição Federal
CPC – Código de Processo Civil
Des. – Desembargador(a)
Ed. – Editora
ED – Embargos de Declaração
FPPC – Fórum Permanente de Processualistas Civis
FRAP – *Federal Rules* of *Appellate Procedure*
FRCP – *Federal Rules of Civil Procedure*
IAC – Incidente de Assunção de Competência
Inc. – Inciso
IRDR – Incidente de Resolução de Demandas Repetitivas
Min. – Ministro(a)
PUC-Rio – Pontifícia Universidade Católica do Rio de Janeiro
Rel. – Relator(a)
REsp – Recurso Especial
ss. – Seguintes
STF – Supremo Tribunal Federal
STJ – Superior Tribunal de Justiça
TJ – Tribunal de Justiça
TJ-PR – Tribunal de Justiça do Paraná
TJ-RJ – Tribunal de Justiça do Rio de Janeiro
TRF – Tribunal Regional Federal
USCA – *United States Code Annotated*

SUMÁRIO

AGRADECIMENTOS 5

LISTA DE ABREVIATURAS E SIGLAS 7

INTRODUÇÃO 9

CAPÍTULO 1
SUPORTE FÁTICO: O JULGAMENTO
COLEGIADO NAS CORTES DE JUSTIÇA

1.1. A função das Cortes de Justiça 19
1.1.1. A hierarquização do sistema judiciário brasileiro 19
1.1.2. A racionalidade interpretativa do Tribunal colegiado de segundo grau ... 31
1.2. O julgamento colegiado 36
1.2.1. A votação 40
1.2.2. A deliberação 48

CAPÍTULO 2
NATUREZA JURÍDICA DE TÉCNICA DECISÓRIA E FUNÇÃO

2.1. As técnicas decisórias como solução dos *déficits* agregacionais e deliberativos... 60
2.1.1. Definição e funções das regras decisórias 60
2.1.2. Regras decisórias nos Tribunais de Justiça 65
2.2. O quórum ampliado como técnica decisória e suas funções 77
2.2.1. A natureza jurídica do quórum ampliado 77
2.2.2. As funções da técnica decisória 83

CAPÍTULO 3
EXPERIÊNCIA COMPARADA

3.1. Ressalvas metodológicas 98

3.1.1. O estudo de direito comparado 98
3.1.2. O sistema processual norte-americano 103
3.2. Julgamentos *en banc* nas cortes de apelação federais norte-americanas 123
3.2.1. História e desenvolvimento do julgamento pelo Pleno (*en banc*) 123
3.2.2. Análise empírica e doutrinária da técnica e seus requisitos 138

CAPÍTULO 4
REQUISITOS PARA A APLICAÇÃO DA TÉCNICA

4.1. Requisito comum ao julgamento dos recursos de apelação e agravo de instrumento cíveis: resultado não unânime 154
4.1.1. A divergência (no resultado), suas distorções e importância 154
4.1.2. A divergência sobre questões de fato ou de direito 169
4.2. Requisitos restritos (ou não?) ao julgamento do recurso de agravo de instrumento 176
4.2.1. Decisão de mérito e reforma pelo Tribunal 177
4.2.2. Interpretação sistemática e teleológica proposta: posição doutrinária e do Superior Tribunal de Justiça 195

CAPÍTULO 5
QUESTÕES PROCEDIMENTAIS

5.1. Dispersão de votos 217
5.2. A composição do quórum ampliado 219
5.3. Modificação do voto 224
5.4. "Devolutividade" do quórum ampliado? 229
5.5. Sustentação oral 234
5.6. Manutenção do quórum ampliado 243
5.7. Ampliação do quórum nos embargos de declaração 246
5.8. Consequências da inobservância 247

CONSIDERAÇÕES FINAIS 253

REFERÊNCIAS 257

INTRODUÇÃO

A interação colegiada nas Cortes Supremas – Superior Tribunal de Justiça e Supremo Tribunal Federal – é objeto de diversos estudos, nos quais são examinados os efeitos da retirada de um caso de pauta, da realização de um pedido de vista, os poderes do Relator e a liderança exercida pelo Presidente, por exemplo. Principalmente desde a publicação do livro "Precedentes Obrigatórios", do e. processualista Luiz Guilherme Marinoni, muitos também são os autores que passaram a se dedicar a individualizar o dever institucional destas Cortes de dar sentido ao direito e garantir previsibilidade, confiabilidade e a possibilidade da construção de uma vida em comunidade pelos cidadãos, através da formação de precedentes.

Ao lado disso, e com menos intensidade, a doutrina também investiga a função das Cortes de Justiça de reapreciar, colegiada ou monocraticamente, uma controvérsia judicializada, a partir de duas tendências antagônicas. A primeira tendência facilita a interposição de recursos, pois considera que um sistema legal, para ser justo, deve permitir a reapreciação de um mesmo caso por uma instância hierarquicamente superior como meio de oportunizar a correção de erros.

A segunda restringe os meios de impugnação, conferindo autoridade ao julgamento prolatado pelo Juiz de primeira instância, no qual se confia e respeita; constrangendo o cumprimento da decisão por ele prolatada, estando ela certa ou errada, à vista da segurança jurídica.

A partir da sinergia entre essas tendências é possível buscar o "[...] máximo de exatidão, no mínimo possível de tempo gasto."[1] Para isso, é preciso medir a real eficiência e qualidade da atividade jurisdicional prestada em segundo grau através da análise do seu *modus operandi*. É óbvio que o processo deliberativo empreendido por um colegiado não pode ser organizado a partir da lógica que rege a dinâmica pensada para o Juiz monocrático. Se isso é intuitivo, a conclusão de que, invariavelmente, quanto mais julgadores, melhor a decisão, não o é.

As regras decisórias que regem o funcionamento do Tribunal podem otimizá-lo ou atravancá-lo, influenciando na eficiência com que ele atua e em sua capacidade decisória. Em teoria, a decisão colegiada da Corte de Justiça – Tribunal de Justiça Estadual ou Tribunal Regional Federal – deve ser tomada após uma ou

---

1. ARAGÃO, Egas Moniz de. *Embargos infringentes*. 2. ed. São Paulo: Saraiva, 1974. p. 77.

várias rodadas deliberativas, nas quais argumentos são trocados, ponderados e aperfeiçoados entre três Desembargadores – e as partes – para que o caso concreto seja resolvido da forma mais eficiente, célere e justa, quando, no mínimo, a maioria simples subscreve o mesmo resultado.

Na prática, porém, é possível que a proposta apresentada pelo Relator seja apenas ratificada pelos demais, caracterizando um "consenso aparente". Diferentemente da votação por unanimidade, na qual são colhidos os votos de todos os participantes no mesmo sentido, nesse caso, a deliberação é encerrada quando constatada a ausência de oposição. Através da certificação procedimental, na qual se acompanha o voto do Relator e se inclui o processo em pauta, a decisão é tomada como se unânime fosse, ainda que, ao fim e ao cabo, apenas um julgador tenha se manifestado sobre ela.

O papel das Cortes de segunda instância, como ficará claro no capítulo um (subitem 1.1.1.), é resolver o caso concreto, razão pela qual, mais que os fundamentos, importa o resultado da decisão. Isso explica em alguma medida o baixo percentual de votos concorrentes apresentados nas Câmaras de Justiça. Não explica, porém, a quantidade bem menor de votos dissidentes.

A explicação está nos altos custos decisórios inerentes à manifestação da dissidência em uma Corte com grande carga de trabalho, composta por membros relativamente homogêneos e razoavelmente familiarizados uns com os outros. Além de dificultar a análise aprofundada de todos os casos, esse cenário pode estimular a manutenção de uma relação complacente entre eles.

Seja pela frivolidade do caso, pela ausência de tempo e/ou disposição de analisá-lo adequadamente, pela deferência a membros mais antigos ou de maior *status* ou, ainda, por receio de sofrer sanções em rodadas deliberativas futuras, o autossilenciamento nas Cortes de Justiça é frequente.

Tendo isso em vista, o legislador do Código de Processo Civil de 2015 introduziu uma técnica decisória que adota como parâmetro, entre outros, a existência da divergência. Por se tratar de regra nova, é natural que, inicialmente, existissem controvérsias quanto a sua interpretação. No entanto, sua incompreensão a longo prazo macula a previsibilidade e a segurança que ela se destina a promover, razão pela qual este trabalho pretende examiná-la e, ao final, interpretá-la sistemática e teleologicamente.

Para tanto, no capítulo um será analisado o suporte fático no qual a regra se aplica: as Cortes de Justiça. Para compreender suas funções (item 1.1.), discorre-se sobre as necessidades de o sistema judiciário ser estruturado hierarquicamente (subitem 1.1.1.) e de o padrão decisório dos Tribunais de Apelação respeitar a racionalidade interpretativa (subitem 1.1.2.).

Em seguida, são identificados os *déficits* das Cortes de Apelação, na condição de Tribunal colegiado, tanto na fase propriamente deliberativa (subitem 1.2.2.) quanto na fase em que há – ou deveria haver – a agregação dos votos individuais (subitem 1.2.1.). Trata-se, ainda, dos prejuízos que o silenciamento de opiniões divergentes pode causar à qualidade da decisão prolatada.

Para evitá-los, a partir da teoria neoinstitucionalista, examina-se, no capítulo dois (subitem 2.1.1.), como a introdução de técnicas decisórias, isto é, de constrangimentos institucionais ao comportamento dos atores sociais através de regras, preferencialmente formais, pode afetar a tomada de decisão. Na seção seguinte (subitem 2.1.2.), demonstra-se como algumas regras podem diluir os custos da apresentação do dissenso e fomentar o aprofundamento do debate entre os Magistrados na dinâmica decisória do segundo grau.

Isso permite com que seja definida a natureza jurídica (subitem 2.2.1.) e as funções (subitem 2.2.2.) do artigo 942, redigido, pelo legislador, nos seguintes termos:

> Art. 942. Quando o resultado da apelação for não unânime, o julgamento terá prosseguimento em sessão a ser designada com a presença de outros julgadores, que serão convocados nos termos previamente definidos no regimento interno, em número suficiente para garantir a possibilidade de inversão do resultado inicial, assegurado às partes e a eventuais terceiros o direito de sustentar oralmente suas razões perante os novos julgadores.
>
> § 1º Sendo possível, o prosseguimento do julgamento dar-se-á na mesma sessão, colhendo-se os votos de outros julgadores que porventura componham o órgão colegiado.
>
> § 2º Os julgadores que já tiverem votado poderão rever seus votos por ocasião do prosseguimento do julgamento.
>
> § 3º A técnica de julgamento prevista neste artigo aplica-se, igualmente, ao julgamento não unânime proferido em:
>
> I – ação rescisória, quando o resultado for a rescisão da sentença, devendo, nesse caso, seu prosseguimento ocorrer em órgão de maior composição previsto no regimento interno;
>
> II – agravo de instrumento, quando houver reforma da decisão que julgar parcialmente o mérito.
>
> § 4º Não se aplica o disposto neste artigo ao julgamento:
>
> I – do incidente de assunção de competência e ao de resolução de demandas repetitivas;
>
> II – da remessa necessária;
>
> III – não unânime proferido, nos tribunais, pelo plenário ou pela Corte especial.[2]

---

2. No trabalho, em razão de um corte metodológico, apenas o *caput* e os parágrafos 1º, 2º e 3º, II, do art. 942, do CPC, serão objeto de análise.

Para compreender melhor a função que a regra é vocacionada a exercer, no capítulo três, propõe-se a análise de uma regra decisória norte-americana que autoriza a apreciação ou reapreciação do *appeal* por todos os membros ativos de um Circuito quando, após a sugestão de pelo menos um *Justice*, a maioria vota nesse sentido (subitem 3.2.2.).

Antes de analisar a história e o desenvolvimento da regra nos Estados Unidos (subitem 3.2.1.), são feitas as devidas ressalvas metodológicas do estudo comparativo realizado (subitem 3.1.1.) e do sistema de *common law* norte-americano em face do *civil law* brasileiro (subitem 3.1.2.).

Acredita-se que a forma pela qual esta regra é aplicada pelas Cortes Federais de Apelação estadunidenses e é interpretada pela doutrina norte-americana, considerando as particularidades do sistema estudado, em comparação com o nosso, pode ajudar a elucidar as funções às quais o art. 942 é realmente capaz de servir.

Além disso, pode embasar a análise dos critérios que melhor colaboram para o alcance desse(s) fim(s). Por isso, no capítulo quatro, são examinados os critérios elegidos pelo legislador, determinantes para a aplicação da técnica. Na primeira parte (item 4.1.), analisa-se o requisito principal tanto para a ampliação do quórum no julgamento do recurso de apelação, quanto no do recurso de agravo de instrumente: a ausência de unanimidade no resultado da votação realizada pelos membros do quórum originário.

Distingue-se o tipo de divergência a ser estimulado, a partir do reconhecimento de que, se todo e qualquer descontentamento pessoal for exteriorizado, além do aumento da carga de trabalho dentro da Câmara, haverá ofensa aos valores da certeza e da segurança jurídica (subitem 4.1.1.). Examina-se, também, se é ou não o caso de restringir a divergência no resultado da votação apenas a questões de fato, excluindo-se as de direito (subitem 4.1.2.).

Em seguida (item 4.2.), são analisados os requisitos adicionais exigidos apenas para a ampliação do quórum no julgamento do recurso de agravo de instrumento: a reforma da decisão interlocutória agravada e o seu conteúdo necessariamente meritório. Em um primeiro momento (subitem 4.2.1.), analisa-se a posição da doutrina e do Superior Tribunal de Justiça a respeito, relacionando-se a exigência da reforma da decisão à observância da dupla conformidade. São, então, identificadas as hipóteses de decisões interlocutórias que julgam parcialmente o mérito e as diferenças e semelhanças entre elas e uma sentença de mérito proferida ao final do processo.

Ao fim (subitem 4.2.2.), é avaliada a pertinência e adequação dessa distinção, bem como proposta uma interpretação sistemática e teleológica do *caput* e do § 3º, II, do art. 942 do CPC.

A partir dela, no último capítulo, são respondidas as principais dúvidas procedimentais que dizem respeito à parte do artigo que o trabalho se propõe estudar: em que momento se resolve a dispersão de votos (item 5.1.)? De que forma serão escolhidos os novos julgadores a compor o quórum quando a Câmara à qual o recurso foi distribuído contar apenas com três Desembargadores (item 5.2.)? Constatada a ausência de unanimidade no resultado do julgamento e ampliado o quórum, é possível a modificação dos votos já proferidos (item 5.3.)? Há "devolutividade" da matéria aos novos julgadores (item 5.4.)?

Caso a ampliação do quórum se dê na mesma sessão em que iniciado o julgamento, conforme autorizado pelo § 1º do art. 942, as partes têm o direito de sustentar novamente suas razões perante o colegiado, ainda quando ele estava completo na primeira oportunidade em que as razões foram sustentadas? Se sim, de forma irrestrita ou limitada à questão sobre a qual houve divergência (item 5.5.)? O quórum é mantido após a prolação do resultado para, por exemplo, o julgamento de embargos de declaração opostos contra o acórdão (item 5.6.)? É possível ampliar o número de julgadores quando da apreciação dos aclaratórios opostos em face de acórdão que julgou agravo ou apelação pelo quórum originário (item 5.7.)? Quais as consequências da ausência da ampliação do quórum, quando necessária – ou da extensão, quando não preenchidos os requisitos (item 5.8.)?

Essas indagações serão confrontadas, diante da necessidade de ser atribuído significado uniforme e contextualizado à técnica decisória e, assim, de garantir sua credibilidade e a confiabilidade dos atores naquilo que é proposto. Para tanto, conta-se com a análise teórica e comparada empreendida nos capítulos anteriores, assim como com a doutrina sobre o assunto, muito debatido, mas pouco aprofundado.

Com isso, espera-se contribuir com a eficiência e a qualidade das decisões colegiadas das Cortes de Justiça e garantir maior previsibilidade e segurança jurídica ao jurisdicionado.

Capítulo 1
SUPORTE FÁTICO: O JULGAMENTO COLEGIADO NAS CORTES DE JUSTIÇA

O artigo 942 do Código de Processo Civil prescreve a ampliação do quórum de julgamento exclusivamente no âmbito dos Tribunais de segundo grau, isto é, nos Tribunais Regionais Federais e nos Tribunais de Justiça Estaduais. Via de regra, a discussão a respeito dessas Cortes é limitada à teoria geral dos recursos, aos recursos em espécie, à definição e às implicações do duplo grau da jurisdição e, no máximo, à distinção entre as suas funções e aquelas das Cortes Supremas. Também se debate sobre a necessidade da existência, em si, de uma segunda instância revisora.

São poucos os trabalhos cuja pretensão é analisar sua dinâmica decisória colegiada, o que é fundamental para a interpretação e a resolução das questões práticas introduzidas pelo artigo 942. Tendo isso em vista, esse capítulo se dedica a analisar a dinâmica interna das Cortes de Justiça, isto é, sua racionalidade decisória e seu processo deliberativo e agregativo. Para tanto, revisa-se, inicialmente, a função dessas Cortes no sistema judiciário brasileiro (subitem 1.1.1).

1.1. A função das Cortes de Justiça

1.1.1. A hierarquização do sistema judiciário brasileiro

O artigo 8, n. 2, letra h, do Pacto de São José da Costa Rica (Convenção Interamericana dos Direitos Humanos de 1969), prevê que "[...] durante o processo, toda pessoa tem direito, em plena igualdade, [...] [ao] direito de recorrer da sentença para Juiz ou Tribunal Superior." Como o Pacto foi aprovado pelo Decreto Legislativo n. 27/1992 e promulgado pelo Decreto n. 678/1992, recebeu *status* supralegal, conforme entendimento do Supremo Tribunal Federal no RE 466.343.[1] Isso significa que, no âmbito do processo penal, foi consagrado o "direito ao duplo grau de jurisdição", que, na verdade, é melhor traduzido como "dupla apreciação" ou "duplo juízo sobre a matéria", considerando a unicidade da jurisdição.[2]

---

1. TALAMINI, Eduardo; WLADECK, F. S. Dos recursos: disposições gerais. In: Cassio Scarpinella Bueno. (Org.). *Comentários ao Código de Processo Civil*. 1. ed. São Paulo: Saraiva, 2017. v. 4. p. 257-418. p. 267.
2. MARQUES, José Frederico. *Manual de direito processual civil*. 4. ed. São Paulo: Saraiva, 1980. v. III. 2ª parte. p. 94. No mesmo sentido: "Na verdade, falar-se em duplo grau de

Em contrapartida, na esfera cível, não há previsão semelhante.[3] Há, porém, quem entenda que o fato de o artigo 92 da Constituição Federal definir como órgãos do Poder Judiciário, entre outros, os "Tribunais Regionais Federais e Juízes Federais" (III) e os "Tribunais e Juízes dos Estados e do Distrito Federal e Territórios" (VII) qualifica a recorribilidade como princípio implícito no âmbito cível[4] ou, até mesmo, como princípio constitucional.[5]

---

jurisdição, tecnicamente, é equivocado pois se a jurisdição é uma das projeções do poder soberano, tolerar o duplo grau de jurisdição seria admitir a existência de várias jurisdições e, conseqüentemente (*sic*), a pluralidade de soberanias, o que não faz sentido." (LASPRO, Oreste Nestor de Souza. *Duplo grau de jurisdição no direito processual civil.* São Paulo: Editora Revista dos Tribunais, 1995. p. 17). Apesar da imprecisão do termo, ele será utilizado ao longo do trabalho por questão de praticidade.

3. "[...] não há no Pacto de São José semelhante regra para o processo civil. O seu art. 25 alude ao direito a um 'recurso simples e rápido' ou 'efetivo' aos Juízes e tribunais, na esfera civil. Mas 'recurso', nessa disposição, foi um termo adotado no sentido genérico de ação, medida, remédio, enfim, de acesso à justiça – conforme reconhece tanto a doutrina brasileira quanto a internacional." (TALAMINI, Eduardo; WLADECK, F. S. Dos recursos: disposições gerais. In: Cassio Scarpinella Bueno. (Org.). *Comentários ao Código de Processo Civil.* 1. ed. São Paulo: Saraiva, 2017. v. 4. p. 257-418. p. 267).
4. Nesse sentido: LIMA, Alcides de Mendonça. *Introdução aos recursos cíveis.* São Paulo: Ed. Revista dos Tribunais, 1976. p. 141-143; CINTRA, Antonio Carlos de Araújo; GRINOVER, Ada Pellegrini; DINAMARCO, Cândido Rangel. *Teoria geral do processo.* 25. ed. São Paulo: Malheiros, 2012. p. 80-81; GRINOVER, Ada. *Os princípios constitucionais e o Código de Processo Civil.* São Paulo: Bushatsky, 1975. p. 137 e ss.; DINAMARCO, Cândido. *Instituições de direito processual civil.* 6. ed. rev. e atual. São Paulo: Malheiros, 2009. v. I. p. 242-243; ARAGÃO, Egas Moniz de. Demasiados recursos? *Revista de processo*, v. 31, n. 136, p. 9-31. p. 16 e ss., jun. 2006.
5. "Consideramos ser o **princípio do duplo grau de jurisdição** um **princípio constitucional**, por estar incindivelmente ligado à noção que hoje temos de Estado de Direito. 4.10 Trata-se de princípio constitucional, no sentido de que não pode ser inteiramente suprido, porquanto, se o fosse, os Tribunais, criados pela Constituição Federal, nada teriam a fazer, dado que o grosso do que fazem é julgar recursos. 4.11 Não há, contudo, regra expressa na Constituição Federal da qual se possa inferir que o duplo grau de jurisdição constitua uma garantia constitucional, daquelas que não se podem afastar. Constata-se que o próprio texto constitucional menciona a possibilidade de julgamentos 'únicos', isto é, contra os quais não caiba qualquer recurso 'ordinário' – os arts. 102, III, e 105, III, da CF preveem, expressamente, o cabimento dos recursos extraordinário e especial contra decisão de 'única ou última instância'. 4.12 **Pode-se dizer, assim, que uma norma infraconstitucional que estabeleça que uma decisão não se sujeita a recurso, embora afaste, para aquele caso, a incidência do princípio do duplo grau de jurisdição, não viola a Constituição Federal, já que esta também albergou o princípio que é oposto àquele.** 4.13 Do que se disse, portanto, se pode legitimamente concluir que o duplo grau de jurisdição é, sim, um princípio constitucional. Nem por isso, todavia, como se observou, tem-se que será inconstitucional o dispositivo legal que determinar seja, em certas condições, suprimido da parte o direito ao duplo grau de jurisdição." (ARRUDA ALVIM WAMBIER, Teresa; MELLO, Rogério Licastro Torres de; RIBEIRO, Leonardo

Nelson Nery Junior entende se tratar de "modalidade, em continuação, do exercício do direito de ação."[6] Diferentemente, Oreste Nestor de Souza Laspro refuta a ideia de que existe correlação entre os direitos de ação e de defesa e o duplo grau de jurisdição. Para ele, a natureza instrumental do devido processo legal admite a possibilidade de que ele seja respeitado sem que, necessariamente, um caso seja submetido à nova análise por instância superior.

O autor vai além, concluindo que um sistema de reexame irrestrito representa obstáculo à eficiência da organização judiciária, por implicar o aumento dos custos da Justiça para as partes sem que exista comprovação científica de que a segunda decisão será "melhor" e/ou mais próxima da "verdade" do que a primeira. Por isso, define a inclusão de uma segunda apreciação como uma escolha político-legislativa, e não como princípio ou direito fundamental.[7]

José Frederico Marques também não atribui a qualidade de princípio constitucional à segunda apreciação, entendendo que o legislador pode suprimi-la, desde que não seja violado o devido processo legal.[8] Luiz Guilherme Marinoni partilha desse entendimento. Complementa, ainda, que a efetividade da tutela jurisdicional e a duração razoável do processo são prejudicadas "[...] enquanto se tiver como necessário dois juízos repetitivos sobre o mérito em qualquer tipo de causa civil, inclusive para que a sentença possa ter algum efeito prático."[9]

Por sua vez, Jordão Violin define o duplo juízo como fundamento orientador do sistema recursal. Em suas palavras, trata-se de:

> [...] 1) um postulado estruturante do sistema recursal, sujeito à modulação pelo legislador, tendo em vista a necessidade de priorização de outros valores processuais; 2) quando previsto em lei, um direito cuja caracterização exige devolutividade ampla, ou seja, requer que a reanálise da decisão do juízo prolator possa incidir tanto sobre as questões de fato quanto sobre as questões de direito; 3) um novo juízo realizado por órgão diverso do prolator, seja ele de mesma ou de superior hierarquia, para exercer a função de revisor (segundo grau).[10]

Ferres da Silva. *Primeiros comentários ao Novo Código de Processo Civil*: artigo por artigo. São Paulo: Ed. Revista dos Tribunais, 2016. p. 1559. *E-book*, grifo dos autores).

6. NERY JR., Nelson. *Teoria geral dos recursos*. 6. ed. atual., ampl. e reform. São Paulo: Revista dos Tribunais, 2004. p. 222.
7. LASPRO, Oreste Nestor de Souza. *Duplo grau de jurisdição no direito processual civil*, p. 96, 114-115, 117.
8. MARQUES, José Frederico. *Manual de direito processual civil*. São Paulo: Saraiva, 1974. v. I. p. 77.
9. MARINONI, Luiz Guilherme. Novo CPC Deixou Pendente Garantia de Duração Razoável do Processo. *GEN Jurídico*, 08 maio 2019. Disponível em: <http://genjuridico.com.br/2019/05/08/novo-cpc-deixou-pendente-garantia-de-duracao-razoavel-do-processo/>. Acesso em: 15.02.2022.
10. VIOLIN, Jordão. Onde está a segurança jurídica? Colegialidade, polarização de grupo e integridade nos tribunais. *Revista de Processo*, v. 268, p. 407-433, p. 5, 2017. versão *on-line*.

O fato é que, no âmbito cível, o constituinte prescreveu expressamente apenas a mandatoriedade do duplo grau nos casos de recurso ordinário ao Supremo Tribunal Federal (art. 102, II)[11] e ao Superior Tribunal de Justiça (art. 105, II).[12] No mais, atribuiu ao legislador a prerrogativa de ponderar, a depender do bem jurídico em discussão, entre justiça-exatidão e celeridade-eficiência, isto é, entre a garantia da conformidade da decisão com o direito e a necessidade de definitiva e pronta solução dos litígios.[13]

No primeiro caso, protege-se a garantia constitucional ao direito à tutela jurisdicional efetiva e tempestiva (art. 5º, LXXVIII),[14] por meio do prestígio da autoridade dos Juízes de primeiro grau, porquanto se reconhece, como escopo da resolução do processo, a resolução *tout court* do conflito, "[...] ainda que independentemente da conclusão e exaurimento de todo o percurso processual"[15] no segundo grau.

---

11. "Art. 102. Compete ao Supremo Tribunal Federal, precipuamente, a guarda da Constituição, cabendo-lhe: [...] II – julgar, em recurso ordinário: a) o *habeas corpus*, o mandado de segurança, o *habeas data* e o mandado de injunção decididos em única instância pelos Tribunais Superiores, se denegatória a decisão; b) o crime político; [...]"
12. "Art. 105. Compete ao Superior Tribunal de Justiça: [...] II – julgar, em recurso ordinário: a) os habeas corpus decididos em única ou última instância pelos Tribunais Regionais Federais ou pelos tribunais dos Estados, do Distrito Federal e Territórios, quando a decisão for denegatória; b) os mandados de segurança decididos em única instância pelos Tribunais Regionais Federais ou pelos tribunais dos Estados, do Distrito Federal e Territórios, quando denegatória a decisão; c) as causas em que forem partes Estado estrangeiro ou organismo internacional, de um lado, e, do outro, Município ou pessoa residente ou domiciliada no País; [...]"
13. PANTOJA, Fernanda Medina. *Apelação cível*: Novas perspectivas para um antigo recurso. Um estudo crítico de direito nacional e comparado. Curitiba: Editora Juruá, 2010. p. 25. Para José da Silva Pacheco, "o ideal desejado é que: a) haja uma prestação jurisdicional o mais possível perfeita e justa; b) haja tal prestação o mais rapidamente possível e da maneira mais barata possível. O sistema de recursos há, pois, que atender a esses requisitos, de forma que possibilite a mais justa prestação jurisdicional, a mais rápida e a menos cara possível. Que a pluralidade de julgamento torna mais cara e mais demorada a prestação, estão todos de acordo; apenas se entende que essas despesas e esse retardamento são inexpressivos diante das finalidades e resultados que os justificam. Preciso é, pois, que com esse retardamento se obtenha a vantagem de maior acerto e, por outro lado, que este acerto seja obtido com o mínimo de ônus e retardamento." (PACHECO, José da Silva. *Direito processual civil*. São Paulo: Editora Saraiva, 1976. v. 2. p. 442).
14. "Art. 5º Todos são iguais perante a lei, sem distinção de qualquer natureza, garantindo-se aos brasileiros e aos estrangeiros residentes no País a inviolabilidade do direito à vida, à liberdade, à igualdade, à segurança e à propriedade, nos termos seguintes: [...] LXXVIII – a todos, no âmbito judicial e administrativo, são assegurados a razoável duração do processo e os meios que garantam a celeridade de sua tramitação. [...]"
15. DONDI, Angelo; ANSANELLI, Vincenzo; COMOGLIO, Paolo. *Processo civil comparado*: uma perspectiva evolutiva. São Paulo: Ed. Revista dos Tribunais, 2017. p. 255.

Para Oreste Laspro, a dupla apreciação dos casos "[...] ofende o acesso à justiça, reflete um desprestígio da primeira instância, se é mantida a decisão em segundo grau é inútil, se reforma demonstra divergências, dificulta a produção de provas, além de ofender a oralidade."[16]

Segundo ele, ofende-se o acesso à justiça diante do aumento dos gastos atribuídos às partes e da duração do processo.[17] Desprestigia-se o Juiz de primeiro grau, porque se limita sua atuação à instrução probatória, atribuindo-se a análise definitiva das questões de fato e de direito ao Tribunal.[18] Isso prejudicaria a eficiência da organização judiciária, porque, quando a decisão é mantida, implica perda de tempo e, quando há divergência entre as instâncias jurisdicionais, não há como demonstrar, cientificamente, qual a decisão correta.[19]

Os argumentos doutrinários contrários à existência do duplo grau de jurisdição incluem, ainda, a maior probabilidade de que sejam cometidas falhas, considerando a distância entre o Tribunal e a colheita das provas, e o estímulo à necessidade psicológica da parte de litigar e recorrer sempre que possível.[20]

Em contrapartida, entre os fundamentos tecidos em defesa da recorribilidade das decisões, está o controle interno sobre as decisões jurisdicionais, isto é, o controle do exercício do poder e da subjetividade do Juiz de primeiro grau, a fim de impedir a arbitrariedade.[21] Importa "a obtenção de uma decisão judicial definitiva e a consequente atuação do direito controvertido" e, por isso, justifica-se, politicamente, a existência de uma segunda apreciação da controvérsia.[22]

Para Erik Navarro, o duplo grau também se justifica juridicamente, pois, através dele, é possível a correção dos erros *in judicando* ou *in procedendo* cometidos em primeiro grau e, assim, a busca da tutela justa.[23] Segundo ele, na análise econômica

---

16. LASPRO, Oreste Nestor de Souza. *Duplo grau de jurisdição no direito processual civil*, p. 114.
17. LASPRO, Oreste Nestor de Souza. *Duplo grau de jurisdição no direito processual civil*, p. 114-115.
18. LASPRO, Oreste Nestor de Souza. *Duplo grau de jurisdição no direito processual civil*, p. 115.
19. LASPRO, Oreste Nestor de Souza. *Duplo grau de jurisdição no direito processual civil*, p. 117.
20. PACHECO, J. *Direito processual civil*. v. 2, p. 442.
21. VIOLIN, Jordão. Onde está a segurança jurídica?, p. 2.
22. DONDI, Angelo; ANSANELLI, Vincenzo; COMOGLIO, Paolo. *Processo civil comparado*, p. 256. No mesmo sentido: LASPRO, Oreste Nestor de Souza. *Duplo grau de jurisdição no direito processual civil*, p. 18. Nas palavras do autor, a escolha pela inclusão do duplo grau de jurisdição "refere-se muito mais a um problema de natureza política que propriamente jurídico, pois sua aplicação ou restrição depende mais da vontade e forma de concepção da organização de cada Estado." (*Ibidem*).
23. NAVARRO, Erik. *Análise econômica do processo civil*. Como a economia, o direito e a psicologia podem vencer a tragédia da justiça. São Paulo: Editora Revista dos Tribunais, 2019. p. 626.

do direito, almeja-se "[...] tornar o julgamento final mais exato, ou seja, mais rente à realidade dos fatos e do direito, diminuindo os impactos sociais do erro judicial, a um determinado custo."[24]

Tendo isso em vista, uma segunda avaliação teria o condão de produzir uma decisão mais aprimorada e de maior qualidade, em parte, em razão do refinamento da discussão já desenvolvida e da maior experiência dos Juízes que compõem o Tribunal, cujo distanciamento dos fatos e das partes também seria capaz de garantir maior isenção e imparcialidade ao julgamento.[25]

A consciência do Juiz de primeira instância a respeito da possibilidade de revisão da decisão por ele proferida consistiria em "controle psicológico" capaz de estimulá-lo a examinar mais criteriosamente o caso em voga, o que também contribuiria para a minoração dos erros.[26]

A despeito disso, Navarro observa que a correção de erros só se justifica quando o custo de recorrer for menor que o custo do erro que se pretende eliminar.[27] Os investimentos público e privado que subsidiam o sistema recursal devem ser utilizados para aumentar o bem-estar social (*welfare economics*), para além da promoção da precisão do sistema de justiça, considerando que, no fim das contas, a justiça real é inalcançável.[28]

Apesar de no Brasil, em especial, os custos da interposição de recursos serem absorvidos, em maior medida, pelo poder público, aprofundando a "tragédia" da Justiça brasileira, Navarro conclui que a correção dos erros judiciais através do

---

24. NAVARRO, Erik. *Análise econômica do processo civil*, p. 627. O autor complementa que: "[...] do ponto de vista do comportamento cooperativo que justifica a interposição do recurso, a cooperação na fase recursal consiste na possibilidade de correção de erros cometidos pelo juízo de primeiro grau, na busca de uma tutela justa, no sentido de sua correção e adequação aos fatos e ao direito material." (*Ibidem*).
25. A favor do duplo grau, Pacheco apresenta, em suma, os seguintes argumentos: "[...] a) o juízo colegiado, com maior número de pessoas a examinar o mesmo caso, seria um elemento a favor da probabilidade de maior acerto; b) a maior experiência dos Juízes que compõem o Tribunal é outro elemento apontado como favorável ao sistema recursal; c) o fato do Tribunal estar mais distante dos fatos e das partes, torna-o mais isento e imparcial e insuscetível das influências das pessoas; d) a depuração dos fatos e do processo pelo Juiz de primeira instância torna o feito mais fácil de ser reexaminado com critério, dando maior probabilidade de acerto; e) há inequívocas possibilidades de esclarecimentos, com retificações, suprimento de omissões, etc., o que favorece uma melhor decisão." (PACHECO, José da Silva. *Direito processual civil*. v. 2, p. 442).
26. LASPRO, Oreste Nestor de Souza. *Duplo grau de jurisdição no direito processual civil*, p. 18.
27. Nas palavras do autor, "[...] o nível de precisão que maximiza o bem-estar social é exatamente aquele que conjuga em termos ótimos a diminuição dos erros e os custos respectivos." (NAVARRO, Erik. *Análise econômica do processo civil*, p. 628).
28. NAVARRO, Erik. *Análise econômica do processo civil*, p. 627-629.

recurso de apelação é mais barata se comparada aos investimentos que teriam que ser feitos para a sofisticação do procedimento de primeiro grau.[29]

Há, ainda, quem alegue que, através da possibilidade de corrigir erros e de reformar decisões injustas ou viciadas, o reexame da causa promoveria o respeito à integridade do direito,[30] nos termos do artigo 926, *caput*, do CPC, que prescreve, indiscriminadamente, a todos os Tribunais o dever de uniformizar a jurisprudência, bem como a obrigação de mantê-la estável, íntegra e coerente.[31]

O dispositivo não delimita, exatamente, a quais Tribunais competiria este dever, dando a entender, em uma leitura inicial, que todos compartilhariam desta mesma função. No entanto, as funções exercidas pelas Cortes de Justiça – Tribunais de Justiça Estaduais e Tribunais Regionais Federais – e aquelas desempenhadas pelas Cortes de Precedentes – Supremo Tribunal Federal e Superior Tribunal de Justiça – não coincidem.[32]

Para a tutela adequada, tempestiva, efetiva e justa do direito, é necessária a organização hierárquica, racional e descentralizada do Poder Judiciário enquanto instituição, à medida que existe uma conjugação de funções a ser desempenhada por ele.[33] O dever prescrito a todos os Tribunais de promover a "uniformização da jurisprudência", além de não ter sido redigido apropriadamente,[34] é apenas uma das funções a serem distribuídas entre os órgãos jurisdicionais, entre as quais também se incluem o exercício do controle retrospectivo sobre as causas decididas em primeira instância e a entrega de solução integral do mérito, justa e efetiva (arts. 4º e 6º do CPC).[35]

Além de promover a economia processual ao permitir a otimização do trabalho dos órgãos que integram o Poder Judiciário, a adequada racionalização e

29. NAVARRO, Erik. *Análise econômica do processo civil*, p. 631. Segundo ele, "O simples fato de existir uma instância revisora tende a diminuir o erro de julgamento em primeiro grau, pois é natural que o juiz, ao saber que seu trabalho poderá ser revisto, atue com maior cautela no momento de decidir." (*Ibid.*, p. 632).

30. PACHECO, José da Silva. *Direito processual civil*. v. 2, p. 442. Por outro lado, para Jordão Violin, "[...] o juízo de segundo grau tem a mesma ou até maior probabilidade de errar, tendo em vista seu distanciamento da prova, especialmente aquela colhida oralmente." (VIOLIN, Jordão. Onde está a segurança jurídica?, p. 2).

31. "Art. 926. Os tribunais devem uniformizar sua jurisprudência e mantê-la estável, íntegra e coerente."

32. MITIDIERO, Daniel. *Precedentes*: da persuasão à vinculação. 2. ed. São Paulo: Ed. Revista dos Tribunais, 2017. p. 75.

33. MITIDIERO, Daniel. *Cortes Superiores e Cortes Supremas*. 2. ed. São Paulo: Ed. Revista dos Tribunais, 2014. p. 15.

34. Conforme ficará claro adiante.

35. "Art. 4º As partes têm o direito de obter em prazo razoável a solução integral do mérito, incluída a atividade satisfativa. [...] Art. 6º Todos os sujeitos do processo devem cooperar entre si para que se obtenha, em tempo razoável, decisão de mérito justa e efetiva."

distribuição das competências entre eles potencializa a entrega tempestiva da tutela jurisdicional, "[...] já que a abertura de determinadas instâncias judiciárias – que obviamente consome tempo para o seu percurso – só se justifica à luz do escopo para o qual foram pensadas dentro da organização dos Tribunais."[36]

Por isso, a redação do artigo 926 deve ser interpretada restritivamente.

À luz da efetividade, da tempestividade e da economia processuais, deve-se interpretá-lo com base na divisão da tutela dos direitos em dois níveis judiciários distintos, correspondentes às dimensões da tutela dos direitos. À primeira, compete viabilizar em tempo razoável a prolação de uma decisão de mérito justa e efetiva. Trata-se da dimensão particular. A segunda tem a função de promover a unidade do direito através da garantia de uma ordem jurídica segura, livre e igualitária. Trata-se da dimensão geral da tutela dos direitos.[37] No primeiro caso, a decisão resolve o litígio e, portanto, interessa às partes (*res judicata*). No segundo, a atribuição de sentido ao direito interessa à sociedade (*ratio decidendi*).[38]

A dimensão particular é atribuição das Cortes de Justiça, onde questões de fato e de direito decididas em primeira instância são reapreciadas. A elas cabe o controle retrospectivo das decisões tomadas pelos Juízes de primeiro grau. Trata-se da função de "gerenciamento hierárquico",[39] a partir da qual as decisões dos Tribunais de primeira instância são supervisionadas a fim de que eventuais erros sejam identificados e corrigidos para salvaguardar os jurisdicionados de decisões arbitrárias.[40] Assim, as Cortes de Apelação controlam a interpretação dos fatos e das provas produzidas, bem como, em regra, asseguram a correta identificação e aplicação do direito ao caso concreto.[41]

Segundo José Carlos Barbosa Moreira, as Cortes de Justiça podem exercer essa função de duas maneiras. Na primeira, o reexame da causa é irrestrito (*novum iudicium*); na segunda, limita-se ao controle da correção da sentença de primeiro grau (*revisio prioris instantiae*).[42]

---

36. MITIDIERO, Daniel. *Precedentes*: da persuasão à vinculação, p. 76.
37. MITIDIERO, Daniel. *Precedentes*: da persuasão à vinculação, p. 76.
38. MARINONI, Luiz Guilherme. *Precedentes obrigatórios*. 5. ed. São Paulo: Ed. Revista dos Tribunais, 2016. p. 291.
39. KORNHAUSER, Lewis; SAGER, Lawrence. The one and the many: Adjudication in Collegial Courts. *California Law Review*, v. 81, n. 1, p. 1-59, p. 42, 1993.
40. BERZON, Marsha S. Dissent, "dissentals", and decision making. *California Law Review*, v. 100, n. 6, p. 1479-1492, p. 1480, 2012. Disponível em: <www.jstor.org/stable/23409478>. Acesso em: 15.02.2022.
41. MARINONI, Luiz Guilherme; MITIDIERO, Daniel. *Comentários ao Código de Processo Civil*: artigos 926 ao 975. São Paulo: Ed. Revista dos Tribunais, 2016. p. 43; MITIDIERO, Daniel. *Precedentes*: da persuasão à vinculação, p. 77.
42. "No primeiro caso, é natural que se admita em termos amplos o suscitamento, perante o órgão *ad quem*, de questões não propostas ao órgão *a quo* (*ius novorum; beneficium*

No Brasil, o julgamento proferido pelo Tribunal substitui a decisão impugnada no que tiver sido objeto de recurso (art. 1.008 do CPC).[43] Portanto, o Tribunal pode reapreciar toda a matéria devolvida pelo recorrente, em extensão e profundidade (art. 1.013, *caput*, §§ 1º e 2º, do CPC),[44] analisando e produzindo, inclusive, fatos e provas novos (arts. 1.014[45] e 938, § 3º,[46] do CPC, respectivamente) ou fazendo as vezes da primeira instância quando preenchidas determinadas condições (art. 1.013, §§ 3º e 4º, do CPC).[47] Para tanto, há, à disposição das partes, o direito à interposição dos recursos de apelação e de agravo cíveis.

O recurso de apelação, amparado pelos artigos 1.009 a 1.014 do CPC, é cabível contra sentença, isto é, o pronunciamento por meio do qual o Juiz, com

---

nondum deducta deducendi, nondum probata probandi); no segundo caso, a regra há de ser a de ficarem preclusas as questões não suscitadas no procedimento de grau inferior. Ali, pede-se ao Tribunal que realize livremente o trabalho de reconstrução, dentro embora da área demarcada pelo recurso, mas com utilização de quaisquer materiais; aqui, pretende-se que ele se limite, na reconstrução, ao uso do material já colocado à disposição do juízo inferior. Este sistema só dá margem a que se corrijam os erros do próprio órgão judicial; aquele abre oportunidade, ademais, para que sejam supridas as deficiências de atividade das partes. A concessão do *beneficium nondum deducta deducendi, nondum probata probandi*, como bem se compreende, enfraquece e desprestigia o juízo de primeiro grau, enquanto a exclusão do *ius novorum*, pelo contrário, põe sobre ele a tônica do processo." (MOREIRA, José Carlos Barbosa. *Comentários ao Código de Processo Civil*: arts. 476 a 565. Rio de Janeiro: Forense, 2009. v. V. p. 453).

43. "Art. 1.008. O julgamento proferido pelo Tribunal substituirá a decisão impugnada no que tiver sido objeto de recurso. [...]"

44. "Art. 1.013. A apelação devolverá ao Tribunal o conhecimento da matéria impugnada. § 1º Serão, porém, objeto de apreciação e julgamento pelo Tribunal todas as questões suscitadas e discutidas no processo, ainda que não tenham sido solucionadas, desde que relativas ao capítulo impugnado. § 2º Quando o pedido ou a defesa tiver mais de um fundamento e o Juiz acolher apenas um deles, a apelação devolverá ao Tribunal o conhecimento dos demais."

45. "Art. 1.014. As questões de fato não propostas no juízo inferior poderão ser suscitadas na apelação, se a parte provar que deixou de fazê-lo por motivo de força maior."

46. "Art. 938. [...] § 3º Reconhecida a necessidade de produção de prova, o relator converterá o julgamento em diligência, que se realizará no tribunal ou em primeiro grau de jurisdição, decidindo-se o recurso após a conclusão da instrução. [...]"

47. "Art. 1.013.[...] § 3º Se o processo estiver em condições de imediato julgamento, o tribunal deve decidir desde logo o mérito quando: I – reformar sentença fundada no art. 485; II – decretar a nulidade da sentença por não ser ela congruente com os limites do pedido ou da causa de pedir; III – constatar a omissão no exame de um dos pedidos, hipótese em que poderá julgá-lo; IV – decretar a nulidade de sentença por falta de fundamentação. § 4º Quando reformar sentença que reconheça a decadência ou a prescrição, o tribunal, se possível, julgará o mérito, examinando as demais questões, sem determinar o retorno do processo ao juízo de primeiro grau."

fundamento nos artigos 485, I a X,[48] e 487, I a III,[49] do CPC (conteúdo), põe fim à fase cognitiva do procedimento comum ou à execução (finalidade), nos termos do art. 203, § 1°, do mesmo diploma.[50]

Este recurso é motivado pela pretensão da parte de substituir a sentença por vício de forma (*error in procedendo*), o que inclui, por exemplo, a ausência de fundamentação (arts. 93, IX, da CF,[51] e 489, § 1°, do CPC[52]). Neste caso, a sentença pode ser anulada, com a baixa dos autos à origem para a prolação de uma nova, ou, se o processo estiver em condições de imediato julgamento, o mérito será decidido desde logo pelo Tribunal, nas hipóteses dos incisos I a IV do § 3° do artigo 1.013 do CPC.[53]

---

48. "Art. 485. O Juiz não resolverá o mérito quando: I – indeferir a petição inicial; II – o processo ficar parado durante mais de 1 (um) ano por negligência das partes; III – por não promover os atos e as diligências que lhe incumbir, o autor abandonar a causa por mais de 30 (trinta) dias; IV – verificar a ausência de pressupostos de constituição e de desenvolvimento válido e regular do processo; V – reconhecer a existência de perempção, de litispendência ou de coisa julgada; VI – verificar ausência de legitimidade ou de interesse processual; VII – acolher a alegação de existência de convenção de arbitragem ou quando o juízo arbitral reconhecer sua competência; VIII – homologar a desistência da ação; IX – em caso de morte da parte, a ação for considerada intransmissível por disposição legal; e X – nos demais casos prescritos neste Código. [...]"
49. "Art. 487. Haverá resolução de mérito quando o Juiz: I – acolher ou rejeitar o pedido formulado na ação ou na reconvenção; II – decidir, de ofício ou a requerimento, sobre a ocorrência de decadência ou prescrição; III – homologar: a) o reconhecimento da procedência do pedido formulado na ação ou na reconvenção; b) a transação; c) a renúncia à pretensão formulada na ação ou na reconvenção. [...]"
50. "Art. 203 [...] § 1° Ressalvadas as disposições expressas dos procedimentos especiais, sentença é o pronunciamento por meio do qual o Juiz, com fundamento nos arts. 485 e 487, põe fim à fase cognitiva do procedimento comum, bem como extingue a execução."
51. "Art. 5° Todos são iguais perante a lei, sem distinção de qualquer natureza, garantindo-se aos brasileiros e aos estrangeiros residentes no País a inviolabilidade do direito à vida, à liberdade, à igualdade, à segurança e à propriedade, nos termos seguintes: [...] XXXV – a lei não excluirá da apreciação do Poder Judiciário lesão ou ameaça a direito; [...] LXXVIII – a todos, no âmbito judicial e administrativo, são assegurados a razoável duração do processo e os meios que garantam a celeridade de sua tramitação. [...]"
52. "Art. 489. [...] § 1° Não se considera fundamentada qualquer decisão judicial, seja ela interlocutória, sentença ou acórdão, que: I – se limitar à indicação, à reprodução ou à paráfrase de ato normativo, sem explicar sua relação com a causa ou a questão decidida; II – empregar conceitos jurídicos indeterminados, sem explicar o motivo concreto de sua incidência no caso; III – invocar motivos que se prestariam a justificar qualquer outra decisão; IV – não enfrentar todos os argumentos deduzidos no processo capazes de, em tese, infirmar a conclusão adotada pelo julgador; V – se limitar a invocar precedente ou enunciado de súmula, sem identificar seus fundamentos determinantes nem demonstrar que o caso sob julgamento se ajusta àqueles fundamentos; VI – deixar de seguir enunciado de súmula, jurisprudência ou precedente invocado pela parte, sem demonstrar a existência de distinção no caso em julgamento ou a superação do entendimento. [...]"
53. "Art. 1.013. [...] § 3° Se o processo estiver em condições de imediato julgamento, o Tribunal deve decidir desde logo o mérito quando: I – reformar sentença fundada no

Também é possível a substituição da sentença por vício de julgamento (*error in judicando*), pela inadequação, por exemplo, da valoração da prova ou da aplicação do direito. Nesta hipótese, as matérias de fato e de direito serão reapreciadas nos limites das razões recursais.

Já o recurso de agravo de instrumento é cabível contra as decisões interlocutórias, isto é, os pronunciamentos judiciais de natureza decisória que não se encaixam no conceito de sentença (art. 203, § 2º, do CPC),[54] previstos no rol do artigo 1.015 do CPC,[55] cuja taxatividade é mitigada.[56]

A recorribilidade ou irrecorribilidade das decisões interlocutórias proferidas em primeiro grau de jurisdição é questão de política legislativa. Ao extinguir a modalidade de agravo retido, mantendo o agravo de instrumento, ainda que em hipóteses supostamente mais limitadas, dá-se vigência a um sistema de recorribilidade intermediário. Por um lado, tutelam-se as garantias previstas nos incs. XXXV e LXXVIII do art. 5º da CF. Por outro, garante-se a possibilidade de postergar a impugnação de questões decididas no curso do processo para o momento em que se oportuniza a interposição de apelação ou contrarrazões de apelação pela parte, pois "[...] somente haverá preclusão quando o recurso [de agravo de instrumento] eventualmente interposto pela parte [sobre questões reputadas urgentes] venha a ser admitido pelo Tribunal."[57]

Para Luiz Guilherme Marinoni, Sérgio Arenhart e Daniel Mitidiero, "o legislador procurou a um só tempo prestigiar a estruturação do procedimento comum

---

art. 485; II – decretar a nulidade da sentença por não ser ela congruente com os limites do pedido ou da causa de pedir; III – constatar a omissão no exame de um dos pedidos, hipótese em que poderá julgá-lo; IV – decretar a nulidade de sentença por falta de fundamentação."

54. "Art. 203. [...] § 2º Decisão interlocutória é todo pronunciamento judicial de natureza decisória que não se enquadre no § 1º."

55. "Art. 1.015. Cabe agravo de instrumento contra as decisões interlocutórias que versarem sobre: I – tutelas provisórias; II – mérito do processo; III – rejeição da alegação de convenção de arbitragem; IV – incidente de desconsideração da personalidade jurídica; V – rejeição do pedido de gratuidade da justiça ou acolhimento do pedido de sua revogação; VI – exibição ou posse de documento ou coisa; VII – exclusão de litisconsorte; VIII – rejeição do pedido de limitação do litisconsórcio; IX – admissão ou inadmissão de intervenção de terceiros; X – concessão, modificação ou revogação do efeito suspensivo aos embargos à execução; XI – redistribuição do ônus da prova nos termos do art. 373, § 1º; XII – (VETADO); XIII – outros casos expressamente referidos em lei. Parágrafo único. Também caberá agravo de instrumento contra decisões interlocutórias proferidas na fase de liquidação de sentença ou de cumprimento de sentença, no processo de execução e no processo de inventário."

56. BRASIL. Superior Tribunal de Justiça. Corte Especial. REsp 1696396/MT, Rel. Ministra Nancy Andrighi, julgado em 05/12/2018, DJe 19/12/2018.

57. BRASIL. Superior Tribunal de Justiça. Corte Especial. REsp 1696396/MT. Rel. Ministra Nancy Andrighi, julgado em 05/12/2018, DJe 19/12/2018.

a partir da oralidade, preservar os poderes de condução do processo do Juiz de primeiro grau e simplificar o desenvolvimento do procedimento comum."[58]

Diferentemente da dimensão particular da tutela dos direitos, cuja atuação é retrospectiva, porquanto destinada ao controle das decisões de primeiro grau e à resolução do caso concreto, a dimensão geral da tutela dos direitos pressupõe um trabalho prospectivo. Esta dimensão é realizada pelo Superior Tribunal de Justiça e pelo Supremo Tribunal Federal, aos quais, enquanto Cortes de Precedentes, cabe orientar a sociedade através da definição de critérios para as futuras decisões judiciais.[59]

Ao STJ e ao STF, portanto, cabe a definição do sentido do direito através da formação de precedentes, vinculantes aos Tribunais de segundo grau justamente em razão da divisão hierárquica existente entre eles. Isso não tem o condão de restringir a liberdade dos Juízes ordinários, pois, uma vez sujeitos à lei, eles também estão adstritos às decisões daqueles aos quais se outorga a prerrogativa de interpretá-la "por último". Por isso, bem-vistas as coisas, o compromisso com o precedente está subjacente à legitimidade da Corte, e é somente a partir dessa legitimidade que a Corte obtém seu poder.[60]

Para Marinoni, "a distorção está em pensar em 'juiz' sujeito a um 'juiz superior' e não em jurisdição (una) que atua mediante Juízos de primeiro grau, Tribunais e Supremas Cortes."[61]

Nesse contexto, para manter o direito estável, cognoscível e previsível aos jurisdicionados, não é necessária a repetição de inúmeras decisões para a "consolidação da jurisprudência". A unidade do direito é alcançada através da formação de precedentes que "[...] guiam a interpretação futura do direito pelos demais Juízes que compõem o sistema encarregado de distribuir justiça a fim de evitar a dispersão do sistema jurídico."[62]

Como essa função é direcionada à tutela do direito objetivo, e não do direito subjetivo das partes, a resolução do caso concreto através do julgamento dos recursos especial e extraordinário é apenas um meio para o seu alcance. Não se está a tratar, aqui, ao menos em tese, de um terceiro ou quarto grau de jurisdição,

58. MARINONI, Luiz Guilherme; ARENHART, Sérgio Cruz; MITIDIERO, Daniel. *Novo Código de Processo Civil comentado*, p. 1074.
59. MARINONI, Luiz Guilherme. *O STJ enquanto Corte de Precedentes*. 2 ed. São Paulo: Ed. Revista dos Tribunais, 2014. p. 112.
60. LARSEN, Alli Orr. Perpetual dissents. *George Mason Law Review*, v. 15, n. 2, p. 448, 2008. Disponível em: <https://ssrn.com/abstract=2167421>. Acesso em: 15.02.2022.
61. MARINONI, Luiz Guilherme. *O STJ enquanto Corte de Precedentes*, p. 125.
62. MARINONI, Luiz Guilherme; ARENHART, Sérgio; MITIDIERO, Daniel. *Novo curso de processo*: tutela dos direitos mediante procedimento comum, volume II. 2. ed. rev., atual. e ampl. São Paulo: Editora Revista dos Tribunais, 2016. p. 643.

razão pela qual tais recursos têm devolutividade limitada à análise de lei federal ou de norma constitucional, não admitindo a reapreciação de fatos (Súmulas 7 do STJ[63] e 279 do STF[64]). Exceção é a provocação dessas Cortes por meio de recurso ordinário previsto nos arts. 102, II, e 105, II, da Constituição Federal.

O reconhecimento da função precípua das Cortes Supremas revela a inadequação da redação do artigo 926 do CPC. Como a elas não importa o controle das decisões dos Tribunais inferiores, não é delas o dever de uniformizá-las. O movimento é inverso: os Tribunais inferiores são orientados pelas Cortes Superiores e, por isso, devem observar suas decisões, responsáveis por atribuir sentido e unidade ao direito e, assim, promover a igualdade e a segurança jurídica.

Portanto, deve-se falar em unidade do direito, e não em "*uniformidade da jurisprudência*".[65] Além disso, a preocupação dos julgadores de segundo grau deve ser com a padronização do resultado dos casos iguais ou semelhantes julgados, no sentido definido pelas Cortes Supremas, e não necessariamente das razões de decidir, conforme será aprofundado no subitem 1.1.2.

1.1.2. A racionalidade interpretativa do Tribunal colegiado de segundo grau

A outorga de unidade ao direito mediante a sua adequada interpretação inclui a promoção da segurança jurídica, da coerência normativa e da universalização das decisões.[66] No art. 5º, *caput*, da Constituição, a segurança é qualificada como direito inviolável.[67] Também é tutelada nos incisos II (princípio da legalidade),[68] XXXVI (inviolabilidade do direito adquirido, da coisa julgada e do ato jurídico perfeito),[69] XXXIX (princípio da legalidade e anterioridade em matéria penal)[70] e XL (irretroatividade da lei penal desfavorável).[71]

63. "A pretensão de simples reexame de prova não enseja recurso especial."
64. "Para simples reexame de prova não cabe recurso extraordinário."
65. MARINONI, Luiz Guilherme. *Precedentes obrigatórios*, p. 80.
66. MARINONI, Luiz Guilherme; MITIDIERO, Daniel. *Comentários ao Código de Processo Civil*: artigos 926 ao 975, p. 62.
67. "Art. 5. Todos são iguais perante a lei, sem distinção de qualquer natureza, garantindo-se aos brasileiros e aos estrangeiros residentes no País a inviolabilidade do direito à vida, à liberdade, à igualdade, à segurança e à propriedade, nos termos seguintes: [...]"
68. "Art. 5º, II – ninguém será obrigado a fazer ou deixar de fazer alguma coisa senão em virtude de lei; [...]"
69. "Art. 5º, XXXVI – a lei não prejudicará o direito adquirido, o ato jurídico perfeito e a coisa julgada; [...]"
70. "Art. 5º, XXXIX – não há crime sem lei anterior que o defina, nem pena sem prévia cominação legal; [...]"
71. "Art. 5º, XL – a lei penal não retroagirá, salvo para beneficiar o réu; [...]"

Não se trata de um fim em si mesmo, mas de um fundamento e de uma função a serem observados pelo Estado Constitucional. Assim, partilha das qualidades de princípio da ordem jurídica estatal e de direito fundamental. A promoção da segurança jurídica é importante para a garantia da liberdade, da igualdade e da conformação do direito ao processo justo. Para tanto, o direito deve ser aplicado de forma estável, cognoscível, confiável e efetiva.[72]

A estabilidade desautoriza a desconsideração dos precedentes sem, ao menos, a realização do *distinguish* ou do *overruling*, ao reconhecê-los como atos de poder que conferem responsabilidade àqueles que os instituem.[73] A atribuição de soluções instáveis e inconsistentes a casos semelhantes ameaça o Estado de Direito, desacreditando-o por inviabilizar a tomada de decisões seguras pelos cidadãos. Com isso, estimula-se a litigiosidade, em detrimento da pacificação social.

Isso significa que, independentemente do quórum da Turma ou Câmara da qual o Relator designado faça parte, a decisão deve ser prolatada em nome do Tribunal, como instituição.

Além de estável, uma ordem jurídica pautada pela unidade deve permitir o desenvolvimento de um processo interpretativo coerente, cujo resultado é capaz de extrair do texto legal apenas um significado, isto é, apenas uma norma jurídica, a partir do reconhecimento da estrutura hierárquica e da respectiva divisão funcional inerentes à instituição.

Seja no sistema jurídico de *common law*, seja no de *civil law*, deve ser dada a mesma resposta a casos iguais para que os cidadãos tenham ciência dos seus direitos e a oportunidade de se autodeterminar. A previsibilidade das respostas judiciais também é fundamental como meio de concretização da cidadania, de racionalização do mercado, de otimização da economia e de desenvolvimento da vida social em circunstâncias de mútua confiança.[74]

Além de coerentes umas com as outras, as decisões devem ser compatíveis com o restante do ordenamento jurídico, mantendo entre si um padrão de integração. Por isso, uma ordem jurídica pautada pela unidade também é uma ordem que universaliza os seus resultados interpretativos, tornando-os replicáveis prospectivamente.

Para Lewis Kornhauser, trata-se da "racionalidade interpretativa"[75] ou da "integridade diacrônica",[76] relacionadas com a coerência. Para Ronald Dworkin,

---

72. MARINONI, Luiz Guilherme; ARENHART, Sérgio Cruz; MITIDIERO, Daniel. *Novo Código de Processo Civil comentado*, p. 989.
73. MARINONI, Luiz Guilherme. *Precedentes obrigatórios*, p. 103.
74. MARINONI, Luiz Guilherme. *Precedentes obrigatórios*, capítulo II, ponto 2.
75. KORNHAUSER, L. A. Aggregate rationality in adjudication and legislation. *Politics, Philosophy & Economics*, v. 7, issue 1, p. 5-27, p. 8, 2008. Disponível em: <https://doi.org/10.1177/1470594X07085149>. Acesso em: 15.02.2022.
76. KORNHAUSER, Lewis A.; SAGER, Lawrence G. The many as one: integrity and group choice in paradoxical cases. *Philosophy & Public Affairs*, v. 32, n. 3, p. 249-276, p. 253, 2004. Disponível em: <www.jstor.org/stable/3557987>.

trata-se do ideal interpretativo da integridade, segundo o qual a comunidade jurídica deve se expressar a uma só voz, de forma justa – com distribuição proporcional de bens e recursos –, equânime – capaz de garantir o *status* da igualdade de todos os membros da comunidade – e em observância ao devido processo legal, isto é, aos procedimentos previstos para aplicar corretamente a lei.[77]

Como limite, a integridade exige um padrão de consistência interpretativa, sobretudo horizontal, entre as novas decisões e a história institucional, ou seja, as leis e os precedentes já existentes. Como princípio interpretativo, trata das promessas de manutenção e promoção da consistência do sistema pelos Juízes,[78] que devem dar continuidade à "cadeia literária" (*chain novel*) iniciada por seus antecessores. A prática jurídica deve ser atribuível a um único autor, a "comunidade personificada",[79] responsável pela redação de um romance em cadeia consistente e que nunca chega ao fim, porque sempre haverá um novo capítulo a adicionar, considerando que a interpretação sempre agrega novos sentidos ao texto original.[80]

A compreensão do "direito como integridade" admite que o Magistrado encontrará uma única "resposta correta" capaz de satisfazer os padrões que melhor expressam a comunidade e de realizar o princípio da igualdade.[81] Contudo, isso não afasta a possibilidade de que haja desacordo na identificação da "resposta correta", pois os Juízes não chegarão necessariamente à mesma resposta para questões difíceis, conforme ficará claro no subitem 4.1.1.

De todo modo, o reconhecimento da distribuição hierárquica das funções atribuídas ao Poder Judiciário revela que o dever mencionado no artigo 926 não se destina às Cortes de Justiça, mas às Cortes Supremas. E, como visto, esse dever

77 DWORKIN, Ronald. *Law's empire*. Cambridge: Harvard University Press, 1986, capítulos seis e sete.

78. KOZICKI, Katya. *Levando a justiça a sério*. Belo Horizonte: Arraes Editores, 2012. p. 50.

79. Nas palavras de Kornenhauser: "*Dworkin argued that the best political communities exhibited a political virtue that he called integrity and that I have called 'interpretive rationality'. Integrity, on Dworkin's account, is a distinct political virtue toward which a political community strives. A political community with integrity acts with principle; that is, we can understand the political acts of the community as furthering a principled conception of justice. Each interpreter offers a rationalization of the collective actions or decisions. That is, the interpreter attributes to the complex entity (here, the legislature or the courts) a set of social beliefs, preferences, and judgments that account for these decisions. [...] Dworkin understands integrity as a form of personification, though it is not clear that his conception of personification imputes rationality in judgment, interest, or belief to collective agents. Moreover, interpretive rationality imposes a normative requirement on interpreters rather than directly on complex agents. Dworkin apparently argues for the normative desirability of this strategy of interpretation rather than directly for the rationality of complex agents.*" (KORNHAUSER, L. A. Aggregate rationality in adjudication and legislation, p. 8).

80. DWORKIN, Ronald. *Law's empire*, p. 228-232.

81. KOZICK, Katya. *Levando a justiça a sério*, p. 43.

não pode ser satisfeito através da reiteração de decisões em um mesmo sentido para a uniformização da jurisprudência, mas mediante a formação de precedentes que orientam prospectivamente a aplicação do direito nas Cortes inferiores.

Isso significa que os ideais de isonomia, liberdade e racionalidade só podem ser promovidos pelas Cortes de Justiça através do respeito aos precedentes formulados pelas Cortes Supremas. A reiteração de decisões, por si só, não garante que a orientação consagrada seja a mesma definida pelo Tribunal ao qual foi atribuída a prerrogativa de definir o sentido do direito.

O fato de não caber aos Tribunais de Apelação o desenvolvimento e a atribuição do sentido do direito não significa que eles não realizem atividades interpretativas, sobretudo naquilo sobre o que não há manifestação ou definição clara por parte das Cortes Supremas. Nesses casos, seu trabalho interpretativo funciona como o início da cadeia narrativa do direito, no qual as Cortes Supremas podem, inclusive, buscar inspiração.

Nessa atividade, as Cortes de Justiça deverão, além de promover o debate, buscando colaborar para o amadurecimento da interpretação das leis e a melhor solução ao caso concreto, sedimentar sua jurisprudência, mas não no sentido tradicional do conceito.[82]

Tradicionalmente, a jurisprudência consiste em um conjunto reiterado de decisões prolatadas pelos Tribunais para a solução de casos semelhantes, capaz de servir como parâmetro de controle persuasivamente vinculante.[83] No entanto, distinguidas as funções das Cortes de Apelação e das Cortes Supremas, a sedimentação da jurisprudência sobre a qual as primeiras têm responsabilidade possui a principal finalidade de facilitar e otimizar o seu próprio trabalho.

Isso porque, sedimentado um posicionamento a respeito de uma questão que se repete, solucioná-la de modo uniforme uma primeira e única vez poupará tempo e trabalho do Judiciário. É esta, inclusive, a lógica que motivou a instauração do Incidente de Resolução de Demandas Repetitivas, previsto entre os artigos 976 e 985 do Código de Processo Civil.

É claro que, a partir disso, garante-se maior previsibilidade aos jurisdicionados. Este efeito, porém, é secundário. A atividade interpretativa e o esforço para mantê-la uniforme são apenas um meio para a tutela justa e efetiva do caso concreto, com a aplicação isonômica do direito.[84]

Em outras palavras, a função dos Tribunais inferiores de resolver litígios pressupõe a sedimentação dos seus entendimentos para otimizar o seu trabalho e,

82. MARINONI, Luiz Guilherme. *Precedentes obrigatórios*, p. 6-7.

83. MARINONI, Luiz Guilherme; MITIDIERO, Daniel. *Comentários ao Código de Processo Civil:* artigos 926 ao 975, p. 50.

84. MARINONI, Luiz Guilherme; ARENHART, Sérgio Cruz; MITIDIERO, Daniel. *Novo Código de Processo Civil comentado*, p. 987.

indiretamente, o das Cortes Supremas, cuja resolução de impasses interpretativos é facilitada quando o "direito vivo" desenvolvido ordinariamente está sistematizado.

Esta sistematização não é a das razões decisórias, pois o objetivo das Cortes de Justiça não é a definição do sentido do direito através da formação de precedentes. Basta a sedimentação do resultado do julgamento, anunciado pelo Presidente da Câmara, após proferidos os votos dos componentes designados dentro do órgão fracionário.

Isso não significa que questões prévias, prejudiciais ou preliminares, não devam ser resolvidas primeiro ou, ainda, que pedidos e causas de pedir independentes não precisem ser analisados separadamente.[85] Tanto é assim que o Código de Processo Civil prevê que:

> Art. 938. A questão preliminar suscitada no julgamento será decidida antes do mérito, deste não se conhecendo caso seja incompatível com a decisão.
>
> [...]
>
> Art. 939. Se a preliminar for rejeitada ou se a apreciação do mérito for com ela compatível, seguir-se-ão a discussão e o julgamento da matéria principal, sobre a qual deverão se pronunciar os Juízes vencidos na preliminar.

Isso revela que, independentemente da Corte responsável pelo julgamento, as questões prévias e autônomas deverão ser apreciadas e debatidas adequada e individualmente por todos os deliberadores,[86] simplesmente porque uma decisão colegiada não pode ser prolatada a partir da mesma lógica com a qual uma decisão monocrática o é:

> Quando os votos são tomados como se cada um dos julgadores estivesse sozinho diante da causa, a solução não expressa uma decisão colegiada acerca de cada uma das questões que necessitam ser definidas de modo autônomo, mas dá origem a uma decisão que revela uma mistura de decisões individuais sobre várias questões. Uma decisão colegiada, como o próprio nome indica, deve ser uma decisão de vários julgadores sobre uma mesma questão.[87]

Logo, o que se altera, de acordo com a função da Corte responsável pelo proferimento da decisão, não é o dever de individualizar as questões prévias e independentes, presente invariavelmente, mas a necessidade de formar precedentes

85. MARINONI, Luiz Guilherme. *Julgamento nas Cortes Supremas*: precedente e decisão do recurso diante do novo CPC. São Paulo: Ed. Revista dos Tribunais, 2015. p. 33-35.

86. MARINONI, Luiz Guilherme; MITIDIERO, Daniel. *Comentários ao Código de Processo Civil*: artigos 926 ao 975, p. 238.

87. MARINONI, Luiz Guilherme. *Julgamento nas Cortes Supremas*: precedente e decisão do recurso diante do novo CPC, p. 33.

através de decisões colegiadas – atribuição das Cortes Supremas –, e a possibilidade de se trabalhar com decisões plurais, isto é, decisões individuais cujos resultados são proferidos no mesmo sentido – seja pelo provimento ou desprovimento do recurso –, mas cujas razões para tanto são diferentes; aceitas nas Cortes de Justiça, nas quais o que importa é o resultado dos votos proferidos.[88]

Ocorre que, na prática, não é raro que o Relator, independentemente da Corte onde esteja, não realize o prévio e completo esclarecimento das questões em discussão. Nesse caso, é possível que os demais Magistrados não se manifestem sobre todas as questões necessárias para a resolução da controvérsia ou se manifestem sobre questões diferentes. O julgador designado para a redação do acórdão deve estar atento a esse risco, que não é o único quando uma decisão colegiada está sendo tomada.

Tribunais apresentam *déficits* deliberativos, assim como Juízes monocráticos. Trata-se, no entanto, de disfunções agregativas e deliberativas particulares ao ambiente plural que os caracteriza, aprofundadas, respectivamente, nos subitens 1.2.1. e 1.2.2. a seguir.

1.2. O julgamento colegiado

A composição plural do órgão julgador de segunda instância, ainda que não seja obrigatória, é a regra no ordenamento brasileiro (arts. 934 a 943 do CPC).[89] A colegialidade não é um princípio jurídico, mas uma regra e, nessa qualidade, não apenas pode, como é excepcionada pelo legislador quando, por exemplo, o Relator tem o dever de julgar o recurso monocraticamente nas hipóteses dos incisos III a V do artigo 932 do CPC.[90]

---

88. "[...] as Cortes Supremas devem sempre deliberar mediante decisões colegiadas, na medida em que voltadas para adequada interpretação do direito e para a formação de precedentes. [...] Já as Cortes de Justiça podem julgar mediantes decisões plurais, porque voltadas para a solução dos casos concretos, salvo quando a ordem jurídica acopla eficácia vinculante ao produto dos seus julgamentos [...]" (MARINONI, Luiz Guilherme; MITIDIERO, Daniel. *Comentários ao Código de Processo Civil*: artigos 926 ao 975, p. 239).

89. "A regra, para os recursos, é a colegialidade das decisões. Quer dizer: a pluralidade de julgadores, com o fim político de assegurar diversos exames ao mesmo tempo, além do duplo ou múltiplo exame, no tempo, pelo juiz do primeiro grau e os demais juízes superiores. A ciência ensina-nos, hoje, que a assembleia não nos veio da reflexão; foi a reflexão que veio da assembleia. Essa prioridade do exame múltiplo ao mesmo tempo, em relação ao exame de um só, se transforma em superioridade sempre que desejamos maior certeza. A colegialidade para a decisão dos recursos obedece a esse pendor íntimo do homem quando se deseje guiar pela 'razão'." (MIRANDA, Pontes de. *Comentários ao Código de Processo Civil*. 2. ed. Rio de Janeiro: Forense, 1975. tomo XI. p. 11).

90. "Art. 932. Incumbe ao relator: [...] III – não conhecer de recurso inadmissível, prejudicado ou que não tenha impugnado especificamente os fundamentos da decisão recorrida; IV – negar provimento a recurso que for contrário a: a) súmula do Supremo Tribunal

A escolha entre os julgamentos plural ou singular é questão de política legislativa, fruto da consideração dos custos e benefícios de cada situação. Por um lado, o julgamento colegiado impõe ao recorrente o ônus da demora. Mesmo que tenha sido extinta a figura do Revisor e que os autos físicos estejam dando lugar ao trâmite eletrônico, abre-se a possibilidade de ser realizado pedido de vista (artigo 940, *caput*, do CPC),[91] além da necessidade de prévia inclusão em pauta (artigo 934 do CPC)[92] e da incorporação do voto vencido ao acórdão (artigo 941, § 3º, do CPC).[93]

Por outro lado, em favor do julgamento colegiado, destacam-se os benefícios dos mecanismos da deliberação (*thickly collective process*) e da agregação (*thinly collective process*), os dois principais mecanismos da tomada de decisão coletiva.

No primeiro, todos os recursos cognitivos e comunicativos individuais dos participantes estão à disposição do grupo no curso da interação, estimulando a reflexão e a revisão do entendimento adotado inicialmente, em prol da prolação, em nome da coletividade, de uma opinião clara e coesa.[94] Assim, os membros, por meio de um debate honesto e humilde, trocam argumentos e contra-argumentos, diminuindo a chance de passarem despercebidos informações e erros.

O segundo não requer comunicação real ou troca de informações e pontos de vista entre os participantes.[95] Trata-se de processo no qual agentes individuais, longe de deliberar ou trocar informações e argumentos, simplesmente fornecem

---

Federal, do Superior Tribunal de Justiça ou do próprio Tribunal; b) acórdão proferido pelo Supremo Tribunal Federal ou pelo Superior Tribunal de Justiça em julgamento de recursos repetitivos; c) entendimento firmado em incidente de resolução de demandas repetitivas ou de assunção de competência; V – depois de facultada a apresentação de contrarrazões, dar provimento ao recurso se a decisão recorrida for contrária a: a) súmula do Supremo Tribunal Federal, do Superior Tribunal de Justiça ou do próprio Tribunal; b) acórdão proferido pelo Supremo Tribunal Federal ou pelo Superior Tribunal de Justiça em julgamento de recursos repetitivos; c) entendimento firmado em incidente de resolução de demandas repetitivas ou de assunção de competência; [...]"

91. "Art. 940. O relator ou outro Juiz que não se considerar habilitado a proferir imediatamente seu voto poderá solicitar vista pelo prazo máximo de 10 (dez) dias, após o qual o recurso será reincluído em pauta para julgamento na sessão seguinte à data da devolução. [...]"

92. "Art. 934. Em seguida, os autos serão apresentados ao Presidente, que designará dia para julgamento, ordenando, em todas as hipóteses previstas neste Livro, a publicação da pauta no órgão oficial."

93. "Art. 941. [...] § 3º O voto vencido será necessariamente declarado e considerado parte integrante do acórdão para todos os fins legais, inclusive de pré-questionamento."

94. ANDLER, Daniel. What has collective wisdom to do with wisdom? In: LANDEMORE, H.; ELSTER, J. (Ed.). *Collective wisdom:* principles and mechanisms. Cambridge: Cambridge University Press, 2012. p. 74. Disponível em: <doi:10.1017/CBO9780511846427>. Acesso em: 15.02.2022.

95. LANDEMORE, H.; ELSTER, J. (Ed.). *Collective wisdom:* principles and mechanisms. Cambridge: Cambridge University Press, 2012. p. 5.

suas próprias conclusões, que são, então, alimentadas por algum algoritmo ou mecanismo de agregação[96] – normalmente, a regra da maioria. O seu resultado é inalterável e estável durante todo o desdobramento procedimental, porque os participantes não dialogam nem refletem sobre a opinião e/ou preferência alheias.

Ambos os mecanismos ou fases decisórias – deliberação e agregação – são distintos e complementares.[97] John Dewey explica que "a regra da maioria, por si só, é tão tola quanto seus críticos a acusam de ser. Mas nunca é apenas a regra da maioria", uma vez que a agregação de votos demanda a utilização prévia de métodos de discussão, consulta e persuasão.[98]

Para Jane Mansbridge, Simone Chambers, James Bohman e David Estlund, a deliberação não tem fim a menos que seja concluída através de uma contagem justa e precisa de votos. Segundo eles, o processo deliberativo tem uma relação complementar – e não necessariamente antagônica – com mecanismos democráticos não deliberativos, entre os quais está não apenas o voto, como também tipos justos de negociação entre "antagonistas cooperativos". Isso se deve, primordialmente, ao reconhecimento de que o objetivo da deliberação não é a obtenção da unanimidade, mas o esclarecimento do conflito e a estruturação do desacordo, inclusive, através da barganha.[99]

Por sua vez, Hélène Landemore pontua que:

> A deliberação está longe de ser um mecanismo decisório perfeito ou completo, em parte porque é demorado e raramente gera unanimidade. Na maioria dos casos, precisa ser suplementada por outro procedimento decisório: a regra da maioria. Enquanto a regra da maioria é mais eficiente em relação ao tempo, não permite a solução de problemas. Permite, no entanto, a escolha de opções pré-determinadas, idealmente definidas no período de deliberação.[100]

---

96. ANDLER, Daniel. What has collective wisdom to do with wisdom?, p. 74.

97. MACKIE, Gerry. The reception of social choice theory by democratic theory. In: NOVAK, S.; ELSTER, J. (Ed.). *Majority decisions:* principles and practices. Cambridge: Cambridge University Press, 2014. p. 90. Disponível em: <doi:10.1017/CBO9781107286160>. Acesso em: 15.02.2022. Para Jane Mansbridge e outros: "*When the voting process in general has been justified and approved by deliberative procedures and any particular instance of voting has been preceded by the respectful attempts at mutual justification required by deliberation, this democratic mechanism is compatible with and complementary to deliberation.*" (MANSBRIDGE, Jane *et al.* The place of selfinterest and the role of power in deliberative democracy. *The Journal of Political Philosophy*, v. 18, n. 1, p. 64-100, p. 86, 2010).

98. Tradução livre de: "*Majority rule, just as majority rule, is as foolish as its critics charge it with being. But it never is merely majority rule.*" (DEWEY, John. *The public and its problems*: an essay in political inquiry. Gateway Books, 1946. p. 207).

99. MANSBRIDGE, Jane *et al.* The place of selfinterest and the role of power in deliberative democracy, p. 64 e 68.

100. Tradução livre de: "*Deliberation is far from a perfect or complete decision mechanism, in part because it is time-consuming and rarely produces unanimity. In most cases, it has to*

Assim, a deliberação e a agregação são complementares, o que, no entanto, não exclui que existam autonomamente: admite-se uma votação sem diálogo prévio – situação recorrente nos Tribunais colegiados brasileiros, sobretudo no STF[101] – na mesma medida em que, ausente um momento de agregação do resultado, o encerramento da deliberação pode se dar por um consenso aparente, quando simplesmente não é manifestada qualquer oposição.[102]

Em tese, esta segunda hipótese reflete o caso em que, no suporte fático aqui estudado – as Cortes de Justiça –, os dois vogais/revisores a completar o quórum de julgamento dos recursos de apelação e agravo acompanham o voto do Relator. Há a presunção de que, ausente qualquer oposição, a unanimidade foi alcançada após uma fase intramural deliberativa.[103]

Na verdade, porém, é possível que o acompanhamento do voto do Relator seja um comportamento automático. Além da carga de trabalho, outros fatores contribuem para que os casos em que o julgador não é o Relator designado não sejam analisados por completo ou o sejam apenas por sua equipe.

Este tipo de "agregação" neutraliza os benefícios que a contagem de votos individuais, através de uma regra decisória predefinida – no caso dos Tribunais de

---

be supplemented by another decision procedure: majority rule. While majority rule is more efficient timewise, it does not allow for solving problems. It does allow, however, for choosing among predetermined options, ideally defined in the deliberation period." (LANDEMORE, Hélène. Democratic Reason: The mechanisms of collective intelligence in politics. In: LANDEMORE, H.; ELSTER, J. (Ed.). *Collective wisdom*: principles and mechanisms, p. 253-254).

101. Sobre o assunto, da autora: SCHAITZA, Letticia de Pauli. *Interação deliberativa e o papel das Cortes Supremas sob uma perspectiva intrainstitucional*. 103 f. Monografia (Graduação em Direito) – Faculdade de Direito, Universidade Federal do Paraná, Curitiba, 2016. Disponível em: <http://hdl.handle.net/1884/45841>. Acesso em: 15.02.2022.

102. Sobre o assunto, ver: URFALINO, Philippe. Reasons and Preferences in Medicine Evaluation Committees. In: LANDEMORE, H.; ELSTER, J. (Ed.). *Collective wisdom:* principles and mechanisms, p. 173-202.

103. Conrado Mendes sintetiza o processo deliberativo de um Tribunal colegiado em três fases (referindo-se às Cortes Supremas, mas também aplicável às Cortes de Justiça, com ressalvas e ajustes). A primeira "[...] começa com a existência de um caso formal, ou seja, é iniciada por um litígio concreto. Esta fase congrega todos os atos por meio dos quais as partes interagem, oralmente, ou por escrito, com a Corte." Trata-se da fase pré-decisional. A segunda é a fase decisional – intramural –, correspondente "[...] ao momento em que os juízes interagem entre si em busca de uma decisão." Por fim, a fase pós-decisional "[...] abarca primeiramente a redação da decisão colegiada, e então toda a sorte de debates que sucede na esfera pública informal em reação à decisão." (MENDES, Conrado Hübner. O projeto de uma Corte deliberativa. In: PINTO, H. M. *Jurisdição constitucional no Brasil*. São Paulo: Malheiros, 2012. p. 59). O assunto é aprofundado pelo autor no livro: MENDES, Conrado Hübner. *Constitutional Courts and deliberative performance*. New York: Oxford University Press, 2013.

Justiça, a regra da maioria –, pode proporcionar às decisões colegiadas, conforme será examinado no item 1.2.1.

1.2.1. A votação

A votação tem a virtude comunitária de atribuir a cada voto e participante, respectivamente, o mesmo peso e o mesmo impacto.[104] De alguma forma, é mais igualitária e inclusiva que a deliberação, na qual, não obstante a equivalência de impacto, em respeito à liberdade e à democracia, há desigualdade na influência exercida pelos membros uns sobre os outros, isto é, na capacidade de cada um convencer e influenciar os demais.[105]

A escolha por um método de agregação também pode ser defendida a partir de uma perspectiva puramente pragmática: quando não tomar uma decisão não for uma opção disponível, a agregação será necessária para pôr fim à discussão.[106]

Existem, ainda, fundamentos epistêmicos para decisões tomadas por mais de uma pessoa através da soma de votos individuais. Para Adrian Vermeule, o valor de uma decisão colegiada está na sua capacidade epistêmica de rastrear a verdade, independentemente se factual, causal, moral ou legal, através da soma dos votos de cada membro. Assim, a agregação de votos – ou preferências – seria profícua para a resolução do "desafio da correspondência".[107]

---

104. Conrado Mendes explica que, para Dworkin, existem duas métricas de poder: impacto e influência. "Impacto diz respeito à diferença que cada sujeito faz isoladamente na conformação da decisão política. Há igualdade de impacto quando todos os votos carregam o mesmo peso. Influência, por sua vez, refere-se à capacidade de um indivíduo aliciar mais pessoas para acompanharem seu posicionamento, o poder de afetar as decisões dos outros. Igualdade de influência há quando nenhum cidadão detém esse poder em grau diferenciado." (MENDES, Conrado Hübner. *Controle de constitucionalidade e democracia*. São Paulo: Elsevier, 2008. p. 60).

105. MENDES, Conrado Hübner. *Controle de constitucionalidade e democracia*. São Paulo: Elsevier, 2008. p. 58. De acordo com Mansbrigde e outros: "*Voting undoubtedly has the significant drawbacks of taking preferences as given, frequently assuming conflicting interests or being aimed at success rather than mutual understanding, and, in the form of a secret ballot, not requiring justification to others and thus encouraging private-regarding impulses. Voting has, however, one significant virtue. In important ways it is more inclusive and egalitarian than deliberation.*" (MANSBRIDGE, Jane *et al. The place of selfinterest and the role of power in deliberative democracy*, p. 85).

106. NOVAK, Stéphanie; ELSTER, Jon. (Ed.). *Majority decisions:* principles and practices. Cambridge: Cambridge University Press, 2014. p. 13. "*Deliberative democrats also recognize the democratic necessity of some form of aggregation by non-unanimous voting after deliberation when interests conflict irreconcilably, negotiation to agreement is impossible, or an assembly simply runs out of time.*" (MANSBRIDGE, Jane *et al. The place of selfinterest and the role of power in deliberative democracy*, p. 85).

107. VERMEULE, Adrian. Collective wisdom and institutional design. In: LANDEMORE, H.; ELSTER, J. (Ed.). *Collective wisdom:* principles and mechanisms, p. 338-367.

Também, para Christian List, a soma de informações dispersas entre membros individuais chega a julgamentos mais capazes de rastrear a verdade ou de maximizar algum objetivo previamente estabelecido.[108] No mesmo sentido, Lewis Kornhauser entende que, quanto maior o grupo, maior a precisão do resultado alcançado. Para ele, duas cabeças pensam melhor do que uma e assim sucessivamente.[109]

Essa ideia tem fundamento na premissa aristotélica de *wisdom of the crowd* ("sabedoria da multidão"),[110] segundo a qual grupos decidem melhor por razões agregativas de aritmética simples, que fundamentam a "Lei dos Grandes Números". Segundo esta concepção, a probabilidade de os resultados reais se desviarem dos resultados esperados é menor quanto maior for a coletividade por eles responsável.[111] Isso porque um cálculo matemático direto demonstraria que a previsão média de uma multidão a respeito de uma questão sempre supera a previsão do seu membro médio e, com certa frequência, a de todos os seus membros, inclusive dos melhores.[112]

Para explicá-la, foram desenvolvidos três importantes teoremas.

O primeiro é o Teorema do Júri de Condorcet, originalmente formulado pelo Marquês de Condorcet, em 1785,[113] e redescoberto por Duncan Black na década de 1950.[114] Ele trabalha apenas com a regra da maioria, por se tratar do procedimento com a maior probabilidade de rastrear a "verdade" quando os membros da coletividade, votando "sim" ou "não" a respeito de alguma questão, (1) são melhores do que aleatórios ao manifestar sua decisão;[115] (2) são causalmente independentes

108. LIST, Christian. Collective Wisdom: Lessons from the Theory of Judgment Aggregation. In: LANDEMORE, H.; ELSTER, J. (Ed.). *Collective wisdom:* principles and mechanisms, p. 2013.

109. KORNHAUSER, Lewis; SAGER, Lawrence. The one and the many: adjudication in Collegial Courts, 1993; KORNHAUSER, Lewis; SAGER, Lawrence. Unpacking the Court. *The Yale Law Journal*, v. 96, n. 1, p. 82-117, p. 98-99, 1986.

110. ARISTOTLE. *The Politics*. Editado por EVERSON, S. Cambridge: Cambridge University Press, 1988.

111. DE LAZARI, Igor; BOLONHA, Carlos. Teoria institucional e decisões colegiadas: novos parâmetros de análise. *Revista Brasileira de Direito*, v. 13, n. 3, p. 97-117, dez. 2017. Disponível em: <https://seer.imed.edu.br/index.php/revistadedireito/article/view/1552>. Acesso em: 15.02.2022.

112. HONG, Lu; PAGE, Scott E. Some microfoundations of collective wisdom. In: LANDEMORE, H.; ELSTER, J. (Ed.). *Collective wisdom: principles and mechanisms*, p. 56.

113. CONDORCET, Marquis de. Essay on the application of mathematics to the Theory of Decision-Making (1785). In: Keith Michael Baker (Ed.). *Condorcet*: selected writings 33, 1976.

114. BLACK, Duncan. *Theory of Elections and Committees*. Cambridge: Cambridge University Press, 1958.

115. Oportuna a sintetização de Jeremy Waldron: "*As a matter of arithmetic, Condorcet proved that if a group like a jury faces a binary choice (say, guilty or not guilty), and if each of the*

entre si;[116] e (3) votam de acordo com suas opiniões sinceras com o fim de alcançar o resultado correto, e não estrategicamente por alguma outra razão. Assim sendo, quanto maior for o grupo, maior será a probabilidade de que o resultado da votação majoritária aproximar-se-á da certeza.

No mundo real, o teorema é considerado de pouca aplicação. Para Jeremy Waldron, à primeira vista, é possível aplicá-lo à forma pela qual as decisões são tomadas no Poder Judiciário, já que, certamente, os Magistrados, profissionais tecnicamente qualificados, têm probabilidade maior do que 0,5 de encontrar a "resposta certa", satisfazendo a primeira condição. Aliás, de acordo com os cálculos aritméticos desenvolvidos por Condorcet, quanto mais alta a hierarquia judicial, maior seria a chance de acerto, pois maior é o quórum julgador do Tribunal.[117]

No entanto, em análise mais detida, Waldron observa que não há nada de epistemológico no Teorema. É a aritmética que indica a probabilidade maior ou menor de acerto, o que faz com que ele funcione apenas para casos cujas respostas são exatas e factuais, como a predileção das chances de que uma entre três bolas sorteadas entre 40 brancas e 60 pretas seja preta. O autor conclui que o Teorema não trabalha com verdades objetivas ou respostas corretas, pois estes termos estão apenas dentro do domínio de sua aplicabilidade aritmética.[118]

O milagre da agregação é a segunda explicação estatística para a sabedoria da coletividade. Apesar de também se basear na "Lei dos Grandes Números" e, por isso, explicar a inteligência coletiva na qualidade de fenômeno estatístico, diferentemente do Teorema de Condorcet, não se aplica apenas à regra da maioria. Na versão mais popular, defende que o motivo do voto médio de um grupo de pessoas

---

individual jurors is more likely than not to arrive at the right answer when he votes (that is, if the probability of his getting the right answer is greater than 0.5) – I shall call this individual competence – then the likelihood that a majority of the jurors will reach the right answer is greater than the likelihood of any one of them getting the right answer. Moreover, the likelihood that a majority will get the right answer increases as group size increases." (WALDRON, Jeremy. Five to four: why do bare majorities rule on courts? *Yale Law Journal*, v. 123, p. 1692-1730, p. 1714, 2014).

116. Para Jeremy Waldron, esta condição não exclui a possibilidade de, previamente à agregação, existir deliberação entre os membros, pois "*[...] The theorem's assumptions do require that the individual votes be independent of one another but, on my reading, it is a mistake to think that this precludes prior deliberation. Provided the competence of the individual voters – the judges – is measured after the deliberation takes place, then the Condorcet result will accrue irrespective of how each individual's competence came to be at its level. We have to remember, after all, that the Jury Theorem is a purely arithmetical result; it has no epistemic substance that could be affected by facts about how the voters came to have a given level of epistemic competence.*" (WALDRON, Jeremy. Five to four: why do bare majorities rule on courts? p. 1715).

117. WALDRON, Jeremy. Five to four: why do bare majorities rule on courts? p. 1715.

118. WALDRON, Jeremy. Five to four: why do bare majorities rule on courts? p. 1716.

sobre questões factuais tender à exatidão está na capacidade das respostas das pessoas mais desinformadas e das mais informadas, distribuídas aleatoriamente, anularem-se mutuamente.[119] Desse modo, a existência de poucas pessoas informadas em um grupo bastaria para guiá-lo à resposta certa, na medida em que as respostas incorretas, proferidas pelas pessoas desinformadas, são neutralizadas.[120]

A mesma lógica de cancelamento de erros aleatórios fundamenta uma terceira justificativa, também relacionada ao milagre da agregação, mas a partir de uma versão mais democrática, para a qual uma decisão em grupo é mais completa e satisfatória porque cada membro do grupo possui, aleatoriamente distribuídas, informações relevantes a serem agregadas. O compartilhamento dessas informações, por si só, seria suficiente para garantir a exatidão do resultado, não sendo necessário discutir e refletir coletivamente sobre os dados levantados.[121]

Nesse caso, sem deliberação prévia ou posterior, o grupo seria sempre mais "sábio", porquanto os resultados da agregação seriam mais precisos do que aqueles que seus membros médios obteriam individualmente. Como nenhum membro tem todas as informações, para a resolução de uma questão, são agregadas variadas perspectivas pertencentes aos membros do colegiado e, assim, literalmente, o todo é a soma das partes.[122]

Ocorre que essa teoria também só se aplica a resultados materializados em números. Além disso, para que informações diferentes, mas igualmente importantes, sejam agregadas, além da *expertise* de ao menos alguns dos membros do grupo, é necessário um mínimo de diversidade entre eles, pois é provável que as perspectivas disponíveis aos membros de um grupo homogêneo, que compartilha o mesmo *background*, sejam próximas ou equivalentes.

Esta última explicação à "sabedoria coletiva", portanto, deve ser vista como um resultado potencial, que acontece apenas quando, além de indivíduos competentes, com alto grau de experiência, atenção, motivação e informações sofisticadas,[123] o grupo conta com membros heterogêneos.[124]

---

119. LANDEMORE, Hélène. Collective wisdom: old and new. In: LANDEMORE, H.; ELSTER, J. (Ed.). *Collective wisdom*: principles and mechanisms, p. 11.

120. LANDEMORE, Hélène. Collective wisdom: old and new, p. 11.

121. LANDEMORE, Hélène. Democratic Reason. The mechanisms of collective intelligence in politics. In: LANDEMORE, H.; ELSTER, J. (Ed.). *Collective wisdom*: principles and mechanisms, p. 267.

122. SUNSTEIN, Cass R.; HASTIE, Reid. Four failures of deliberating groups. *University of Chicago Law & Economics*, Olin Working Paper n. 401, abril 2008; *University of Chicago*, Public Law Working Paper n. 215, p. 3. Disponível em: <https://ssrn.com/abstract=1121400>. Acesso em: 15.02.2022.

123. HONG, Lu; PAGE, Scott E. Some microfoundations of collective wisdom. In: LANDEMORE, H.; ELSTER, J. (Ed.). *Collective wisdom:* principles and mechanisms, p. 57.

124. LANDEMORE, H.; ELSTER, J. (Ed.). *Collective wisdom:* principles and mechanisms, p. 5.

Nesse contexto, a diversidade é tão importante quanto a habilidade individual e, especificamente para a resolução de problemas, é ainda mais, podendo ser suficiente para compensar a falta de genialidade entre os membros de um grupo.[125] A "diversidade cognitiva" corresponde àquela relacionada aos diferentes modelos interpretativos e preditivos usados pelos indivíduos para responder aos problemas propostos. Ela corresponde às diferenças de formação profissional e pessoal, áreas de especialização e perspectivas ideológicas etc. Existe, ainda, outro tipo de diversidade, que se relaciona com o primeiro, referente a características como sexo, idade, raça ou classe, normalmente enfatizadas por pesquisadores da demografia organizacional.[126]

Para Harry Edwards, o primeiro tipo de diversidade torna o processo deliberativo mais vivo, rico e profundo,[127] enquanto o segundo é capaz de agregar diferentes informações às quais os membros têm acesso.[128] Ambos dependem da forma pela qual as pessoas que compõem o colegiado são indicadas e, para que seus benefícios sejam aproveitados, não se pode ignorar a possibilidade de manipulação do resultado da agregação das informações – idôneas e plurais – compartilhadas pelos membros do grupo.

Segundo o teorema da impossibilidade de Arrow, diferentes métodos de agregação podem produzir diferentes resultados, inconsistentes e incompatíveis entre si, sendo que nenhum, por si só, é capaz de alcançar decisões coletivas realmente racionais e representativas dos membros individuais.

O objetivo do seu autor, Kenneth Arrow, ganhador do Prêmio Nobel de Economia de 1972, era identificar a possibilidade formal da atribuição de consistência e racionalidade da escolha individual para a tomada de escolhas coletivas. Para tanto, ele identificou cinco condições a serem satisfeitas pelos protocolos de votação coletiva, pressupondo que as preferências individuais não eram capazes de ser alteradas pela natureza do processo de decisão.

A primeira é a "unanimidade", segundo a qual, se todos os atores com poder de voto preferem uma decisão à outra, ela deve prevalecer, pois não se admite delegação de autoridade. A segunda é a "não ditadura", pela qual se proíbe que a escolha social se baseie unicamente na preferência de um único indivíduo, uma vez que a escolha é coletiva e cada voto tem o mesmo valor. A terceira é a

125. LANDEMORE, H.; ELSTER, J. (Ed.). *Collective wisdom:* principles and mechanisms, p. 5.

126. EDWARDS, Harry. The effects of collegiality on judicial decision making. *University of Pensilvania Law Review*, v. 151, n. 5, p. 1639-1690, p. 1666, 2003.

127. "*Differences in professional and personal background, areas of expertise, and ideological perspectives make the deliberative process more lively, rich, and thorough.*" (EDWARDS, Harry. The effects of collegiality on judicial decision making, p. 1668).

128. "*Diversity research also shows that diverse groups have access to diverse information, which may enhance group processes.*" (EDWARDS, Harry. The effects of collegiality on judicial decision making, p. 1669).

"soberania cidadã", garantia de uma sociedade de escolha livre ao menos entre três alternativas.

A quarta, denominada "independência das alternativas irrelevantes", dispõe que a escolha deve sofrer influência apenas do seu ambiente fixo – isto é, das alternativas disponíveis dentro daquela rodada decisória – e que a intensidade das convicções de cada ator a respeito delas é indiferente para o resultado. Por fim, a "regra da transitividade" pressupõe uma consistência lógica de ordenação entre as preferências.

Arrow conclui que nenhum protocolo de votação é capaz de satisfazer estas cinco condições de racionalidade, em especial a quinta. A existência de preferências intransitivas e a dependência da sequência de votação seriam problemas endêmicos a qualquer sistema de tomada coletiva de preferências.

Nesse caso, verifica-se que, diferentemente de Condorcet, a quem interessava o desafio da correspondência e, portanto, cuja intenção era identificar uma regra de agregação boa o suficiente para alcançar uma "decisão verdadeira", Arrow pretendia encontrar uma regra decisória cujo resultado fosse capaz de representar as preferências individuais distribuídas entre os membros do grupo da forma mais coerente possível. A busca pela qualidade foi substituída pela busca pela coerência.[129]

É interessante notar que a preocupação com este tipo de coerência, relacionada à agregação dos votos individuais de Magistrados em um Tribunal colegiado durante a resolução de um único caso, não foi contemplada por Dworkin. Cientes desta lacuna, Lewis Kornhauser e Lawrence Sager qualificaram a integridade (relacionada à soma dos votos para a tomada de uma decisão coletiva e, para eles, à consistência) de "integridade sincrônica"[130] ou "racionalidade agregativa".[131]

Para os autores, uma decisão colegiada divide-se em duas etapas e, em especial, na segunda, há perigo de o resultado agregado ser distorcido. Na primeira etapa, cada Magistrado declara suas soluções às questões controversas e, em seguida, sua convicção a respeito do resultado final. Na segunda, o colegiado analisa como

129. "*Although judgment aggregation is different from the more familiar problem of preference aggregation, the recent results resemble earlier results in social choice theory. The discursive paradox resembles Condorcet's paradox of cyclical majority preferences, and the various recent impossibility theorems resemble Arrow's and other theorems on preference aggregation. This raises the question of how the work on judgment aggregation is related to earlier work in social choice theory. Provocatively expressed, is it just a reinvention of the wheel?*" (DIETRICH, Franz; LIST, Christian. Arrow's theorem in judgment aggregation. *Social choice and welfare*, v. 29, n. 1, p. 19-33, p. 20, 2007).

130. KORNHAUSER, Lewis A.; SAGER, Lawrence G. The many as one: integrity and group choice in paradoxical cases. *Philosophy & Public Affairs*, v. 32, n. 3, p. 249-276, p. 253, 2004. Disponível em: <www.jstor.org/stable/3557987>. Acesso em: 15.02.2022.

131. KORNHAUSER, L. A. Aggregate rationality in adjudication and legislation. *Politics, Philosophy & Economics*, 7(1), p. 5-27. p. 8 e ss.

reunir as convicções distribuídas entre os membros e suas respectivas justificativas.[132] Para tanto, tem duas opções: a agregação das premissas através das quais os Magistrados chegaram ao resultado, uma a uma (*issue-by-issue*), ou a soma das conclusões a respeito do caso como um todo (*case-by-case*).

Apesar de, *a priori*, ambas serem igualmente competentes, o resultado da decisão colegiada será diferente a depender do método selecionado. A esta disfunção os autores denominam "paradoxo doutrinário". Diante disso, eles sugerem, como alternativa, a realização de uma votação prévia à deliberação (do caso ou das questões), denominada *metavote*, através da qual seriam avaliados os valores mais estimados pelo grupo – as premissas ou as conclusões votadas – para, então, ser escolhido o método de agregação apropriado.

Dessa forma, seria possível o alcance de uma ação judicial coletiva mais sistemática e reflexiva,[133] o que não significa que assim seja viável conferir a decisões coletivas a mesma racionalidade agregativa atribuída a decisões monocráticas.[134]

A preocupação de Kornhauser e Sager foi generalizada por Christian List e Philip Pettit através do "dilema discursivo", segundo o qual nenhum modelo formal de agregação de julgamentos é capaz de satisfazer determinadas condições mínimas, similares àquelas sistematizadas por Arrow,[135] projetadas para assegurar

132. KORNHAUSER, Lewis A.; SAGER, Lawrence G. the one and the many: adjudication in Collegial Courts, p. 48.

133. "*The separate resolution of the question of collegial action in paradoxical cases, which we have dubbed the metavote, has several advantages. It makes possible the development of a systematic, reflective jurisprudence of collective judicial action. It preserves the firmly entrenched practice of each judge casting her sovereign vote over the disposition of the case, while detaching that practice from an unconsidered commitment to case-by-case adjudication, and opening the door to issue-by-issue adjudication in appropriate cases. Most importantly, it offers a procedure for choosing between the protocols that does not insist on a blanket choice or a litmus test, but instead provides for nuance and particularity. [...] do not offer reasons to prefer one voting protocol over the other, but rather reasons to prefer the outcome dictated by one protocol over the outcome dictated by the other.*" (KORNHAUSER, Lewis A.; SAGER, Lawrence G. The one and the many: adjudication in Collegial Courts, p. 32).

134. KORNHAUSER, L. A.; SAGER, L. G. Aggregate rationality in adjudication and legislation.

135. As condições mínimas listadas pelos autores são as seguintes: "*Universal domain. The aggregation function admits as input any possible profile of individual attitudes towards the propositions on the agenda, assuming that individual attitudes are consistent and complete. Collective rationality. The aggregation function produces as output consistent and complete group attitudes towards the propositions on the agenda. Anonymity. All individuals' attitudes are given equal weight in determining the group attitudes. Formally, the aggregation function is invariant under permutations of any given profile of individual attitudes. Systematicity. The group attitude on each proposition depends only on the individuals' attitudes towards it, not on their attitudes towards other propositions, and the pattern of dependence between individual and collective attitudes is the same for all propositions.*" (LIST, Christian; PETTIT, Philip. *Group agency*: the possibility, design, and status of corporate agents. Oxford: Oxford University Press, 2011. p. 44).

um resultado *responsivo* aos julgamentos racionais individuais de seus membros e *coletivamente racional* sem com que seja necessário abrir mão de pelo menos uma.[136]

No mesmo sentido, William Riker aponta que qualquer tipo de votação coletiva é instável porque, dentro de certas circunstâncias, todos os mecanismos de agregação podem gerar resultados cíclicos ou intransitivos, sujeitos à manipulação através de votação estratégica ou do controle do poder de agenda.[137] Também será sempre ambígua porque, pelo menos em parte, é produto das regras a partir das quais os votos são agregados. Em razão disso, ele entende que a identificação da vontade coletiva é inauferível,[138] sendo razoável exigir consistência apenas dos atores, individualmente, e não de um Tribunal, na qualidade de instituição.[139]

Frank H. Easterbrook também destaca a tendência de decisões alcançadas através da agregação de votos individuais serem instáveis mesmo quando proferidas pelos mesmos deliberadores. A sequência através da qual as questões em jogo são decididas controla o resultado do processo, permitindo que, com frequência, qualquer sistema de votação seja manipulado.[140] Para o autor, a inconsistência é inevitável. Todos os sistemas de votação estão sujeitos à instabilidade quando existentes, ao menos, três resultados possíveis e atores cujas preferências não são transitivamente ordenadas.[141]

Disso se extrai que, embora a votação permita chegar a uma decisão coletiva através da agregação de opiniões individuais, isso não garante a qualidade da decisão tomada, sobretudo quando, além da "correspondencia epistêmica", almeja-se a

136. No caso da agregação pela regra da maioria, abre-se mão, sobretudo, da sistematicidade: "*The discursive dilemma, more generally, consists in the fact that simultaneous majority voting on any set of suitably connected propositions – whether or not they can be partitioned into premises and conclusions – may yield a logically inconsistent set of judgments. To be precise, the problem of majority inconsistency can arise as soon as the agenda of propositions (and their negations) on which judgments are to be made has at least one minimally inconsistent subset of three or more propositions.*" (LIST, Christian. Collective wisdom. Lessons from the theory of judgment aggregation. In: LANDEMORE, H.; ELSTER, J. (Ed.). *Collective wisdom:* principles and mechanisms, p. 209). "*I have shown that a group's capacity to meet the coherence challenge depends on its aggregation procedure. In general, a group can ensure the consistency of its judgments only if it uses a procedure that violates one of universality, decisiveness, or systematicity – or if it is willing to install a dictatorship (or, even more perversely, an inverse dictatorship) of one individual. Moreover, different aggregation procedures may lead to different outputs for the same inputs.*" (*Ibid.*, p. 215).

137. RIKER, William. *Theory of Political Coalitions.* New haven and London: Yale University Press, 1962.

138. KNIGHT Jack; JOHNSON, James. Aggregation and deliberation: on the possibility of democratic legitimacy. *Political theory*, v. 22, n. 2, p. 277-296, p. 278, May 1994.

139. EASTERBROOK, Frank H. Ways of criticizing the Court. *Harvard Law Review*, v. 95, n. 4, p. 802-832, 1982.

140. EASTERBROOK, Frank H. Ways of criticizing the Court, p. 814-815.

141. EASTERBROOK, Frank H. Ways of criticizing the Court, p. 813.

"coerência do resultado".[142] O fato de os votos serem somados também não garante que a eles seja atribuído o peso correspondente à força e convicção que os seus responsáveis lhes atribuem. Apesar de a votação pela regra da maioria garantir a igualdade de impacto, não assegura a desigualdade de influência entre os membros, valorizada por Dworkin.[143]

Além disso, a votação tem a desvantagem de tomar as informações compartilhadas como dadas, especialmente porque não exige fundamentação, desprezando interesses conflitantes e visando à resposta "correta", ao invés de buscar o acomodamento das opiniões divergentes. Dessa forma, além de poder aquiescer a interesses privados, procedimentos de votação puramente agregativos não dão espaço para *brainstorming*.

Apenas a discussão e o debate a respeito das informações privadas comunicadas pelos membros ao grupo permitem que, por uma espécie de sinergia, novas soluções sejam coletiva e criativamente construídas.[144] Logo, a agregação precisa ser suplementada por arranjos institucionais que incorporem e reforcem a deliberação democrática,[145] conforme ficará claro no subitem 1.2.2.

1.2.2. A deliberação

A depender do modo e do momento em que for realizada, a deliberação pode equilibrar os *déficits* do mecanismo da agregação. A deliberação no Tribunal permite

---

142. URFALINO, Philippe. Reasons and preferences in Medicine Evaluation Committees. In: LANDEMORE, H.; ELSTER, J. (Ed.). *Collective wisdom:* principles and mechanisms, p. 173.

143. Para Dworkin, a "Deliberação adequada precisaria contar com desigualdade de influência, consequência natural do respeito à liberdade. Num regime de plena liberdade, os talentos emergem e o poder de influência naturalmente se desequilibra, aspecto inerente à democracia." (*Ibid.*, p. 61). Conrado Mendes complementa que: "*[...] deliberation presupposes an ethical attitude based on the presumption that all individuals deserve to be treated with equal consideration. As a matter of inter personal morality, this requires the concrete practice of respect towards every participant and argument that is put forward. This does not mean that such process cannot be heated and conflictive or that it needs to appear amiable and convivial. Neither does it mean that all arguments should have equal weight. It hinges on the recognition, somehow displayed, that there is no hierarchy of status between participants.*" (MENDES, Conrado Hübner. *Constitutional Courts and Deliberative Performance*, p. 17).

144. SILVA, Virgílio Afonso da. Deciding without deliberating. *International Journal of Constitutional Law*, v. 11, p. 557-584, p. 562, 2013.

145. KNIGHT Jack; JOHNSON, James. Aggregation and deliberation: on the possibility of democratic legitimacy, p. 277. "*We therefore accept as legitimate some amount of voting as simply the exercise of power in the forming of a collective will. Voting has the greatest legitimacy when it comes closest to the ideals of free access and equal power appropriate to its practice, when the procedures have been appropriately deliberated and adopted in a process based on mutual justification, and when any particular vote is preceded by thorough deliberation under as close as possible to ideal conditions.*" (MANSBRIDGE, Jane *et al.* The place of selfinterest and the role of power in deliberative democracy, p. 88).

o melhor aproveitamento das informações compartilhadas pelos intérpretes, tornando a decisão final mais rica, porque, em tese, ela é discutida de forma mais plural, produtiva, qualificada e completa.[146]

As informações privadas reveladas influenciam e transformam as preferências dos agentes, acomodando o conflito, isto é, dissolvendo as divergências, de modo criativo e cooperativo,[147] e favorecem a ocorrência de *brainstorming*, ou seja, do alcance de soluções inovadoras que, de outra forma, não viriam à tona.[148] Trata-se do resultado de uma sinergia, em que a soma das partes é capaz de transformá-las.[149]

Além da criatividade, a deliberação, do ponto de vista epistêmico, agrega clareza (*premise-unveiling*) ao debate, pois as informações privadas compartilhadas são discutidas e filtradas (*information-gathering*), permitindo o alcance de uma resposta substancialmente superior (*truth-seeking*).[150]

Do ponto de vista comunitário, por meio da persuasão racional, a deliberação incentiva o Juiz a conformar suas divergências e a alcançar um resultado minimamente aceitável pelos demais. Isso não significa que o consenso é a única forma de encerramento da deliberação. A ausência de consenso não é considerada uma falha, pois, no mínimo, a deliberação oportuniza a identificação e a conformação a respeito dos pontos sobre os quais não foi possível o alcance da unanimidade. A busca pelo consenso não pode danificar a integridade da deliberação.[151]

Do ponto de vista psicológico, proporciona-se um sentimento de respeito e confiança mútua aos participantes do processo deliberativo que, através do diálogo respeitoso e produtivo, acumulam *know-how* e habilidades, do ponto de vista educacional.[152]

Para o melhor aproveitamento do potencial deliberativo dos Tribunais colegiados, algumas premissas devem ser observadas. Em primeiro lugar, a deliberação deve

146. EDWARDS, Harry. The effects of collegiality on judicial decision making, p. 1676.

147. KNIGHT Jack; JOHNSON, James. Aggregation and deliberation: on the possibility of democratic legitimacy, p. 282.

148. SHAPIRO, Ian. Optimal deliberation. *The Journal of Political Philosophy*, v. 10, n. 2, p. 196-211, p. 199, 2002.

149. SUNSTEIN, Cass R.; HASTIE, Reid. Four failures of deliberating groups, p. 3.

150. MENDES, Conrado Hübner. *Constitutional Courts and deliberative performance*, p. 24.

151. MENDES, Conrado Hübner. *Constitutional Courts and deliberative performance*, p. 29. "*The ethics of consensus is the motivational drive that feeds the genuine deliberative encounter. It cannot be confounded, though, with an actual need to craft consensus. Consensus is dispensable not only because of the temporal pressure to decide, but also because deliberators might acknowledge that, as long as their argumentative capacities are exhausted, some points may remain irreconcilable. Again, with or without consensus, which is also inexorably doomed to be provisional, deliberation is always subject to be reignited.*" (MENDES, Conrado Hübner. *Constitutional Courts and deliberative performance*, p. 16).

152. MENDES, Conrado Hübner. *Constitutional Courts and deliberative performance*, p. 22-23 e 32.

ser realizada oportunamente, isto é, antes dos votos individuais serem somados. Segundo, tal como para a agregação, recomenda-se, para a deliberação, o compartilhamento de um grau razoável de diversidade social, diretamente relacionado à diversidade argumentativa,[153] entre os membros do colegiado.

A heterogeneidade das informações coletadas pode dificultar a compreensão recíproca pelos membros, cujas diferenças podem agregar custos decisórios tão fortes a ponto de anular quaisquer vantagens epistêmicas e até de impedir a tomada de decisão.[154] Por isso, em terceiro lugar, é indicado um mínimo de familiaridade entre os membros do grupo.

Sem familiaridade, é difícil para o grupo tirar proveito do conhecimento e das perspectivas únicas que cada membro pode ter para compartilhar.[155] Quanto maior for a familiaridade, maiores as chances de que os membros, de fato, compreendam e aproveitem as informações relevantes compartilhadas oportunamente.

Em quarto lugar, os integrantes do colegiado devem compartilhar uma ética colegiada, o que inclui:

> (i) a disposição de trabalhar em equipe; (ii) a ausência de hierarquia entre os Juízes (pelo menos no sentido de que os argumentos de todo e qualquer juiz têm o mesmo valor); (iii) a disposição de ouvir argumentos apresentados por outros Juízes (isto é, de estar aberto a ser convencido por bons argumentos de outros Juízes); (iv) uma cooperatividade no processo de tomada de decisão; (v) o respeito mútuo entre Juízes; (vi) a disposição de falar, sempre que possível, não como uma soma de indivíduos, mas como uma instituição (consenso em busca de deliberação).[156]

Mesmo quando essas premissas são observadas, a deliberação está longe de ser um mecanismo de decisão perfeito ou completo. O mecanismo deliberativo agrega custos – sobretudo temporais e materiais – à tomada de decisão. A realização de trocas argumentativas, ainda que honestas e transparentes, entre os membros do grupo, ainda mais quando grande, consome tempo e exige engajamento.

---

153. LANDEMORE, H.; ELSTER, J. (Ed.). *Collective wisdom:* principles and mechanisms, p. 5.
154. VERMEULE, Adrian. Collective wisdom and institutional design. In: LANDEMORE, H.; ELSTER, J. (Ed.). *Collective wisdom:* principles and mechanisms, p. 362.
155. EDWARDS, Harry. The effects of collegiality on judicial decision making, p. 1667-1668.
156. Tradução livre de: "[...] *(i) the disposition to work as a team; (ii) the absence of hierarchy among the judges (at least in the sense that the arguments of any and all judges have the same value); (iii) the willingness to listen to arguments advanced by other judges (i.e. being open to being convinced by good arguments of other judges); (iv) a cooperativeness in the decision-making process; (v) mutual respect among judges; (vi) the disposition to speak, whenever possible, not as a sum of individuals but as an institution (consensus seeking deliberation).*" (SILVA, Virgílio Afonso da. Deciding without deliberating, p. 562-563).

Isso significa que, da mesma forma que pouca deliberação prévia à agregação dos votos pode ensejar resultados incongruentes, *muita* deliberação pode adicionar ineficiência e representar perda de tempo, dinheiro e energia à dinâmica colegiada.[157]

Além disso, o resultado da interação colegiada pode ser pior do que o julgamento individual apresentado pelos membros medianos do grupo.[158] É certo que se espera que as informações compartilhadas sejam filtradas para que resistam apenas os melhores argumentos. Há casos, porém, em que o debate empreendido a partir das informações compartilhadas – além de não ser capaz de acomodar os diferentes interesses do grupo – aumenta a polarização das opiniões, fortalecendo o conflito.

Quando as informações compartilhadas forem homogêneas e apontarem para a mesma conclusão, viabilizando a discussão a respeito de algo cujo resultado já é uníssono, o fato de vários argumentos diferentes, amparando a mesma posição, serem reunidos, pode favorecer um movimento em direção a extremos. Isoladas de outras perspectivas, pessoas que pensam de forma semelhante ganham confiança sobre seus argumentos quando se reúnem, tendendo a radicalizá-los através de discussões cognitivamente limitadas. Trata-se do fenômeno da polarização.[159]

O alto grau de coesão dos membros alimenta a confiança geral a respeito da solução encontrada. Ele favorece a formação de um senso de identidade, que implica a eleição de um resultado que tende a extremos e a deixar passar informações e erros.

Nos grupos nos quais há uma "afinidade de pensamento", isto é, a mentalidade é semelhante e, portanto, o acesso a argumentos diversos é limitado, indivíduos desejam ser vistos favoravelmente uns pelos outros, razão pela qual tendem a ratificar as opiniões alheias. A corroboração das opiniões já manifestadas

---

157. SHAPIRO, Ian. Optimal deliberation, p. 202. O autor narra que: "*[...] some skeptics warn, the plausibility of this project is contingent on the structural factors that lay in the background. Deliberation is not a panacea for pre-existing social diseases, and is more likely to thrive under a certain backdrop. Those attitudinal exigencies and expected achievements could hardly obtain in the absence of a given 'social basis of self-respect.' These pre-conditions of deliberation are socio-economic and political: as to the former, excessive inequality roots a kind of power hierarchy and self-subordination that cannot be dissolved by deliberation or mere procedural fairness, and opens avenues for surreptitious threats and sanctions that perpetuate injustice; as to the latter, individual interactions regulated by fear, embedded intolerance, and incivility would hamper any attempt to deliberate. In certain scenarios, as a matter of fact, due to degenerated social relations, the attempt to live up to those standards will predictably fail. Deliberation simply cannot occur. The very try, indeed, might lead to unruly consequences.*" (MENDES, Conrado Hübner. *Constitutional Courts and deliberative performance*, p. 36-37).

158. Sobre o assunto, ver: SUNSTEIN, Cass R.; HASTIE, Reid. Four failures of deliberating groups.

159. SUNSTEIN, Cass R. Conformity and dissent. *University of Chicago Public Law & Legal Theory*, Working Paper n. 34, p. 66, 2002.

fortalece a conclusão dessas opiniões e a confiança dos seus autores, que tendem a radicalizá-las.[160]

Além da polarização, a prática de corroborar *cegamente* uma opinião também favorece o erro, pois quando os demais membros do grupo concordam com as conclusões apresentadas uns pelos outros, todos se dedicam em menor grau ao exame dos fundamentos manifestados para justificá-las. Assim, são maiores as chances de se terminar o processo decisório mantendo a visão inicial, adotando um argumento ainda mais vigoroso e radical para sustentá-la ou, ainda, propagando um erro que, em outra circunstância, teria sido identificado e corrigido.[161]

Os erros podem ser propagados e amplificados, sobretudo quando os membros do colegiado forem nomeados a partir dos mesmos critérios, porque assim serão mais homogêneos entre si. Isso revela a importância da indicação de membros heterogêneos. A diversidade social – e, consequentemente, cognitiva – é importante nesta fase, pois, quando ausente, a deliberação poderá empoderar o retórico e o demagogo e enfraquecer o já vulnerável.[162]

Os erros dos membros "desinformados" podem, ainda, ser perpetuados de outra maneira. Além de distorcidas e manipuladas, informações podem ser omitidas pelos membros do grupo, ainda quando cognitivamente heterogêneos, impedindo com que aprendam uns com os outros e com que o grupo desfrute dos seus potenciais epistêmico, comunitário, educativo e psicológico.[163]

Verifica-se, então, o "efeito cascata", em que o julgamento do primeiro Magistrado prevalece, sem que os demais revelem as informações das quais dispõem. Para Cass Sunstein:

> Há uma relação de proximidade entre a polarização de grupos e o efeito cascata. Ambos são produtos de influências informacionais e reputacionais. A diferença principal é que a polarização de grupos se refere aos efeitos da deliberação,

---

160. SUNSTEIN, Cass R.; HASTIE, Reid. Four failures of deliberating groups, p. 21-22.

161. SPERBER, Dan; MERCIER, Hugo. Reasoning as a social competence. In: LANDEMORE, H.; ELSTER, J. (Ed.). *Collective wisdom*: principles and mechanisms, p. 385-386.

162. MENDES, Conrado Hübner. *Constitutional Courts and deliberative performance*, p. 23.

163. "*Deliberation would have no point if it did not produce change in the views of at least some participants, if only a change in the strength and conviction with which those participants held an unchanged opinion. When participants change their minds in deliberation, as in practice they often do, they most frequently do so because they have acquired new factual information. They sometimes change their minds because they have detected logical mistakes in their reasoning, or developed new perspectives on the information they have, for example, taking a more long-range view. We consider deliberation 'transformative', in the sense of transforming self-interest, not in these instances but rather when participants change their minds because they have adopted to some degree the perspective of another or taken the other's interests as their own.*" (MANSBRIDGE, Jane *et al.* The place of selfinterest and the role of power in deliberative democracy, p. 78).

enquanto o efeito cascata não envolve, tipicamente, discussão alguma. Ademais, a polarização de grupos não envolve necessariamente um processo em cascata. A polarização pode resultar simplesmente de decisões simultâneas independentes, de todos ou da maioria dos indivíduos, que se movem em direção a um ponto mais extremo alinhado às tendências dos membros do grupo.[164]

Em uma Corte de Justiça, a parcela dos casos em que há a ratificação do voto do Relator pelos vogais/revisores é considerável. Por certo, em grande parte isso se deve ao alinhamento do posicionamento do colegiado e ao respeito à unidade do direito. Mas, certamente, em alguma medida, pode-se atribuí-la a uma das duas vertentes do citado "efeito cascata": seja a reputacional ou a informacional.

Em "cascatas de reputação", as informações privadas não são reveladas em razão de pressões sociais. Apesar de confiarem na informação que detêm, os membros se silenciam por receio de sofrer abalos reputacionais e retaliações nas rodadas deliberativas futuras. Ou seja, temem não receber o apoio necessário do restante do quórum quando, no futuro, forem relatores de casos importantes.

Isso é ainda mais evidente quando o desacordo é solitário, a interação colegiada é constante e contínua, o caso em questão é considerado de "baixa prioridade" e/ou o colegiado é formado por poucos membros. Nessas hipóteses, os Desembargadores podem deixar de confrontar a opinião do Relator, ainda que estejam insatisfeitos com ela, em um esforço para maximizar oportunidades de médio e longo prazo.

Além do receio de sofrer sanções no futuro, a opção por não divergir da proposta de voto já anunciada pode refletir um sentimento de respeito e deferência à notoriedade de quem a redigiu.[165] O autossilenciamento pode revelar a insegurança do Magistrado quanto à retidão das informações possuídas por si mesmo, seja porque ele não teve tempo ou disposição suficientes de aprofundá-las e conferi-las, seja porque ele se sente menos competente do que os demais para discutir o tema.

É possível, ainda, que os recém-nomeados ou promovidos, por exemplo, sejam considerados ou se sintam inexperientes e que alguns membros compartilhem de menor credibilidade ou *status* em determinado assunto entre os demais. Nesses casos, segundo a economia comportamental, eles poderão ser particularmente ainda

---

164. Tradução livre de: "*There is a close relationship between group polarization and cascade effects. Both of these are a product of informational and reputational influences. A key difference is that group polarization refers to the effects of deliberation, and cascades typically do not involve discussion at all. In addition, group polarization does not necessarily involve a cascade-like process. Polarization can result simply from simultaneous independent decisions, by all or most individuals, to move toward a more extreme point in line with the tendencies of group members.*" (SUNSTEIN, Cass R. Conformity and dissent, p. 15).

165. SUNSTEIN, Cass R.; HASTIE, Reid. Four failures of deliberating groups, p. 6. E prossegue o autor: "*Publicly expressed statements, showing agreement with a majority view, may be both wrong and insincere, especially when relevant speakers identify themselves as members of the same group as the majority.*" (*Ibid.*, p. 15).

mais avessos a comunicar suas informações confidenciais enquanto a discussão prossegue. Podem subestimar a si próprios, ao mesmo tempo que superestimam as informações divulgadas pelos outros.

O participante acoberta o conhecimento que possui, principalmente quando é o único a possuí-lo e, consequentemente, o único a discordar, razão pela qual se torna um "perfil oculto" e informações importantes são negligenciadas.[166] Ele opta por confiar no julgamento particular já declarado por um membro "cognitivamente mais central", isto é, cujas informações e conhecimento são compartilhados pela maioria dentro do grupo e, por isso, são capazes de angariar com mais frequência o apoio dos demais.

A ratificação assídua das propostas de voto dos membros "cognitivamente centrais" lhes assegura maior autoridade e credibilidade. Nas palavras de Cass Sunstein e Reid Hastie:

> Não surpreendentemente, a força do sinal informacional dependerá do número e da natureza das pessoas que o emitem. Se o grupo contém uma ou mais pessoas conhecidas como autoridades ou que de outra forma exigem respeito, então outros membros do grupo tendem a se silenciar em deferência a eles. As pessoas possuem aversão a serem dissidentes isolados. Se todos menos uma pessoa em um grupo deliberativo tiver dito que X é verdadeiro, o membro remanescente provavelmente concordará que X é verdadeiro, até mesmo ao ponto de ignorar a evidência de sua própria opinião. Reside, aqui, o perigo evidente de que os grupos sejam privados de informações importantes.[167]

Nesse caso, ao invés de se sentirem respeitados, os Magistrados "cognitivamente periféricos" podem se sentir excluídos e desvalorizados, em razão do reforço às hierarquias de *status* preexistentes promovido pela deliberação.[168] O fato de a manifestação da oposição ter que ser fundamentada também pode desmotivá-los

166. "*In a deliberating group, those with a minority position often silence themselves or otherwise have disproportionately little weight. The result can be 'hidden profiles' – important information that is not shared within the group.*" (SUNSTEIN, Cass R. Conformity and dissent, p. 43).

167. Tradução adaptada de: "*Not surprisingly, the strength of the informational signal will depend on the number and nature of the people who are giving it. If the group contains one or more people who are well-known to be authorities or who otherwise command respect, then other group members are likely to silence themselves out of deference to them. People are particularly averse to being sole dissenters. If all but one person in a deliberating group has said that X is true, then the remaining member is likely to agree X is true, even to the point of ignoring the evidence of his own senses. An evident danger here is that groups will be deprived of important information.*" (SUNSTEIN, Cass R.; HASTIE, Reid. Four failures of deliberating groups, p. 5).

168. MENDES, Conrado Hübner. *Constitutional Courts and deliberative performance*, p. 23.

a torná-la pública quando, apesar de não estarem convencidos da proposta apresentada pelo Relator, não têm um argumento que satisfaz os padrões exigidos pelo ordenamento jurídico (art. 489, II, e §§ 1º e 2º, do CPC[169]).

Bem vistas as coisas, o "efeito cascata", independente da modalidade, implica a delegação do julgamento por parte de um Magistrado que opta por omitir as informações que detém a outro cuja declaração de voto lhe foi antecedente e a quem ele atribui maior *status* e autoridade. Isso significa que a informação compartilhada é perpetuada à custa de informações não compartilhadas. Ainda que isso não indique, necessariamente, que um erro será propagado, no mínimo, fundamentos capazes de aprimorar a deliberação e de aprimorar a tutela do caso concreto ficarão de fora. O autossilenciamento interfere no enriquecimento da discussão proporcionada por múltiplas visões de diferentes indivíduos.[170]

Nesses casos, o processo deliberativo promove a segregação, pois abafa a voz da minoria. Uma decisão é tomada de forma unânime, não porque todos manifestaram expressamente sua concordância, mas porque a primeira opinião redigida e declarada não foi formalmente contestada. Trata-se de um consenso apenas aparente – em dois sentidos:

> Em primeiro lugar, ninguém objeta a proposta – eis que, para que ela adquira status de decisão tomada, a ausência de oposição deve ser observável, isto é, deve se tornar aparente. Segundo, o consenso que pode ser assumido como tendo sido alcançado com base nesta ausência é, de fato, apenas aparente – isto é, pode ser enganoso – já que aqueles que permaneceram em silêncio não aprovam necessariamente a proposta.[171]

---

169. "Art. 489. São elementos essenciais da sentença: [...] II – os fundamentos, em que o Juiz analisará as questões de fato e de direito; [...] § 1º Não se considera fundamentada qualquer decisão judicial, seja ela interlocutória, sentença ou acórdão, que: I – se limitar à indicação, à reprodução ou à paráfrase de ato normativo, sem explicar sua relação com a causa ou a questão decidida; II – empregar conceitos jurídicos indeterminados, sem explicar o motivo concreto de sua incidência no caso; III – invocar motivos que se prestariam a justificar qualquer outra decisão; IV – não enfrentar todos os argumentos deduzidos no processo capazes de, em tese, infirmar a conclusão adotada pelo julgador; V – se limitar a invocar precedente ou enunciado de súmula, sem identificar seus fundamentos determinantes nem demonstrar que o caso sob julgamento se ajusta àqueles fundamentos; VI – deixar de seguir enunciado de súmula, jurisprudência ou precedente invocado pela parte, sem demonstrar a existência de distinção no caso em julgamento ou a superação do entendimento. § 2º No caso de colisão entre normas, o Juiz deve justificar o objeto e os critérios gerais da ponderação efetuada, enunciando as razões que autorizam a interferência na norma afastada e as premissas fáticas que fundamentam a conclusão. [...]"

170. URFALINO, Philippe. Reasons and preferences in Medicine Evaluation Committees. In: LANDEMORE, H.; ELSTER, J. (Ed.). *Collective wisdom:* principles and mechanisms, p. 198.

171. URFALINO, Philippe. Reasons and preferences in Medicine Evaluation Committees. In: LANDEMORE, H.; ELSTER, J. (Ed.). *Collective wisdom:* principles and mechanisms,

A decisão tomada por consenso aparente e a votação por unanimidade são, portanto, dois procedimentos distintos capazes de interromper a deliberação. Enquanto no segundo todos os membros se manifestam no mesmo sentido, o primeiro não requer a verificação formal das posições individuais nem a aprovação de todos os membros, mas a abstenção, por parte daqueles que se opõem, de expressar sua oposição.[172]

Na verdade, a deliberação é encerrada através de uma omissão, uma ausência de interesse em contestar.[173] É a manifesta ausência de oposição a uma proposta que a transforma numa decisão: o julgamento é feito pela observação da ausência. Isso significa que a identificação e a discussão a respeito da controvérsia fática e jurídica são substituídas por uma "certificação procedimental" esvaziada de substância, consistente no acompanhamento do voto do Relator, com a posterior inclusão do processo em pauta. O fato de existir uma sessão de julgamento colegiada reveste a decisão de um caráter de pseudocolegialidade.[174]

Em outras palavras, os julgadores que declaram seus votos posteriormente ao Relator optam por pegar carona no voto já declarado, como *free-riders*. Essa conformação assegura recompensas ao grupo, como a redução da carga de trabalho, razão pela qual, frequentemente, o Magistrado que ratifica a proposta de voto do Relator é benquisto por seus colegas e este sentimento de valorização pelos demais pode estimulá-lo a continuar em silêncio.

---

p. 186. Tradução livre e adaptada de: "*First, it clearly appears that no one objects to the proposal – in order for that proposal to acquire the status of a reached decision, the absence of opposition must be observable; it must become apparent. Second, the consensus that can be assumed to have been reached on the basis of this absence is in fact only apparent – that is, it may be misleading – since those who remain silent do not necessarily approve the proposal.*" (URFALINO, Philippe. Reasons and preferences in Medicine Evaluation Committees. In: LANDEMORE, H.; ELSTER, J. (Ed.). *Collective wisdom:* principles and mechanisms, p. 187).

172. "*Se quest'ultima [la votazione] si basa su un criterio quantitativo e presuppone l'eguaglianza dei votanti, il consenso valorizza la qualità e implica – al di là dell'eguaglianza dei partecipanti – una diseguaglianza nell'influenza di fatto, riconducibile alla maggiore o minore autorità o prestigio dei componenti del collegio. La deliberazione per consenso si distingue anche dalla decisione unanine, poiché non richiede né la verifica formale delle singole posizioni né l'approvazione di tutti i membri, ma l'astensione, da parte di chi è contrario, a manifestare la propria opposizione. Per questo, è più correto parlare di 'consenso apparente'.*" (MARTINO, Alessandra Di. *Le opinioni dissenzienti dei giudici costituzionali*: uno studio comparativo. Jovene editore: Napoli, 2016. p. 489-490).

173. URFALINO, Philippe. La décision par consensus apparent: nature et propriétés. *Revue européenne des sciences sociales*, tome XLV, n. 136, p. 47-70, p. 58, 2007.

174. GALVÃO, Jéssica. *Princípio constitucional da colegialidade na formação da decisão pluripessoal no Estado Democrático de Direito*. 154 f. Dissertação (Mestrado em Direito) – Faculdade de Direito, Pontifícia Universidade Católica de Minas Gerais, Belo Horizonte, 2017, f. 31 e ss.

Disso se extraem duas conclusões. A primeira é a de que os benefícios da deliberação não são inequívocos. É possível que, através da deliberação, erros sejam propagados ou até radicalizados. A segunda é a de que Tribunais colegiados não são naturalmente instituições deliberativas. Seus membros podem optar pelo autossilenciamento, hipótese em que a decisão final é o resultado de um consenso apenas aparente.[175]

Isso significa que, para que haja, por parte dos intérpretes, a disposição de compartilhar as informações relevantes que, muitas vezes, só eles possuem, através de um diálogo respeitoso e produtivo, eles devem receber os estímulos certos. A integridade do direito depende da estruturação correta do sistema, da distribuição adequada do poder e da introdução de procedimentos capazes de garantir o mesmo tratamento para cada indivíduo. Isso inclui o reconhecimento das minorias não como agentes distintos da comunidade, mas como a comunidade ela mesma. Por isso, os custos materiais e imateriais para a manifestação do desacordo em público devem ser neutralizados:

> A conclusão é que os dissidentes, ao revelarem suas informações particulares, precisam ser encorajados, simplesmente porque conferem benefícios àqueles que os observam. Se o ponto for colocado junto à ênfase do risco das cascatas às Cortes, há ainda mais razão para valorizar os dissensos judiciais, mesmo que somente porque aumentam a probabilidade de que as decisões da maioria se submetam a exame crítico.[176]

A tutela do desacordo permite o acolhimento da pluralidade que caracteriza um Tribunal democrático. Alterações nas regras decisórias de um Tribunal podem promover grandes mudanças na forma pela qual se dá a interação entre seus Magistrados.

Tendo isso em vista, no próximo capítulo, serão analisados a definição e o impacto de diferentes regras ou técnicas decisórias em geral (subitem 2.1.1.) e, em especial, nos Tribunais de Apelação brasileiros (subitem 2.1.2.). Em seguida, uma vez esclarecida a natureza jurídica do artigo 942 do CPC (subitem 2.2.1.), serão examinados as funções e os efeitos que a ampliação do quórum de julgamento dos recursos de apelação e agravo de instrumento cíveis são capazes de provocar na dinâmica colegiada dos Tribunais de segunda instância (subitem 2.2.2.).

---

175. SCHAITZA, Letticia de Pauli. *Interação deliberativa e o papel das Cortes Supremas sob uma perspectiva intrainstitucional*, p. 7.

176. Tradução adaptada de: "*The upshot is that dissenters, disclosing their own private information, need to be encouraged, simply because they confer benefits on those who observe them. If the point is put together with an emphasis on the risk of cascades on courts, there is fresh reason to appreciate judicial dissents, if only because they increase the likelihood that majority decisions will receive critical scrutiny.*" (SUNSTEIN, Cass R. Conformity and dissent, p. 26).

Capítulo 2
NATUREZA JURÍDICA DE TÉCNICA DECISÓRIA E FUNÇÃO

O viés da economia comportamental coloca em xeque o paradigma do homem racional, ao demonstrar, entre outras coisas, que o comportamento dos Juízes sofre interferências de vieses comportamentais. As limitações, inerentes a todo ser humano e que também os assolam, podem ser compensadas através da introdução de regras decisórias que modificam custos e benefícios de curto e longo prazo relacionados à tomada de decisão.[1]

Através da introdução de regras, pode-se aumentar ou diminuir a importância do futuro, bem como incluir ou excluir estratégias disponíveis aos atores e incentivos capazes de promover a cooperação entre os Juízes. Também é possível, por exemplo, fomentar o comportamento cooperativo das partes na utilização das vias recursais.[2]

Há nisso, em grande medida, a generalização de comportamentos. A simplificação da realidade e dos modelos utilizados não tem o objetivo de criticar ou ofender à ilustre classe da Magistratura, mas de reconhecer que, como todo tomador de decisão, os Magistrados respondem à lei, mas também a desejos, ideologias e incentivos, ainda que inconscientemente.[3]

A fim de aprimorar os incentivos aos quais os Juízes respondem e, consequentemente, a qualidade das decisões judiciais, no item 2.1., analisa-se o impacto da introdução de regras decisórias na tomada de decisões em geral (subitem 2.2.1.) e,

---

1. "Assumindo que todo comportamento humano é sempre uma resposta a incentivos, a existência de uma determinada norma, provida de sanção ou recompensa, há de influenciar o comportamento de alguma forma. Sendo certo e vale-se de métodos empíricos voltados para a descrição e previsão do comportamento humano diante dos mais variados tipos de incentivos, é razoável que o Direito aproprie-se dessas virtudes para buscar com mais eficiência os seus próprios objetivos." (NAVARRO, Erik. *Análise econômica do processo civil,* 136).
2. "A separação de litigantes que recorrem com sinceridade daqueles que recorrem por motivos menos nobres não se dá naturalmente, mas sim pelos incentivos decalcados da estrutura dos cursos envolvidos com a atividade recursal, comparada com a taxa de erro do próprio tribunal que vai julgar o recurso." (NAVARRO, Erik. *Análise econômica do processo civil,* p. 637).
3. NAVARRO, Erik. *Análise econômica do processo civil,* p. 131.

em seguida, em especial, nos Tribunais de segundo grau (subitem 2.2.2.), a partir da perspectiva neoinstitucionalista do realismo.[4]

2.1. As técnicas decisórias como solução dos *déficits* agregacionais e deliberativos

2.1.1. Definição e funções das regras decisórias

Para a redução do extremismo, do autossilenciamento e do oportunismo dos agentes que compõem um colegiado e detêm racionalidade limitada, interesses particulares e uma grande carga de trabalho, podem ser criadas regras com objetivos e papéis predeterminados, legitimamente esperados e socialmente benéficos.[5] As regras são relativamente estáveis em face das mudanças nas circunstâncias externas e resilientes às preferências e expectativas dos indivíduos. Através de incentivos, constrangimentos, informações ou ameaças, elas definem direitos e deveres, restringem possibilidades e distribuem vantagens, ônus e oportunidades a fim de reduzir ou remodelar as assimetrias de poder e a incerteza, estabilizar as expectativas dos atores e, assim, agregar benefícios às interações sociais, sobretudo em termos de ganhos distributivos.[6]

Quando as regras melhoram (com respeito ao *status quo*) a condição de todos (ou quase todos) os indivíduos de um grupo, elas são qualificadas como "eficientes". Quando melhoram as condições de um grupo na sociedade em detrimento de outro, são denominadas "redistributivas",[7] podendo servir a dois propósitos distintos: a preservação dos interesses da coligação dominante ou a promoção dos interesses da minoria para que, assim, por exemplo, ela se torne, futuramente, a nova maioria.[8]

As regras, portanto, não são neutras, pois promovem a alocação de vantagens e desvantagens entre desafiantes e detentores do poder.[9] Isso não significa que elas

---

4. Erik Navarro esclarece que "[...] o realismo, qualquer que seja sua vertente, é sempre pragmático e voltado ao resultado. Suas vertentes contemplam diversas teorias do comportamento, focadas ora no homem racional (análise econômica tradicional), ora nas falhas da racionalidade (comportamentalismo), ora nas ideologias e na política (atitudinistas), ora nas normas sociais (contextualistas), ora nas configurações institucionais que acabam moldando as decisões judiciais (institucionalismo)." (NAVARRO, Erik. *Análise econômica do processo civil*, p. 132). Sobre o assunto, indica-se a leitura da obra do autor, sobretudo o capítulo 2.
5. KNIGHT, Jack. *Institutions and social conflict*: political economy of institutions and decisions. Cambridge: Cambridge University Press, 1992. p. 14-15.
6. KNIGHT, Jack. *Institutions and social conflict*, p. 82-83; BINDER S. A.; RHODES R. A. W.; ROCKMAN B. A. (Ed.). *The Oxford Handbook of Political Institutions*, p. 3-7.
7. TSEBELIS, George. *Jogos ocultos*. São Paulo: Edusp, 1998. p. 107.
8. TSEBELIS, George. *Jogos ocultos*, p. 113.
9. BINDER, S. A.; RHODES, R. A. W.; ROCKMAN, B. A. (Ed.). *The Oxford Handbook of Political Institutions*, p. XIV.

determinem o comportamento dos agentes ou moldem suas percepções a ponto de tolher sua liberdade de escolha.[10] Elas são guias para futuros cursos de ação.[11] Por si sós, não determinam resultados políticos. Apenas mobilizam e organizam interesses e estruturam oportunidades que modificam as estratégias disponíveis aos atores, podendo haver ainda uma flexibilidade considerável de escolha entre elas.

Apesar de nem todas as restrições efetivas ao comportamento social serem expressas e, inversamente, nem todas as regras escritas constituírem restrições efetivas ao comportamento político, a redação por extenso das restrições é importante para o estabelecimento de expectativas mútuas sobre os comportamentos dos agentes,[12] contribuindo para a concretização dos objetivos preestabelecidos.[13] Porém, ao mesmo tempo que essa formalização não deve ser flexível a ponto de ceder à manipulação, não pode ser rígida a ponto de engessar a dinâmica intramural.

Além da coordenação de comportamentos, as regras podem influenciar os resultados decisórios através da forma pela qual a agregação de preferências é promovida.[14] Em ambos os casos, o elo crucial entre as instituições (como restrições contextuais) e os resultados (como consequências da escolha coletiva) não são as preferências individuais, mas o comportamento,[15] que é modificado, através das regras, a partir da mudança das estratégias disponibilizadas aos indivíduos.[16]

A forma pela qual as regras são organizadas e modificam o comportamento dos atores sociais, aprimorando a tomada de decisão coletiva, é o objeto de estudo da teoria neoinstitucionalista, aqui adotada.[17] Ela tem justamente nas regras a sua

---

10. IMMERGUT, Ellen. The theoretical core of the new institutionalism. *Politics & Society*, v. 26, p. 5-34, p. 26, 1998.
11. KNIGHT, Jack. *Institutions and social conflict*, p. 67.
12. CAREY, John. Parchment, equilibria, and institutions. *Comparative Political Studies*, v. 33, p. 735-761, p. 737, 2000.
13. CAREY, John. Parchment, equilibria, and institutions, p. 756.
14. STEINMO, Sven. *Taxation and democracy:* swedish, british and american approaches to financing the Modern State. New Haven: Yale University Press, 1993. p. 7.
15. DIERMEIER, Daniel; KREHBIEL, Keith. Institutionalism as a methodology. *Journal of Theoretical Politics*, v. 15, n. 2, p. 126, 2003.
16. IMMERGUT, Ellen. The theoretical core of the new institutionalism, p. 26. É através da deliberação, como visto, que as preferências podem ser alteradas, e não da introdução de regras decisórias.
17. O neoinstitucionalismo é uma das ramificações do institucionalismo. Não interessa ao trabalho distinguir todas as suas subdivisões. Para tanto, ver: BINDER S. A.; RHODES R. A. W.; ROCKMAN B. A. (Ed.). *The Oxford Handbook of Political Institutions*. New York: Oxford University Press, 2008. Disponível em: <http://www.oxfordhandbooks.com/view/10.1093/oxfordhb/9780199548460.001.0001/oxfordhb-9780199548460>. Acesso em: 15.02.2022. Basta saber que "*[...] the several varieties of new institutionalists address a common set of problems from a unified perspective. All are concerned with the difficulties of ascertaining what human actors want when the preferences expressed in politics*

unidade básica e refuta as ideias de que o comportamento humano é predeterminado e o resultado da tomada de decisão coletiva é limitado à agregação de votos individuais.

Por isso, trata os Tribunais como instituições, e não como plataformas para a exibição das atitudes individuais dos Juízes.[18] Nessa perspectiva, as decisões coletivas não são macroagregações das preferências individuais, mas resultado de procedimentos cognitivos e organizacionais.[19] Os resultados decisórios não são apenas a expressão coletiva de atitudes individuais ou de preferências políticas, mas da complexa interação entre preferências, regras institucionais e objetivos estratégicos.[20]

Como modelos de coordenação na fase deliberativa, as regras permitem que os atores criem expectativas uns sobre os outros e, assim, sejam capazes de induzir resultados específicos.[21] Esses modelos ilustram com clareza o papel potencial das instituições formais como mecanismos para mudar padrões de comportamento e alcançar resultados pré-selecionados.[22]

A repercussão no comportamento dos atores pode ser produzida pela mudança dos participantes das rodadas deliberativas, das opções de escolha disponíveis a eles ou da sequência do processo de deliberação. Para impactar os resultados do processo deliberativo, as regras podem operar através do estabelecimento de ameaças com potenciais sanções contra escolhas estratégicas, da agregação de custos,[23] da alteração das maiorias requeridas (qualificada ao invés de simples) ou da mudança do processo de votação de público para secreto.[24]

Particularmente, para diminuir a inconsistência temporal, as regras podem eliminar opções de escolha, impor custos de amortização, definir recompensas, criar atrasos (impor mais de um turno de votação) e bloquear canais de comunicação.[25]

Por um lado, na qualidade de objeto da atividade humana, as regras são coerções herdadas que refletem escolhas deliberadas. As instituições são vistas como "regras do jogo", externas aos participantes das rodadas de deliberação, destinadas

---

are so radically affected by the institutional contexts in which these preferences are voiced." (IMMERGUT, Ellen. The theoretical core of the new institutionalism, p. 25).

18. EDWARDS, Harry. The effects of collegiality on judicial decision making, p. 1662.
19. IMMERGUT, Ellen. The theoretical core of the new institutionalism, p. 16.
20. IMMERGUT, Ellen. The THEORETICAL core of the new institutionalism, p. 13.
21. CAREY, John. Parchment, equilibria, and institutions, p. 746.
22. CAREY, John. Parchment, equilibria, and institutions, p. 738.
23. KNIGHT, Jack. Institutions and social conflict, p. 61.
24. TSEBELIS, George. *Jogos ocultos*, p. 101-102.
25. Sobre o assunto, ver: ELSTER, Jon. *Ulisses liberto*: Estudos sobre racionalidade, pré-compromisso e restrições. São Paulo: Unesp, 2009.

a restringir as oportunidades e a constranger os resultados decisórios.[26] Por outro, também são produto da ação dos próprios participantes, refletindo os interesses e as disposições aos quais, outrora, dispuseram-se a promover.[27]

Ao mesmo tempo que estruturam as oportunidades que moldam as estratégias disponíveis aos atores,[28] as instituições nas quais as regras estão inseridas adquirem, à medida que se desenvolvem ao longo do tempo, objetivos próprios aos quais seus membros também passam a aderir. Então, além de restringirem preferências através de regras criadas exogenamente, as instituições criam novos constrangimentos quando, paulatinamente, fazem surgir e serem absorvidas orientações de papéis,[29] isto é, o sentimento, nos participantes das rodadas deliberativas, de que eles têm uma missão institucional a desempenhar, seja ela qual for.

Mesmo que as regras sejam externas a qualquer ator em particular, são compartilhadas por todos e orientam a dinâmica do trabalho em equipe, bem como a forma através da qual seus membros devem expor suas razões e se comunicar. Isso permite a interiorização de um sentimento de missão institucional que produz efeitos independentes na estrutura organizacional.[30] Os indivíduos passam a assumir papéis dentro da instituição e a corresponder às expectativas institucionais através do seu comportamento.[31]

Uma das vertentes do neoinstitucionalismo adota pressupostos da escolha racional sobre o comportamento humano para compreender como o comportamento intencional e o resultado decisório são modificados mesmo quando as preferências permanecem intactas.[32]

---

26. BINDER, S. A.; RHODES, R. A. W.; ROCKMAN, B. A. (Ed.) *The Oxford Handbook of Political Institutions*, p. 24.
27. BINDER, S. A.; RHODES, R. A. W.; ROCKMAN, B. A. (Ed.) *The Oxford Handbook of Political Institutions*, p. 25.
28. IMMERGUT, Ellen. The theoretical core of the new institutionalism, p. 21.
29. EPSTEIN, Lee; OWENS, Ryan J. Judicial decision making. In: CLARK, David C. (Ed.). *Encyclopedia of Law and Society*. Thousand Oaks, CA: Sage, 2007. p. 4-5. GIBSON, James L. From simplicity to complexity: The development of Theory in the Study of Judicial Behavior. *Political Behavior*, v. 5, n. 1, p. 7-49, p. 29, 1983.
30. CAREY, John. Parchment, equilibria, and institutions, p. 751-755. EDWARDS, Harry. The effects of collegiality on judicial decision making, p. 1666.
31. GIBSON, James L. From simplicity to complexity, p. 17.
32. O neoinstitucionalismo que parte da teoria racional tem como principal objetivo a verificação da medida e da forma através das quais o comportamento dos atores se modifica quando regras decisórias são introduzidas no fórum deliberativo. Para tanto, em geral, ele toma as preferências individuais dos atores – necessariamente racionais – como fixas e exógenas (pelo menos, em relação ao processo decisório). Isso, apesar de irrealista, contribui para os fins aos quais ele se propõe: a adaptação e a perfectibilização do desenho institucional. Neste trabalho, não se ignoram, porém, os fatores estratégicos, como os custos reputacionais e informacionais para a apresentação do dissenso, que

Uma abordagem institucional guiada pela teoria da escolha racional oferece uma importante contribuição para o desenvolvimento de uma compreensão mais refinada do comportamento judicial.[33] Ela preenche a lacuna entre a análise institucional tradicional e a teoria atitudinal, pois considera uma decisão não apenas como resultado de características estruturais das instituições ou como expressão coletiva das preferências individuais, mas como uma complexa interação entre estruturas e valores.[34]

A teoria da escolha racional pressupõe que o comportamento exteriorizado pelos atores seja a resposta ótima aos constrangimentos ambientais, sociais e institucionais aos quais eles estão submetidos.[35] Para ela, as instituições sociais afetam o cálculo usado pelos atores racionais para avaliar suas estratégias potenciais e selecionar sua escolha racional de ação, através da disponibilização de informações e da fixação de sanções.[36]

Em última análise, as instituições são sistemas de gerenciamento informacional, porque, através das regras, revelam informações a respeito do comportamento esperado dos atores entre si.[37] Isso facilita a compreensão dos atores a respeito das consequências das suas ações e permite a antecipação das ações dos outros membros do grupo,[38] através da criação de expectativas favoráveis.[39] O conhecimento mútuo dessas informações favorece a produção dos resultados almejados, porque

---

também influenciam a tomada da decisão coletiva, razão pela qual nos capítulos 1 e 3 eles são considerados.

33. BRACE, Paul; HALL, Melinda Gann. Neo-institutionalism and dissent in State Supreme Courts. *The Journal of Politics*, v. 52, n. 1, p. 54-70, p. 54, 1990. Disponível em: <www.jstor.org/stable/2131419>. Acesso em: 15.02.2022.
34. BRACE, Paul; HALL, Melinda Gann. Neo-institutionalism and dissent in State Supreme Courts, p. 54. "*The neo-institutional approach embraces rational choice assumptions about human behavior, with particular attention to how institutional arrangements shape purposive behavior. When institutional analysis is placed within the logic of rational choice, not only can theoretically sound hypotheses be generated, positing relationships which explain a significant amount of variance in judicial dissent behavior, but the rather disparate findings in the judicial literature on dissent behavior can be comprehensively integrated. Quite simply, the neo-institutional perspective bridges the gap between traditional institutional analysis and attitudinal theory.*" (HALL, Melinda Gann; BRACE, Paul. Order in the Courts: A neo-institutional approach to Judicial Consensus. *The Western Political Quarterly*, v. 42, n. 3, p. 391-407, p. 392, 1989. Disponível em: <https://www.jstor.org/stable/448434?-seq=1#page_scan_tab_contents>. Acesso em: 15.02.2022).
35. TSEBELIS, George. *Jogos ocultos*, p. 56.
36. KNIGHT, Jack. Institutions and social conflict, p. 54.
37. VERMEULE, Adrian. *Mechanisms of democracy*: institutional design writ small. New York: Oxford University Press, 2007. p. 9.
38. CLAYTON, Cornell W.; GILLMAN, Howard. *Supreme Court decision-making*: new institutionalist approaches. *The Journal of Politics*, v. 62, n. 3, p. 940-942, 2000.
39. KNIGHT, Jack. Institutions and social conflict, p. 49.

limita as estratégias disponíveis,[40] sobretudo quando são previstas sanções àqueles que desviam do papel esperado.

Tendo isso em vista, o impacto da introdução de regras decisórias na tomada de decisão coletiva em Cortes de Justiça será analisado a seguir (subitem 2.1.2.).

2.1.2. Regras decisórias nos Tribunais de Justiça

Para o Tribunal, a possibilidade de ter um ato judicial reformado, quando contra ele é interposto recurso, pode ser vista tanto como uma sanção – ainda que moral – quanto como um incentivo para que o colegiado não incorra em vícios de obscuridade, contradição ou omissão, erros material ou substancial ou violação a precedentes das Cortes Supremas. Isso revela uma das formas pelas quais as regras – neste caso, a da submissão de uma decisão à instância revisora – podem otimizar o trabalho dos Tribunais de Justiça.

Além dessa, existem várias outras. Essas Cortes, não raramente, decidem sobre questões repetitivas. Apesar de não serem responsáveis pela definição do direito e a orientação da sociedade civil, devem manter, minimamente, um padrão decisório coerente ao longo do tempo e trabalhar de forma eficiente, como visto no item 1.1.

Para tanto, além da instauração de Incidentes de Resolução de Demandas Repetitivas (arts. 976 a 987 do CPC) e do respeito aos precedentes das Cortes Supremas (artigo 927 do CPC),[41] diferentes Câmaras de um Tribunal de Justiça, com a mesma competência, devem manter uma jurisprudência sedimentada. A "rotinização", isto é, o aproveitamento do trabalho e da experiência umas das outras torna o trabalho mais eficiente, a instituição mais produtiva e a solução dos casos mais justa.[42]

Na prática, Câmaras ou Turmas com a mesma competência são dificilmente capazes – ou têm interesse – de importar ou disseminar conhecimento útil entre si. Como resultado de seu quadro pequeno e homogêneo, com laços fortes, ainda quando são boas em distribuir informações internamente, do ponto de vista do desempenho organizacional externo, tendem a ser ineficientes, pois não aproveitam o trabalho das outras Câmaras. Isso enfraquece o Tribunal como instituição, pois

---

40. KNIGHT, Jack. Institutions and social conflict, p. 58.

41. "Art. 927. Os Juízes e os tribunais observarão: I – as decisões do Supremo Tribunal Federal em controle concentrado de constitucionalidade; II – os enunciados de súmula vinculante; III – os acórdãos em incidente de assunção de competência ou de resolução de demandas repetitivas e em julgamento de recursos extraordinário e especial repetitivos; IV – os enunciados das súmulas do Supremo Tribunal Federal em matéria constitucional e do Superior Tribunal de Justiça em matéria infraconstitucional; V – a orientação do plenário ou do órgão especial aos quais estiverem vinculados. [...]"

42. OBER, Josiah. Epistemic Democracy in classical Athens: sophistication, diversity, and innovation. In: LANDEMORE, H.; ELSTER, J. (Ed.). *Collective wisdom:* principles and Mechanisms, p. 121-122.

decisões em casos similares, mas em sentidos contrários, passam a ser reproduzidas, em ofensa à igualdade e à previsibilidade.[43]

A solução está na introdução de regras que promovam laços, ainda que fracos, entre os membros das diferentes Câmaras ou Turmas que compartilham da mesma competência. Ou, no caso de Tribunais não especializados – que representam a maioria, inclusive – entre todos os seus subgrupos de competência delegada.

É preciso estabelecer "pontes" entre essas redes internamente fortes, mas incapazes de transferir e de receber de maneira eficiente as informações já coletadas e processadas pelo exterior.[44] A combinação entre a manutenção de redes locais fortes – Câmaras com membros familiarizados entre si – e redes maiores fracas – como Seções Cíveis com membros menos familiarizados – é essencial para a promoção da mobilização social e da coesão organizacional.[45]

Isso também deixa evidente a necessidade de especialização dos Tribunais. Mas não significa que, diante de *expertise* ou de fatos novos, as soluções não possam ser revistas. As Câmaras devem manter a capacidade de inovar, de romper com padrões e de agregar informações novas às suas bases de dados, seja por meio de descobertas próprias – respeitada a organização hierárquica e funcional do Poder Judiciário –, seja em razão da alteração do entendimento das Cortes Supremas.

Atualmente, além das Câmaras ou Turmas Cíveis, compostas de três a cinco julgadores, também costumam ser órgãos das Cortes de Justiça – na esfera cível – o Tribunal Pleno, o Órgão Especial e as Seções, cujas funções e atribuições variam e estão definidas no Regimento Interno de cada Tribunal de Justiça Estadual ou Tribunal Regional Federal.

A depender do Tribunal – e da matéria discutida –, caberá a algum desses órgãos a competência para o julgamento dos Incidentes de Resolução de Demandas Repetitivas e dos Incidentes de Assunção de Competência.

No caso do Tribunal de Justiça do Paraná, por exemplo, a competência inicialmente era da Seção Ordinária Cível, composta por um Magistrado de cada uma das Câmaras (artigo 85, *caput* e I, do respectivo Regimento Interno), independente da competência, o que prejudicava a formação de laços entre elas caso os escolhidos para representá-las não agissem em nome do respectivo grupo, não estivessem

43. OBER, Josiah. Epistemic Democracy in classical Athens: sophistication, diversity, and innovation. In: LANDEMORE, H.; ELSTER, J. (Ed.). *Collective Wisdom:* Principles and Mechanisms, p. 126.

44. OBER, Josiah. Epistemic democracy in classical Athens: sophistication, diversity, and innovation. In: LANDEMORE, H.; ELSTER, J. (Ed.). *Collective wisdom:* principles and mechanisms, p. 128-129.

45. OBER, Josiah. Epistemic democracy in classical Athens: sophistication, diversity, and innovation. In: LANDEMORE, H.; ELSTER, J. (Ed.). *Collective wisdom:* principles and mechanisms, p. 129.

dispostos a compartilhar e absorver novas informações ou não dominassem a matéria tratada.

Essa dinâmica diluía o peso do voto daqueles que, teoricamente, tinham mais *expertise* e experiência no assunto, isto é, os representantes das Câmaras às quais incumbia a competência de julgar rotineiramente a "questão unicamente de direito" repetida ou a "questão de direito, com grande repercussão social, sem repetição em múltiplos processos" sob análise.[46]

Tendo isso em vista, o Regimento Interno da Corte Paranaense foi alterado em 26.08.19, quando houve o "Desmembramento da Seção Cível, com a criação de um novo modelo de órgão julgador que, ao mesmo tempo, observe o sistema de especialização das matérias de competência das Câmaras Cíveis atualmente em vigor, mas que também contribua para a estabilização, integridade e coerência da jurisprudência da Instituição".

A partir de então, e pelo menos até o início do ano de 2022, a competência para o julgamento dos Incidentes de Resolução de Demandas Repetitivas e dos Incidentes de Assunção de Competência era do Órgão Especial apenas quando:

> Art. 95.
>
> f) [...] for o caso de observância do disposto no art. 97 da Constituição Federal, ou se suscitado a partir de processo competência do Tribunal Pleno;
>
> [...]
>
> h) [...] a matéria for comum a mais de uma Seção Cível.

Em todos os demais casos, compete a uma das sete seções cíveis "em composição qualificada, observadas as matérias de especialização das Câmaras que as integram, previstas no art. 110 deste Regimento [processar e julgar]: a) os incidentes de resolução de demandas repetitivas; b) os incidentes de assunção de competência" (art. 100, parágrafo único, II).

Do mesmo modo, no Tribunal Regional Federal da 4ª Região, as Turmas – compostas por três Desembargadores – que compartilham da mesma competência formam diferentes Seções especializadas, às quais incumbe a responsabilidade de apreciar os IRDRs e os IACs cuja discussão diz respeito à "[...] matéria restrita à sua competência" (artigo 9º, VIII e IX, do Regimento Interno). Apenas quando a matéria envolver a competência de mais de uma Seção especializada é que a competência será da Corte Especial, composta por 17 Desembargadores, escolhidos, basicamente, por ordem de antiguidade e por eleição, observado o quinto constitucional (artigo 7º, X e XI, do Regimento Interno).

46. Respectivamente, objetos de Incidente de Resolução de Demandas Repetitivas (arts. 976 a 987 do CPC) e de Incidente de Assunção de Competência (art. 947 do CPC).

Esse formato organizacional respeita a especialização da Corte e favorece a formação de laços, ainda que fracos, entre membros de Turmas diferentes.

Para exemplificar a importância da combinação entre laços locais fortes e laços maiores fracos, Josiah Ober descreve o funcionamento do "Conselho dos Quinhentos", em Atenas, entre o final do século VI até o final do século IV a.C. O sucesso experimentado por essa "democracia epistêmica participativa" é atribuído à capacidade de grupos unidos e menores, compostos por indivíduos homogêneos entre si, adquirirem conhecimento e técnica através do acúmulo de sabedoria e experiência, ao mesmo tempo que eram capazes de compartilhar as informações coletadas com um grupo externo e maior, composto por representantes engajados de cada um dos grupos menores, entre si heterogêneos e menos familiarizados.

Ober conclui que o *design* institucional deve construir "pontes" entre pequenos grupos nos quais haja laços fortes para permitir que o conhecimento – homogêneo – por eles adquirido seja compartilhado e se transforme em soluções criativas e inovadoras dentro de grupos maiores com laços fracos.[47] O autor também destaca a importância do compartilhamento de informações entre os membros dos grupos menores, através de incentivos materializados em regras, para evitar o autossilenciamento.

Essa tarefa não é fácil. Primeiro, porque cada instituição tem necessidades diferentes. Segundo, porque quanto maiores a complexidade dos casos a serem decididos, o volume de trabalho e as informações necessárias para a tomada das decisões, mais difícil será para arquitetar o *design* do processo decisório. A coleta e troca de conhecimento se tornam mais complicadas à medida que as organizações se tornam maiores e mais diversificadas. Terceiro, porque as regras, por si sós, não definem o resultado da decisão colegiada, apesar de poder influenciá-lo.[48]

À vista dessas dificuldades, como visto, é possível que o resultado das decisões colegiadas das Cortes de Justiça seja proferido por uma falsa unanimidade, em razão da opção individual pelo autossilenciamento. Isso é desfavorável às partes e à Corte, pois dificilmente todos os Magistrados possuirão as mesmas informações e *expertise* a respeito de todos os casos. Sabendo disso, um desenho institucional deve incentivar que 1) o conhecimento especializado possuído por cada um dos julgadores seja compartilhado, sobretudo quando diferente daquele já comunicado pelos demais; 2) as informações irrelevantes sejam excluídas; e 3) seja atribuído peso adequado às informações filtradas como úteis.[49]

---

47. OBER, Josiah. Epistemic democracy in classical Athens: sophistication, diversity, and innovation. In: LANDEMORE, H.; ELSTER, J. (Ed.). *Collective wisdom:* principles and mechanisms, p. 119.

48. OBER, Josiah. Epistemic democracy in classical Athens: sophistication, diversity, and innovation. In: LANDEMORE, H.; ELSTER, J. (Ed.). *Collective wisdom:* principles and mechanisms, p. 124.

49. OBER, Josiah. Epistemic democracy in classical Athens: sophistication, diversity, and innovation. In: LANDEMORE, H.; ELSTER, J. (Ed.). *Collective wisdom:* principles and mechanisms, p. 121-122.

Para tanto, é recomendado tornar o meio de comunicação disponível para os membros do quórum o mais acessível e o menos custoso possível.[50] A forma pela qual os Magistrados podem acrescentar observações às propostas redigidas pelo Relator deve ser simples, rápida e permitir correções e adaptações, podendo ser feita por e-mail institucional, sistema informacional próprio do Tribunal, telefone ou encontros informais.[51] Recomenda-se o sigilo desse processo, para permitir, entre os Magistrados, a livre e desinibida manifestação de dúvidas, incertezas, conflitos e mudanças de pontos de vista, corolários da deliberação na qualidade de trocas multidirecionais de opiniões e influências mútuas.[52]

Em contrapartida, deve haver um dispositivo de classificação epistêmico, isto é, um meio capaz de filtrar as razões públicas dos interesses privados.[53] O compartilhamento de informações deve ser facilitado, mas não pode isentar o comunicante de responsabilidade. Algum tipo de esforço deve ser exigido dos Magistrados para que, apesar de livre, a escolha para a apresentação do dissenso seja tomada com consciência, a partir da ponderação dos custos e dos benefícios que trará, não para eles mesmos, mas para as partes e para o Tribunal.

O fato de as informações compartilhadas precisarem ser publicizadas (artigo 941, § 3º, do CPC)[54] não apenas entre os membros do quórum, mas também, pelo menos, entre as partes do processo, inibe, minimamente, a seleção de informações frívolas e ímprobas, pois os Magistrados, além de estarem sujeitos a sanções administrativas e à responsabilidade civil, preocupam-se com sua reputação.[55]

---

50. OBER, Josiah. Epistemic democracy in classical Athens: sophistication, diversity, and innovation. In: LANDEMORE, H.; ELSTER, J. (Ed.). *Collective wisdom:* principles and mechanisms, p. 123.
51. A aproximação espacial dos julgadores em uma mesma localização pode favorecer o contato entre eles. Por óbvio, hoje em dia, a expressividade desse fator se curva às modernas inovações tecnológicas, capazes de aproximar os ministros, uns dos outros, virtualmente. Para Edwards: "*The potential adverse effects of a large or geographically spread out court can be mitigated somewhat by advanced systems of electronic communications.*" (EDWARDS, Harry. *The effects of collegiality on judicial decision making*, p. 1676).
52. MARTINO, Alessandra Di. *Le opinioni dissenzienti dei giudici costituzionali*, p. 492.
53. OBER, Josiah. Epistemic democracy in classical Athens: sophistication, diversity, and innovation. In: LANDEMORE, H.; ELSTER, J. (Ed.). *Collective wisdom:* principles and mechanisms, p. 123.
54. "Art. 941. [...] § 3º O voto vencido será necessariamente declarado e considerado parte integrante do acórdão para todos os fins legais, inclusive de pré-questionamento."
55. Essa preocupação é mais evidente em interações e julgamentos presenciais. Nesse sentido: "*When judges engage in self-presentation, they have a wide array of potential audiences: two are elements of a court's environment, the mass public and the other branches of government – influencing strategic models studies. The third is judges' colleagues on their own court.*" (BAUM, Lawrence. *Judges and their audiences*: A perspective on judicial behavior. New Jersey: Princeton University Press, 2006. p. 50). "*I argue that judges care about the regard of salient audiences because they like that regard in itself, not just as a means to other ends.*

Logo, a exposição pública do dissenso é importante, pois responsabiliza o Magistrado pela discordância apresentada.

Já a obrigação de fundamentar as decisões, nos termos do artigo 489 do CPC, contribui para o equacionamento do valor a ser dado não apenas às informações compartilhadas, mas à forma através da qual elas serão organizadas, coerentemente ou não. Além de exigir, na sentença, a inclusão de relatório, fundamentos e dispositivo (*caput*, I, II e III),[56] a eleição de requisitos mínimos para que qualquer decisão judicial seja considerada fundamentada, sob pena de nulidade (§ 1º),[57] incentiva a prudência e o cuidado na exposição das razões do voto.

Este dever de fundamentação aumenta os custos para a apresentação da divergência, pois, para tanto, não basta a oposição verbal do irresignado. É necessária a redação de voto minimamente fundamentado, que deverá ser declarado e publicado em separado (artigo 941, § 3º, do CPC).[58] Além disso, caso, ao final, prevaleça a posição inicialmente minoritária, caberá ao discordante a relatoria do acórdão (artigo 941, *caput*, do CPC).[59]

Em certa medida, estas regras caracterizam desestímulos à adoção de comportamentos competitivos, podendo mascarar a divergência. Dependendo da forma pela qual a instituição é arquitetada, é possível incentivar ou restringir a exposição do desacordo. Sob uma perspectiva exógena, são várias as formas através das quais as regras podem encorajar ou mascarar a comunicação do dissenso.[60]

Further, I argue, judges' interest in what their audiences think of them has fundamental effects on their behavior as decision makers." (*Ibid.*, p. 4). *"Self-presentation helps people to create their identities."* (*Ibid.*, p. 29).

56. "Art. 489. São elementos essenciais da sentença: I – o relatório, que conterá os nomes das partes, a identificação do caso, com a suma do pedido e da contestação, e o registro das principais ocorrências havidas no andamento do processo; II – os fundamentos, em que o juiz analisará as questões de fato e de direito; III – o dispositivo, em que o juiz resolverá as questões principais que as partes lhe submeterem. [...]"

57. "Art. 489, § 1º Não se considera fundamentada qualquer decisão judicial, seja ela interlocutória, sentença ou acórdão, que: I – se limitar à indicação, à reprodução ou à paráfrase de ato normativo, sem explicar sua relação com a causa ou a questão decidida; II – empregar conceitos jurídicos indeterminados, sem explicar o motivo concreto de sua incidência no caso; III – invocar motivos que se prestariam a justificar qualquer outra decisão; IV – não enfrentar todos os argumentos deduzidos no processo capazes de, em tese, infirmar a conclusão adotada pelo julgador; V – se limitar a invocar precedente ou enunciado de súmula, sem identificar seus fundamentos determinantes nem demonstrar que o caso sob julgamento se ajusta àqueles fundamentos; [...]"

58. "Art. 941. [...] § 3º O voto vencido será necessariamente declarado e considerado parte integrante do acórdão para todos os fins legais, inclusive de pré-questionamento."

59. "Art. 941. Proferidos os votos, o presidente anunciará o resultado do julgamento, designando para redigir o acórdão o relator ou, se vencido este, o autor do primeiro voto vencedor [...]."

60. *"Because certain institutional arrangements can lead to the implementation of sanctions upon individuals engaging in competitive behavior, within certain types institutional structures,*

Como a apresentação da divergência é diretamente proporcional à diversidade ideológica entre os Juízes, ela será favorecida por regras inclusivas que selecionam ao quórum indivíduos de diferentes classes sociais, gênero, etnia, formação e carreira. Isso, no entanto, não é suficiente para a proteção dos interesses minoritários, para o que é necessária a formalização de um desenho institucional capaz de assegurar a responsividade do processo deliberativo a todos esses diferentes pontos de vista.

Além disso, para definir as regras do jogo, o legislador deve levar em consideração fatores estratégicos que podem afetar a escolha pelo compartilhamento de informações ou pelo autossilenciamento. Há estudos que apontam a influência da decisão de primeiro grau para a apresentação da dissidência, que seria mais frequente quando a posição majoritária está reformando a decisão monocrática.[61]

A carga de trabalho do Tribunal também tem impacto significativo na forma pela qual os Magistrados estão dispostos e são capazes de colaborar com a resolução do caso concreto. Por um lado, Juízes em Câmaras com maiores cargas de trabalho podem querer evitar, quando possível, o trabalho adicional que a escrita da opinião separada exige e o mal-estar por ela gerado entre os colegas.[62] Desse modo, uma carga de trabalho pesada pode incentivar os Juízes a se empenhar mais em trabalhar juntos para elaborar uma decisão com a qual todos concordam, ainda que minimamente. Porém, não se pode ignorar a possibilidade de o aumento da carga de trabalho ter o efeito oposto: a depender da forma como a dissidência é percebida, pode ser mais simples escrever uma opinião independente do que se envolver em negociações quando a relação entre os membros é penosa e as discussões são demoradas.[63] De qualquer forma, o fato é que as regras que definem a distribuição dos processos de acordo com a especialização das competências podem repercutir no percentual de divergências apresentadas pelos Magistrados.

Esse também é o caso das regras que prescrevem a mandatoriedade dos precedentes das Cortes Supremas. O dever de respeitar precedentes diminui o impacto da opinião divergente lançada por um Juiz hierarquicamente inferior quando estiver em sentido contrário a ela. Em tese, estimula-se, nesse caso, a

inclusive rather than exclusive coalitions tend to form." (HALL, Melinda Gann; BRACE, Paul. Order in the Courts: a neo-institutional approach to Judicial Consensus, p. 393).

61. SONGER, Donald R. Factors affecting variation in rates of dissent in the U.S. Courts of Appeals. In: GOLDMAN, Sheldon; LAMB, Charles M. (Ed.). *Judicial conflict and consensus:* behavioral studies of American Appellate Courts. University Press of Kentucky, 1986. p. 129. Disponível em: <www.jstor.org/stable/j.ctt130jhw8>. Acesso em: 15.02.2022.

62. EPSTEIN, Lee; LANDES, William M.; POSNER, Richard A. *Why (and when) judges dissent*: a theoretical and empirical analysis. University of Chicago Law & Economics; Olin Working Paper n. 510, p. 1-37, p. 4, Jan. 2010. Disponível em: <https://ssrn.com/abstract=1542834>. Acesso em: 15.02.2022.

63. BERZON, Marsha S. Dissent, "dissentals", and decision making, p. 1488.

ressalva da opinião pessoal do Magistrado no corpo do voto, ao invés da apresentação do voto à parte.[64]

Por sua vez, as regras que definem a aleatoriedade da atribuição do processo de relatoria da redação dos votos eliminam incentivos ao consenso, favorecendo a expressão de divergências, porque bloqueiam as oportunidades de competição, de controle através do poder de agenda, de recompensa dos atores leais e de punição dos inconformados. Sempre que a atribuição da opinião estiver sujeita à sorte, juntar-se a uma coalizão vencedora em dado momento não resultará em recompensa tangível em decisões posteriores.

Por outro lado, nos Tribunais em que as opiniões são atribuídas discricionariamente pelo Presidente e em que a colheita dos votos ocorre em alguma sequência predeterminada, principalmente quando em ordem de antiguidade, surgem oportunidades para a aplicação de potenciais sanções aos dissidentes – mais novos e menos experientes. Neste caso, um consenso maior pode ser esperado.[65]

Já a tomada dos votos em ordem inversa à antiguidade pode estimular membros menos experientes a divulgar aquilo que sabem, impedindo com que sejam indevidamente influenciados pelos julgamentos de seus predecessores.[66] Ademais, a variedade e a combinação de critérios para as nomeações de Juízes pode garantir a diversidade cognitiva tão destacada, já que de nada adianta estimular o compartilhamento de informações quando elas são todas iguais.

O aumento da frequência com que os Juízes interagem tem o efeito de incentivar o consenso[67] ou, pelo menos, a cooperação.[68] Como eles não ignoram os custos

---

64. Entre outros incentivos para a observância dos precedentes, está a diminuição da carga de trabalho dos Tribunais de Apelação. Por outro lado, há quem entenda que decidir com base em precedentes diminui o potencial criativo do juiz e, possivelmente, sua satisfação pessoal. Por isso, Erik Navarro recomenda a ampla divulgação dos nomes daqueles que se recusam a seguir precedentes a fim de que a reprovação social e dos seus pares impliquem um decréscimo da utilidade de divergir nesses casos. (NAVARRO, Erik. *Análise econômica do processo civil*, p. 495-499).
65. HALL, Melinda Gann; BRACE, Paul. Order in the Courts, p. 397. Além de poder promover a maior coesão intramural, a forma pela qual a liderança é exercida no colegiado pode influenciar na produtividade e nos níveis de satisfação no trabalho entre os colegas da Corte. (GIBSON, James L. From Simplicity to complexity, p. 30).
66. SUNSTEIN, Cass R. Conformity and dissent, p. 26.
67. EPSTEIN, Lee; LANDES, William M.; POSNER, Richard A. *Why (and when) judges dissent*, p. 4.
68. "A elevação da importância do futuro é o caminho a ser trilhado quando o reformador não deseja ou não pode alterar as regras do jogo. Basicamente, isso significa aumentar a possibilidade de que os jogadores encontrem-se novamente, ou mesmo aumentar o tempo de interação entre eles em cada rodada. É importante, ainda, que não haja uma valorização excessiva do presente em relação ao futuro (o que ocorreria, por exemplo, se um dos julgadores soubesse que ficará doente no futuro e não terá condições de usufruir

existentes para a apresentação do dissenso nas rodadas posteriores, pode-se esperar que ele será menos frequente em Circuitos nos quais a interação é mais regular: quando os Juízes interagem com mais frequência, têm mais incentivos para investir na colegialidade,[69] porque estão conscientes da possibilidade de receber retaliações.

Segundo Navarro, "a neurociência vem demonstrando que nosso cérebro é programado para cooperar sempre que nossa reputação esteja aparentemente em jogo e que o julgamento alheio seja capaz de diminuir-nos uma utilidade futura qualquer."[70] Logo, existe uma relação direta entre regularidade da interação, reputação e cooperação.

A consciência de que a interação dentro do painel é regular e contínua estimula os atores a considerar o impacto das suas ações atuais nas ações futuras, porque eles se preocupam com sua reputação.[71] A tendência é que eles sejam cooperativos com quem o foi anteriormente com eles, e não cooperativos com quem escolheu não cooperar.

Isso significa que os procedimentos nos quais é prevista a alteração da composição dos órgãos julgadores, ao comprometerem o grau de familiaridade e de confiança entre os membros, reduzindo o período de convivência uns com os outros, podem desestimular negociações, renúncias, concessões ou compensações, o que pode contribuir para a apresentação do dissenso.[72]

---

da gratificação, preferindo fortemente uma recompensa imediata)." (NAVARRO, Erik. *Análise econômica do processo civil,* p. 262).

69. EPSTEIN, Lee; LANDES, William M.; POSNER, Richard A. *Why (and when) judges dissent,* p. 4.

70. NAVARRO, Erik. *Análise econômica do processo civil,* p. 506.

71. Segundo Erik Navarro, "Dizer que as pessoas preocupam-se com a própria reputação é afirmação quase tautológica. Além da necessidade de reconhecer-se no outro, a reputação está diretamente ligada à ideia de prestígio, poder e influência na sociedade." (NAVARRO, Erik. *Análise econômica do processo civil,* p. 503). É fato que "todos desejam a amizade e a influência de pessoas com alto status social, ao mesmo tempo em que temem sua inimizade pelas consequências negativas potencialmente daí advindas." (*Ibid.*, p. 504).

72. HOWARD JR., J. Woodford. *Courts of Appeals in the Federal Judicial System*: a study of the second, fifth, and district of Columbia circuits. Princeton: Princeton University Press, 1981, cap. 7. A percepção de Harry Edwards sobre o impacto da familiaridade em um colegiado é interessante – e diferente. Para ele, membros de um grupo não familiarizado são menos propensos a comunicar publicamente perspectivas inconsistentes com a dos demais, por receio da forma pela qual serão avaliados. Já membros que estão familiarizados uns com os outros têm menos incerteza e menos ansiedade quanto à aceitação social, o que aumenta a fluência e a flexibilidade de seus pensamentos e reduz a pressão para silenciar informações privadas e únicas. Neste caso, a necessidade de se conformar com a decisão inicial e de suprimir perspectivas alternativas é menor, permitindo a experimentação mais profunda dos benefícios das assimetrias de conhecimento. (EDWARDS, Harry. The effects of collegiality on judicial decision making, p. 1646-1647).

Em resumo, "a única forma de fazer florescer a cooperação é por meio da perspectiva de múltiplas interações, se, e somente se, o valor do amanhã for alto para ambas as partes."[73]

Dito isso, é importante notar que o tamanho do colegiado também influencia na capacidade de familiarização dos membros entre si. Em um grupo menor, as interações são mais profundas, permitindo com que expectativas mais estáveis sejam criadas pelos membros, cuja familiaridade é maior. O número de membros do quórum do julgamento também é um fator isolado: quanto menor, maiores serão os custos para a apresentação da divergência, pois há maiores chances de ela ser solitária. Estatisticamente, é menor a probabilidade de um desacordo ser manifestado em um painel de três Juízes do que em um painel de nove. Por isso, Tribunais maiores devem exibir níveis mais altos de discordância do que Tribunais menores.[74]

Em grupos maiores, a familiaridade é menor, pois o contato estabelecido entre os membros uns com os outros é menos profundo, exceto dentro das "panelinhas" que podem se formar.[75] Não sendo esse o caso, as ações dos agentes são menos previsíveis aos seus pares, assim como as oportunidades de competição e, consequentemente, o potencial de desacordo são maiores, inclusive porque, em teoria, a gama de informações levantadas também o será.[76]

Ademais, o compartilhamento da responsabilidade pelas decisões entre um número maior de julgadores pode diluir o custo decisório da tomada de decisões mais difíceis,[77] pois, quanto maior o número de deliberadores, menores são o peso e o valor de cada voto. Consequentemente, também é menor o incentivo que eles têm para assegurar que a decisão tomada está de acordo com suas preferências, sejam elas estratégicas ou sinceras.[78] Sobre o tema, disserta Condorcet que:

---

73. NAVARRO, Erik. *Análise econômica do processo civil*, p. 253. "[...] a cooperação surge quando há incentivos para tanto, ou seja, quando vale a pena. O dilema do prisioneiro, jogado uma única vez, é a prototipagem da situação diametralmente oposta, ou seja, aquela na qual o comportamento cooperativo definitivamente não é a melhor estratégia para os jogadores." (*Ibid.*, p. 252).

74. HALL, Melinda Gann; BRACE, Paul. Order in the Courts, p. 398.

75. Sobre panelinhas, ainda que exclusivamente no âmbito do Supremo Tribunal Federal, ver: OLIVEIRA, F. L. de. Processo decisório no Supremo Tribunal Federal: coalizões e "panelinhas". *Revista de Sociologia e Política*, v. 20, n. 44, p. 139-153, nov. 2012.

76. "*As the group grows, the greater would be the chances of someone expressing disagreement and, even if falling short of consensus in the end, of refining the conflicting positions. Larger groups, moreover, tend to increase, other things considered, the amount and quality of available information.*" (MENDES, Conrado Hübner. *Constitutional Courts and deliberative performance*, p. 151).

77. Sobre o assunto, ver: WALKER, Thomas G. *Judges in Concert*: the influence of the group on judicial decision-making. 1970. Ph.D. Dissertation – University of Kentucky, Lexington.

78. ELSTER, Jon. The optimal design of a Constituent Assembly. In: LANDEMORE, H.; ELSTER, J. (Ed.). *Collective wisdom*: principles and mechanisms, p. 158.

> Se um órgão não é numeroso o suficiente, é necessariamente fraco, porque, nas ocasiões em que a coragem é necessária, todos temerão ser pessoalmente comprometidos. Mas o problema de um órgão demasiadamente numeroso é que ele tem uma força independente daquela que, em essência, uma assembleia representativa possui, que é uma força baseada no crédito particular de seus membros e que resulta apenas da união entre eles. O órgão numeroso pode abusar dessa força; pode derivar dela uma forma de independência. Existe, portanto, um meio-termo que é importante e às vezes difícil de encontrar.[79]

No mesmo sentido, Jeremy Bentham reconhece que, quanto maior for o grupo, maiores suas sabedoria e fontes de iluminação. Porém, tantos mais membros, também, tanto maior será a redução da motivação para exercitá-las.[80] Nesses casos, a tentação de "pegar carona" com a decisão dos demais colegas é grande.[81]

Mesmo uma mudança aparentemente simples, como a adição de um ou de alguns julgadores em um Tribunal, tem efeito potencialmente significativo nas relações interpessoais do grupo. Isso porque o número de painéis de três julgadores – responsáveis pela apreciação inicial dos recursos nas Cortes de Justiça – aumenta geometricamente à medida que o número de membros do Tribunal é ampliado.

Logo, a adição de novo(s) membro(s) ao Tribunal pode implicar a formação de uma nova Turma ou Câmara. Assim como a de um Magistrado à composição de uma Câmara representa o aumento de combinações de quórum originário. Em ambos os casos, sentando-se com menos frequência juntos, inclusive porque a carga de

---

79. Tradução adaptada de: "*If a body is not numerous enough, it is necessarily weak, because, in the occasions where courage is needed, everyone will fear to be personally compromised. But the problem of too numerous a body is that it has a strength independent from that which it owes to its quality of a representative assembly, that is a strength based on the particular credit of its members and resulting from their union only. The numerous body can abuse this strength; it can derive from it a form of independence. There thus exists a middle-ground that it is important, and sometimes hard, to grasp.*" (CONDORCET, Marquis de. Essai sur l'application de l'analyse à la probabilité des decision rendues à la pluralité des voix. In: ________. *Sur les elections*. Paris: Fayard, 1788. p. 366).

80. BENTHAM, J. Considérations d'un anglois sur la composition des Etats-Généraux y compris réponses aux questions proposées aux notables. In: ________ *Rights, representation and reform*. Oxford University Press, 1789. p. 122. "*Condorcet, as noted, assumed that assembly members would be unequally competent and, like Aristotle, saw the different levels of competence as exogenously given. Bentham's twist is that he saw competence as endogenous, that is, as a function of assembly size. In large assemblies, the incentive for any given individual to inform herself is small, and the temptation to free-ride on the information gathering of others correspondingly large.*" (ELSTER, Jon. The optimal design of a Constituent Assembly. In: LANDEMORE, H.; ELSTER, J. (Ed.). *Collective wisdom:* principles and mechanisms, p. 158).

81. ELSTER, Jon. The optimal design of a Constituent Assembly. In: LANDEMORE, H.; ELSTER, J. (Ed.). *Collective wisdom:* principles and mechanisms, p. 158.

trabalho é diluída, os deliberadores saberão menos uns sobre os outros. Isso também acontece quando um Desembargador é substituído por um Juiz Substituto.

Para os Federalistas, ao determinar o tamanho da assembleia, o projetista constitucional deve considerar não apenas os benefícios da "livre consulta e discussão" provenientes da adição de mais membros ao colegiado, como os custos da "confusão e intemperança" que a multidão pode causar.[82] Como a definição da diversidade necessária e da quantidade suficiente de membros de uma Corte envolvem a consideração das metas de cada instituição, não é possível definir o modelo ideal.

A adição de novos julgadores ao quórum de deliberação também impacta na forma pela qual os votos são agregados. A depender da regra de votação adotada – supermajoritarismo, majoritarismo, unanimidade etc. –, a adição de um novo julgador pode aumentar o número de indivíduos com potencial poder de veto. Quando se exige a unanimidade para a alteração do *status quo*, isto é, para que uma decisão seja tomada, é atribuído a todos os deliberadores o poder de vetá-la.

O número de atores com poder de veto, assim como a diversidade de suas preferências, é diretamente proporcional à dificuldade de alterar o *status quo*,[83] exceto quando eles são absorvidos pelo núcleo da unanimidade. Isso significa que a estabilidade decisória aumenta na medida em que aumenta o número de indivíduos com poder de veto, o que, consequentemente, reduz a importância do responsável pelo poder de agenda. Em síntese, a introdução e a eliminação de *veto players* diz respeito à estabilidade decisória: respectivamente, à maior ou à menor onerosidade para a promoção da mudança do *status quo*.

Independente da quantidade de membros que compõem a coletividade, a alteração do *status quo* através da tomada de decisões pela regra da maioria ou da supermaioria é mais provável em comparação às decisões que dependem de um único ator ou da unanimidade.[84] A escolha entre as regras decisórias da maioria simples, absoluta ou qualificada e a regra da unanimidade dependerá dos valores aos quais se quer dar prioridade em um sistema: a dinamicidade e a capacidade de inovação ou a proteção das minorias e a estabilidade.

Para Jeremy Waldron, os benefícios associados à conclusão da tomada de decisão coletiva através da regra da maioria, adotada pelas Cortes de Justiça estudadas, incluem o respeito à decisividade, à neutralidade e à igualdade. Os participantes da tomada decisória se sentem persuadidos a executar a decisão ainda quando são consagrados perdedores, porque sabem que, na próxima rodada, podem passar a compor o quórum vencedor.[85]

---

82. HAMILTON, Alexander or MADISON, James. *The Federalist Papers n. 55*. The total number of the House of Representatives from the New York packet, 1788. Disponível em: <http://avalon.law.yale.edu/18th_century/fed55.asp>. Acesso em: 15.02.2022.
83. TSEBELIS, George. *Atores com poder de veto*. Rio de Janeiro: Ed. FGV, 2009. p. 41.
84. TSEBELIS, George. *Atores com poder de veto*, p. 95.
85. WALDRON, Jeremy. Five to four: why do bare majorities rule on courts? p. 1718.

O fato de o artigo 942 do CPC conceder àquele que diverge o poder de vetar a conclusão do julgamento também afeta a dinâmica decisória. A forma como isso acontece e as razões que justificam a regra serão analisadas a seguir (item 2.2.).

2.2. O quórum ampliado como técnica decisória e suas funções

2.2.1. A natureza jurídica do quórum ampliado

A definição da natureza jurídica do instituto previsto no artigo 942 tem grandes repercussões práticas; no entanto, não há unanimidade da doutrina a esse respeito.

Para Jordão Violin, trata-se de técnica equivalente a "embargos infringentes de ofício."[86] No mesmo sentido, Eduardo José da Fonseca Costa atribui à ampliação do colegiado, em caso de divergência, natureza recursal, tratando-a como "recurso de oficio". Em suas palavras, "os embargos infringentes não deixam de existir, deixando de ser *voluntários* para se tornarem *necessários* ou *obrigatórios*." Segundo ele, ao contrário do que se imagina, o elemento provocativo ao recurso é meramente acidental:

> O que importa é haver impulso processual para o reexame (que pode ser dado pelo juiz, pelo Tribunal, pela parte ou por terceiro prejudicado). O impulso do juiz não o faz apelante na apelação de ofício, assim como o impulso do relator da apelação não o faz embargante nos embargos infringentes de ofício, divisados no Projeto de CPC.[87]

Para Lenio Streck, trata-se de "espécie de *embargos infringentes com remessa necessária*", que condiciona a eficácia do acórdão não unânime à imediata suspensão do julgamento para a sua reanálise em momento posterior e por uma nova quantidade de julgadores.[88]

---

86. VIOLIN, Jordão. Dupla conformidade e julgamento monocrático de mérito: os poderes do relator no Código de Processo Civil. *Revista de Processo*, v. 267, p. 319-344, p. 7, 2017. versão *on-line*.
87. COSTA, Eduardo José da Fonseca. Pequena história dos embargos infringentes no Brasil: uma viagem redonda. In: *Novas tendências do processo civil*. Estudos sobre o projeto do novo Código de Processo Civil. Baseado no relatório apresentado pelo Deputado Paulo Teixeira, na Comissão Especial presidida pelo Deputado Fábio Trad. JusPodium: Salvador: 2014. v. II. p. 399. No mesmo sentido é o entendimento de Pontes de Miranda, para o qual, "quem recorre, a) pratica o ato de provocação do impulso processual e b) articula (postula recursalmente) contra a sentença. No recurso de ofício, há a), porém não b) Há o suscitamento sem a impugnação. Não é tácito, nem silente; é ato, e expressivo, como os outros recursos. Falta-lhe a impugnação; de modo que, na instância superior, a cognição se abre, como se tivesse havido recurso voluntário." (PONTES DE MIRANDA, Francisco Cavalcanti. *Comentários ao Código de Processo Civil*. Rio de Janeiro: Forense, 1974. tomo V, p. 217).
88. STRECK, Lenio Luiz; HERZL, Ricardo Augusto. O que é isto – Os novos embargos infringentes? Uma mão dá e a outra... *Consultor Jurídico*, 13 jan. 2015. Disponível em:

Ocorre que a qualificação do instituto como recurso pressupõe a lavratura do acórdão em que o resultado não unânime foi anunciado, autoriza a oposição de embargos de declaração antes mesmo da convocação dos novos julgadores e restringe a devolutividade à questão objeto da divergência.[89] Não é, porém, o que acontece. O fato de o legislador ter, por assim dizer, substituído os embargos infringentes pela técnica da ampliação do debate não autoriza a leitura do art. 942 do CPC como se fosse um simples sucedâneo – apenas dotado de um novo nome – daquele recurso. A possibilidade de um recurso, voluntário ou de ofício, ser interposto pressupõe decisão anteriormente proferida, considerando que apenas decisões interlocutórias ou monocráticas, sentenças e acórdãos podem ser assim desafiados.

Na hipótese, a regra incide antes do julgamento haver encerrado. Após a tomada dos votos, observados os requisitos do *caput* e/ou do § 3º, II, do art. 942,[90] prossegue-se o julgamento na mesma ou em outra sessão com mais julgadores para que se tenha, aí sim, o resultado final declarado pelo Presidente e a lavratura do acórdão. Antes disso, não há lavratura de acórdão, pois o julgamento não encerrou, já que – eis o ponto – não se alcançou o quórum exigido para a estabilização do resultado.[91]

Isso significa que, até então, não é viável a interposição de embargos de declaração. Mas não só. Também significa que o quórum estendido se diferencia da remessa necessária, que incide só depois de proferida decisão, ainda que independentemente de iniciativa da parte,[92] e dos recursos. A atribuição de natureza recursal ao instituto ofenderia, além da voluntariedade, os princípios da taxatividade, do duplo grau, da unirrecorribilidade e da proibição da reformatio *in pejus*.

Como o instituto não está previsto no catálogo do art. 994 do CPC,[93] atribuir-lhe natureza recursal consistiria em violação ao princípio da taxatividade, segundo o qual são recursos apenas aqueles assim definidos pelo legislador federal em regras às quais, porquanto *numerus clausus*, veda-se interpretação extensiva ou analógica.[94]

<http://www.conjur.com.br/2015-jan- 13/isto-novos-embargos-infringentes-mao-outra>. Acesso em: 15.02.2022, grifo dos autores.

89. Nesse sentido: DIDIER JR., Fredie; CUNHA, Leonardo José Carneiro da. *Curso de direito processual civil*. 13. ed. reform. Salvador: JusPodivm, 2016. v. 3. p. 77.
90. Esses requisitos são analisados no capítulo 4.
91. ASSIS, Araken de. *Manual dos recursos*. 1. ed. em e-book baseada na 8. ed. impressa. São Paulo: Ed. Revista dos Tribunais, 2017. p. 334.
92. ALVIM, Teresa Arruda. Ampliar a colegialidade: a que custo? *Res Severa Verum Gaudium*, v. 3, n. 1, Porto Alegre, p. 17-27, p. 20, mar. 2017.
93. "Art. 994. São cabíveis os seguintes recursos: I – apelação; II – agravo de instrumento; III – agravo interno; IV – embargos de declaração; V – recurso ordinário; VI – recurso especial; VII – recurso extraordinário; VIII – agravo em recurso especial ou extraordinário; IX – embargos de divergência."
94. ALVIM, Teresa Arruda. Ampliar a colegialidade: a que custo?, p. 21.

O recurso é meio de impugnação que pressupõe a iniciativa voluntária do interessado e é previsto por opção e ponderação do legislador em homenagem ao "duplo grau" de jurisdição. Trata-se de ônus da parte, perfeito ou imperfeito, que inclui o direito potestativo de desistência.[95]

Por sua vez, a ampliação do quórum prevista no artigo 942 é automática, independente da manifestação da(s) parte(s), operando-se sempre que preenchidos os requisitos legais, tanto que não admite desistência ou renúncia. Aliás, na medida em que provoca a alteração da competência funcional, não pode ser objeto de negócio jurídico processual.[96] Além disso, é cabível no julgamento não unânime de apelação interposta em sede de mandado de segurança.[97]

Caso a ampliação fosse qualificada como recurso, haveria de ser lavrado o acórdão do julgamento não unânime do colegiado originário, o que significa que o novo julgamento com o quórum ampliado consistiria numa terceira apreciação da matéria (de fato), o que não se admite.

Como o princípio da proibição da *reformatio in pejus* decorre do caráter voluntário dos recursos, prescreve que o recorrente não pode ter sua situação piorada pelo fato de ter tomado a iniciativa de se insurgir. Considerando que, para a ampliação do quórum, é dispensada a iniciativa da(s) parte(s) responsável(is) pela interposição do recurso e o encerramento do julgamento, não há "devolutividade", razão pela qual o recorrente poderá desfrutar de resultado mais desfavorável do que aquele inicialmente expresso pelo quórum originário.[98]

Outras características típicas dos recursos também não se aplicam ao caso, como a necessidade de protocolar razões recursais, oportunizar a apresentação de contrarrazões e observar os requisitos intrínsecos (cabimento, legitimidade, interesse, ausência de fato impeditivo ou extintivo) e extrínsecos (tempestividade, regularidade formal e preparo) de admissibilidade.

Resta clara, portanto, a impossibilidade de ser atribuída natureza recursal ao quórum ampliado. Tendo isso em vista, há quem lhe atribua natureza de método de julgamento, incidente de divergência qualificada, incidente de legitimação da divergência, incidente de colegialidade qualificada, técnica de ampliação do julgamento, técnica de complementação de julgamento e técnica de ampliação do debate.[99]

---

95. MARINONI, Luiz Guilherme; ARENHART, Sérgio; MITIDIERO; Daniel. *Novo curso de processo civil*: tutela dos direitos mediante procedimento comum. 2. ed. São Paulo: Ed. Revista dos Tribunais, 2016. v. II. p. 512-513.

96. ALVIM, Teresa Arruda. Ampliar a colegialidade: a que custo?, p. 21. A alteração da competência funcional provocada pela ampliação do quórum será retomada no item 5.2.

97. BRASIL. Superior Tribunal de Justiça. Primeira Turma. REsp 1817633/RS, Rel. Ministro Gurgel de Faria, julgado em 17/09/2019, DJe 11/10/2019.

98. A inexistência de devolutividade será aprofundada no item 5.4.

99. BARBUGIANI, Luiz Henrique Sormani. *Técnica de julgamento do artigo 942 do CPC de 2015*: cabimento, processamento e questões polêmicas da ampliação do quórum em

Para Paulo Lucon[100] e Daniel Amorim Assumpção Neves,[101] trata-se de técnica de julgamento com natureza de incidente processual que não se confunde com os embargos infringentes. Porém, na definição do Conselho Nacional de Justiça, "Incidente processual é uma questão controversa secundária e acessória que surge no curso de um processo e que precisa ser julgada antes da decisão do mérito da causa principal."[102] É bem evidente que a ampliação do quórum não corresponde à "questão controversa", já que não se trata de um ponto impugnado, contestado ou disputado pelas partes, mas da decorrência do preenchimento de requisitos objetiva e previamente estipulados pelo legislador.

Tampouco é proposta "no curso de um processo" e "precisa ser julgada antes da decisão do mérito", pois se materializa quando o processo já está em condições de ser concluído, ou seja, de receber a tutela jurisdicional, com ou sem resolução de mérito.

Diante disso, para Marcus Vinicius Rios, trata-se de uma "fase do julgamento da apelação, do agravo de instrumento contra decisão de mérito e da ação rescisória, não unânime."[103]

Já Pedro Miranda de Oliveira entende se tratar de uma "complementação do julgamento, que deverá ser regulamentada pelo regimento interno de cada Tribunal", e não de uma técnica decisória.[104] No mesmo sentido, José Medina define-a como "mero prosseguimento de julgamento com ampliação do quórum de Juízes que proferirão voto",[105] e Fredie Didier e Leonardo Carneiro da Cunha, como uma etapa necessária do julgamento.[106]

---

busca de maior segurança jurídica e uniformidade das decisões judiciais. Rio de Janeiro: Lumen Juris, 2018. p. 11-12.

100. LUCON, Paulo Henrique dos Santos. Colegialidade ampliada: técnica criada no novo CPC permite decisões com mais qualidade. *Consultor Jurídico*, 04 fev. 2015. Disponível em: <https://www.conjur.com.br/2015-fev-04/paulo-lucon-cpc-permite-decisoes-qualidade>. Acesso em: 15.02.2022.

101. NEVES, Daniel Amorim Assumpção. Incongruências sistêmicas do Código de Processo Civil de 2015 diante do julgamento antecipado parcial do mérito. *Revista de Processo*, v. 284, p. 41-76, p. 57, out. 2018.

102. BRASIL. Conselho Nacional de Justiça. *O que é um incidente?* Disponível em: <http://www.cnj.jus.br/pesquisas-judiciarias/demandas-repetitivas/o-que-sao-incidentes>. Acesso em: 25.02.2022.

103. GONÇALVES, Marcus Vinicius Rios. *Direito processual civil esquematizado*. 7. ed. São Paulo: Saraiva, 2016. p. 885.

104. OLIVEIRA, Pedro Miranda de. O regime especial do agravo de instrumento contra decisão parcial (com ou sem resolução de mérito). *Revista de Processo*, v. 264, p. 183-205, p. 193, fev. 2017.

105. MEDINA, José Miguel Garcia. *Novo Código de Processo Civil comentado*: com remissões e notas comparativas ao CPC/73. 4 ed. rev., atual. e ampl. São Paulo: Ed. Revista dos Tribunais, 2016. p. 1347.

106. DIDIER JR., Fredie; CUNHA, Leonardo José Carneiro da. *Curso de direito processual civil*, p. 77.

Esses entendimentos podem passar a impressão de que existe, para as partes, assim que interpostos os recursos de apelação ou agravo de instrumento, o direito a um julgamento por quórum ampliado. A regra é justamente o contrário: o juízo natural para a apreciação desses recursos é composto por três membros, a depender do Relator ao qual eles forem distribuídos, "[...] observando-se a alternatividade, o sorteio eletrônico e a publicidade" (artigo 930 do CPC).

O direito à ampliação do quórum nasce apenas quando constatados os requisitos previstos no *caput* e no § 3º, II, do art. 942 – devidamente interpretados. Pende, portanto, uma espécie de condição suspensiva *sui generis*, imposta por lei, que suspende a aquisição e o exercício do direito ao julgamento ampliado.

Importa notar, ainda, que o fato de o quórum ser ampliado não significa que não se trate da continuação do mesmo e único julgamento. Tendo isto em vista, de forma simples e conveniente, Luiz Guilherme Marinoni e Daniel Mitidiero definem a ampliação do quórum como "[...] apenas um meio de provocar a ampliação do debate."[107]

Por sua vez, Luiz Barbugiani define o disposto no artigo 942 do CPC como regra procedimental destinada à legitimação da decisão proferida, "uma verdadeira condição de existência da decisão do órgão colegiado do Tribunal"[108] quando preenchidos os requisitos legais.

No mesmo sentido é o entendimento de José Roberto de Albuquerque Sampaio:

> A técnica, embora tenha o DNA dos embargos infringentes, não se equivale a esta extinta espécie recursal. A começar por sua natureza. Os embargos infringentes eram um recurso. A técnica não. Os embargos dependiam da iniciativa da parte. A técnica não. Os embargos restringiam o âmbito da discussão devolvida a apenas o objeto da divergência. A técnica não. Os embargos pressupunham uma decisão a ser desafiada. A técnica não.[109]

No julgamento do Recurso Especial nº 1.771.815 – SP, o Superior Tribunal de Justiça consolidou a posição de que "O art. 942 do CPC/2015 não configura uma nova espécie recursal, mas, sim, uma técnica de julgamento, a ser aplicada de ofício, independentemente de requerimento das partes [...]".

No mesmo sentido, consta na ementa do REsp 1.762.236/SP o seguinte:

> [...] 4. O art. 942 do CPC/2015 não estabelece uma nova espécie recursal, mas, sim, uma técnica de julgamento, a ser aplicada de ofício, independentemente de

---

107. MARINONI, Luiz Guilherme; MITIDIERO, Daniel. *Comentários ao Código de Processo Civil*: artigos 926 ao 975, p. 242.

108. BARBUGIANI, Luiz Henrique Sormani. *Técnica de julgamento do artigo 942 do CPC de 2015*, p. 19.

109. SAMPAIO, José Roberto de Albuquerque. Conversa sobre processo. Elogio ao art. 942 do CPC: O uso saudável da técnica. *Revista da Escola da Magistratura do Estado do Rio de Janeiro – EMERJ*, v. 20, n. 79, p. 174, maio-ago. 2017.

> requerimento das partes, com o objetivo de aprofundar a discussão a respeito de controvérsia, de natureza fática ou jurídica, acerca da qual houve dissidência.
>
> 5. O art. 942 do CPC/2015 possui contornos excepcionais e enuncia uma técnica de observância obrigatória pelo órgão julgador, cuja aplicabilidade só se manifesta de forma concreta no momento imediatamente posterior à colheita dos votos e à constatação do resultado não unânime, porém anterior ao ato processual formal subsequente, qual seja a publicação do acórdão [...].[110]

E no REsp 1.733.820/SC:

> [...] 4. A forma de julgamento prevista no art. 942 do CPC de 2015 não se configura como espécie recursal nova, porquanto seu emprego será automático e obrigatório, conforme indicado pela expressão "o julgamento terá prosseguimento", no *caput* do dispositivo, faltando-lhe, assim, a voluntariedade e por não haver previsão legal para sua existência (taxatividade).
>
> Outrossim, vale ainda mencionar, na linha da doutrina que já se debruçou sobre a matéria, que a técnica de julgamento prevista no art. 942 do CPC de 2015 não se configura como espécie recursal nova.
>
> Isso se deduz, em primeiro lugar, por faltar à sua utilização, a voluntariedade, ou seja, a facultatividade do direito de recorrer, porquanto seu emprego será automático e obrigatório, conforme indicado pela expressão "o julgamento terá prosseguimento", no caput do dispositivo.
>
> Em segundo lugar, saliente-se, para corroborar a natureza não recursal, falta à técnica de julgamento previsão no rol de recursos elaborado pelo legislador do novo diploma processual, apresentado no art. 994 daquele documento.
>
> Como se sabe, a taxatividade é também requisito para configuração de determinado instituto como recurso. Como corolário lógico do "princípio da legalidade", ela consiste na exigência constitucional (art. 22, I, da CF/1988) de que a enumeração dos recursos seja taxativamente prevista em lei federal [...].[111]

Ainda que esse entendimento não tivesse sido consagrado pelo STJ, a definição elaborada no subitem 2.1.1. de regra ou técnica decisória, como o constrangimento, preferencialmente formal, que restringe ou harmoniza comportamentos, de acordo com um objetivo predeterminado, para a tomada de uma decisão colegiada, é a que melhor se encaixa à ampliação do quórum de julgamento prevista no artigo 942.

---

110. BRASIL. Superior Tribunal de Justiça. Terceira Turma. REsp 1762236/SP, Rel. Ministro Marco Aurélio Bellizze, Rel. p/Acórdão Ministro Ricardo Villas Bôas Cueva, julgado em 19/02/2019, DJe 15/03/2019.

111. BRASIL. Superior Tribunal de Justiça. Quarta Turma. REsp 1733820/SC, Rel. Ministro Luis Felipe Salomão, julgado em 02/10/2018, DJe 10/12/2018.

A partir dessa definição, pode-se, então, analisar as funções que a técnica é capaz de efetivar (subitem 2.2.2.).

2.2.2. *As funções da técnica decisória*

Na qualidade de técnica decisória *redistributiva*, o artigo 942 tem o objetivo geral de neutralizar ou dissolver os *déficits* decisórios do colegiado no qual é aplicado. A cada Magistrado que compõe o quórum inicial é dado o poder de vetar a tomada de uma decisão quando contrária às suas preferências, independentemente dos fatores nos quais elas são baseadas.

Para parte da doutrina, o objetivo do legislador com a introdução do artigo foi reduzir a burocracia e a morosidade da tramitação dos embargos infringentes e simplificar o procedimento, através da dispensa da necessidade de recorrer e, consequentemente, da abertura de prazo para a apresentação de contrarrazões ou para discussão a respeito do cabimento recursal.

É interessante notar que Cândido Rangel Dinamarco, em 2002, havia considerado tímida a reforma dos embargos infringentes promovida pela Lei nº 10.352, de 26.12.2001, defendendo sua substituição por uma "[...] ação muito mais ágil, prática e rápida."[112] Para ele:

> Bastaria permitir que, em um prazo muito exíguo após o julgamento não unânime da apelação ou açao rescisoria, o vencido simplesmente pedisse a continuação do julgamento, com acréscimo de dois Juízes ou mais na turma julgadora (na forma a ser indicada pelo regimento interno de cada Tribunal). Evitar-se-iam as grandes demoras decorrentes da espera pela publicação do acórdão não-unânime, declaração de voto vencido, oposição dos embargos infringentes, designação de relator, revisor, nova pauta, novo julgamento, etc.[113]

Ernane Fidelis dos Santos, em 2007, reconhecendo as inconveniências práticas dos embargos, também sugeriu sua substituição pela ampliação automática do quórum quando constatada divergência, pois, além de consistir em meio mais lógico e seguro, a automaticidade permitiria com que o procedimento deixasse de ser elitista, "[...] favorecendo também aqueles que, nos Tribunais, não têm condições econômica e cultural de contratar advogados."[114]

---

112. DINAMARCO, Cândido Rangel. *A reforma da reforma*. São Paulo: Malheiros, 2002. p. 205.
113. DINAMARCO, Cândido Rangel. *A reforma da reforma*, p. 205.
114. SANTOS, Ernane Fidelis dos. *Manual de direito processual civil*. 11. ed. São Paulo: Saraiva, 2007. p. 671-672. Para o autor: "Pelas inconveniências práticas, vê-se, assim, que o recurso [de embargos infringentes] não tem lá grande utilidade, nem sempre é usado dentro dos padrões de justiça processual. Nesse caso, com tal forma, melhor que se suprimissem os embargos infringentes do sistema brasileiro, o único, aliás, que os adota, remetendo-os para o museu processual, em descanso merecido com as Ordenações Filipinas.

Para Teresa Arruda Alvim, Maria Lucia Lins Conceição, Leonardo Ribeiro e Rogério de Mello, a aceleração e a simplificação do processo teriam, de fato, motivado a eliminação do recurso dos embargos infringentes.[115]

José Cruz e Tucci, Ada Grinover e Paulo Lucon ressaltam a otimização do trâmite processual proporcionada pela extinção do recurso, considerando a dispensa da apresentação das razões recursais e da necessidade de distribuição dos autos a novo Relator, o que também é reforçado diante da preferência do legislador pelo prosseguimento – sempre que possível – do julgamento na mesma sessão em que manifestada a divergência (art. 942, § 1º, do CPC).[116]

Para Barbugiani, o legislador, preocupado com a celeridade, redigiu o artigo ciente do tempo significativo de tramitação do recurso extinto, dando prioridade à continuidade do julgamento sempre que possível na mesma sessão.[117]

José Maria Câmara Júnior entende que "a regra do art. 942 associa-se ao perfil constitucional do novo processo civil, permitindo dele extrair seu melhor proveito no ambiente de maior celeridade, cooperação, gerenciamento, economicidade e efetividade."[118]

Por outro lado, há quem questione a celeridade que, supostamente, estar-se-ia atribuindo ao processo, considerando, principalmente, que os embargos dependiam da manifestação expressa da parte e a técnica é de aplicação automática.[119]

Se há alguma preocupação de mais se questionar sobre o processo, quando exista voto divergente, presumidamente sempre respeitado, em vez da injustificável discriminação, melhor que, para as apelações, se adotasse critério análogo aos embargos, com o julgamento primitivo da apelação realizado com três Juízes, convocando-se, porém, mais dois no caso de voto vencido, em expediente complementar que não desnaturará o recurso como tal, nem contrariará o art. 101, § 1º, da LOMAN. No caso de rescisória, forçando o julgamento dos embargos sempre por órgão correspondente à seção especializada do Tribunal, com todas suas câmaras e turmas, manter a simples orientação do voto divergente." (*Ibidem*).

115. ARRUDA ALVIM WAMBIER, Teresa; MELLO, Rogério Licastro Torres de; RIBEIRO, Leonardo Ferres da Silva. *Primeiros comentários ao Novo Código de Processo Civil*: artigo por artigo, p. 1435. *E-book*.

116. GRINOVER, Ada Pellegrini; LUCON, Paulo Henrique dos Santos; TUCCI, José Rogério Cruz e. Ampliação da colegialidade: em defesa das inovações introduzidas pelo Novo CPC. *Consultor Jurídico*, 15 mar. 2015. Disponível em: <https://www.conjur.com.br/2015-mar-14/defesa-inovacoes-introduzidas-cpc>. Acesso em: 15.02.2022.

117. BARBUGIANI, Luiz Henrique Sormani. *Técnica de julgamento do artigo 942 do CPC de 2015*, p. 10.

118. CÂMARA JÚNIOR, José Maria. Técnica da colegialidade do art. 942 do CPC: extensão e profundidade da matéria submetida ao julgamento prolongado. In: NERY JUNIOR, Nelson; ALVIM, Teresa Arruda (Coord.). *Aspectos polêmicos e atuais dos recursos cíveis e assuntos afins*. São Paulo: Ed. Revista dos Tribunais, 2017. v. 13. p. 217-288, p. 279.

119. NEVES, Daniel Amorim Assumpção. *Novo Código de Processo Civil comentado*. Salvador: Ed. JusPodivm, 2016. p. 1534.

Rodrigo Becker e Guilherme Nóbrega ressaltam que, não obstante a simplificação procedimental, o ganho em termos de celeridade é mínimo, pois "o que consome o tempo do processo é o prazo até que se julgue o recurso com ampliação do colegiado."[120]

No mesmo sentido, Jordão Violin assinala que:

> A demora no julgamento de recursos não vem do prazo para sua interposição, mas da ausência de prazo próprio para que sejam julgados. A convocação de novos julgadores não implicará o julgamento imediato do recurso, pois eles precisarão estudar o processo desde o início para formar sua convicção.[121]

Lenio Streck e Ricardo Herzl apontam, inclusive, que a abrangência da técnica, que também se aplica ao julgamento de agravo de instrumento, acarretará o aumento da carga de trabalho dos Tribunais.[122]

Ainda que não se ignore a importância desta questão, a aptidão da técnica em contribuir para a garantia da celeridade processual não será avaliada neste trabalho, por depender de estudo empírico comparativo entre seus efeitos e aqueles provocados pelos embargos infringentes até a revogação do CPC/73. Vale destacar, porém, o resultado da pesquisa realizada de junho de 2018 a junho de 2019 pelos alunos do Grupo de Estudos Processuais, do Departamento de Direito da Pontifícia Universidade Católica do Rio de Janeiro, sob a orientação da Professora Fernanda Medina Pantoja.[123]

Após minuciosa coleta de dados no repositório do Tribunal de Justiça do Estado do Rio de Janeiro, os estudantes observaram que, em 2017, mesmo quando, após a incidência da técnica do quórum ampliado, o julgamento foi suspenso, houve redução de 2/3 do tempo total de tramitação da apelação em segunda instância, se comparado ao ano de 2015. Nesse período, a média da tramitação dos embargos infringentes interpostos contra acórdão que apreciou recurso de apelação era de 192 dias, contra 54 dias, em média, em 2017.[124]

---

120. BECKER, Rodrigo; NÓBREGA, Guilherme Pupe da. Efeito inverso: artigo 942 do novo CPC pode massacrar a divergência nos julgamentos. *Consultor Jurídico*, 27 mar. 2015. Disponível em: <https://www.conjur.com.br/2015-mar-27/artigo-942-cpc-massacrar-divergencia-julgamentos#author>. Acesso em: 15.02.2022.

121. VIOLIN, Jordão. Dupla conformidade e julgamento monocrático de mérito: os poderes do relator no Código de Processo Civil, p. 319-344, p. 7. versão *on-line*.

122. STRECK, Lenio Luiz; HERZL, Ricardo Augusto. O que é isto – os novos embargos infringentes? Uma mão dá e a outra... *Consultor Jurídico*, 13 jan. 2015.

123. PANTOJA, F. M.; LUCENA, A.; GUALBERTO, L.; COSTA, N.; PIRES, V. A aplicação da técnica de ampliação da colegialidade no julgamento das apelações cíveis no Tribunal de Justiça do Estado do Rio de Janeiro. *In*: Aspectos polêmicos dos recursos cíveis. 1. ed. Revista dos Tribunais, 2020, v. 15.

124. PANTOJA, F. M.; LUCENA, A.; GUALBERTO, L.; COSTA, N.; PIRES, V. A aplicação da técnica de ampliação da colegialidade no julgamento das apelações cíveis no Tribunal

Além disso, não se pode olvidar que o direito à duração razoável do processo, além do direito à tempestividade, inclui o respeito ao direito da participação adequada das partes, sem olvidar da justa tutela do direito material. Portanto, não equivale, unicamente, à prestação mais rápida e célere possível da tutela jurisdicional, tendo nos princípios do contraditório e da segurança importantes contrapesos.

Tanto é assim que no REsp 1.733.820/SC, de relatoria do Ministro Luis Felipe Salomão, a introdução da técnica é atribuída não apenas ao interesse das partes, como também ao interesse público, "[...] dada a uniformização e a amplitude da discussão que possibilita junto aos julgados não unânimes."[125]

Para Paulo Lucon, a participação de cinco membros da Câmara no julgamento será o fim da jurisprudência lotérica, ao impedir a produção de decisões diametralmente opostas em casos similares jurídica e faticamente, contribuindo para o fortalecimento dos precedentes e a valorização da segurança jurídica.[126]

William Pugliese e Sandro Kozikoski também destacam que a possibilidade de inversão do resultado inicial após a ampliação do quórum tem o condão de conter a prolação de decisões particulares, porque impede a prevalência da posição minoritária da Câmara, compartilhada por apenas dois de cinco Desembargadores. Além disso, impõe-se à apresentação dos votos, sobretudo dos divergentes, um maior ônus argumentativo, considerando que, caso eventual discordância ao voto majoritário não seja acomodada, haverá a ampliação da carga de trabalho tanto daqueles que já compunham o quórum quanto daqueles que serão chamados a agregá-lo.

Para os autores, essa constrição contribui, indiretamente, para a concretização do dever dos Tribunais de uniformizar a jurisprudência, mantendo-a estável, íntegra e coerente (art. 926, *caput*, do CPC). Apenas uma divergência forte o suficiente para motivar a alteração da posição majoritária seria digna de apresentação. Não sendo o caso, o Magistrado "deverá reconhecer que foi vencido e admitir que seu posicionamento não é predominante."[127]

No mesmo sentido, José Maria Câmara Júnior pontua que:

> [...] a nova técnica pretende consolidar a orientação do órgão colegiado sobre a questão, dissipando as divergências entre os votos e, com isso, cria um ambiente

---

de Justiça do Estado do Rio de Janeiro. *In*: Aspectos polêmicos dos recursos cíveis. 1. ed. Revista dos Tribunais, 2020, v. 15.

125. BRASIL. Superior Tribunal de Justiça. Quarta Turma. REsp 1733820/SC, Rel. Ministro Luis Felipe Salomão, julgado em 02/10/2018, DJe 10/12/2018.

126. LUCON, Paulo Henrique dos Santos. Colegialidade ampliada: técnica criada no novo CPC permite decisões com mais qualidade. *Consultor Jurídico*, 04 fev. 2015.

127. PUGLIESE, William; KOZIKOSKI, Sandro. Uniformidade da jurisprudência, divergência e vinculação do colegiado. In: MARANHÃO, Clayton *et al.* (Coord.). *Ampliação da colegialidade*: técnica de julgamento do art. 942 do CPC. Belo Horizonte: Arraes Editores, 2017. p. 32-34.

> favorável à isonomia, à previsibilidade e, assim, à segurança jurídica, porque inibe a oscilação da jurisprudência que se forma sobre o único tema dentro de um mesmo órgão colegiado.
>
> [...] o art. 942 não quer apenas permitir a inversão do resultado do julgamento não unânime, mas também pretende atingir uma maior homogeneidade de entendimento no órgão colegiado sobre determinada matéria, dissipando dúvidas e divergências internas, emprestando maior segurança jurídica e previsibilidade para o controle jurisdicional.
>
> [...] A técnica do art. 942 quer acabar com a chamada "sorte da distribuição" e, com isso, assegura às partes o tratamento homogêneo do órgão colegiado para o julgamento da mesma tese jurídica.[128]

Por outro lado, Araken de Assis, como poucos, reconhece que a técnica do artigo 942 não é capaz de uniformizar a jurisprudência no âmbito do órgão fracionário, servindo, na verdade, para "apaziguar o espírito das partes, em particular do vencido."[129] Essa visão é coerente à função a ser desempenhada pelas Cortes de Apelação: garantir a qualidade da resolução do caso concreto e a satisfação dos jurisdicionados, como visto no subitem 1.1.1. Apenas indiretamente – e por outros meios que não a técnica do quórum estendido –, seu objetivo é uniformizar a jurisprudência.

Em primeiro lugar, nada garante que o julgador, uma vez vencido, não continue a apresentar a mesma divergência reiteradamente. Em estudo empírico, Mateus Morais e Lucas Fernandes de Magalhães Araújo identificaram quatro tipos de padrões decisórios adotados pelos Desembargadores dos Tribunais de Justiça de São Paulo e do Rio Grande do Sul ao serem derrotados. Os autores observaram a correlação entre a estabilidade – obtenção reiterada – do posicionamento majoritário vencedor e o padrão decisório empregado pelo julgador derrotado.

Em face de maiorias unificadas, foi observado um padrão decisório ora "muito inconsistente", em que a posição do dissidente se alterou duas ou mais vezes, ora "deferente", no qual o posicionamento pessoal foi abandonado em benefício do entendimento adotado pela maioria. Já diante de maiorias fragmentadas, foi identificado ora um padrão "pouco consistente", através do qual a posição do perdedor se alterou uma única vez, ora "fixo", no qual o voto divergente não cedeu à posição majoritária vez alguma.[130]

128. CÂMARA JÚNIOR, José Maria. Técnica da colegialidade do art. 942 do CPC: extensão e profundidade da matéria submetida ao julgamento prolongado, p. 279-280.

129. ASSIS, Araken de. Manual dos recursos, p. 333.

130. ARAÚJO, Mateus Morais; MAGALHÃES Lucas Fernandes de. *Comportamento estratégico nos tribunais de justiça estaduais*: uma análise das decisões colegiadas proferidas pelos Desembargadores. 11º Encontro da Associação Brasileira de Ciência Política. Democracia e representação: impasses contemporâneos, Curitiba, 31 de julho a 3 de agosto de 2018.

Nos casos em que o padrão decisório do dissidente é "deferente", tem-se internalizada a missão institucional da Corte de produzir resultados coletivos coerentes, isto é, não contraditórios entre si e com o sistema como um todo. A partir desta internalização, os votos individuais do Magistrado, originariamente dissidente, são consistentes e coerentes, pois estão, respectivamente, todos no mesmo sentido e, em especial, no sentido referendado pela maioria, reconhecido como o sentido endossando pela instituição.

Por sua vez, o padrão decisório "fixo", a partir do qual há a apresentação infindável da dissidência, revela o compromisso com uma "jurisprudência pessoal", que compromete a legitimidade e a coerência, porque perpetua uma decisão contraditória ao direito reconhecido como legítimo, impedindo a expressão unitária do sistema, ou integridade sincrônica. Neste caso, o padrão decisório individual é apenas consistente, pois, pelo menos, o voto é proferido pelo dissidente sempre no mesmo sentido.

Diferentemente, quando o padrão decisório é "muito" ou "pouco inconsistente", não há sequer consistência individual: o Magistrado profere decisões contraditórias com aquela referendada pela Corte e, inclusive, com as já proferidas por ele mesmo em outra(s) ocasião(ões), comprometendo não apenas a legitimidade da Corte, como a previsibilidade dos jurisdicionados.[131]

Nesse caso, quando sequer há consistência individual nos julgamentos prolatados pelos Magistrados, que adotam padrões individuais inconsistentes, em maior ou menor grau, inibe-se tanto a consistência quanto a coerência da decisão tomada coletivamente.[132] Casos similares podem ser decididos de formas diversas pelo mesmo quórum de votação. Além disso, quando o quórum for diferente, um ou mais julgadores pode(m) atuar como *swing justices*, isto é, Magistrados que se alteram entre coalizões majoritárias – ou consensos aparentes – na busca do *status* e da complacência que o "poder de decisão" do seu voto pode lhes proporcionar entre os colegas.[133]

Isso impede a sedimentação da jurisprudência dentro da Câmara e também pode acontecer, por exemplo, quando o Juiz Substituto não reconhece a importância da manutenção da coerência até então verificada e, por isso, privilegia seu entendimento pessoal. Ademais, como se verá no item 5.2., o quórum ampliado não é necessariamente composto por membros da Câmara ou Turma original; os julgadores adicionados podem ser recrutados de outros subgrupos, porque nem todos têm o número de membros necessário para dar prosseguimento ao julgamento. Isso

131. LARSEN, Alli Orr. Perpetual dissents, p. 449.

132. Sobre o assunto, ver: KORNHAUSER, Lewis; SAGER, Lawrence. Unpacking the Court. *The Yale Law Journal*, v. 96, n. 1, p. 82-117, 1986.

133. GEORGE, Tracey E. Developing a Positive Theory of Decisionmaking on U.S. Courts of Appeals. *Ohio State Law Journal*, v. 58, p. 1635-1696, p. 1662-1663, 1998.

significa que, caso não exista ao menos "laços fracos" entre as diferentes Câmaras, nada garante a uniformidade da jurisprudência.

Na verdade, mesmo quando o entendimento da Câmara é bem definido e respeitado, é possível que ele contrarie um precedente elaborado pelas Cortes de Precedentes ou, ainda que o precedente seja respeitado, que haja divergência na identificação e na interpretação da sua *ratio*.

Não se pode ignorar também que, em razão do fenômeno da pseudocolegialidade, a ausência de uniformidade dentro da mesma Câmara não depende, necessariamente, da apresentação de voto dissidente no mesmo julgamento. Resultados conflitantes podem ser identificados na qualidade de desacordos em casos similares julgados de forma diferente pelo mesmo grupo.[134]

Vale dizer que o conflito não se manifesta apenas através da apresentação do voto divergente. É possível que, ainda quando o recurso é decidido por unanimidade, existam diferentes resultados nos julgamentos da Câmara a respeito de questão similar ou idêntica.

De mais a mais, grande parte das Câmaras ou Turmas das Cortes de Justiça do país não é especializada ou, quando o é, não é a única a julgar a matéria que lhe é atribuída. O julgamento da mesma matéria comumente é de competência de mais de uma Câmara, restando a possibilidade de existir, entre Câmaras da mesma competência, soluções diversas a casos semelhantes. Por isso, na prática, a mera possibilidade de serem adicionados julgadores ao quórum de votação, na qualidade de constrangimento institucional, não garante que casos iguais sejam decididos da mesma maneira.

A única forma de as Cortes de Apelação promoverem a segurança jurídica e a previsibilidade é através do respeito aos precedentes das Cortes Supremas. Por óbvio, para isso, o STJ e o STF devem se esforçar para manter a coerência e a unidade do direito, o que nem sempre é fácil. Dito isso, resta analisar a terceira função frequentemente atribuída pela doutrina e pela jurisprudência à técnica decisória do art. 942: a valorização do voto minoritário.

Este é o entendimento de Teresa Arruda Alvim, Maria Lucia Lins Conceição, Leonardo Ribeiro e Rogério de Mello, para quem o instituto garante à parte "o direito de fazer prevalecer o voto vencido."[135]

No mesmo sentido, Vicente Ataíde destaca a preocupação do legislador em simplificar o trâmite processual, "sem retirar a garantia da parte em tentar fazer

---

134. GREEN, JUSTIN J. Parameters of dissensus on shifting small groups. In: GOLDMAN, Sheldon; LAMB, Charles M. (Ed.). *Judicial conflict and consensus*: Behavioral studies of American Appellate Courts. University Press of Kentucky, 1986. p. 140.

135. ARRUDA ALVIM WAMBIER, Teresa; MELLO, Rogério Licastro Torres de; RIBEIRO, Leonardo Ferres da Silva. *Primeiros comentários ao Novo Código de Processo Civil*: artigo por artigo, p. 1435. *E-book*.

prevalecer a tese minoritária, com a ampliação do debate."[136] Assim, além do compromisso com a efetividade e a celeridade processuais, preza-se pela qualidade da decisão e a segurança jurídica através da ampliação do debate.[137]

Segundo José Maria Câmara,

> A regra do art. 942 permite a inversão do resultado do julgamento, não unânime, propiciando a prevalência do voto minoritário ou, de outra banda, a consolidação da posição vencedora por maioria a partir da discussão sobre o tema por um número maior de julgadores.[138]

Para Paulo Lucon, a técnica da ampliação do quórum transforma a manifestação da divergência em ato mais consciente na medida em que, ao reforçar a ideia de igual dignidade entre os membros da Câmara, promove a colegialidade.[139] Ao lado de José Cruz e Tucci e Ada Grinover, Lucon ressalta que a ausência da unanimidade indica a necessidade de o Tribunal analisar melhor a questão, razão pela qual a ampliação do quórum, ao permitir o aprofundamento do debate, agrega qualidade às decisões.[140]

No mesmo sentido, Luiz Guilherme Marinoni e Daniel Mitidiero entendem que a técnica visa ao julgamento do caso concreto e reflete a sensibilidade do legislador quanto à necessidade de aprofundar a discussão quando ausente unanimidade.[141]

José Sampaio entende que a técnica contribui para a "[...] busca de um resultado mais justo para o processo", porque pluraliza o debate e garante maior tempo de reflexão. Para ele, o artigo 942 reflete a preocupação com a qualidade

---

136. ATAIDE JUNIOR, Vicente de Paula. *A técnica de julgamento ampliado nos Juizados Especiais à luz do método processual pragmático*, p. 6. Disponível em: <https://www.academia.edu/36056115/A_T%C3%89CNICA_DE_JULGAMENTO_AMPLIADO_NOS_JUIZADOS_ESPECIAIS_%C3%80_LUZ_DO_M%C3%89TODO_PROCESSUAL_PRAGM%C3%81TICO>. Acesso em: 15.02.2022.
137. ATAIDE JUNIOR, Vicente de Paula. *A técnica de julgamento ampliado nos Juizados Especiais à luz do método processual pragmático*, p. 6.
138. CÂMARA JÚNIOR, José Maria. Técnica da colegialidade do art. 942 do CPC: extensão e profundidade da matéria submetida ao julgamento prolongado. In: NERY JUNIOR, Nelson; ALVIM, Teresa Arruda (Coord.). *Aspectos polêmicos e atuais dos recursos cíveis e assuntos afins*. São Paulo: Ed. Revista dos Tribunais, 2017. v. 13. p. 278.
139. LUCON, Paulo Henrique dos Santos. Colegialidade ampliada: técnica criada no novo CPC permite decisões com mais qualidade. *Consultor Jurídico*, 04 fev. 2015.
140. GRINOVER, Ada Pellegrini; LUCON, Paulo Henrique dos Santos; TUCCI, José Rogério Cruz e. Ampliação da colegialidade: em defesa das inovações introduzidas pelo novo CPC. *Consultor Jurídico*, 14 mar. 2015.
141. MARINONI, Luiz Guilherme; MITIDIERO, Daniel. Comentários ao Código de Processo Civil: artigos 926 ao 975, p. 241.

das decisões judiciais e "[...] é fruto da combinação conjugada dos princípios da celeridade processual, da segurança jurídica e do contraditório."[142]

William Pugliese e Sandro Kozikoski destacam que o quórum ampliado é garantia da análise mais acurada do caso no qual o julgamento não alcançou a unanimidade, não apenas porque permite o aprofundamento da discussão com um número maior de deliberadores, mas porque, indiretamente, incentiva-os a apresentar, desde logo, propostas de votos mais fundamentadas e atentas àquilo que já foi decidido anteriormente. Caso contrário, a insistência na posição divergente já rejeitada pelos demais membros da Câmara representará uma mobilização irresponsável da pauta de julgamento.[143]

Para Luiz Barbugiani, o legislador, preocupado com a garantia da justiça do caso concreto, pretendeu estimular a prolação de decisões mais fundamentadas e de maior qualidade, contribuindo, ainda, para a promoção da segurança jurídica e do princípio da certeza na prestação jurisdicional.[144] A análise mais aprofundada do recurso quando há divergência pressupõe a consideração mais detida das razões apresentadas pelas partes, o que, para ele, também valoriza o princípio do contraditório e evita a prolação de decisões surpresas.[145]

A preocupação com a valorização do voto dissidente também está contida no § 3º do artigo 941 do CPC, que exige sua declaração em separado e o considera parte integrante do acórdão, inclusive para fins de prequestionamento.[146] A propósito, para o Ministro Herman Benjamin, a ampliação do quórum "[...] objetiva fazer valer o voto minoritário, de modo a garantir que esse voto não seja apenas uma dissidência, mas uma efetiva posição que mereça uma análise por um maior número de julgadores."[147]

No REsp 1.733.820/SC, menciona-se a "[...] viabilidade de maior grau de correção e justiça nas decisões judiciais, com julgamentos mais completamente instruídos e os mais proficientemente discutidos, de uma maneira mais econômica e célere",[148] através da aplicação do artigo 942.

---

142. SAMPAIO, José Roberto de Albuquerque. Conversa sobre processo. Elogio ao art. 942 do CPC: o uso saudável da técnica, p. 160-162.

143. PUGLIESE, William; KOZIKOSKI, Sandro. Uniformidade da jurisprudência, divergência e vinculação do colegiado, p. 32-34.

144. BARBUGIANI, Luiz Henrique Sormani. *Técnica de julgamento do artigo 942 do CPC de 2015*, p. 11.

145. BARBUGIANI, Luiz Henrique Sormani. *Técnica de julgamento do artigo 942 do CPC de 2015*, p. 11.

146. "Art. 941 [...] § 3º O voto vencido será necessariamente declarado e considerado parte integrante do acórdão para todos os fins legais, inclusive de pré-questionamento."

147. BRASIL. Superior Tribunal de Justiça. Segunda Turma. EDcl nos EDcl nos EDcl no AgRg no AREsp 705.844/SP, julgado em 06/10/2016, DJe 19/10/2016.

148. BRASIL. Superior Tribunal de Justiça. Quarta Turma. REsp 1733820/SC, Rel. Ministro Luis Felipe Salomão, julgado em 02/10/2018, DJe 10/12/2018.

Nas palavras do Ministro Villas Bôas Cueva, a técnica tem o objetivo de "(...) aprofundar a discussão a respeito de controvérsia, de natureza fática ou jurídica, acerca da qual houve dissidência."[149]

De fato, o quórum estendido permite a inversão do resultado inicialmente afirmado pela maioria de dois, quando aquele que apresentou a divergência consegue convencê-la a mudá-lo ou angaria os votos dos novos julgadores então convocados. No mínimo, a técnica agrega valor ao voto dissidente, ao permitir que ele denuncie a outros Magistrados erros ou entendimentos contrários ao dominante, resultados de uma maioria contingencial.

O fato de o julgamento colegiado não ser encerrado quando não há unanimidade no resultado e de novos Magistrados serem convocados para participar dele, em tese, também permite o aprofundamento da análise das razões recursais. No entanto, a medida com que o recurso será realmente melhor reavaliado dependerá da disposição e do tempo dos membros para reverem suas posições iniciais e, portanto, do valor por eles atribuído ao voto do colega desviante e ao caso discutido.

Para parte da doutrina, a técnica, na verdade, agrega custos à manifestação da divergência. A consciência de que a sua manifestação provocará o chamamento de novos julgadores para compor o quórum de julgamento incentivaria o autossilenciamento, considerando os custos temporais (atraso) e materiais (esforço) agregados a essa situação.[150]

Para Lenio Streck e Ricardo Herzl,

> (...) corre-se o risco do Desembargador vencido, exatamente para evitar a suspensão do julgamento, acompanhar o voto dos demais com a ressalva do seu entendimento; ou seja, existe a possibilidade de um *drible da vaca na lei*, o que pode gerar mais insegurança ou incredulidade no sistema, porquanto votar-se-ia em um sentido, deixando claro que não se concorda com o próprio voto (o que seria, no mínimo, esdrúxulo e antidemocrático).[151]

Os autores constatam a insuficiência da apresentação de voto vencido como justificativa para a necessidade de aprofundamento da discussão do recurso quando

149. BRASIL. Superior Tribunal de Justiça. Terceira Turma. REsp 1771815/SP. Rel. Ministro Ricardo Villas Bôas Cueva, julgado em 13/11/2018, DJe 21/11/2018.

150. "Não é exagero então imaginar que, por ocasião do julgamento da ação rescisória, da apelação ou do agravo de instrumento os colegiados, por uma questão de preservação da viabilidade dos trabalhos, passem a preferir a prolação de decisões unânimes, ainda que com ressalva de entendimento pessoal diverso, apenas para evitar a necessidade de ampliação do colegiado e postergação do julgamento definitivo." (BECKER, Rodrigo; NÓBREGA, Guilherme Pupe da. Efeito inverso: artigo 942 do novo CPC pode massacrar a divergência nos julgamentos. *Consultor Jurídico*, 27 mar. 2015).

151. STRECK, Lenio Luiz; HERZL, Ricardo Augusto. O que é isto – Os novos embargos infringentes? Uma mão dá e a outra... *Consultor Jurídico*, 13 jan. 2015, grifo dos autores.

a decisão da maioria é coerentemente fundamentada. Nesse caso, a ausência de unanimidade não indicaria a possível injustiça da decisão. Segundo eles,

> (...) ao invés de buscar (ou forçar) a unanimidade (ou o *senso comum jurisprudencial*), é imprescindível que haja responsabilidade política (democrática) no ato de julgar, por meio de fundamentações bem fundamentadas, o que só será possível a partir da integridade e coerência no Direito.[152]

Assim como para Guilherme Freire de Barros Teixeira,[153] para Teresa Arruda Alvim, não é evidente a correlação entre o aprimoramento da decisão e a ampliação do quórum. Para ela, "a colegialidade, sozinha, nada garante", considerando, principalmente, a existência frequente de *free-riders* nos julgamentos colegiados, isto é, de julgadores que, pura e simplesmente, acompanham o Relator,[154] razão pela qual o aumento do número de julgadores não necessariamente possibilitará o alcance de decisão mais fundamentada e de maior qualidade.

Jordão Violin também relaciona a ampliação do quórum entre os fatores que podem contribuir para o fenômeno da pseudocolegialidade:

> É possível, por exemplo, que um julgador silencie perante a maioria por reverência aos seus colegas mais antigos ou mais influentes; para não prejudicar a convivência com os demais integrantes do colegiado; para demonstrar unidade na tomada de decisão, ainda que ela seja apenas aparente, aumentando, assim, a credibilidade institucional; para manter ou construir uma reputação; por expectativa de reciprocidade quando ele for o relator e os demais discordarem de seu voto; para acelerar o julgamento da causa; para acomodar-se à quantidade de trabalho em seu gabinete, uma vez que a discordância exigiria a redação de um voto vencido (ou mesmo a assunção da relatoria); *para evitar a interposição de recurso baseado na tese minoritária, como era o caso dos embargos infringentes, ou a incidência da técnica de superação de divergência prevista no art. 942 do CPC* (LGL\2015\1656).[155]

No estudo empírico coordenado pela Professora Fernanda Pantoja, após a extensão do quórum, houve a inversão do resultado inicial em 21,2% dos casos analisados no TJ-RJ, percentual 24,9% menor do que em 2015, no julgamento de

152. STRECK, Lenio Luiz; HERZL, Ricardo Augusto. O que é isto – Os novos embargos infringentes? Uma mão dá e a outra... *Consultor Jurídico*, 13 jan. 2015, grifo dos autores.

153. TEIXEIRA, Guilherme Freire de Barros. Art. 942 do CPC 2015 e suas dificuldades operacionais: aspectos práticos. In: MARANHÃO, Clayton *et al.* (Coord.). *Ampliação da colegialidade*, p. 38.

154. ALVIM, Teresa Arruda. *Ampliar a colegialidade*: a que custo?, p. 20.

155. VIOLIN, Jordão. Onde está a segurança jurídica?, p. 407-433, p. 13. versão *on-line*, grifo nosso.

embargos infringentes opostos contra acórdão que julgava apelação. Como ressaltado pelos estudantes, esse resultado não pode ignorar a disposição regimental do TJ-RJ que previa a distribuição dos embargos infringentes à Câmara diversa daquela responsável pelo julgamento da apelação, "[...] o que, por óbvio, aumentava as suas chances de provimento."[156]

A pesquisa também constatou decréscimo de 0,7%, em 2017, no número de apelações em que houve divergência em comparação com o índice de 2015. No entanto, não se pode ignorar o impacto da carga de trabalho nesse resultado, já que foram julgadas 28.797 apelações a mais no ano de 2017 do que no ano de 2015.[157]

Além das pressões sociais e da insegurança cognitiva, a carga de trabalho dos Magistrados e as normas regimentais que impõem constrangimentos comportamentais aos Juízes, de fato, podem induzir a aversão ao dissenso.[158] Porém, a análise independente de cada um desses fatores é muito delicada.

É certo que – ao menos – o *caput* do artigo 942 atribui aos Magistrados o poder de vetar a proposta apresentada pelo Relator, que só será tomada como decisão caso o resultado prolatado pelos dois primeiros Desembargadores seja acompanhado pelo terceiro. Para evitar a materialização da condição suspensiva *sui generis*, o grupo deve concordar com a conclusão alcançada ou, aquele que dela discordar, deve concluir que os custos para a apresentação do desacordo são maiores do que os seus benefícios naquele caso concreto.

Tratando-se de regra nova, a ser regulamentada por cada Corte de Justiça em seu respectivo Regimento Interno, é natural que haja não apenas dúvidas a respeito dos seus efeitos à dinâmica decisória, como também diferentes interpretações a respeito dos seus parágrafos e incisos.

Todas as regras institucionais, sobretudo as recém-criadas e as não autoaplicáveis, como é o caso, podem demorar para ser bem compreendidas pela comunidade. Neste ínterim, elas não são capazes de prever com segurança o comportamento futuro dos atores e de estruturar as interações sociais como esperado, o que abala sua credibilidade e a confiabilidade dos atores naquilo que é proposto.

Mesmo que a técnica esteja materializada em lei e, portanto, seja compartilhada formalmente por todos os atores sociais, ela está sujeita ao desvio, por afetar a ponderação entre os valores da exatidão, da justiça e da eficiência e, consequentemente, a distribuição dos benefícios dos resultados sociais.

---

156. PANTOJA, F. M.; LUCENA, A.; GUALBERTO, L.; COSTA, N.; PIRES, V. A aplicação da técnica de ampliação da colegialidade no julgamento das apelações cíveis no Tribunal de Justiça do Estado do Rio de Janeiro. *In*: Aspectos polêmicos dos recursos cíveis. 1. ed. Revista dos Tribunais, 2020, v. 15.

157. *Ibidem*.

158. ATKINS, Burton M.; GREEN, Justin J. Consensus on the United States Courts of Appeals: illusion or reality? *American Journal of Political Science*, v. 20, n. 4, p. 735-748, 1976. Disponível em: <www.jstor.org/stable/2110569>. Acesso em: 15.02.2022.

Isso evidencia a importância da definição, pela doutrina, do seu significado, que vai além do texto legal. Para Pierre Legrand, uma regra nunca é completamente autoexplicativa. O seu significado é uma função da forma através da qual o intérprete a aplica e do ambiente institucional no qual ela é aplicada.[159]

Tendo isso em vista, a fim de compreender as particularidades da técnica do quórum estendido no ordenamento brasileiro, no capítulo seguinte, será analisada a regra processual norte-americana que autoriza a apreciação – ou reapreciação – do *appeal* pelo Plenário do Circuito Federal de Apelação (*en banc* ou *in banc*) quando a maioria dos seus membros ativos assim o autoriza.[160]

159. LEGRAND, Pierre. The impossibility of legal transplants. *Maastricht Journal of European and Comparative Law*, v. 4, n. 2, p. 111-124, p. 115, June 1997.

160. "*In any comparative analysis the first issue to determine is 'What to compare?' Since the essence of comparison is the recognition and explanation of significant regularities, similarities and differences, it is essential that the phenomena to be compared be identified unambiguously. The answer to what to compare amounts to a choice between macro-level, meso-level and micro-level comparison. [...] This choice is strategic, not dogmatic.*" (ÖRÜCU, Esin. Methodology of comparative law. In: SMITS, Jan M. *Elgar encyclopedia of comparative law*. Cheltenham (UK): Edward Elgar, 2006. p. 447).

Capítulo 3
EXPERIÊNCIA COMPARADA

A atribuição de significado a qualquer regra depende da maneira como o intérprete entende o contexto no qual ela surge, da forma pela qual ele enquadra suas perguntas, de onde ele as analisa, daquilo que antecipa e, talvez, inconscientemente, do que ele espera encontrar. Depende, em síntese, dos pressupostos epistemológicos do intérprete, que, por sua vez, são eles próprios histórica e culturalmente condicionados.[1]

Portanto, a definição do significado da regra, além de produto subjetivo, é um produto cultural, pois não existe empiricamente dissociada dos significados que caracterizam uma cultura legal. Em resumo, a parte não existe sem o todo: uma regra só existe dentro do ordenamento e, por isso, para definir seu significado de maneira coerente, o intérprete deve relacioná-la a outros fenômenos, sobretudo o objeto sobre o qual ela incide e o suporte fático ao qual ela se aplica.[2] Tomando emprestada a expressão de Marcel Mauss, Legrand sugere que cada regra seja apreendida como um *fait social total*, isto é, um fato social total/completo.[3]

Isso significa que as regras processuais são produto da escolha deliberada tomada dentro de um contexto maior e, por isso, não podem ser transplantadas de um ordenamento para outro sem alteração de significado. A reprodução do texto legal em outro contexto é insuficiente para replicá-lo tal como é originalmente, pois o significado a ele investido é específico à cultura para a qual ele foi concebido.[4]

Apesar da impossibilidade de realizar "transplantes legais" e de definir qualquer regra processual como universalmente ideal, a análise das escolhas feitas por outros sistemas pode encorajar o pensamento crítico a respeito das nossas próprias regras e apresentar novas ideias e alternativas a problemas e dúvidas semelhantes.[5]

---

1. LEGRAND, Pierre. The Impossibility of 'Legal Transplants, p. 115.
2. LEGRAND, Pierre. The Impossibility of 'Legal Transplants, p. 116.
3. MAUSS, Marcel. 'Essai sur le don'. *Sociologie et anthropologie*. 6. ed. Presses Universitaires de France, 1995. p. 274-275 e *passim*. apud LEGRAND, Pierre. The Impossibility of 'Legal Transplants, p. 116. Apud?
4. LEGRAND, Pierre. The Impossibility of 'Legal Transplants, p. 117-118.
5. CHASE, Oscar *et al*. *Civil Litigation in Comparative Context*. United States of America: Thomson West, 2007. p. 1-2.

Por isso, nesse capítulo, será analisada a técnica decisória norte-americana que prevê a (re)apreciação do recurso de apelação interposto diante dos Circuitos das Cortes Federais pelo Plenário em determinadas circunstâncias (item 3.2.). Antes disso, apresentam-se, no item seguinte (3.1.), as devidas ressalvas metodológicas desse estudo comparado.

3.1. Ressalvas metodológicas

3.1.1. O estudo de direito comparado

A seleção do objeto a ser comparado não é neutra, nem passiva. Ao contrário, tem como base um "projeto cultural" particular, isto é, uma finalidade específica. É ela que orienta não apenas a escolha do ordenamento no qual o objeto se encontra, como ele próprio e o método através do qual a comparação será realizada.[6]

Considerando a pluralidade de objetivos possivelmente almejados com a realização de um estudo comparado, não existe método de comparação ideal.[7] Neste trabalho, a finalidade não é a harmonização das regras estudadas ou a eleição de uma como superior à outra. O objetivo é compreender o significado e os efeitos da técnica do artigo 942 na dinâmica decisória das Cortes de Justiça através da identificação de semelhanças e diferenças entre o dispositivo legal e a técnica decisória no *common law* norte-americano, sistema jurídico recorrentemente contraposto ao *civil law*.

Trata-se, portanto, de uma microcomparação, isto é, uma comparação que se desenvolve em escala reduzida com enfoque em regras específicas e problemas determinados.[8] O interesse principal é identificar uma instituição e uma regra

---

6. TARUFFO, Michele. Observações sobre os modelos processuais de civil law e de common law. Trad.: José Carlos Barbosa Moreira. *Revista de Processo*, v. 110, ano 28, p. 141-158, p. 1. São Paulo: Revista dos Tribunais, abril/junho 2003. versão *online*. Para Esin Örucu, "*It is the aims of the specific comparative study that should determine the choice of legal systems to be compared. Nor need one carry out comparative research only in groups of legal systems with broadly shared attributes. [...] Although comparative law research is open-ended and the methodology is determined by the strategy of the comparative lawyer, the possibility of comparison is dependent upon the existence and availability of data.*" (ÖRÜCU, Esin. Methodology of comparative law, p. 443-446).

7. VALCKE, Catherine. Reflections on Comparative Law Methodology – Getting inside Contract Law. In: ADAMS, Maurice; BOMHOFF, Jacco (Ed.). *Practice and Theory in Comparative Law*. Cambridge: Cambridge University Press, 2012. p. 22-48, p. 23. Disponível: <doi:10.1017/CBO9780511863301.002>. Acesso em: 15.02.2022.

8. "*Thus one either starts with a social problem or need in one society, discovers the institution that deals with it and then looks to other societies for institutions, legal or otherwise, which deal with the same problem or need, i.e., functional equivalents, or one starts with an institution in one society, asks 'What is the purpose or function of this institution in this society?' and, having ascertained it, looks for a functionally equivalent institution in the second and*

que nela desempenhe, em outro sistema, função equivalente àquela analisada no ordenamento pátrio.

Nesse contexto, além de uma teoria, o institucionalismo também pode ser caracterizado como método de estudo comparado cujo objetivo é investigar diferentes configurações institucionais simultaneamente unificadas e plurais,[9] cujos problemas e soluções são funcionalmente equivalentes.[10]

Isso não implica dizer que regras funcionalmente equivalentes estudadas no contexto das suas respectivas instituições sejam traduções exatas uma da outra.[11] Inclusive, para a seleção das regras e instituições a serem comparadas, não se pode confiar nos rótulos usados para nomeá-las, pois os conteúdos dos conceitos não são necessariamente padronizados em diferentes sistemas legais, mas definidos localmente. Assim, o mesmo conceito e a mesma instituição, em diferentes lugares, podem captar realidades diferentes, da mesma forma que rótulos diversos podem captar a mesma.[12]

---

then, if so wished, in a third society. The underlying assumptions are that there are shared problems or needs in all the societies under comparison, that they are met somewhere in the society and that the means of solving these problems may be different but comparable, their functions being equivalent." (ÖRÜCU, Esin. Methodology of comparative law, p. 443-444).

9. DIERMEIER, Daniel and KREHBIEL, Keith. Institutionalism as a methodology, p.123 e 129.

10. "*At the level of micro comparison, it has been widely argued that the true basis of comparative law is 'functional equivalence'. [...] The functional–institutional approach answers the question 'Which institution in system B performs an equivalent function to the one under survey in system A?' From the answer to this question the concept of 'functional equivalence' emerges. Comparative lawyers seek out institutions having the same role, i.e., having 'functional comparability', or solving the same problem, 'similarity of solutions'. What is undertaken here can also be the 'functional juxtaposition' of comparable solutions.*" (ÖRÜCU, Esin. Methodology of comparative law, p. 443).

11. "*Having decided on the scope of the comparison, the first step is the choosing of the concepts and identifying them. In essence these are the units of inquiry and the containers of data. Concepts, which are to be the units of a comparison, should be identified and defined. There should be extensive information sufficiently precise to be meaningfully compared. Here there may be problems such as concept construction and definition; level of abstraction and classification; languages of comparison and measurement; and problems of translation and cross-cultural terminology. [...] The search for equivalents (similia similibus) cannot be confined to institutions with similar or identical names since terminology may offer no assistance. In such circumstances functional equivalence is particularly useful. The conceptualization process requires that a choice also be made between whether one wants to undertake a structural comparison, an institutional comparison or a functional comparison involving differential explanation in the later stages of the process.*" (ÖRÜCU, Esin. Methodology of comparative law, p. 447-448).

12. Sobre o assunto, ver: LEGRAND, Pierre. The Impossibility of 'Legal Transplants, p. 111-124.

Uma regra é caracterizada como uma resposta possível, mas não obrigatória, a um problema; como uma solução contingente escolhida dentre várias possibilidades. Quando ela é identificada também em outro sistema, ainda que nele não esteja reproduzida identicamente, será passível de comparação. Ao contrário do antigo ditado, *apples* e *oranges* podem sim ser comparadas, pelo menos em alguns aspectos.[13]

A equivalência funcional deve ser compreendida como método construtivo, para o qual a similaridade é identificada dentro da diferença.[14] As instituições estudadas são semelhantes em um aspecto, enquanto são, ou pelo menos podem ser, diferentes em todos os demais:

> [...] a equivalência funcional é similaridade na diferença; é descobrir que as instituições são semelhantes em um aspecto (a saber, em uma das funções que cumprem), enquanto são (ou pelo menos podem ser) diferentes em todos os outros aspectos – não apenas em suas formulações doutrinárias, mas também em outras funções ou disfunções que podem ter além daquela em que o comparatista se concentra. A decisão de olhar para um determinado problema e, portanto, para uma determinada função, torna-se crucial para encontrar similaridade. Mas isso é sempre semelhança em relação a essa única função. A constatação da similaridade é contingente ao foco do comparatista [...] O funcionalismo leva à comparabilidade das instituições que podem assim manter sua diferença mesmo na comparação. Não pressupõe nem leva à semelhança.[15]

13. VALCKE, Catherine. *Comparative Law as Comparative Jurisprudence* – The Comparability of Legal Systems, March 2003, p. 7. Disponível em: <https://ssrn.com/abstract=385861>. "*Plurality is necessary, but difference is not: comparison can proceed so long as there is a plurality of entities to compare, quite apart from whether these entities turn out to be identical or different. In other words, sameness and difference are possible conclusions of, not conditions for, the comparative process. If the legal system is to be comparable, therefore, it must be simultaneously unified and plural, simultaneously 'self and 'other'. This is to say, it must be defined sufficiently broadly to accommodate plurality--one or several 'others' – but not so broadly as to lose all sense of unity – all sense of 'self'.*" (Ibid., p. 8).

14. "[...] *as a constructive method: it describes the thought process between the general and the specific, between presumed problems and institutions as presumed responses, that creates legal knowledge. The claim of universality of a problem is a first interpretative step that can be challenged, but this is a fruitful way of making sense of one legal system in relation to another.*" (MICHAELS, Ralf. The Functional Method of Comparative Law. In: REIMANN, Mathias; ZIMMERMANN, Reinhard. *The Oxford Handbook of Comparative Law*. New York: Oxford University Press, 2007, *Ebook*).

15. Tradução livre de: "*[...] functional equivalence is similarity in difference; it is finding that institutions are similar in one regard (namely in one of the functions they fulfill) while they are (or at least may be) different in all other regards—not only in their doctrinal formulations, but also in the other functions or dysfunctions they may have besides the one on which the comparatist focuses. The decision to look at a certain problem, and thus at a certain function,*

O que se presume semelhante não são as instituições legais ou os problemas a serem resolvidos, mas a relação funcional entre problemas e soluções.[16]

Tendo isso em vista, nesse estudo, foi selecionada uma técnica aplicada nas Cortes de Apelação Federais, Cortes de Apelação Estaduais e em algumas Cortes Supremas Estaduais dos Estados Unidos,[17] que também autoriza a ampliação do quórum do julgamento, denominada *en banc (re)hearing*. Por questões metodológicas, o estudo será limitado à ampliação do quórum do julgamento dos *appeals* de competência das Cortes de Apelação Federais norte-americanas.[18] Apesar de não compartilharem da mesma competência[19] e não integrarem a mesma estrutura,[20]

---

therefore becomes crucial for finding similarity. But this is always similarity regarding only that one function. The finding of similarity is contingent on the comparatist's focus [...] Functionalism leads to comparability of institutions that can thereby maintain their difference even in the comparison. It neither presumes, nor does it lead to, similarity." (MICHAELS, Ralf. The Functional Method of Comparative Law, *Ebook*).

16. MICHAELS, Ralf. The Functional Method of Comparative Law, *Ebook*.
17. "*Federal district courts have also heard cases en banc, although very rarely. [...] State supreme courts that normally sit in divisions also retain the en banc hearing option, as do some state intermediate appellate courts and at least one state trial court.*" (GEORGE, Tracey E. The Dynamics and Determinants of the Decision to Grant En Banc Review. 74 *Washingon Law Review*, 213, 1999, p. 214).
18. Isso porque a Constituição Federal estadunidense consagra a independência dos Estados membros, o que significa que, a par da legislação processual federal, os Estados têm suas próprias regras. Por essa razão, inclusive, o processo civil americano é normalmente ensinado através do exame do procedimento em tribunais federais. (SUBRIN, Stephen; WOO, Margaret. *Litigating in America*: Civil Procedure in Context. New York: Aspen Publishers, 2006. p. 17).
19. "*Federal statutes prescribe what kinds of cases can be heard by the Federal District Courts. Generally these courts hear cases arising under federal law, cases in which litigants are from different states, or cases in which the United States is party. The Federal District Court judges and the judges of the Federal Courts of Appeals are also appointed for life by the president in the same manner as the United States Supreme Court judges. [...] There are also specialized federal courts, such as the Bankruptcy Court and the Court of Claims. With the growth of the federal government and hence, federal legislation, federal judges have increased in number and authority over the years, causing a present movement by more conservative groups to rein back the power of the federal courts.*" (SUBRIN, Stephen; WOO, Margaret. *Litigating in America*: Civil Procedure in Context, p. 14-15).
20. "*The court of first instance (trial court) is the District Court. There is at least one in every state. Larger states are subdivided into regions, each with its own federal District Court. As a rule, each District Court will have several judges, but individual cases are ordinarily heard by a single judge [...] These are inferior Tribunals but – because of a party's Constitutional right to a determination by an 'Article III judge' – are subject to the supervision of, and review by, the District Court to which they are attached. The Courts of Appeal review District Court decisions. There are twelve regional Courts of Appeal. These regions, called "circuits" and identified by number [...], encompass several states. A thirteenth Court of Appeals ('for the*

tanto as Cortes de Justiça brasileiras quanto as *Federal Courts of Appeals* norte-americanas[21] não têm controle sobre sua agenda e reapreciam casos julgados em primeiro grau, via de regra, por quórum de três Magistrados e, em determinadas circunstâncias, por quórum ampliado.

Ao contrário de outros subtipos do método funcionalista,[22] no método da equivalência funcional, aqui adotado, as diferenças entre as regras e as instituições nas quais elas estão inseridas não são classificadas ou unificadas; elas são respeitadas e examinadas dentro da sua singularidade e do contexto maior. Apesar de as instituições ainda serem estudadas exogenamente, a partir dos seus problemas – e os seus problemas serem estudados a partir das soluções dadas pela instituição –, a equivalência funcional requer uma compreensão da sociedade como sistema constituído pela relação entre seus elementos, e não apenas por elementos independentes uns dos outros.[23]

Logo, ainda que se trate de uma microcomparação, as características dos sistemas legais comparados devem ser levadas em consideração. A comparação é mais completa e eficiente quando, além das normas, analisa os modelos processuais dos quais elas fazem parte, as instituições nas quais elas são aplicadas e o que a doutrina nacional diz a seu respeito.[24]

Federal Circuit') has limited subject matter jurisdiction. It hears appeals from decisions of the Courts of Claims (which has jurisdiction over claims against the federal government), of the Court of Customs and Patent Appeals. [...] The U.S. Supreme Court is the highest court in the federal judicial system. It consists of nine judges, appointed for life by the President with the consent of the Senate." (CHASE, Oscar *et al. Civil Litigation in Comparative Context*, p. 137).

21. CARDOSO, Antonio Pessoa Cardoso. O judiciário nos Estados Unidos. *Migalhas*, 22 nov. 2006. Disponível em: <https://www.migalhas.com.br/dePeso/16,MI32789,41046-O+judiciario+nos+Estados+Unidos>. Acesso em: 15.02.2022.

22. O conceito de equivalência-funcional é um a partir dos quais se aplica o método funcionalista. Ralf Michaels destaca pelo menos três características presentes a todos: "*First, functionalist comparative law is factual, it focuses not on rules but on their effects, not on doctrinal structures and arguments, but on events. [...] Second, functionalist comparative law combines its factual approach with the theory that its objects must be understood in the light of their functional relation to society. Law and society are thus thought to be separable but related. Consequently, and third, function itself serves as tertium comparationis.*" (MICHAELS, Ralf. The Functional Method of Comparative Law, *Ebook*).

23. MICHAELS, Ralf. The Functional Method of Comparative Law, *Ebook*. O autor acrescenta que: "*Three kinds of relations are indispensable for functional comparison: the similarity relation between the problems in different societies, the functional relation between each individual problem and the legal institution with which a given legal system responds to it, and the equivalence relation between the institutions in different legal systems.*" (*Ibid.*, *Ebook*).

24. A comparação nunca deve parar no nível da legislação, e nem mesmo no nível da jurisprudência, já que a realidade social pode ser mais diferente do que sugerem regras similares (e às vezes mais semelhante do que diferentes regras sugeririam). Regras podem

Para tornar possível e racional a análise de institutos pertencentes a ordenamentos diversos, não é necessária a pormenorização de cada modelo processual, sendo o bastante a sua construção a partir de "tipos ideais".[25] Eles são instrumentos teóricos destinados a servir à análise comparada e ao conhecimento específico dos vários ordenamentos.[26] Por isso, passarão a ser analisados a seguir (subitem 3.1.2).

3.1.2. O sistema processual norte-americano

Tradicionalmente, o "tipo ideal" do *civil law* brasileiro se caracteriza pelo modelo inquisitório, isto é, pela atribuição de amplos poderes, sobretudo instrutórios, ao Juiz – de carreira – na condução do processo – majoritariamente escrito, e não oral. Além disso, o sistema prevalente do *fact pleading*, a partir do qual se exige a descrição dos fatos do caso e a delimitação das provas a serem produzidas e dos pedidos a serem avaliados, torna prescindível a divisão do processo em duas fases para a descoberta e a reconstrução dos fatos.[27]

A comunicação dos fatos diretamente ao Juiz profissional de carreira, que está diariamente no Tribunal, possibilita a descontinuidade da dilação probatória,[28] cujo resultado é avaliado de acordo com seu livre convencimento, e não por *exclusionary rules*, tão típicas da tradição do júri do *common law*.[29]

---

existir no papel, mas não são aplicadas na prática. (VAN HOECKE, Mark. Methodology of Comparative Legal Research. *Law and Method*, p. 1-35, p. 7, 2015. Disponível em: <https://www.bjutijdschriften.nl/tijdschrift/lawandmethod/2015/12/RENM-D-14-00001.pdf>. Acesso em: 15.02.2022).

25. "*The similar institutions must be ideal types. Comparative lawyers, with their focus on details and specificities, have long known this. They knew on the one hand that similar institutions can fulfill different functions in different societies or at different times, and they found, on the other hand, that similar functional needs can be fulfilled by different institutions, the idea of the functional equivalent.*" (MICHAELS, Ralf. The Functional Method of Comparative Law, *Ebook*).

26. TARUFFO, Michele. Observações sobre os modelos processuais de civil law e de common law, p. 9. versão *online*.

27. CHASE, Oscar *et al. Civil Litigation in Comparative Context*, p. 7-8.

28. CHASE, Oscar. A excepcionalidade americana e o Direito Processual Comparado. Trad.: José Carlos Barbosa Moreira. *Revista de Processo*, v. 110, ano 28. São Paulo: Revista dos Tribunais, abril/junho 2003. p. 9-10.

29. CHASE, Oscar *et al. Civil Litigation in Comparative Context*, p. 9. "Quando se fala em limitações probatórias é interessante lembrar o exemplo norte-americano que se caracteriza pela grande preocupação em filtrar o material probatório que será levado ao conhecimento dos jurados e se materializa através das *exclusionary rules*, regras que determinam as provas que serão, a princípio, inadmissíveis. Essa intensa blindagem preliminar da prova, que para os observadores de civil law costuma gerar certa estranheza, constitui um traço saliente do estilo anglo-americano, e se justifica pelo caráter leigo de seus destinatários. Algumas dessas regras de exclusão de prova, como aponta Damaška, não

Os julgamentos de primeira instância estão sujeitos à impugnação recursal inclusive no que tange às questões de fato. Autoriza-se, até mesmo, a discussão a respeito de fatos novos (artigo 1.014 do CPC).[30] A despeito da falta de base constitucional, por estar tão profundamente arraigado na tradição civilista brasileira, o recurso é considerado parte da garantia fundamental ao procedimento justo. Em especial, o recurso de apelação é considerado "(...) uma continuação do processo de primeira instância", e não um procedimento de segunda instância cuja competência é a "revisão totalmente separada".[31]

Por sua vez, o "tipo ideal" do processo civil anglo-americano tradicional era definido pela divisão do processo em duas fases – *pre-trial* e *trial* –, caracterizadas pelo modelo adversarial, a oralidade,[32] a existência do direito constitucional ao júri e o método de obter e utilizar opiniões de peritos privados em matérias técnicas.[33]

A fase preparatória e prévia ao julgamento (*pre-trial*) caracterizava-se como adversarial, porque a investigação dos fatos era conduzida pelas partes, diante da postura passiva e complacente do Juiz, que intervia apenas em caso de abuso. Em parte, isso refletia um modelo de acesso à justiça extremamente simplificado e informal, que não exigia sequer a descrição dos fatos no *complaint* perante o Juiz federal – pelo menos até a reforma de 1938.[34] Essa tentativa de garantir a formulação

---

são típicas da *common law*, se mostrando presentes também no direito continental, como aquelas da inadmissibilidade da prova ilícita, o privilégio contra a autoincriminação, a proteção do sigilo profissional, dentre outras. Por outro lado, outras regras se mostram típicas da *common law*, e se destinam a não admitir provas sob o entendimento de que essa rejeição levará a uma maior precisão no processo de formação do convencimento dos jurados. Nesse sentido, algumas provas poderiam ser superestimadas pelo Júri (como a do testemunho indireto); ou em alguns casos criar um injusto prejuízo para o acusado (como as provas sobre má conduta); e algumas são rejeitadas por seu baixo valor probatório (regras acerca da relevância)." (NARDELLI, Marcella. *O direito à prova e à não autoincriminação em uma perspectiva comparada entre os processos civil e penal.* Revista de Processo, São Paulo, n.º 246, dez. 2015).

30. "Art. 1.014. As questões de fato não propostas no juízo inferior poderão ser suscitadas na apelação, se a parte provar que deixou de fazê-lo por motivo de força maior."

31. CHASE, Oscar et al. *Civil Litigation in Comparative Context*, p. 11-12.

32. O princípio da oralidade diz respeito ao modo de ser do processo em relação ao critério adotado para a valoração da prova. Ele pressupõe a *identidade física do Juiz*, isto é, daquele que colhe as provas e daquele que decide a causa, e a *imediatidade*, através do estabelecimento de condições para que a decisão seja proferida o mais breve possível após a instrução, o que remete à *concentração* dos atos processuais. O objetivo é assegurar que o juiz tenha a exata percepção da prova colhida. (MARINONI, Luiz Guilherme; ARENHART, Sérgio; MITIDIERO, Daniel. *Novo Curso de Processo Civil*: teoria do processo civil. 2. ed. rev. atual. e ampl. São Paulo: Ed. Revista dos Tribunais, 2016. v. I. p. 538-539).

33. CHASE, Oscar. A excepcionalidade americana e o Direito Processual Comparado, p. 7.

34. "*Rather than simply seeking courts to resolve private disputes (the conflict resolution model), Americans have relied on relatively open access to court and private civil litigation to be at*

do *pleading* também a quem não podia dispor de assistência jurídica para formulá-lo de maneira articulada em matéria de fato ou de direito era a principal manifestação do princípio do *party-presentation* e implicava uma série de consequências no plano técnico-processual – "[...] em particular a exigência de estruturação de uma fase sucessiva para a clarificação do objeto da controvérsia."[35]

Assim, o *pre-trial* do modelo tradicional tinha a função de reconstruir os fatos e de preparar as partes para o debate, sobretudo através da *discovery*, uma fase investigatória extrajudicial caracterizada pela colheita de depoimentos, por escrito ou via oral, e a realização de interrogatórios, exames físicos e mentais, inspeções, pedidos de produção de documentos e de admissão.[36] Essa fase ocorria sem a intervenção do Juiz, exceto quando era formulado pedido específico pelas partes ou era necessária a aplicação de sanções a alguma delas por falta de colaboração ou abuso na formulação dos requerimentos à outra.

Para Angelo Dondi, Vincenzo Ansanelli e Paolo Comoglio, essa dinâmica representava a finalidade dúplice de, "[...] por um lado, garantir um acesso virtualmente generalizado à justiça civil, simplificando ao extremo as formalidades iniciais, e, por outro, garantir que o processo se desenvolv[esse] sem surpresa em sede de debates."[37]

Na segunda fase, o *trial*, o papel do Magistrado era passivo e limitado à fiscalização da atuação dos advogados, responsáveis pela definição dos pontos

---

the heart of a great deal of the enforcement of our public laws (the behavior modification or social control model). With a mistrust of big government and intrusive states, the American public has (probably more than most other countries) relied on private civil litigation rather than solely on state-controlled litigation or state regulatory agencies to enforce our public values." (SUBRIN, Stephen; WOO, Margaret. *Litigating in America*: Civil Procedure in Context, p. 37). "*Not only joinder rules, but pleading was also liberalized to allow for more general allegations of the facts constituting a claim, without requiring specific pleading of a legal theory or cause of action. These liberal pleading rules facilitated the filing of multiparty, multi-claim lawsuits involving complex social and economic problems.*" (SUBRIN, Stephen; WOO, Margaret. *Litigating in America*: Civil Procedure in Context, p. 39).

35. DONDI, Angelo; ANSANELLI, Vincenzo; COMOGLIO, Paolo. *Processo Civil Comparado*: Uma perspectiva evolutiva, p. 117.

36. "As regras processuais americanas permitem aos advogados tentar descobrir provas fora do Tribunal e, não obstante, ter o apoio da autoridade judiciária no reclamar a cooperação de adversários e testemunhas. Consoante as típicas regras americanas, cada parte tem o poder de exigir do adversário (ou de testemunhas potenciais) que se submeta a perguntas orais sob juramento sem a presença do Juiz (*deposition*), que responda sob juramento a perguntas escritas (interrogatories), que abra seus arquivos à inspeção, ou, quando se põe em questão a condição física ou mental, que se sujeite a exame medido por um profissional escolhido pelo adversário." (CHASE, Oscar. A excepcionalidade americana e o Direito Processual Comparado, p. 9).

37. DONDI, Angelo; ANSANELLI, Vincenzo; COMOGLIO, Paolo. *Processo Civil Comparado*: Uma perspectiva evolutiva, p. 149.

controvertidos e das provas necessárias para resolvê-los, bem como pela produção probatória, por meio da inquirição de testemunhas e da apresentação de documentos.[38] Além da colheita das provas e da discussão da causa pelos advogados, na sessão de julgamento do *trial* concentrava-se a prolação oral da sentença pelo Juiz,[39] que não considerava a instrução realizada na fase da *discovery*, porque seu resultado não era classificado como prova em sentido técnico.[40]

Para Oscar Chase, a singularidade da disciplina probatória norte-americana, tanto no *trial* quanto no *pre-trial*, relaciona-se com o direito a ser julgado pelo júri. A reunião de doze cidadãos leigos para deliberar sobre as provas e definir a responsabilidade das partes no processo civil, bem como o *quantum* indenizatório, se for o caso, exige, no mínimo, que eles disponham de seu tempo e se ausentem do trabalho. Nesse caso, o julgamento concentrado é virtualmente obrigatório, porque o adiamento do julgamento para a colheita de nova prova simplesmente não é viável.[41]

O julgamento pelo júri nos Estados Unidos é um direito histórico e inviolável, garantido constitucionalmente pela Sétima Emenda para a apreciação de fatos, especificamente "nas demandas da *common law*",[42] porque, à época em que ela foi

38. CHASE, Oscar. A excepcionalidade americana e o Direito Processual Comparado, p. 11. "Há uma mistura entre atividades de definição das questões controvertidas e atividade de colheita das informações ou do material potencialmente útil para a definição da controvérsia. Essa mistura funcional é, no entanto, ausente nos ordenamentos de Civil Law, em que as atividades de definição e de colheita de material probatório sofrem restrições mais ou menos rígidas." (DONDI, Angelo; ANSANELLI, Vincenzo; COMOGLIO, Paolo. *Processo Civil Comparado*: Uma perspectiva evolutiva, p. 151).

39. TARUFFO, Michele. Observações sobre os modelos processuais de civil law e de common law, p. 141 a 158, p. 4-5. versão *online*.

40. DONDI, Angelo; ANSANELLI, Vincenzo; COMOGLIO, Paolo. *Processo Civil Comparado*: Uma perspectiva evolutiva, p. 158.

41. CHASE, Oscar. A excepcionalidade americana e o Direito Processual Comparado, p. 9 e 10. "*The foundation rule is that the trial of issues of fact is a single continuous event. All the evidence on all disputed issues is received day after day and, if necessary, week after week, month after month. No matter how long it can be expected to last, the trial ordinarily is not segmented according to various issues, such as the defendant's fault and the extent of the plaintiff's injuries. This rule responds to the fact that a jury is a set of nonprofessional adjudicators conscripted from the general population for the specific trial. Since this temporary 'team' has to be kept together until the game is finished, the game has to be kept going without interruption.*" (JAMES, Fleming; HAZARD, Geoffrey; LEUBSDORF, John. *Civil Procedure*. New York: Foundation Press, 2001. p. 389). Às vezes, porém, "*[...] judges exercise their power to bifurcate a trial, typically by trying liability separately from damages.*" (JAMES, Fleming; HAZARD, Geoffrey; LEUBSDORF, John. *Civil Procedure*, p. 389).

42. "*In suits at common law, where the value in controversy shall exceed twenty dollars, the right of trial by jury shall be preserved, and no fact tried by a jury, shall be otherwise reexamined in any court of the United States, than according to the rules of the common law.*" (UNITED

redigida, a justiça norte-americana dividia-se entre Cortes de *common law* e Cortes de *equity*, nas quais este direito não era previsto.[43] Com a fusão dessas Cortes tanto em nível estadual, após a *Code-Pleading Reform*, quanto em nível federal, com a adoção das *Federal Rules of Civil Procedure* – que, inclusive, reforçou sua inviolabilidade –,[44] todas as ações civis indenizatórias passaram a contar com o julgamento pelo júri conforme a disposição constitucional, exceto se tratassem de matéria de direito de família, sucessões e de falência.[45]

As questões de fato também não serão apreciadas pelo júri quando as partes renunciarem a este direito ou concordarem em não se submeter a ele,[46] hipóteses em que caberá ao Juiz decidi-las, ao lado das questões de direito.[47] O Juiz também pode exercer o controle sobre a avaliação do júri a respeito das questões de fato antes e depois do anúncio do veredito.[48] No primeiro caso, se entender pela

---

STATES. *The Constitution of the United States*. Seventh Amendment. Disponível em: <https://constitutionus.com/#x7>. Acesso em: 15.02.2022).

43. "*The courts of equity were a distinct legal system that developed out of the office of the king called the chancery. The initial judge of equity was the chancellor. The origins of equity – drawn mainly from Roman law, canon law, and judicial prudence – are still debated, but by the fifteenth century it was a firmly established jurisdiction and body of law that competed with the common law. Its most important differences from the courts of law were three: 1. The purpose of equity was to correct [...] common law in particular cases [...] The major critique of equity was that it was uncertain and therefore contrary to the requirement of law as the fair and precise regulation of private rights. [...] 2. The courts of equity operated by commanding the defendant to engage in a particular action. The common law operated by granting a judgment, usually for an amount of money, called damages. 3. Courts of equity operated without juries. The chancellor or the judge in equity decided the case as does a civil law judge, by resort to principles, called 'maxims', often enunciated in general principles, with a diminished influence of precedent. Juries were essentially limited to cases that arose under the common law.*" (FLETCHER, George P.; SHEPPARD, Steve. *American Law in a global context*: the basics. New York: Oxford University Press, 2005. p. 338-339).

44. Federal Rules of Civil Procedure de 1938, 38 (a): "*The right of trial by jury as declared by the Seventh Amendment to the Constitution or as given by a statute of the Unite States shall be preserved to the parties inviolate.*"

45. HAZARD, Geoffrey; TARUFFO, Michelle. *American Civil Procedure*: An Introduction. New Haven and London: Yale University Press, 1993. p. 129.

46. "*[...] unless the judge, as a matter of discretion, impanels an advisory jury, or the parties agree to try their case before a U.S. magistrate.*" (JAMES, Fleming; HAZARD, Geoffrey; LEUBSDORF, John. *Civil Procedure*, p. 389).

47. "*In a jury case, the judge's task is to express the governing legal principles in instructing the jury about the law. The jury then applies these principles in weighing and drawing inferences from the evidence. In a nonjury case, the judge determines the governing legal principles and also decides the factual issues.*" (HAZARD, Geoffrey; TARUFFO, Michelle. *American Civil Procedure*: An Introduction, p. 72).

48. A esse respeito, ver: JAMES, Fleming; HAZARD, Geoffrey; LEUBSDORF, John. *Civil Procedure*, p. 443-489.

inexistência de provas suficientes para que o processo seja remetido ao júri ou, ainda, que o conjunto probatório existente é convincente a ponto de conduzir a um único resultado, o Juiz pode realizar o julgamento direto (*direct veridict*), espécie de julgamento sumário dado *a posteriori*.[49] O segundo caso será analisado adiante.

Diferentemente dos Magistrados continentais de carreira, o Juiz federal norte-americano é escolhido entre advogados pelo Presidente dos Estados Unidos e, depois, é aprovado pelo Senado,[50] o que, ao lado do protagonismo dos advogados durante o *pre-trial* e o *trial*, demonstra uma virtual confiabilidade moral na advocacia ou, ao menos, em parte de sua elite.[51]

Em geral, os advogados estadunidenses têm formação profissional completa e pragmática, o que os torna capazes de responder de forma criativa e proativa aos conflitos e exigências sociais, bem como aos problemas de funcionamento do processo civil, autorizando, por um lado, a gestão processual a eles designada.[52] Por outro, a origem e a forma pela qual os Juízes federais são nomeados, somada ao *status* do júri na sociedade norte-americana, evidenciam uma forte descrença cultural no poder público. A esse respeito Stephen Subrin e Margaret Woo ressaltam, na página inicial de sua renomada obra, *Litigation in America*, que:

> A histórica desconfiança americana diante da concentração de poder, de autoridade e do governo levou a uma estrutura governamental que se baseia no princípio da separação de poderes entre o executivo (o Presidente no nível federal e o governador no nível estadual), o legislativo e o judiciário, bem como em um sistema federal de governo. Os 50 estados que compõem os Estados Unidos compartilham muito do poder que em outros países reside no governo central da nação. A mesma desconfiança em relação ao poder concentrado também levou à retenção persistente de um sistema adversarial de adjudicação dependente

---

49. PANTOJA, Fernanda Medina. *Apelação Cível*: Novas perspectivas para um antigo recurso. Um estudo crítico de direito nacional e comparado, p. 84.

50. "*Unlilke civil law countries as in most Europe, judges in America are lawyers, either appointed or elected, but usually only after substantial experience in practice, rather than part of a bureaucracy that one can select to enter directly out of law school. For federal district and appellate judgeships, the President of the United States nominates judicial candidates. Each nominee must be confirmed by the Senate of the United States. Judicial applicants at all federal court levels are usually experienced attorneys with excellent professional and personal credentials. Federal judges are generists – that is, they hear both criminal and civil cases of different kinds. To date, however, there is some lack of racial diversity in both the state and federal bench.*" (SUBRIN, Stephen; WOO, Margaret. *Litigating in America*: Civil Procedure in Context, p. 25).

51. DONDI, Angelo; ANSANELLI, Vincenzo; COMOGLIO, Paolo. *Processo Civil Comparado*: Uma perspectiva evolutiva, p. 35.

52. DONDI, Angelo; ANSANELLI, Vincenzo; COMOGLIO, Paolo. *Processo Civil Comparado*: Uma perspectiva evolutiva, p. 35.

> de advogados e baseado no júri. Os júris, mais prevalentes nos Estados Unidos do que em qualquer outro lugar do mundo, atuam como um freio ao poder governamental e corporativo. Essas características – separação de poderes, federalismo, forte dependência de advogados e julgamentos por júris – são centrais na compreensão do processo e da litigância cíveis norte-americanos.[53]

O fato de, curiosamente, para a discussão de questões técnicas, ser autorizada às partes a seleção de um perito particular para depor na qualidade de testemunha também espelha essa desconfiança, sobretudo porque, apesar de ser disponibilizada no art. 706 das *Federal Rules of Evidence*[54] a convocação de um perito neutro, essa prerrogativa é muito pouco utilizada pelos Tribunais.[55]

O *expert* contratado, porquanto pago pela parte, familiariza-se com a estratégia jurídica desenvolvida por seus advogados, que, além de prepará-lo, restringem o contato que terá com a parte contrária. O arcabouço legal nessa área, além de flexível, protege as partes e a atuação estratégica dos seus *counselors*, permitindo com que o depoimento do perito seja descartado no *trial* caso se mostre, durante o *pre-trial*, desvantajoso à tese defendida.[56]

---

53. Tradução livre de: "*The historic American distrust of concentrated power, authority, and government has led to a governmental structure that relies on the principle of a separation of powers among the executive (the President at the federal level and the Governor at the state level), legislative, and judiciary, as well as on a federal system of government. The 50 states that comprise the Unites States share much of the power that in other countries resides in the central government of the nation. The same distrust of concentrated power has also led to the persistent retention of a lawyer-dependent and jury-based adversary system of adjudication. Juries, more prevalent in the Unites States than anywhere else in the world, act as a brake on government and corporate power These characteristics – separation of powers, federalism, heavy reliance on lawyers, and juries trials – are central in understanding American civil litigation and procedure.*" (SUBRIN, Stephen; WOO, Margaret. *Litigating in America*: Civil Procedure in Context, p. 8).
54. "Rule 706 – Court-Appointed Expert Witnesses: (a) Appointment Process. On a party's motion or on its own, the court may order the parties to show cause why expert witnesses should not be appointed and may ask the parties to submit nominations. The court may appoint any expert that the parties agree on and any of its own choosing. But the court may only appoint someone who consents to act. [...]" Disponível em: https://www.rulesofevidence.org/article vii/rule-706/. Acesso em: 15.02.2022
55. CECIL, Joe S.; WILLGING, Thomas E. *Court-appointed experts*: defining the role of experts appointed under Federal Rule of Evidence 706. United States of America: Federal Judicial Center, 1993. p. 7-11.
56. "*If a party employs an expert for preliminary consultation, disclosure of the expert's identity is not required, nor is his opinion. If a party employs an expert who gives an opinion that the party wishes to use at trial, however, then the identity of the expert and the substance of his or her opinions may be discovered by the opposing parties. [...] Thus, a party may be able to use favorable expert opinion to 'bury' an unfavorable one.*" (HAZARD, Geoffrey; TARUFFO, Michelle. *American Civil Procedure*: An Introduction, p. 121). No mesmo sentido: JAMES, Fleming; HAZARD, Geoffrey; LEUBSDORF, John. *Civil Procedure*, p. 319-320.

Esse perfil cultural benevolente à manipulação estratégica pelos advogados das partes, cujos interesses eram integralmente preservados acima da boa-fé, transformou tendencialmente o processo em um lugar de agressão (*trial by ambush*), que entrou em crise a partir da década de 1950. A ausência de maiores formalidades para a formulação dos *pleadings* favoreceu a vulgarização dos casos baseados na legislação dos *civil rights* e daqueles de grande conteúdo econômico, contribuindo para a transformação da sociedade norte-americana em uma caótica *litigious society*.[57]

Além disso, a concepção irrestrita (*broad*) da *discovery*, para compensar a mera função de *notice* dos atos postulatórios, agregava muitos custos e complicações ao terreno probatório, o que a prolongava excessivamente.[58] Diante disso, gradativamente, mudanças foram sendo realizadas no processo civil estadunidense com o intuito de conferir maior celeridade e economia ao processo, principalmente, por meio do estímulo à realização de acordos entre as partes.

Foi, então, dando-se a aproximação entre os sistemas de *common* e *civil law*, até o ponto de, hoje, as distinções entre processos oral e escrito, modelos adversarial e inquisitorial e a existência ou não de Juízes não togados não se mostrarem mais capazes de distingui-los apropriadamente.[59] Para Stephen Subrin e Margaret Woo, "[...] as distinções clássicas entre países de *civil law* e de *common law* – do papel do Juiz, recursos, júris, honorários advocatícios, padrões probatórios e ônus da prova – desgastaram-se em certa medida."[60]

---

57. DONDI, Angelo; ANSANELLI, Vincenzo; COMOGLIO, Paolo. *Processo Civil Comparado:* Uma perspectiva evolutiva, p. 157.

58. "Notória é a chamada *fishing expedition*, consubstanciadamente na formulação de *discovery requires* não fundadas sobre precisas exigências cognoscitivas, mas apenas sobre a complexidade-extensão do conflito com fins meramente procrastinatórios. Essa propensão ao seu uso meramente estratégico materializa-se também no pedido massivo de informações, frequentemente não necessárias (*overdiscovery*). Na perspectiva da parte chamada a responder a *discovery request*, uma típica forma de abuso corresponde ao chamado *bulk discovery*, ou seja, a produção de quantidades propositalmente superabundantes de documentos destinadas a esconder as informações efetivamente úteis à parte contrária." (DONDI, Angelo; ANSANELLI, Vincenzo; COMOGLIO, Paolo. *Processo Civil Comparado*: Uma perspectiva evolutiva, p. 161, grifo dos autores).

59. "Hoje pertence apenas à história fundar a contraposição a respeito do tema entre o modelo adversarial como caracterizado por um diálogo entre as partes diante de um juiz passivo, atribuindo à prova uma função predominantemente persuasiva, e o modelo dos ordenamentos europeus continentais, em que cabível ao julgador um papel inquisitivo, incumbindo à prova desempenhar uma função demonstrativa da verdade dos fatos." (DONDI, Angelo; ANSANELLI, Vincenzo; COMOGLIO, Paolo. *Processo Civil Comparado*: Uma perspectiva evolutiva, p. 203-204).

60. Tradução livre de: "[...] *the classic distinctions between civil law and common law countries – from the role of the judge, remedies, juries, legal fees, evidentiary standards, and burdens of proof – have eroded somewhat.*" (SUBRIN, Stephen; WOO, Margaret. *Litigating in America*: Civil Procedure in Context, p. 25).

Isso não significa que não existam outros rótulos que possam distinguir, ainda que simplista e idealmente, esses sistemas processuais. Os tipos ideais servem como um conveniente recurso "estenográfico", desde que suas limitações sejam sopesadas e que estejam em constante atualização.[61] Também não significa que as diferenças tradicionais citadas absolutamente não existam mais ou que não sejam mais relevantes, mas que, agora, a diferença é de *grau*, e não de *natureza fundamental*.[62]

A característica da oralidade, por exemplo, era, de fato, muito marcante quando as fases processuais do sistema norte-americano se limitavam ao *pleading* e ao *trial*, a incidência do julgamento pelo júri era mais ampla e a resolução da controvérsia era declarada ao final da sessão de julgamento.

Inclusive, a própria regra da *finality* originou-se no contexto em que quase todas as decisões cabiam ao júri e o sistema processual norte-americano era fortemente baseado na oralidade. Prevista no §1291 do título 28 do *United States Code Annotated* – USCA,[63] ela determina que o direito de recorrer surge apenas após o julgamento final do caso, caracterizado como aquele que encerra o processo com julgamento de mérito e não deixa qualquer incumbência para a Corte, senão a de promover sua execução.[64]

Hoje, porém, com a *discovery* e o *pre-trial*, o processo de *common law* inclui numerosos atos escritos e não terminativos, pois o Juiz decide questões incidentais, que, embora não sejam capazes de produzir julgamento final, têm significativa importância para a lide. Por isso, são previstas exceções a *final judgement rule*,

61. CHASE, Oscar. A excepcionalidade americana e o Direito Processual Comparado, p. 4.

62. VAN HOECKE, Mark; WARRINGTON, Mark. Legal Cultures, Legal Paradigms and Legal Doctrine: Towards a New Model for Comparative Law. *International and Comparative Law Quarterly*, v. 47, n. 3, p. 495-536, p. 8, 1998. versão *online*.

63. "*The courts of appeals (other than the United States Court of Appeals for the Federal Circuit) shall have jurisdiction of appeals from all final decisions of the district courts of the United States, the United States District Court for the District of the Canal Zone, the District Court of Guam, and the District Court of the Virgin Islands, except where a direct review may be had in the Supreme Court.*" Disponível em: <https://www.law.cornell.edu/uscode/text>. Acesso em: 15.02.2022.

64. No original: "*[...] a final judgement is one that ends the litigation on the merits and leaves nothing for the court to do but execute the judgement.*" (UNITED STATES. Supreme Court. Catlin v. United States, 324 US 229, 233, 1945). "*Litigants in the federal system have historically been limited to one appeal from a trial court decision, so that the final determination of claims may be made speedily. Thus, the decision of the court of appeals should be the final disposition absent Supreme Court review, which occurs in only about three per cent of the cases. Courts of appeals respect this principle by almost never reconsidering their own judgments, though they have power to do so. Even when a retrial results in a second appeal, circuits generally observe the law of the case announced in the former appeal.*" (ALEXANDER Jr., A Lamar. *En Banc Hearings in the Federal Courts of Appeals*: Accommodating Institutional Responsibilities (Part I). *40 N.Y.U. Law Review 563*, p. 599, 1965).

as quais autorizam, em determinadas circunstâncias, a impugnação imediata de decisões através da chamada "apelação interlocutória". Apesar de numerosas,[65] as exceções, na prática, têm pequeno impacto na carga de trabalho das Cortes de Apelação Federais.[66]

Além de terem sido previstas exceções à regra da *finality*, foram conferidos acentuados poderes ao Juiz na organização e na gestão do processo, dando origem à figura do *managerial judge*.[67] Também foi aumentado o controle sobre o julgamento

---

65. PANTOJA, Fernanda Medina. *Apelação Cível*: Novas perspectivas para um antigo recurso. Um estudo crítico de direito nacional e comparado, p. 99. "A primeira exceção diz respeito à teoria da *colateral order*, reconhecida originariamente pela jurisprudência e enunciada, de forma sintética, como o provimento que julga de modo final uma questão relevante separável do mérito da causa ('*colateral*') em relação à qual o Juiz entenda deva ser garantida revisão imediata. [...] a segunda exceção à regra do julgamento final corresponde aos casos de apelação interlocutória previstos em lei. Na Justiça Federal e na maior parte dos estados, preveem-se *interlocutory appeals*, além de outras hipóteses, para as decisões de concessão, manutenção, modificação, rejeição ou extinção de medidas cautelares ou antecipatórias, sob o fundamento de que seus efeitos podem ser severos. Desde a inclusão da alínea (b) ao 1292 do Interlocutory Appeals Act (28 USCA), em 1958, consolidou-se também a possibilidade de apelação interlocutória por discricionariedade das Cortes. Por esse procedimento, que funciona como verdadeira 'válvula de segurança' para a revisão imediata de certas questões importantes de direito, a parte irresignada com determinada decisão interlocutória deve requerer a ambos os juízos, de primeira instância e de apelação, que certifiquem que aquela decisão é apelável. De acordo com os requisitos legais, é preciso que se trate de uma questão predominantemente de direito; que haja sólido embasamento para diferença de opinião em relação àquela matéria; e que se demonstre que um recurso imediato poderia agilizar a conclusão final do litígio. A regra 54(b) das *Federal Rules of Civil Procedure*, por exemplo, permite à Corte de primeira instância tornar recorrível uma decisão que julgue parcialmente o mérito, como no caso de múltiplas partes ou demandas. Já a regra 23(f) foi recentemente modificada para prever que uma decisão que reconhece ou não uma *class action* pode ser apelável, caso assim o entendam as Cortes, conforme sua discricionariedade. Finalmente, a última hipótese de exceção à regra do julgamento final envolve a admissibilidade de *writs of mandamus* ou *prohibition* para rever algumas decisões. À semelhança do mandado de segurança existente no direito brasileiro, consiste em um procedimento originário, proposto perante a Corte de apelação, em que se busca uma ordem dirigida ao juízo de primeira instância, para que faça ou deixe de fazer algo." (PANTOJA, Fernanda Medina. *Apelação Cível*: Novas perspectivas para um antigo recurso. Um estudo crítico de direito nacional e comparado, p. 100-101, grifo da autora).
66. UNITED STATES. Court of Appeals. Judicial Caseload Profile from 2013 to 2018. In: *Federal Court Management Statistics*. Disponível em: <https://www.uscourts.gov/sites/default/files/data_tables/fcms_na_appprofile0630.2018.pdf>. Acesso em: 15.02.2022.
67. "Por outro lado, pode-se observar que "[...] todos os processos civis de civil law são menos que inquisitivos no sentido estrito do termo. Basta considerar que agora, inclusive para atuação de garantias constitucionais e princípios fundamentais, o contraditório entre as partes é geralmente assegurado em medida mais que suficiente." (TARUFFO,

das questões de fato pelo júri[68] e foi alterado o papel dos advogados na condução do processo. A origem comum de ambos os papéis e a cultura de agressão entre as partes levaram à introdução de normas ético-profissionais aos *counselours*, dos quais se passou a exigir uma postura ética e proativa na identificação e no controle do procedimento.

Primeiro, quando a matéria discutida for caracterizada como "especial" (*pleading special matters*), os fatos deverão ser devidamente discriminados (*Rule* 9/ FRCP). Segundo, toda demanda deverá ser estruturada formalmente de acordo com as exigências da *Rule* 10/FRCP, dentre as quais está a redação em parágrafos numerados e limitados, na medida do possível, a um conjunto único de circunstâncias.

Terceiro, com a subscrição do ato postulatório, o advogado deve se certificar que os fatos narrados já têm suporte de evidências ou se terão o devido suporte quando oportunamente realizadas investigações ou a *discovery*. Ele também deve fiscalizar e filtrar *improper purposes*, isto é, posturas de agressão entre as partes, procrastinação do processo e incremento de custos, bem como correlacionar os fatos narrados ao direito vigente, através de *nonfrivolous argument* (*Rule* 11/FRCP). Prevê-se, ainda, sanções ao desrespeito desses deveres de controle, a serem suficientemente ponderadas pelos Juízes para impedir a repetição da(s) conduta(s) repreendida(s).[69]

Após a recíproca apresentação dos *pleadings*, de acordo com esses critérios legais, o caso deverá ser instruído pelas partes com toda a documentação potencialmente útil à apreciação do seu objeto. Ademais, todas as provas a serem produzidas na fase sucessiva do *trial* deverão ser identificadas. O conceito *broad* da *discovery* deu lugar a uma filosofia essencialista a fim de impedir os abusos até então cometidos e de agregar eficiência, inclusive ao *trial*, cuja produção probatória é admitida apenas nos limites daquilo que efetivamente foi objeto da *disclosure* inicial.[70]

Além disso, a atividade de gestão e organização do Juiz permite com que ele controle a forma pela qual o objeto da controvérsia é definido, não apenas através da rejeição dos *discovery requests* – ou dos *motions procedures* – impertinentes, excessivos ou economicamente desproporcionais, como também da supervisão da criação de um *discovery plan* e da realização de uma *discovery conference* para delimitar e programar as fases da investigação.

Michele. Observações sobre os modelos processuais de civil law e de common law, p. 3. versão *online*).

68. "*In significant part, the history of our civil procedures is the history of the efforts of judges and others to rein in juries without abolishing them.*" (JAMES, Fleming; HAZARD, Geoffrey; LEUBSDORF, John. *Civil Procedure*, p. 400).

69. DONDI, Angelo; ANSANELLI, Vincenzo; COMOGLIO, Paolo. *Processo Civil Comparado*: Uma perspectiva evolutiva, p. 119.

70. DONDI, Angelo; ANSANELLI, Vincenzo; COMOGLIO, Paolo. *Processo Civil Comparado*: Uma perspectiva evolutiva, p. 162.

Aquilo que for levantado durante esse período poderá ser aproveitado como evidência ou como prova no *trial* e limitará a amplitude do seu debate. Isso significa que a *discovery* é o núcleo conflitivo da controvérsia, no qual se desenvolve uma relação dinâmica entre os advogados e o Juiz, o que enfraquece a contraposição inquisitorial-adversarial.[71]

O potencial cognitivo do *pre-trial* permite, hoje, que a maior parte das causas cíveis não vá a julgamento devido à realização antecipada do *settlement*.[72] Para Geoffrey Hazard e Michelle Taruffo:

> A *discovery* e a *motion procedure* podem ser usadas para restringir as reivindicações e as defesas das partes, eliminando seus componentes legalmente insustentáveis. A *discovery* também fornece às partes uma base para avaliar com mais precisão suas chances de sucesso no julgamento. A este respeito, a *discovery* é um procedimento que incentiva o estabelecimento de acordos.[73]

Assim, apesar de as ações ajuizadas na esfera federal continuarem a aumentar, a taxa dos casos que vão a julgamento diminuiu.[74] Consequentemente, a despeito da manutenção do prestígio do júri, sua atuação está em decréscimo.[75]

Para Michele Taruffo:

> [...] é fácil concluir que, na substância, o modelo típico do processo de *common law* consiste em uma fase, na qual ambas as partes, sob a ativa direção

---

71. TARUFFO, Michele. Observações sobre os modelos processuais de civil law e de common law, p. 5. versão *online*.
72. DONDI, Angelo; ANSANELLI, Vincenzo; COMOGLIO, Paolo. *Processo Civil Comparado*: Uma perspectiva evolutiva, p. 85.
73. Tradução adaptada de: "*Discovery and motion procedure can similarly be used to narrow the claims and defenses by eliminating their legally untenable components. Discovery also provides the parties a basis for more accurately assessing their chances of success at trial. In this respect, discovery is a settlement procedure.*" (HAZARD, Geoffrey; TARUFFO, Michelle. *American Civil Procedure*: An Introduction, p. 114).
74. SUBRIN, Stephen; WOO, Margaret. *Litigating in America*: Civil Procedure in Context, p. 41.
75. "Nos Estados Unidos [...] o júri civil continua presente num percentual não irrelevante, se bem que claramente minoritário. São duas, na substância, as principais razões de tal sobrevivência: a previsão do *jury trial* como garantia constitucional pela 7ª Emenda à Constituição, e sobretudo o fato de que os júris populares são famosos por sua generosidade na concessão do ressarcimento de danos às vezes em somas elevadíssimas, de maneira que o autor, em causa de responsabilidade civil, pode ver-se induzido a enfrentar os altos custos, e também os riscos, do *jury trial*, na esperança de ganhar muito dinheiro na loteria judiciária. Se, todavia, não se superestimam fenômenos do gênero, quase pertencentes mais ao folclore judiciário (conquanto bilionário) do que à prática predominante, é possível concluir que mesmo no sistema norte-americano seria impróprio configurar o júri como elemento fundamental do modelo de processo civil." (TARUFFO, Michele. Observações sobre os modelos processuais de civil law e de common law, p. 5. versão *on-line*).

> do Juiz, esclarecem os termos da controvérsia, colhem mediante a *discovery* informações sobre as respectivas defesas e sobre as provas suscetíveis de ser utilizadas, valoram a oportunidade de acordo ou de renúncia a prosseguir, e transigem ou se servem de algum dos outros meios de solução rápida da controvérsia.[76]

Isso significa que, via de regra, o *pre-trial* é a única fase da apreciação da controvérsia e apenas excepcionalmente exerce uma função preparatória.[77] Quando, porém, este é o caso e os processos chegam até o *trial*, a maior parte dos julgamentos é cumprida voluntariamente. Isso evidencia um grau de confiança e respeito dos jurisdicionados na legitimidade do sistema judicial norte-americano, para o que vários fatores podem contribuir. Dentre eles, o dinheiro e o tempo investidos no julgamento, a formação pragmática e de qualidade dos Juízes, a confiança no júri leigo e a participação das partes na definição e instrução do julgamento, que podem levar ao entendimento de que ele já basta.[78]

Outra razão para o cumprimento voluntário dos julgamentos é a inexistência de tutela constitucional ao direito de recorrer. O sistema norte-americano opera com a presunção de que as decisões de primeiro grau estão corretas. Apesar de todas as esferas da Justiça norte-americana autorizarem a revisão dos julgamentos das Cortes de primeira instância por meio do *appeal*[79] e de as Cortes de Apelação não terem o controle de sua agenda, o poder de *review* do Tribunal é extremamente limitado.

O fato de o *common-law* estadunidense revestir o Juiz de primeiro grau de grande importância para julgar autonomamente diversas demandas implica, consequentemente, a atribuição de grande responsabilidade aos advogados no que diz respeito ao fornecimento das informações necessárias para subsidiar um julgamento preciso. Para Stephen Subrin e Margaret Woo:

---

76. TARUFFO, Michele. Observações sobre os modelos processuais de civil law e de common law, p. 5. versão *online*.
77. TARUFFO, Michele. Observações sobre os modelos processuais de civil law e de common law, p. 5. versão *online*.
78. SUBRIN, Stephen; WOO, Margaret. *Litigating in America*: Civil Procedure in Context, p. 280-286.
79. No âmbito federal, a prerrogativa consta no § 1.291 do Title 28 – Judiciary and Judicial Procedure, United States Code Annotated. (UNITED STATES. Office of the Law Revision Counsel. *United States Code*. Disponível em: <http://uscode.house.gov/download/download.shtml>. Acesso em: 15.02.2022). Além do recurso de apelação, há outras duas classes de procedimentos: "*The [...] 'standard' or 'normal' challenge, refering to the procedures for obtaining review that are employed most frequently; these include ordinary post-trial motions and review throught appeal of a judgement. [...] [and] The [...] extraordinary relief by proceedings occuring after the judgement has become final and the time for appeal has expired.*" (JAMES, Fleming; HAZARD, Geoffrey; LEUBSDORF, John. *Civil Procedure*, p. 742).

> Os efeitos combinados de um percentual menor de *trials* e maior de *motions* discricionárias envolvendo *discovery* e *joinder*, a observância ao princípio da finalidade e a grande deferência às decisões judiciais monocráticas pelos tribunais de apelação implicaram, surpreendentemente, a atribuição de maior autoridade do que nunca aos advogados e Juízes de primeiro grau.[80]

O baixíssimo percentual de casos aos quais é concedido *certiorari* pela Suprema Corte[81] faz dos Tribunais de Apelação, efetivamente, os Tribunais de última instância para a maioria dos litigantes e, portanto, uma importante fonte de desenvolvimento doutrinário em questões políticas importantes.[82]

Em razão disso, além de funções corretiva, de monitoramento (supervisão) e de orientação da primeira instância,[83] a função de filtrar o trabalho da Corte Suprema também é atribuída às Cortes de Apelação.[84]

---

80. Tradução livre e adaptada de: "*The combined effects of a smaller percentage of trials, more discretionary motions involving discovery and joinder, the requirement of final judgment rule, and the great deference shown to trial court determinations by appellate courts have led to the surprising result of placing greater authority in lawyers and trial judges than ever before.*" (SUBRIN, Stephen; WOO, Margaret. *Litigating in America:* Civil Procedure in Context, p. 278).
81. "*The Supreme Court receives thousands of applications for appeal each year, most of them called 'petitions for certiorari'. Such a petition briefly describes the case and the legal issues it presents and asks the court to accept the case among those that it will consider in its forthcoming session. Once a week the Court has a 'cert. Conference' a closed session in which the justices consider these petitions. Most of the applications are rejected. The power to grant or deny certiorari is within the Court's complete discretion and may be exercised without public explanation; when a petition is denied, an order is simply entered. About 120 to 150 cases per year are accepted for full consideration. The Court takes some judicial action in several hundred additional cases, for example, reversing the lower court decision with directions that the case be reconsidered in light of some decision that has been recently issued by the Court. Most of the Supreme Court's cases directly or implicitly involve questions of procedural law.*" (HAZARD, Geoffrey; TARUFFO, Michelle. *American Civil Procedure*: An Introduction, p. 46-47).
82. GEORGE, Tracey E. The Dynamics and Determinants of the Decision to Grant En Banc Review, p. 213.
83. "*Appellate review serves several functions. First, it is a means by which a party can overcome error in the case, whether the error is procedural unfairness, the failure of the trial court to apply appropriate legal principles in reaching decision, or the rendition of judgment on the basis of legally insufficient evidence. This is the corrective function of appellate review. Second, appellate review is a means of monitoring the performance of the firstinstance courts, making them continually aware that their performance is under scrutiny by higher judicial authority. This is a supervisory function. Third, the decisions of appellate courts expound and reformulate the law, thus providing specific legal guidance concerning similar transactions in the future. Under the theory of precedent, a prior decision of a court of equal or superior authority is accorded presumptive authority in a subsequent similar case. That is, precedent should be followed unless there is good reason for departing from it. Good reason, however,*

Para exercê-la, não cabe a elas a nova apreciação do caso (*novum iudicium*), mas apenas a revisão da decisão impugnada (*revisio prioris instantiae*), exclusivamente no que tange às questões de direito.[85] O recurso é considerado um processo separado, e não uma continuação do julgamento de primeira instância, e é regido por um conjunto distinto e específico de regras – as *Federal Rules of Appellate Procedure*. Questões relacionadas à regularidade processual do julgamento, à exatidão dos princípios jurídicos aplicados e à suficiência das provas colhidas, por exemplo, poderão ser impugnadas, mas, a princípio, questões de fato não poderão.[86]

Tratando-se de um sistema eminentemente privatista, mesmo depois da introdução da figura do *managerial judge*, considerando, por exemplo, a atuação restrita do Ministério Público e a valorização das garantias processuais constitucionais, o fato de o direito americano restringir a devolutividade do *appeal* não caracteriza uma escolha de fundo político-partidária, mas uma particularidade histórica e icônica do processo decorrente da apreciação exclusiva das questões de fato pelo júri.[87] Para Hazard e Taruffo:

> [...] o Tribunal de apelação ordinariamente não reconsiderará questões de fato examinadas no Tribunal de primeira instância. Essa limitação deriva

---

includes the courts' evolving sense of appropriate public policy, which changes over the course of time. Finally, the exercise of all the foregoing powers constitutes an authoritative voice in the governance of the community." (HAZARD, Geoffrey; TARUFFO, Michelle. *American Civil Procedure*: An Introduction, p. 183).

84. "*Appellate review has a public and systemic aspect extending beyond its effects on the parties. It is through appellate decisions that legal issues are definitively resolved, and discordant lower courts decisions are brought into some kind of uniformity. Hence the familiar pyramidal pattern of contemporary court systems are gradually filtered through intermediate appellate courts until a few of them reach a supreme court.*" (JAMES, Fleming; HAZARD, Geoffrey; LEUBSDORF, John. *Civil Procedure*, p. 741).

85. "*Such legal questions include erroneous instructions on the law to the jury, evidentiary rulings (if material to the outcome), or the judge's decision on a motion for a judgement as a matter of law.*" (SUBRIN, Stephen; WOO, Margaret. *Litigating in America*: Civil Procedure in Context, p. 273-274). "*[...] Appeals are nearly always about questions of law, not of fact. But the notion of law includes important issues that are not found in any great measure in civil law jurisdictions. These are: a) the law of jury instructions, which specifies exactly what the judge should tell the jury about a particular body of law before submitting the case to the jury for resolution, b) the law of evidence, which specifies in detail the kinds of evidence that the jury should be allowed to hear, and, c) the practices concerning the amount of evidence necessary to require the judge to send the case to the jury.*" (FLETCHER, George P.; SHEPPARD, Steve. *American Law in a global context*: the basics, p. 8).

86. HAZARD, Geoffrey; TARUFFO, Michelle. *American Civil Procedure*: An Introduction, p. 172.

87. PANTOJA, Fernanda Medina. *Apelação Cível*: Novas perspectivas para um antigo recurso. Um estudo crítico de direito nacional e comparado, p. 99. Para saber mais, ver: p. 98 e 104.

principalmente da posição do júri como descobridor dos fatos; está além da autoridade do Tribunal de apelação reapreciar o veredicto do júri, exceto no que toca à consideração da suficiência das provas produzidas para o anúncio de um veredito racional. Há deferência similar à análise dos fatos conduzida por um Juiz monocrático nos casos não submetidos ao júri. Os tribunais de apelação não querem "rejulgar o caso", e também reconhecem que o juiz singular está em melhor posição para avaliar a credibilidade das testemunhas.[88]

Questões de fato analisadas pelo júri não podem ser revistas através do julgamento da apelação, exceto quando é constatada a insuficiência da instrução probatória para o julgamento prolatado em favor da parte vencedora. Nesse caso, porém, o apelante deve demonstrar que o erro alegado não poderia ter sido remediado através de uma das "medidas de impugnação pós-júri" (*posttrial attack motions*) à sua disposição – o *new trial* (pedido por novo júri) ou o pedido de "julgamento inobstante o veredito" (*JNOV*).

Ambos se destinam exclusivamente à correção de erros do procedimento do júri ou ao caso de insuficiência de provas. Dirigem-se ao Juiz de primeiro grau antes da prolação do julgamento final (em até dez dias da prolação do veredito ou após a exoneração do júri), podendo, inclusive, ser suscitados de ofício pelo próprio Juiz. Para a apresentação da apelação, exige-se a demonstração de que o erro objeto do recurso não poderia ter sido suscitado por um desses outros meios.[89]

---

88. Tradução adaptada de: "*[...] the appellate court ordinarily will not reconsider issues of fact determined in the court of first instance. This limitation derives principally from the position of the jury as the finder of fact; it is beyond the authority of the court to redetermine the jury's verdict except to the limited extent of considering whether the evidence was sufficient for a rational verdict. There is similar deference to findings of fact by a judge in cases tried without a jury. Appellate courts do not wish to 'retry the case', and they also recognize that the trial judge is in a better position to evaluate the credibility of witnesses.*" (HAZARD, Geoffrey; TARUFFO, Michelle. *American Civil Procedure*: An Introduction, p. 172). Os autores esclarecem, ainda, que: "*An appeal in American procedure primarily inquires whether the firstinstance proceeding was conducted according to correct legal principles and was uncontaminated by irregularity, not whether the firstinstance judgment was the right outcome. This distinction corresponds to that between issues of law, which are within the competence of the appellate court to determine authoritatively, and issues of fact. As to the issues of fact, the determination of the firstinstance court ordinarily is conclusive if the proceedings were correctly conducted.*" (*Ibid*., p. 18).

89. "*However, before taking an appeal, a party dissatisfied with the verdict may request the trial court for corrective action. Indeed, requesting such relief is often required before pursuing an appeal. Corrective action may address procedural errors in the trial or insufficiency of evidence to support the verdict. Request for corrective action is made by a motion for new trial or by a motion for judgment notwithstanding the verdict. A motion for new trial, as its name implies, asks the court to order the case to be retried. This is an appropriate remedy when serious procedural error occurred at trial, for example: serious misbehavior of a party*

Por sua vez, a análise das questões de fato pelo Juiz – em casos como aqueles já mencionados – não pode ser anulada, a menos que esteja *clearly erroneous*.[90] Para a Suprema Corte,

> Uma conclusão é "claramente errônea" quando, embora haja evidências para apoiá-la, o tribunal de apelação, analisando a totalidade das provas, tem a firme convicção de que um erro foi cometido. [...] Ao aplicar este parâmetro para as conclusões do Tribunal distrital sem júri, os tribunais de apelação devem ter sempre em mente que a sua função não é decidir questões fáticas de novo. [...] Se a análise da prova pelo Tribunal distrital, vista em totalidade, é plausível, o Tribunal de apelação não pode refazê-la [...].[91]

---

or an advocate, such as creating disorder or making flagrantly unfair statements; misbehavior of a juror, such as using personal knowledge of the facts; misbehavior of the judge, such as intemperate remarks; outside interference, such as an attempt by an outsider to influence the jury. If a motion for new trial is granted, the case will be tried anew, without, it is hoped, repetition of the contaminating incident. Only serious disturbances justify a new trial, and their occurrence in civil cases is infrequent. A new trial may also be granted when the judge concludes that the verdict was against the weight of the evidence. Exercise of this power depends on a subtle distinction. The distinction is between evidence that meets the standard of legal sufficiency described above and evidence that, although sufficient, should not have convinced the jury. This distinction in weightiness of evidence is intuitively coherent, even though its verbalization is abstruse. In effect, the concept permits the judge to reevaluate the correctness of the jury's verdict and on that basis to require submission of the case to another jury through a new trial. However, it does not allow the judge to enter judgment directly. If the jury in the second trial reaches the same result, that verdict will ordinarily be accepted as the basis for judgment. The judge's power to set aside a verdict that he considers unwarranted may also be exercised where the judge concludes that the jury's assessment of damages was inadequate or excessive. A judge may enter judgment notwithstanding the verdict where, looking back at the proof, the judge concludes that the evidence is legally insufficient to support the verdict. [...] The foregoing corrective measures usually are taken only upon motion of a party. In some circumstances the court can act on its own initiative, but this is rarely required because the advocates ordinarily will make the necessary motions." (HAZARD, Geoffrey; TARUFFO, Michelle. *American Civil Procedure*: An Introduction, p. 145-147).

90. De acordo com a *Federal Rule* 52 (a): *"Findings of fact, whether based on oral or documentary evidence, shall not be set aside unless clearly erroneous, and due regard shall be given to the opportunity of the trial court to judge credibility of the witnesses."*

91. Tradução adaptada de: *"[A] finding is 'clearly erroneous' when although there is evidence to support it, the reviewing court on the entire evidence is left with the definite and firm conviction that a mistake has been committed [...] In applying the clearly erroneous standard to the findings of a district court sitting without a jury, appellate courts must constantly have in mind that their function is not to decide factual issues de novo [...] If the district court's account of the evidence is plausible in light of the record viewed in its entirety, the court of appeals may not reverse [...]"* (UNITED STATES. Supreme Court. 470 U.S. 564, 573-574, 105 S. Ct. 1504, 1511, 84 L. Ed 2d 518, 528, 1985. Fleming. 771).

Em *Anderson v. Bessemer City*, a Suprema Corte justificou a necessidade de a Corte de Apelação prestar deferência à apreciação dos fatos realizada pelas Cortes Distritais em razão da *expertise* das segundas em determinar os fatos, da duplicação de esforços e custos que uma nova e completa apreciação implicaria e dos recursos e energia já investidos pelas partes na correta explicação dos fatos.[92]

Seja na hipótese em que a parte identificou erro de fato cometido pelo júri, seja no caso de o erro ter sido cometido pelo Juiz, ela deverá observar uma série de formalidades para ter o direito de alegá-lo.[93] Além disso, o artigo 38 das *Federal Rules of Appellate Procedure* autoriza a imposição do pagamento de danos e custas em dobro à parte que interpõe um recurso leviano.[94]

O Tribunal tem competência para afirmar, revogar, modificar ou reverter o julgamento de primeiro grau, caso em que poderá *enter judgement accordingly* ou *remand the case to the trial court for further proceedings*.[95] A disposição dos Tribunais para reverter o julgamento é maior – mas ainda assim bem baixa – nas hipóteses em que houve falha na produção de provas a respeito de um ponto controvertido, a lei dada ao júri foi declarada incorretamente ou as provas produzidas pelo autor foram insuficientes.[96]

Em geral, os erros – *in procedendo* ou *in iudicando* – na constatação dos fatos só serão reanalisados quando prejudiciais às partes. Mesmo quando for constatado um erro no tocante a questões de fato, a sentença de primeiro grau pode ser confirmada quando ele for considerado inofensivo à luz das circunstâncias. A ideia é que as partes têm direito a um julgamento *justo*, mas não necessariamente a um julgamento *perfeito*.[97]

---

92. UNITED STATES. Supreme Court. 470 U.S. 564, 1985.

93. "*There are a number of well-defined limits on the scope of appellate review. First, the alleged errors must appear in the trial-court record thus it is vital during the course of pretrial preparation as well as during trial itself that an attorney make certain that all rullings and evidence that might form the basis for an appeal be formally recorded. Second, an aggrieved party must have promptly objected to the trial court regarding rulings or events that the judge could have corrected or ameliorated. Normally an error is waived unless a proper objetion was taken. Third, even if the issue that appellant seeks to have reviewed has been presented properly below and has not been waived, it must not constitute 'harmless error' – that is, it must have affected substantial rights. Finally, an alleged error must be presented to the appellate court in appellant's brief and the relevant portions of the trial-court record must be brought to the appellate court's attention.*" (CHASE, Oscar *et al. Civil Litigation in Comparative Context*, p. 348).

94. Federal Rules Of Appellate Procedure, 2019 Edition: "Rule 38. Frivolous Appeal–Damages and Costs. If a court of appeals determines that an appeal is frivolous, it may, after a separately filed motion or notice from the court and reasonable opportunity to respond, award just damages and single or double costs to the appellee."

95. CHASE, Oscar *et al. Civil Litigation in Comparative Context*, p. 34.

96. CHASE, Oscar *et al. Civil Litigation in Comparative Context*, p. 346.

97. CHASE, Oscar *et al. Civil Litigation in Comparative Context*, p. 346.

Como visto, em regra, o *appeal* deve ser interposto em face do julgamento final, isto é, da decisão escrita que coloca fim ao processo. Sua interposição não interrompe a execução da sentença, a não ser que sua executabilidade seja suspensa, discricionariamente (*ope iudicis*), a pedido da parte, de preferência, pelo Juízo *a quo* ou, quando impraticável ou por ele negada, pelo Juízo *ad quem*.[98]

Cabe à parte o pagamento das custas e a apresentação tempestiva da *notícia* de que irá apelar perante o órgão *a quo*, informando, basicamente, qual a decisão impugnada, a Corte de Apelação à qual o recurso se destina e os nomes das partes. Apenas quando o processo chega ao Tribunal é que o recorrente deduz suas razões e instrui o *record* com os *pleadings*, as *motions* e as *orders before trial*, bem como a transcrição escrita dos depoimentos tomados.

As Cortes não estão autorizadas a colher novos depoimentos ou a apreciar documentos inéditos.[99] Porém, algumas técnicas para promover a economia processual e para favorecer a ocorrência de acordos em segundo grau são admitidas, como a realizaçao de audiências de conciliação.[100] Quando isso não é viável, as apelações são julgadas por painéis de três Juízes. O quórum do julgamento é sorteado aleatoriamente para a apreciação de um conjunto determinado de casos, também aleatoriamente selecionado.[101]

A delegação da competência do órgão colegiado a um pequeno painel permite a otimização do trabalho do Circuito,[102] que, além de contar com Juízes ativos, também é composto por membros aposentados e/ou designados temporariamente de outros Tribunais Federais.[103]

---

98. Federal Rules 8 (a) (1) e (2). Fernanda Pantoja observa que "[...] na prática judicial norte-americana, a concessão de efeito suspensivo fica usualmente condicionada à prestação de caução (*bond*), em valor igual ou superior ao da condenação, quando o apelante houver sido condenado a pagar indenização por danos, exceto se os recorrentes forem os EUA ou uma de suas agências. [...] Na Justiça Federal, a justa causa pode motivar não somente a redução da caução, como a sua própria dispensa pelo juiz." (PANTOJA, Fernanda Medina. *Apelação Cível*: Novas perspectivas para um antigo recurso. Um estudo crítico de direito nacional e comparado, p. 93-94, grifo da autora).
99. CHASE, Oscar *et al. Civil Litigation in Comparative Context*, p. 34.
100. JAMES, Fleming; HAZARD, Geoffrey; LEUBSDORF, John. *Civil Procedure*, p. 742.
101. Essas regras estão definidas no 28 U.S.C. § 46 (b) e, com maiores detalhes, nos Procedimentos Internos de cada Circuito.
102. ATKINS, Burton M. Decision-Making Rules and Judicial Strategy on the United States Courts of Appeals. *The Western Political Quarterly*, v. 25, n. 4, p. 626-642, p. 629, 1972. Disponível em: <www.jstor.org/stable/446792>. Acesso em: 15.02.2022.
103. GEORGE, Tracey E. Developing a Positive Theory of Decisionmaking on U.S. Courts of Appeals, p. 1666. "*Federal circuit judges who have retired from regular active service may ask to serve on cases within their circuit.*" Ver: 28 U.S.C. §294(c) (1994). "*The Judicial Code provides that the chief judge of a circuit may assign senior and active district judges from within the circuit, to sit and decide cases brought before the circuit. See 28 U.S.C.*

Na prática, a disposição do Tribunal para convocar Juízes temporários depende da sua carga de trabalho e da motivação do *chief justice* para aliviá-la com "mão-de-obra externa", através da distribuição dos casos entre um número maior de Juízes e painéis. Contudo, é possível que esse ganho seja anulado pelo abalo na capacidade do Tribunal de assegurar a uniformidade na tomada de decisões, que também pode ser dificultada pela rotatividade dos painéis. Diferentes combinações dentro dos quóruns podem produzir decisões diferentes a cada rodada e arquitetar um sistema de jurisprudência lotérica.[104]

Por outro lado, a rotatividade dos painéis permite a diluição dos conflitos interpessoais e a manutenção de coalizões relativamente fluídas. O processo aleatório de seleção coloca restrições sobre a possível formação de panelinhas permanentes dentro da Corte, as quais podem se mostrar contraprodutivas para os padrões de trabalho do colegiado como um todo. Um Tribunal que se reúne em um sistema de painéis fixos tem a possibilidade de desenvolver padrões de julgamento distintos e em desacordo uns com os outros. Diante disso, a rotação frequente dificulta, se não impede, a formação de padrões de subgrupos estáveis prejudiciais para o Tribunal de Apelação como instituição.[105]

A rotatividade também facilita a expressão proporcional das opiniões minoritárias, quando todos os painéis têm a mesma probabilidade de se formar e a mesma capacidade de tomar decisões. Nesse caso, é possível que uma minoria de três julgadores seja reunida no mesmo painel ou que dois deles, quando unidos, sejam capazes de fazer o entendimento minoritário prevalecer.[106]

Para tanto, porém, outros fatores institucionais devem estar operando em favor da minoria ou não podem estar funcionando em seu detrimento. No mínimo, deve ser possível a formação de painéis nos quais se discute uma questão controversa.

Enfim, depois de apresentadas as contrarrazões, a princípio, admite-se a sustentação oral pelas partes. Contudo, por unanimidade, os Juízes podem considerá-la desnecessária quando:

---

§292(a) (1994). The code also provides that the chief justice, at the request of the chief judge or circuit justice of a circuit, may assign retired Supreme Court justices with their consent, see28 U.S.C. §294(d) (1994), as well as circuit judges from other circuits, see 28 U.S.C. §291(a) (1994), to sit temporarily on the circuit. These designated judges have the same authority as circuit judges in the cases in which they participate." (GEORGE, Tracey E. Developing a Positive Theory of Decisionmaking on U.S. Courts of Appeals, p. 1666, notas de rodapé 112 e 113).

104. ATKINS, Burton M. Decision-Making Rules and Judicial Strategy on the United States Courts of Appeals, p. 630.

105. ATKINS, Burton M. Decision-Making Rules and Judicial Strategy on the United States Courts of Appeals, p. 630.

106. ATKINS, Burton M. Decision-Making Rules and Judicial Strategy on the United States Courts of Appeals, p. 626.

> (A) o recurso é frívolo; (B) a(s) questão(ões) discutida(s) foi(ram) decidida(s) com autoridade; ou (C) os fatos e argumentos legais foram adequadamente apresentados nos *briefs* e no *record*, tornando prescindíveis os argumentos orais para a tomada da decisão.[107]

Quando admitidas, as sustentações são prestadas de forma informal, se comparadas às realizadas no Brasil, com os advogados sendo frequentemente interrompidos pelos Juízes para a realização de esclarecimentos extemporâneos. É muito raro que o julgamento seja proferido imediatamente. Em regra, um dentre os três Juízes designados é o Relator, que envia aos outros dois a sua proposta de voto. A decisão deve ser tomada, no mínimo, por maioria e, frequentemente, a proposta do Relator é aceita por unanimidade, não obstante a possibilidade de serem apresentados votos convergentes e divergentes.[108]

Especialmente quando a decisão de primeiro grau é confirmada, o voto escrito divulgado pelo painel contém apenas uma ou duas *sentence orders*, às vezes com uma breve explicação acompanhando-a. O número de votos nos quais o Tribunal emite um longo parecer vem diminuindo.[109]

É possível que as propostas de voto do Relator sejam enviadas não apenas aos demais membros do quórum do julgamento, mas a todos os membros do Circuito. Em alguns casos, como será visto no subitem 3.2.2., isso é recomendável, porque, apesar de a regra ser a apreciação do *appeal* por três Magistrados, admite-se a sua apreciação – ou reapreciação – pela totalidade dos membros ativos do Circuito – ou por, no mínimo, onze de seus integrantes – em dadas circunstâncias. Em casos especiais, "*[...] the Court sits 'en banc'*",[110] conforme se verá a seguir (subitem 3.2.1.).

3.2. Julgamentos *en banc* nas cortes de apelação federais norte-americanas

*3.2.1. História e desenvolvimento do julgamento pelo Pleno (*en banc*)*

O termo *en banc* é derivado do direito francês para "*[i]n the bench*" e refere-se ao julgamento do recurso pela composição integral do Circuito.[111] Em geral, como

---

107. Tradução adaptada de: "*(A) the appeal is frivolous; (B) the dispositive issue or issues have been authoritatively decided; or (C) the facts and legal arguments are adequately presented in the briefs and record, and the decisional process would not be significantly aided by oral argument.*" (Rule 34, (a), 2, Federal Rules of Appellate Procedure).

108. HAZARD, Geoffrey; TARUFFO, Michelle. *American Civil Procedure*: An Introduction, p. 181.

109. CHASE, Oscar *et al. Civil Litigation in Comparative Context*, p. 347.

110. CHASE, Oscar *et al. Civil Litigation in Comparative Context*, p. 137.

111. STEIN, Michael Ashley. Uniformity in the Federal Courts: A Proposal for Increasing the Use of En Banc Appellate Review. *Faculty Publications*, Paper 694, p. 805-860, p. 806, nota de rodapé 2, 1993.

visto, Juízes que integram um órgão colegiado não podem tomar decisões individualmente, devendo empreender a construção de coalizões para maximizar suas preferências individuais. Em especial, as decisões tomadas pelo Plenário permitem a análise do comportamento dos Tribunais quando todos – ou boa parte – de seus membros age(m) em conjunto. Por isso, além de serem as mais importantes, as decisões judiciais tomadas pelo Pleno também podem ser as mais reveladoras. Elas fornecem *insights* a respeito da forma e dos propósitos a partir dos quais os Tribunais de Apelação funcionam.

Para Tracey E. George,

> [...] ao considerar as ações que essas instituições tomam como grupo, podemos examinar sistematicamente e testar analiticamente dinâmicas internas, como a ideologia e a interdependência, bem como as dinâmicas externas, como a interação institucional.[112]

Por sua vez, Burton Atkins destaca que:

> O uso combinado pelos tribunais de apelação de um procedimento de painel rotativo de três membros com um sistema *en banc* oferece um contexto provocativo para testar hipóteses que relacionam as opções estratégicas disponíveis a Juízes, na qualidade de agentes políticos, com regras institucionais de tomada de decisão. Uma questão de particular interesse diz respeito à medida que esses dois procedimentos de decisão dos tribunais de apelação facilitam a capacidade da minoria contornar a preferência política da maioria.[113]

A prática da (re)apreciação de um caso *en banc*, isto é, pelo Pleno, foi reconhecida, originalmente, pela Suprema Corte dos Estados Unidos, em 1941, no julgamento do caso *Textile Mills Sec. Corp. v. Commissioner*.[114] A ele foi concedido

112. Tradução livre de: "*[...] by considering the actions these institutions undertake as a group, we can examine systematically and test analytically internal dynamics such as ideology and interdependence as well as external dynamics such as institutional interaction.*" (GEORGE, Tracey E. Developing a Positive Theory of Decisionmaking on U.S. Courts of Appeals, p. 1669).

113. Tradução adaptada de: "*The combined use by the courts of appeals of a three-member rotating panel procedure with an en banc system provides a provocative context for testing hypotheses which relate the strategic options available to judges with institutional decision-making rules. One question of particular interest concerns the extent to which the dual decision-making procedures of the intermediate appellate courts facilitate a minority's ability to circumvent a majority's policy preference.*" (ATKINS, Burton M. Decision-Making Rules and Judicial Strategy on the United States Courts of Appeals, p. 626).

114. UNITED STATES. Supreme Court. Textile Mills Sec. Corp. v. Commissioner, 314 U.S. 326, 1941. Disponível em: <https://supreme.justia.com/cases/federal/us/314/326/>. Acesso em: 15.02.2022.

certiorari para a resolução do conflito entre dois Circuitos a respeito da possibilidade do recurso interposto perante a Corte de Apelação ser decidido por todos os Juízes ativos do Circuito, *sitting en banc*. A Suprema Corte decidiu que sim, "[...] Juízes dos tribunais de apelação têm o poder de convocar todos os Juízes ativos do circuito para apreciar casos."[115]

Nas palavras do Justice William O. Douglas:

> Certamente o resultado alcançado torna a administração judicial mais efetiva. Conflitos dentro de um circuito serão evitados. O caráter final das decisões nos circuitos de apelação será promovido. Essas considerações são especialmente importantes, tendo em vista que, em nosso sistema judicial federal, esses tribunais são os tribunais de última instância na condução de processos ordinários.[116]

Isso revela que a técnica do julgamento *en banc* é fruto do direito vivo das Cortes pelo menos desde 1941. Posteriormente, mais precisamente em 1948, também foi formalizada numa regra legislativa expressa no *U.S. Code*[117] da seguinte forma:

> 28 U.S.C. § 46(c), Casos e controvérsias serão ouvidos e apreciados por uma Corte ou painel de não mais de três Juízes [...], a menos que sua apreciaçao ou reapreciação pelo plenário da Corte seja ordenada pela maioria dos Juízes em serviço ativo regular no circuito. A Corte *in banc* deve consistir em todos os Juízes do circuito em serviço regular ativo, ou no número de Juízes prescrito de acordo com [o estatuto aplicável], exceto no caso de um juiz aposentado ser elegível para participar, por sua iniciativa e por designação e atribuição de acordo com [o estatuto aplicável] e as regras do circuito, como membro do quórum do plenário revisor de uma decisão prolatada pelo quórum do qual ele outrora fora membro.[118]

---

115. No original: "[...] *judges of the courts of appeals had the power to convene all of the active circuit judges to try cases.*" (THE En Banc Procedures of the United States Courts of Appeals. *The University of Chicago Law Review*, v. 21, n. 3, p. 447-454, p. 447, 1954). Disponível em: <www.jstor.org/stable/1597848>. Acesso em: 15.02.2022.

116. Tradução adaptada de: "*Certainly the result reached makes for more effective judicial administration. Conflicts within a circuit will be avoided. Finality of decision in the circuit courts of appeal will be promoted. Those considerations are especially important in view of the fact that in our federal judicial system these courts are the courts of last resort in the run of ordinary cases.*" (Voto do Justice William O. Douglas em: UNITED STATES. Supreme Court. Textile Mills Sec. Corp. v. Commissioner, 314 U.S. 326, 1941).

117. "*The United States Code is a consolidation and codification by subject matter of the general and permanent laws of the United States. It is prepared by the Office of the Law Revision Counsel of the United States House of Representatives.*" (UNITED STATES. Office of the Law Revision Counsel. *United States Code*. Disponível em: <https://uscode.house.gov>. Acesso em: 15.02.2022).

118. Tradução adaptada de: "*Cases and controversies shall be heard and determined by a court or panel of not more than three judges [...], unless a hearing or rehearing before the court in*

Tecnicamente, o *in banc* (ou *en banc*) *hearing* consiste na apreciação do recurso pela integralidade do Circuito e não por um dos seus painéis compostos por três Juízes. Já o *in banc rehearing* consiste na revisão do caso por todos os Juízes ativos do Circuito depois de ele já ter sido apreciado por um dos painéis, independentemente dessa decisão já ter sido anunciada ou não, pois, em qualquer caso, ela será "substituída" (*vacated*).

Apesar de corroborar a decisão da Corte em *Textile Mills Sec. Corp. v. Commissioner* e reconhecer a possibilidade de julgamento com quórum ampliado, o legislador norte-americano objetivou assegurar o predomínio da composição tradicional do quórum de julgamento – com três julgadores – nas Cortes de Apelação. Assim, o julgamento pelo quórum integral foi consagrado formalmente como exceção, e não como regra, demandando o voto da maioria dos Juízes ativos no Circuito para ser admitido.

A definição a respeito da maneira pela qual caberia aos litigantes requerer aos Tribunais a reapreciação do seu caso pela totalidade dos respectivos membros não foi esclarecida pelo Congresso naquela oportunidade. Então, quatro anos mais tarde, a *Supreme Court*, em *Western Pacific Railroad Corp. v. Western Pacific Railroad Comp.*, definiu que a revisão da decisão pelo painel integral não é um direito da parte, mas um poder a ser administrado pelo Circuito: "O estatuto trata, não de direitos, mas de poder. A maneira pela qual esse poder deve ser administrado é deixada para o próprio Tribunal."[119]

Tendo isso em vista, para que o caso fosse levado à votação no Plenário e, então, fosse apreciado no mérito por todos os presentes, consagrou-se (i) a necessidade de que pelo menos um Juiz – membro do quórum originário ou não – *sua sponte* (por iniciativa própria) ou após manifestação da(s) parte(s) – apresentasse sugestão nesse sentido; (ii) e que, na sequência, esta restasse amparada pelo voto da maioria dos Juízes ativos do Circuito.

---

banc is ordered by a majority of the circuit judges of the circuit who are in regular active service. A court in banc shall consist of all circuit judges in regular active service, or such number of judges as may be prescribed in accordance with [the applicable statute] except that any senior circuit judge of the circuit shall be eligible to participate, at his election and upon designation and assignment pursuant to [the applicable statute] and the rules of the circuit, as a member of an in banc court reviewing a decision of a panel of which such judge was a member." (UNITED STATES. Office of the Law Revision Counsel. *United States Code*. Disponível em: <http://uscode.house.gov/download/download.shtml>. Acesso em: 15.02.2022).

119. Tradução livre de: "*The statute deals, not with rights, but with power. The manner in which that power is to be administered is left to the court itself.*" (UNITED STATES. Supreme Court. *Western Pacific Railroad Corp. v. Western Pacific Railroad Company*, 345 U.S. 247, 1953. Disponível em: <https://supreme.justia.com/cases/federal/us/352/59/>. Acesso em: 15.02.2022).

No voto majoritário de *Western Pacific Railroad Corp. v. Western Pacific Railroad Company*, a Suprema Corte autorizou que a análise dessa sugestão inicial, por liberalidade dos Circuitos, fosse delegada apenas aos três componentes do painel originário quando fosse o caso de rejeitá-la (embora o Tribunal Pleno mantivesse a autoridade de revisar o procedimento *en banc* e de retirar o poder delegado).

Dessa forma, apesar de somente a maioria de todos os Juízes ter a capacidade de acolher as petições que sugerem a (re)apreciação *en banc*, estas podem ser negadas apenas pelos três membros do quórum inicial, já que não existe direito subjetivo do litigante a se manifestar perante todos os Juízes do Circuito.[120] Para a Corte:

> [...] o § 46 (c) não é dirigido aos litigantes. É dirigido ao Tribunal de Apelação. É uma concessão de poder. Coloca no Tribunal o poder de ordenar a apreciação pelo Pleno. Não vai mais longe. Ele não proíbe nem exige que cada membro ativo do Tribunal de Apelação responda a cada petição que sugere a apreciação ou reapreciação *en banc*. O Tribunal fica livre para criar seu próprio mecanismo administrativo para fornecer os meios pelos quais a maioria pode ordená-la.[121]

A possibilidade de delegar a competência para analisar uma sugestão apresentada por uma das partes apenas ao quórum simples de julgamento garante à Corte de Apelação a vantagem de receber sugestões dos litigantes para o uso de um procedimento que também é destinado ao seu próprio benefício, sem o ônus administrativo de ser obrigado a considerá-la no Tribunal Pleno.[122]

Nesse sentido foi a opinião da Corte no caso *Western Pac. R. C. v. Western Pac. R. C.*:

> É [...] essencial que os litigantes sejam deixados livres para sugerir ao Tribunal, ou à divisão – dependendo de onde residir o poder de iniciativa, conforme determinação dos Juízes ativos do circuito –, que um caso particular é apropriado para a consideração de todos os Juízes. Um Tribunal pode tomar medidas para usar

---

120. The En Banc Procedures of the United States Courts of Appeals, p. 454.

121. Tradução adaptada de: "*[...] § 46(c) is not addressed to litigants. It is addressed to the Court of Appeals. It is a grant of power. It vests in the court the power to order hearings en banc. It goes no further. It neither forbids nor requires each active member of a Court of Appeals to entertain each petition for a hearing or rehearing en banc. The court is left free to devise its own administrative machinery to provide the means whereby a majority may order such a hearing.*" (UNITED STATES. Supreme Court. *Western Pac. R. C. v. Western Pac. R. C.*, 345 U.S. 247, 1953).

122. The En Banc Procedures of the United States Courts of Appeals, p. 454.

> o poder *en banc* com moderação, mas pode não tomar medidas para reduzir seu uso indiscriminadamente. Os advogados geralmente estão bem equipados para apontar circunstâncias especiais e implicações importantes, exigindo a análise plenária dos casos que estão a demandar a manifestação do Tribunal. Se, no exercício do poder discricionário disposto no parágrafo 46 (c), o Tribunal negar aos litigantes o privilégio de se manifestar perante todos os Juízes do circuito, não há razão para negar-lhes acesso aos poucos Juízes que devem se manifestar inicialmente e, talvez, decisivamente, como representantes dos demais. A sugestão dos advogados não precisa exigir nenhuma reação formal da Corte; não precisa ser tratada como *motion*; é suficiente que o Tribunal simplesmente dê a cada litigante a oportunidade de chamar a atenção para as circunstâncias de um caso particular que possa justificar sua reapreciação pelo Pleno.[123]

No entanto, para Judah Labovitz, a prática do Tribunal de delegar ao painel o poder irreversível de negar a (re)apreciação *en banc* é insatisfatória. Apesar disso, ele entende que, se nenhum método for desenvolvido para selecionar as petições, a solicitação dos litigantes pode se tornar *pro forma* e onerosa para o Pleno.[124]

Ciente disso, apesar de investir os Circuitos com certa discricionariedade, a Suprema Corte reconheceu a necessidade de ser esclarecido aos litigantes o método pelo qual o colegiado é convocado *en banc*: "É essencial, é claro, que um circuito do Tribunal, e os litigantes que comparecem perante ele, entendam a prática – seja ela qual for – em que o Tribunal se reúne *en banc*."[125]

---

123. Tradução adaptada de: "*It is [...] essential that litigants be left free to suggest to the court, or to the division-depending upon where power of initiation resides, as determined by the active circuit judges of the court-that a particular case is appropriate for consideration by all the judges. A court may take steps to use the en banc power sparingly, but it may not take steps to curtail its use indiscriminately. Counsel are often well equipped to point up special circumstances and important implications calling for en banc consideration of the cases which they ask the court to decide. If, in the exercise of its discretion under s 46(c), a court denies litigants the privilege of reaching the ear of every circuit judge on the en banc question, there is still no reason to deny them access to the few circuit judges who must act initially, and perhaps decisively, on the matter for the others. Counsel's suggestion need not require any formal action by the Court; it need not be treated as a motion; it is enough if the court simply gives each litigant an opportunity to call attention to circumstances in a particular case which might warrant a rehearing en banc.*" (UNITED STATES. Supreme Court. *Western Pac. R. C. v. Western Pac. R. C.*, 345 U.S. 247, 1953).

124. LABOVITZ, Judah I. En Banc Procedure in the Federal Courts of Appeals. *University of Pennsylvania Law Review*, v. 111, n. 2, p. 220-231, p. 227, 1962. Disponível em: <www.jstor.org/stable/3310597>. Acesso em: 15.02.2022.

125. Tradução livre de: "*It is essential, of course, that a circuit court, and the litigants who appear before it, understand the practice- whatever it may be-whereby the court convenes itself en banc.*" (UNITED STATES. Supreme Court. *Western Pac. R. C. v. Western Pac. R. C.*, 345 U.S. 247, 1953).

Na realidade, porém, as opiniões *en banc* raramente explicam o porquê de a reapreciação ter sido realizada.[126] A falha dos Juízes do Circuito de formular e divulgar os fundamentos apropriados para o deferimento do julgamento *en banc* explica em parte o número de petições mal construídas, responsáveis apenas por atrasar o processo.[127]

Em opinião divergente, o Justice Roberth H. Jackson já havia demonstrado grande preocupação de que a possibilidade de o recurso ser reapreciado pelo Pleno criasse um Tribunal intermediário híbrido entre o painel original de três Juízes e a Suprema Corte, resultando em procrastinação e incerteza aos litigantes.[128] Para Tracey E. George:

> Os *rehearings en banc* não são apropriados quando o efeito é simplesmente interpor outro recurso perante o quórum estendido do Tribunal de Apelação em face da decisão do quórum convencional de três Juízes. O atraso, o custo e a incerteza, que afetam tanto a parte bem-sucedida quanto a malsucedida, o litigante com e o sem razão, são, cada um, acrescidos de um apelo adicional interposto perante um Tribunal intermediário híbrido. Além disso, o fato de o Tribunal deixar a natureza exata do direito que ele confere à parte perdedora tão insegura e equívoca leva-me a concluir que a "questão *en banc*" é uma que o litigante não deveria ter legitimidade para levantar.[129]

Por sua vez, o Justice Felix Frankfurter, em voto concorrente, concordou com o resultado do voto da maioria no caso *Western Pac. R. C. v. Western Pac. R. C.* para definir a prerrogativa de (re)apreciação do caso pela totalidade dos membros do Tribunal como "poder do Circuito" – e não direito da parte – e autorizar cada Circuito a ter suas próprias regras a respeito do exercício desse poder discricionário.

---

126. GEORGE, Tracey E.; SOLIMINE, Michael E. Supreme Court Monitoring of the United States Courts of Appeals En Banc. *Supreme Court Economic Review*, v. 9, p. 171-204, p. 179, 2001. Disponível em: <www.jstor.org/stable/1147132>. Acesso em: 15.02.2022.

127. ALEXANDER Jr., A Lamar. En Banc Hearings in the Federal Courts of Appeals: Accommodating Institutional Responsibilities (Part II). *40 N.Y.U. Law Review 726*, p. 733, 1965.

128. UNITED STATES. Supreme Court. *Western Pac. R. C. v. Western Pac. R. C.*, 345 U.S. 247, 1953.

129. Tradução adaptada de: "*Rehearings en banc are not appropriate where the effect is simply to interpose another review by an enlarged Court of Appeals between decision by a conventional three-judge court and petition to this Court. Delay, cost, and uncertainty, which take their toll of both the successful and the unsuccessful, the just and the unjust litigant, are each increased by an additional appeal to a hybrid intermediate court. Moreover, the fact that the court leaves the precise nature of the right which it confers on the losing litigant so unsettled and equivocal would lead me to conclude that the en banc question is one which the litigant should not be given standing to raise.*" (GEORGE, Tracey E. The Dynamics and Determinants of the Decision to Grant En Banc Review, p. 227 e 229).

No entanto, também recriminou a possibilidade de o caso já apreciado pelo quórum originário do Circuito poder ser *reapreciado* a pedido de uma das partes. Em suas palavras:

> *Rehearings* não são um passo saudável no processo judicial; certamente eles não devem ser considerados um procedimento normal. [...] Isso é um abuso da energia judicial. Isso resulta em atraso desnecessário. Desperta falsas esperanças em litigantes derrotados e desperdiça seu dinheiro. Se as petições sugerindo a reapreciação fossem justificadas, exceto em casos raros, revelariam sérios defeitos no trabalho dos tribunais de apelação, uma suposição que deve ser rejeitada.[130]

De fato, em termos de eficiência, as *reapreciações en banc* são mais questionáveis do que as apreciações *en banc*, porque decidir o mesmo caso novamente pode significar a duplicação dos esforços e da disposição de recursos, assim como o atraso na resolução do litígio. Além disso, a aparição do Tribunal completo regularmente revisando e frequentemente revertendo as decisões dos painéis pode comprometer o princípio da *finality* (caráter final das decisões), retirando a dignidade dos Juízes do quórum originário que estão legitimamente investidos do poder de agir em nome da Corte como instituição.[131]

De certa forma, o fato de ser disponibilizada aos advogados a possibilidade de sugerir a (re)apreciação *en banc* do *appeal*, além de desqualificar a capacidade dos Juízes ordinários para julgá-lo, ignora que a existência do procedimento deve servir à própria Corte. Essa prerrogativa prejudica o caráter final das decisões do painel, dando a impressão de que o advogado pode manipular a composição do Tribunal para obter resultado mais favorável.[132]

Para George, um procedimento eficaz deve descobrir os casos que merecem a consideração do Tribunal Pleno antes da decisão do painel originário ser divulgada, a fim de evitar a perturbação causada pela reapreciação do caso pelo Pleno.[133]

---

130. Tradução adaptada de: "*Rehearings are not a healthy step in the judicial process; surely they ought not to be deemed a normal procedure. [...] This is an abuse of judicial energy. It results in needless delay. It arouses false hopes in defeated litigants and wastes their money. If petitions for rehearing were justified, except in rare instances, it would bespeak serious defects in the work of the courts of appeals, an assumption which must be rejected.*" (Voto do Justice Felix Frankfurter em: UNITED STATES. Supreme Court. *Western Pac. R. C. v. Western Pac. R. C.*, 345 U.S. 247, 1953).
131. GEORGE, Tracey E. The Dynamics and Determinants of the Decision to Grant En Banc Review, p. 218.
132. ALEXANDER Jr., A Lamar. En Banc Hearings in the Federal Courts of Appeals: Accommodating Institutional Responsibilities (Part II), p 734-735.
133. ALEXANDER Jr., A Lamar. En Banc Hearings in the Federal Courts of Appeals: Accommodating Institutional Responsibilities (Part II), p. 726.

Nesse contexto, o Justice Frankfurter sugeriu a circulação dos rascunhos redigidos pelos Relatores não apenas entre o restante do quórum inicialmente designado para o julgamento do recurso, mas entre todos os membros do Circuito, a fim de que, com isso, todos sejam capazes de tomar uma decisão informada sobre a necessidade de o caso ser apreciado pelo Pleno ou não, antes de a decisão do painel ser anunciada. Em suas palavras:

> Um Tribunal pode decidir que agirá de acordo com o disposto no § 46 (c) apenas por iniciativa própria e que fará isso sempre que a necessidade para tanto for evidenciada, não pelo desperdício dos recursos judiciais através da consideração preliminar e excessiva do Pleno para determinar se a necessidade existe ou não, mas pelo processo de fazer com que cada painel circule suas opiniões, antes de elas serem emitidas, para todos os membros ativos da Corte.[134]

Na prática, porém, nem sempre existem estímulos suficientes para a circulação dos rascunhos. Primeiro, porque o painel é investido da jurisdição da instituição e tem capacidade e legitimidade para identificar a eventual necessidade de o caso ser analisado pela totalidade dos membros por si mesmo. Segundo, pelos custos reputacionais que a interferência não solicitada na opinião de outros Juízes pode provocar. Terceiro, pelo tempo e trabalho que a análise dos rascunhos demandaria aos julgadores.[135] Quarto, por atribuir a Juízes, perante os quais os litigantes não puderam argumentar seus pontos de vista, o exercício de influência considerável sobre a disposição do caso.[136]

Esta última ressalva é normalmente neutralizada pela oportunidade de as partes realizarem nova sustentação oral depois que a apreciação pelo Pleno é anunciada. Em tese, os casos (re)apreciados *en banc* são os mais cruciais por envolverem questões importantes e complexas que merecem a mais completa atenção da Corte.[137-138]

---

134. Tradução livre de: "*A court may decide that it will act under § 46(c) only sua sponte and will do so whenever the need is made evident, not by wasteful use of judicial resources through excessive preliminary consideration en banc to determine whether or not the need exists, but by the process of having each panel circulate its opinions, before they are emitted, to all the active members of the court.*" (Voto do Justice Felix Frankfurter em: UNITED STATES. Supreme Court. *Western Pac. R. C. v. Western Pac. R. C.*, 345 U.S. 247, 1953).

135. ALEXANDER Jr., A Lamar. En Banc Hearings in the Federal Courts of Appeals: Accommodating Institutional Responsibilities (Part II), p. 728.

136. LABOVITZ, Judah I. En Banc Procedure in the Federal Courts of Appeals, p. 222.

137. ALEXANDER Jr., A Lamar. En Banc Hearings in the Federal Courts of Appeals: Accommodating Institutional Responsibilities (Part II), p. 740.

138. Aliás, é – ou pelo menos já foi – prática informal do Terceito Circuito designar um número de dias a cada ano para ouvir as alegações orais sobre casos a serem julgados en banc. Esta prática minimiza as ineficiências logísticas, otimizando o tempo de viagem dos Juízes

Há quem entenda, porém, que é preferível eliminar a possibilidade de as partes apresentarem sugestões à Corte para permitir que os Juízes tenham mais tempo de exercer as atividades rotineiras dos painéis que compõem, em que os direitos dos litigantes efetivamente estão em jogo. Alega-se que, mesmo que a prerrogativa de apresentar sugestões fosse eliminada, o Juiz ainda poderia identificar os casos merecedores de consideração pelo Pleno ao ler a opinião do painel, que, quando circulada oportunamente, constituiria alerta suficiente aos demais membros do Tribunal.[139]

A existência de dois "meios de descoberta" de casos cuja apreciação demanda a atenção do Plenário – a sugestão das partes e a identificação *sua sponte* pelos Juízes – implicaria a duplicação do trabalho de Tribunais que já operam muito perto do seu limite.[140]

Tendo isso em vista, mas em respeito ao precedente *Western Pacific*, há quem sugira a eliminação informal do direito de apresentar essa sugestão à Corte pela sua negação reiterada e, assim, o reconhecimento geral de que nenhuma será acolhida.[141]

Na hipótese de nessa votação existir uma dissidência, Marsha S. Berzon sugere que não seja permitida a sua publicação. Primeiro, porque, via de regra, aquele que diverge da maioria quanto à necessidade de um caso ser (re)analisado pelo Pleno não apreciou a fundo o seu mérito, o que significa que, muitas vezes, seu voto reflete entendimento incorreto ou incompleto a seu respeito.

Segundo, porque a publicação desse desacordo não facilita o julgamento do recurso, servindo apenas para, estrategicamente, chamar atenção da Suprema Corte e, possivelmente, respaldar a concessão do *certiorari*. Terceiro, porque o tom desses votos dissidentes é frequentemente menos produtivo e menos respeitoso do que o daqueles que tocam o mérito, sendo embasados por retórica antagônica que macula a legitimidade pública do Tribunal e seu papel institucional.[142] Nas palavras de Berzon:

> Dissidentes do entendimento que nega a reapreciação pelo plenário indicam que nós [a maioria], como Tribunal, não vemos nossas decisões como finais, já que não estamos dispostos a apoiar os resultados de nossos processos de tomada

---

ao agendar as sustentações com antecedência para as datas das reuniões peremptórias semestrais. (STEIN, Michael Ashley. Uniformity in the Federal Courts: A Proposal for Increasing the Use of En Banc Appellate Review, p. 836-837).

139. ALEXANDER Jr., A Lamar. En Banc Hearings in the Federal Courts of Appeals: Accommodating Institutional Responsibilities (Part II), p. 734.

140. ALEXANDER Jr., A Lamar. En Banc Hearings in the Federal Courts of Appeals: Accommodating Institutional Responsibilities (Part II), p. 734.

141. ALEXANDER Jr., A Lamar. En Banc Hearings in the Federal Courts of Appeals: Accommodating Institutional Responsibilities (Part II), p. 736.

142. BERZON, Marsha S. Dissent, "Dissentals," and Decision Making, p. 1491.

de decisão. Essa falta de vontade indica um colapso no processo de colaboração adversarial, bem como uma falta institucional de confiança.[143]

Outra possibilidade capaz de não contrariar o precedente da Suprema Corte e, ao mesmo tempo, de proteger o caráter final das decisões, seria a imposição de um limite temporal para a apresentação da sugestão pelas partes,[144] o que foi incorporado pela *Federal Rule* 35 (c) do *Appellate Procedure Code* de 1967, assim redigida:

> (c) Se uma parte deseja sugerir que a apelação seja inicialmente apreciada pelo Pleno, a sugestão deve ser feita até a data em que as razões da apelação são apresentadas. A sugestão para a reapreciação do caso pelo Pleno deve ser feita dentro do prazo prescrito pela Regra 40 para a apresentação da petição que requer a reapreciação do recurso pelo quórum inicial, seja na mesma ou em outra peça. A pendência da sugestão, quer seja ou não incluída em petição nova, não afetará o caráter final da sentença do Tribunal de Apelação nem impedirá a emissão do mandado de cumprimento.[145]

A *Federal Rule* 35 também corroborou as prerrogativas da Corte 1) de não precisar responder às sugestões apresentadas pelas partes e 2) de, exclusivamente, através de pelo menos um voto, reunir o Pleno para votar a respeito da necessidade, ou não, da (re)apreciação do caso *en banc*, nos seguintes termos:

> (b) Uma parte pode sugerir a adequação da apreciação ou da reapreciação [do seu caso] pelo Pleno. Nenhuma resposta deve ser apresentada a não ser que a Corte assim ordene. O Presidente deve transmitir quaisquer dessas sugestões aos membros do painel e os Juízes da Corte que estão em serviço ativo regular, mas não é necessária a tomada dos votos para determinar se a causa será ou não apreciada ou reapreciada pelo Pleno, exceto quando um Juiz em serviço ativo

143. Tradução adaptada de: "*Dissents from the denial of rehearing en banc indicate that we, as a court, do not view our decisions as final, as we are unwilling to stand behind the results of our decision-making processes. That unwillingness signals a breakdown in the process of adversarial collaboration as well as an institutional lack of confidence in it.*" (BERZON, Marsha S. Dissent, "Dissentals," and Decision Making, p. 1491-1492).

144. ALEXANDER Jr., A Lamar. En Banc Hearings in the Federal Courts of Appeals: Accommodating Institutional Responsibilities (Part II), p. 735.

145. Tradução adaptada de: "*(c) If a party desires to suggest that an appeal be heard initially in banc, the suggestion must be made by the date on which the appellee's brief is filed. A suggestion for a rehearing in banc must be made within the time prescribed by Rule 40 for filing a petition for rehearing, whether the suggestion is made in such petition or otherwise. The pendency of such a suggestion whether or not included in a petition for rehearing shall not affect the finality of the judgement of the court of appeals or stay the issuance of the mandate.*" (*Federal Rules of Appellate Procedure*, 2016. Disponível em: <https://www.federalrulesofappellateprocedure.org/>. Acesso em: 15.02.2022).

> regular ou um Juiz que foi membro do painel original que proferiu a decisão cuja reapreciação é pretendida solicita a votação sobre a sugestão feita por uma das partes.[146]

Desde que estabelecidos esses limites, há quem entenda que oportunizar à parte a reapreciação do seu recurso pelo Pleno pode ter benefícios. Em primeiro lugar, por se tratar de reapreciação, e não de novo julgamento, de modo que o *en banc rehearing* não ofenderia o princípio da *finality*. A decisão prolatada pelo Pleno tem o efeito de substituir a decisão prolatada pelo painel, e não de reformá-la ou mantê-la.[147] Assim, o Circuito completo substitui o painel com a finalidade de reapreciar o apelo e, por isso, inclusive, em caso de empate no julgamento do Pleno, prevalece a decisão de primeiro grau, e não a do painel originário da segunda instância.[148]

Além disso, a reapreciação pelo Pleno é o único procedimento, além da raríssima intervenção da Suprema Corte, pela qual a decisão final do painel pode ser modificada. A reapreciação do caso por mais julgadores amplia a gama de informações levantadas e permite com que litigantes irresignados discutam sua causa diante de um conjunto ampliado de perspectivas.

A reapreciação do caso por todos os membros ativos do Circuito também é a melhor forma de alterar um entendimento até então consolidado e prevalente. Para Michael Giles, Thomas Walker e Christopher Zorn, é através do *rehearing en banc* que o Circuito é capaz de impor consistência aos painéis, de rever suas interpretações à luz de julgamentos possivelmente conflitantes de outros Circuitos e de decidir casos de especial significado.[149]

A mera existência da possibilidade de reapreciação do apelo pelo Plenário também funcionaria como salvaguarda nas situações em que painéis minoritários

---

146. Tradução adaptada de: "*(b) A party may suggest the appropriateness of a hearing or rehearing in banc. No response shall be filed unless the court shall so order. The clerk shall transmit any such suggestion to the members of the panel and the judges of the court who are in regular active service but a vote need not be taken to determine whether the cause shall be heard or reheard in banc unless a judge in regular active service or a judge who was a member of the panel that rendered a decision sought to be reheard requests a vote on such a suggestion made by a party.*" (*Federal Rules of Appellate Procedure*, 2016. Disponível em: <https://www.federalrulesofappellateprocedure.org/>. Acesso em: 15.02.2022).

147. ALEXANDER Jr, A. Lamar. En Banc Hearings in the Federal Courts of Appeals: Accommodating Institutional Responsibilities (Part I), p. 599-600.

148. FEDERAL Courts. Review by Courts of Appeals. Appeal May Be Returned to Panel after Rehearing En Banc Limited to a Single Issue. Farrand Optical Co. v. United States (2d Cir. 1963). *Harvard Law Review*, v. 77, n. 4, p. 767-770, p. 768, 1964. Disponível em: <www.jstor.org/stable/1339147>. Acesso em: 15.02.2022.

149. GILES, Micheal W. *et al.* Setting a Judicial Agenda: The Decision to Grant En Banc Review in the U.S. Courts of Appeals. *The Journal of Politics*, v. 68, n. 4, p. 852-866, p. 853, 2006. Disponível em: <www.jstor.org/stable/10.1111/j.1468-2508.2006.00475.x>. Acesso em: 15.02.2022.

produzissem resultados extremos,[150] reduzindo o impacto de painéis de três Juízes não representativos ao permitir a inversão do resultado do julgamento.

A consciência de que o recurso poderá ser considerado pelo Pleno do Tribunal encorajaria a consideração mais rigorosa das questões do apelo e das possíveis divergências que determinado resultado possa motivar. Via de regra, a tendência será a acomodação prévia das potenciais divergências no voto do Relator, sobretudo daquelas respaldadas pela maioria do Circuito, diante da possibilidade de inversão do resultado caso haja a ampliação do quórum.

O fato de a maioria do painel ser instigada a considerar o entendimento do Plenário do Circuito contribuiria, inclusive, para a aceitação da divisão do Circuito em painéis. Essa aceitação é, em parte, produto da possibilidade de revisão das decisões do painel pela integralidade dos membros do Circuito.[151]

Ademais, a possibilidade de convocação do Pleno dá aos Juízes externos ao painel a oportunidade de sugerir revisões e apontamentos à proposta de voto através da troca de memorandos. Ela permite que cada painel aproveite os *insights* do Plenário, ainda que o recurso não venha a ser reapreciado pelo quórum ampliado depois. Essa troca fornece mais informações ao painel, que pode, então, aprimorar sua proposta qualitativamente.[152]

Para Alexander, a reapreciação do apelo pelo Plenário é especialmente útil quando decisão da Suprema Corte – em sentido contrário – é proferida imediatamente depois da decisão do painel. Todavia, não se justificaria apenas diante da existência de erros,[153] pois:

> Quando uma decisão do painel exige reapreciação, isso muitas vezes pode ser feito mais apropriadamente pelo painel [que a proferiu] do que pelo Tribunal. Tradicionalmente, quando os Juízes de apelação americanos cometem um erro – ignoram ou aplicam mal um fato material, uma questão ou um precedente obrigatório – eles mesmos corrigem o erro ao reapreciar o caso. A política subjacente é que um Tribunal cuja decisão é final deve ter o cuidado de corrigir seus próprios erros sem enfraquecer esse mesmo caráter final.[154]

---

150. SUNSTEIN, Cass R.; SCHKADE, David; ELLMAN, Lisa M.; SAWICKI, Andres. *Are Judges Political?* An Empirical Analysis of the Federal Judiciary. Washington, D.C.: Brookings Institution Press, 2006. p. 138. Disponível em: <http://www.jstor.org/stable/10.7864/j.ctt12879t7>. Acesso em: 15.02.2022.

151. GEORGE, Tracey E. The Dynamics and Determinants of the Decision to Grant En Banc Review, p. 214.

152. BERZON, Marsha S. Dissent, "Dissentals", and Decision Making, p. 1489.

153. ALEXANDER Jr., A. Lamar. En Banc Hearings in the Federal Courts of Appeals: Accommodating Institutional Responsibilities (Part I), p. 60, nota de rodapé 218.

154. Tradução adaptada de: "*When a panel decision requires rehearing, it often may be done more appropriately by the panel than by the court en banc. Traditionally when American appellate judges make an outright mistake – overlook or misapply a material fact, question or controlling*

De acordo com essa perspectiva, foi feita a ressalva no voto da maioria em *Western Pacific Railroad Corp. v. Western Pacific Railroad Comp.* de que as decisões de reapreciar o recurso pelo quórum inicial e as de reapreciá-lo pelo quórum integral são diferentes e devem ser consideradas independentemente. Constou no voto da maioria que:

> [...] É essencial reconhecer que a questão de saber se uma causa deve ser apreciada *en banc* deve ser considerada à parte da questão de saber se deve haver uma nova apreciação do caso pelo painel original. Os três Juízes que decidem uma apelação podem estar satisfeitos quanto à exatidão de sua decisão. No entanto, refletindo, depois de compreender plenamente o recurso, podem vir a acreditar que o caso é de tal importância para a totalidade da Corte que ele merece a atenção do Tribunal Pleno.[155]

Como não foram ressaltados quaisquer outros critérios capazes de orientar os Juízes de segundo grau no voto da maioria, o Justice Frankfurter, em voto concorrente, apontou que a (re)apreciação será útil apenas para resolver divergências entre painéis do mesmo Circuito, inclusive caracterizadas como conflitos potenciais.

Em suas palavras, "[...] na medida do possível, as determinações *en banc* são indicadas sempre que parecer provável que a maioria de todos os Juízes ativos alcançaria um resultado diferente daquele que o painel inicialmente designado para apreciar o caso alcançaria ou alcançou."[156] Também são indicadas quando forem identificados casos "[...] extraordinários em escala – seja porque o montante envolvido é estupendo ou porque os problemas são intricados o suficiente para invocar a sabedoria combinada do circuito."[157]

---

precedent – the same judges correct the mistake upon rehearing. The underlying policy is that a court whose decision is final should be careful to correct its own mistakes, when doing so will not unduly disturb finality." (ALEXANDER Jr., A. Lamar. En Banc Hearings in the Federal Courts of Appeals: Accommodating Institutional Responsibilities (Part I), p. 601).

155. Tradução adaptada de: "*[...] it is essential to recognize that the question of whether a cause should be heard en banc is an issue which should be considered separate and apart from the question of whether there should be a rehearing by the division. The three judges who decide an appeal may be satisfied as to the correctness of their decision. Yet, upon reflection, after fully hearing an appeal, they may come to believe that the case is of such significance to the full court that it deserves the attention of the full court.*" (UNITED STATES. Supreme Court. *Western Pac. R. C. v. Western Pac. R. C.*, 345 U.S. 247, 1953).

156. Tradução adaptada de: "*[...] insofar as possible, determinations en banc are indicated whenever it seems likely that a majority of all the active judges would reach a different result than the panel assigned to hear a case or which has heard it.*" (Voto do Justice Felix Frankfurter em: UNITED STATES. Supreme Court. *Western Pac. R. C. v. Western Pac. R. C.*, 345 U.S. 247, 1953).

157. Tradução livre de: "*[...] extraordinary in scale-either because the amount involved is stupendous or because the issues are intricate enough to invoke the pooled wisdom of the circuit.*"

Nesse mesmo sentido é a doutrina:

> O procedimento *en banc* também pode ser indicado nas raras hipóteses em que os Juízes estão familiarizados com o assunto de um caso antes de ele ser apreciado, e nos quais parece que a maioria do Tribunal provavelmente alcançará um resultado diferente daquele que o painel alcançaria. Embora a resolução de conflitos seja a principal função dos procedimentos *en banc*, é concebível que os juízes também desejem usar o dispositivo em casos extraordinários em escala – seja porque o montante envolvido é estupendo ou porque os problemas são intricados o suficiente para invocar a sabedoria combinada do circuito.[158]

Essas sugestões foram incorporadas pela *Federal Rule* 35 para limitar a autorização do julgamento pelo Plenário a duas hipóteses, dentro das quais, porém, permanece grande margem de interpretação aos Juízes, conforme se depreende da leitura da letra (a), (1) e (2):

> (a) Quando a apreciação ou a reapreciação *en banc* serão solicitadas. A maioria dos Juízes do circuito que estão em serviço ativo regular pode ordenar que uma apelação ou outro procedimento seja apreciado ou reapreciado pelo plenário do Tribunal de apelação. Tal apreciação ou reapreciação não é favorecida e ordinariamente não será ordenada exceto (1) quando a consideração do Tribunal Pleno for necessária para garantir ou manter a uniformidade das suas decisões, ou (2) quando o processo envolver uma questão de excepcional importância.[159]

A análise doutrinária dessa e das outras regras referentes à (re)apreciação plenária do *appeal* em segundo grau será examinada a seguir (subitem 3.2.2.).

(Voto do Justice Felix Frankfurter em: UNITED STATES. Supreme Court. *Western Pac. R. C. v. Western Pac. R. C.*, 345 U.S. 247, 1953).

158. Tradução adaptada de: "*The en banc procedure may also be indicated in the rare instances where the judges are acquainted with the subject matter of a case before it is heard, and where it appears that a majority of the court is likely to reach a different result than a panel. Although resolving conflicts is the primary function of en banc proceedings, it is conceivable that the judges might also wish to use the device in cases extraordinary in scale-either because the amount involved is stupendous or because the issues are intricate enough to invohe the pooled wisdom of the circuit.*" (THE En Banc Procedures of the United States Courts of Appeals, p. 449).

159. Tradução livre de: "*(a) When Hearing or Rehearing In Banc Will Be Ordered. A majority of the circuit judges who are in regular active service may order that an appeal or other proceeding be heard or reheard by the court of appeals in banc. Such a hearing or rehearing is not favored and ordinarily will not be ordered except (1) when consideration by the full court is necessary to secure or maintain uniformity of its decisions, or (2) when the proceeding involves a question of exceptional importance.*" (UNITED STATES. *Federal Rules of Appellate Procedure*, 2019 Edition. Disponível em: <https://www.federalrulesofappellateprocedure.org/>. Acesso em: 15 jun. 2019).

3.2.2. Análise empírica e doutrinária da técnica e seus requisitos

Há quem entenda que, embora esses dois critérios possam variar em importância, eles devem ser considerados em conjunto, uma vez que nem uma questão controversa, que é única, nem uma questão recorrente sobre a qual o desacordo é mínimo indicam a necessidade de serem apreciadas pelo Plenário, por si mesmas.[160]

Separadamente, porém, o critério (1) se justificaria como tentativa de manutenção da "uniformidade" entre os Circuitos Federais, eliminando tanto as divergências externas (intercircuitos) quanto internas (intracircuitos).

No primeiro caso, considerando que as decisões proferidas por cada Circuito são apenas persuasivamente vinculantes aos demais, os benefícios da técnica são extremamente controvertidos. O Poder Judiciário Federal dos Estados Unidos adere a um sistema de precedentes exclusivamente vertical. Além de as Cortes Federais Distritais não serem obrigadas a seguir a decisão de outro Juiz do mesmo Distrito, a observância de precedentes horizontais entre as Cortes de Apelação Federais não é rigorosa.[161] Diante disso, a técnica, no máximo, é capaz de aliviar o fardo da Suprema Corte ao fazer um esforço mais deliberado para evitar ou eliminar as decisões divergentes entre si de painéis de Circuitos distintos.[162]

Por sua vez, a divergência entre painéis do mesmo Circuito justificaria a (re)apreciação *en banc*, considerando que, "quando há painéis simultaneamente discordantes entre si dentro do Tribunal, o sucesso do caso de um litigante dependerá da chance da distribuição." Nesse caso, "a divergência é resultado natural da organização do painel e pode ser corrigida por uma simples técnica: o plenário do Tribunal pode ser convocado *en banc* para resolver o conflito pela decisão da maioria dos Juízes do circuito."[163]

Para Labovitz, a inconsistência interna do Circuito, apesar de inevitável, deve ser por ele resolvida. Trata-se de sua responsabilidade institucional. A ele cabe resolvê-la e, para tanto, dispõe unicamente da reunião do Plenário.[164] Isso se

160. ALEXANDER JR., A. Lamar. En Banc Hearings in the Federal Courts of Appeals: Accommodating Institutional Responsibilities (Part I), p. 586.

161. KORNHAUSER, Lewis A. Adjudication by a Resource-Constrained Team: Hierarchy and Precedent in a Judicial System. *68 Southern California Law Review 1605*, p. 1609, 1995.

162. ALEXANDER JR., A. Lamar. En Banc Hearings in the Federal Courts of Appeals: Accommodating Institutional Responsibilities (Part I), p. 594.

163. Tradução adaptada, respectivamente, de: "*When disagreeing panels of the court are sitting simultaneously, the success of a litigant's case will depend 'on the chance of the assignment calendar'.*" E "[...] *The divergence is a natural result of the panel organization and can be corrected by a simple device: the court can be convened en banc to resolve the conflict by a ruling of a majority of the circuit judges.*" (THE En Banc Procedures of the United States Courts of Appeals, p. 449).

164. LABOVITZ, Judah I. En Banc Procedure in the Federal Courts of Appeals, p. 220.

dá porque a mera existência do conflito intracircuito não é razão suficiente para motivar a revisão da Suprema Corte, que, hoje, recusa-se a aceitar a certificação deste tipo de desacordo, justamente sob a alegação de que é responsabilidade institucional do Tribunal de Apelação resolver seus conflitos internos e manter sua jurisprudência estável.[165]

Além de reduzir os conflitos intracircuitos, o *en banc reahearing* – quando é capaz de alcançar a unanimidade – também pode reduzir a necessidade de revisão pela Suprema Corte e, sendo este o caso, do número de reversões das decisões de segundo grau. Emite-se à Suprema Corte um sinal de unidade que dispensa a necessidade de intervenção.[166] Isso é significativo, à vista do número crescente de processos judiciais e a tendência decrescente da Corte para conceder *certiorari*.[167]

Michael Ashley Stein defende, inclusive, o aumento do uso do julgamento pelo Plenário para garantir a maior uniformidade dos julgamentos do Circuito. Para tanto, ele sugere que a maioria à qual a regra se refere seja interpretada como aquela disponível (*available*) no Circuito, e nao como aquela obtida entre todos os Juízes ativos e elegíveis. Isso porque, como as regras que exigem a recusa do Juiz que tem conflitos de interesse também se aplicam aos casos julgados *en banc*, o Juiz ativo não participa de votações e decisões *en banc* quando *recused* ou *disqualified*. Isso torna o alcance da maioria entre os Juízes *ativos e elegíveis* mais difícil caso o Juiz recusado ou desqualificado continue a ser computado no quórum total.[168]

Do exposto se extrai que, em tese, o objetivo da ampliação do quórum, de acordo com a letra (a) (1) da Regra 35, é a garantia do equilíbrio entre a uniformidade da jurisprudência dentro do Tribunal e o caráter final normalmente atribuído às decisões do painel.[169]

Ocorre que, muitas vezes, a preservação do princípio da *finality* pode compensar os custos da inconsistência dentro da Corte de Apelação. O conflito intracircuito só requer, necessariamente, resolução imediata quando se torna intolerável.[170] A exemplo disso, no Brasil, um dos critérios para a instauração do Incidente de Assunção de Competência é a *conveniência* da prevenção ou composição da divergência

165. ALEXANDER JR., A. Lamar. En Banc Hearings in the Federal Courts of Appeals: Accommodating Institutional Responsibilities (Part I), p. 582.

166. ATKINS, Burton M. Decision-Making Rules and Judicial Strategy on the United States Courts of Appeals, p. 631.

167. GEORGE, Tracey E.; SOLIMINE, Michael E. Supreme Court Monitoring of the United States Courts of Appeals En Banc, p. 180.

168. STEIN, Michael Ashley. Uniformity in the Federal Courts: A Proposal for Increasing the Use of En Banc Appellate Review, p. 851.

169. THE Politics of En Banc Review. *Harvard Law Review*, vol. 102, no. 4, 1989, p. 864-884. p. 878. Disponível em: <www.jstor.org/stable/1341308>. Acesso em: 15.02.2022.

170. The Politics of En Banc Review, p. 878.

sobre relevante questão de direito entre Câmaras ou Turmas do mesmo Tribunal (art. 947, § 4º, do CPC).[171]

Além disso, na prática, a técnica de julgamento provou ser mais um paliativo do que uma solução para a controvérsia intramural. Na maioria dos Circuitos, as reuniões *en banc* não resolvem a discordância entre os Juízes. Frequentemente, resultam em decisões de compromisso ambiguamente formuladas por um número muito grande de julgadores, acompanhadas de uma série de opiniões concorrentes e divergentes que dão aos painéis subsequentes munição para distinguir ou ignorar a decisão tomada pela maioria do Pleno.[172]

A falta de concordância entre os membros pode deixar os Juízes antipáticos e indispostos a respeitar o entendimento adotado, o que compromete a uniformidade pretendida com a técnica, pois qualquer alteração na composição do Tribunal pode alterar o resultado de um caso semelhante no futuro.[173]

Com efeito, a tomada de decisões *en banc* é capaz de gerenciar conflitos, e não de eliminá-los.[174] A garantia da uniformidade dentro do Circuito dependerá do compartilhamento, entre os Juízes, da mesma "missão institucional" para que, assim, a maior autoridade da qual se reveste uma decisão tomada pelo Plenário, ainda que majoritariamente, atraia a cooperação e o respeito da minoria.[175]

Apesar de não existir garantia de que a ampliação do quórum resolverá a divergência dentro do Circuito, a existência da divergência dentro do painel demonstrou ser o maior indicativo de que o Circuito determinará, de ofício ou após a sugestão da parte, a reapreciação do caso pelo Plenário.

Em estudo realizado a partir de decisões *reheard en banc* durante os anos de 1956 e 1996 no Segundo, no Quarto e no Oitavo Circuitos de Apelação Federal,

---

171. "Art. 947. [...] § 4º Aplica-se o disposto neste artigo quando ocorrer relevante questão de direito a respeito da qual seja conveniente a prevenção ou a composição de divergência entre câmaras ou turmas do tribunal."

172. The Politics of En Banc Review, p. 877.

173. LABOVITZ, Judah I. En Banc Procedure in the Federal Courts of Appeals, p. 229-230. "*En banc rehearings often result in ambiguously worded compromise decisions accompanied by a host of concurring and dissenting opinions that give subsequent panels ammunition for distinguishing or ignoring the en banc decision. Even worse, evenly divided en banc decisions 'not only fail to resolve a conflict, but probably exacerbate the doctrinal conflic' by finding it unresolvable.*" (THE Politics of En Banc Review, p. 877).

174. ATKINS, Burton M. Decision-Making Rules and Judicial Strategy on the United States Courts of Appeals, p. 632.

175. Há quem ressalte, porém, que o número absoluto de uma assembleia *en banc* provavelmente não aumenta significativamente a autoridade de uma decisão, uma vez que as audiências de três Juízes têm sido empregadas no sistema federal desde 1789, e a autoridade de suas decisões ganhou ampla aceitação. (ALEXANDER JR., A Lamar. En Banc Hearings in the Federal Courts of Appeals: Accommodating Institutional Responsibilities (Part I), p. 591).

Tracey George identificou que as chances de uma decisão não unânime de um painel ser reapreciada *en banc* foram quase quarenta vezes maiores do que a de uma decisão unânime.[176] Ela explica que:

> Sob a teoria do agente principal, o Tribunal permitirá a reapreciação de um caso sempre que souber que o painel [originalmente designado para o julgamento] violou os termos do contrato relacional. Monitorar as decisões de painéis individuais para saber se algum deles infringiu o contrato custa tempo, energia e recursos do Tribunal. O circuito provavelmente identificará uma violação quando um membro do painel apresentar um dissenso, porque esse Juiz tem acesso a informações maiores do que os não membros do painel e tem um incentivo para persuadir os outros não membros do painel a autorizar a reapreciação *en banc*. Além disso, o mero fato de existir uma dissidência sinaliza para um membro de fora do painel que ele pode justificadamente gastar recursos pessoais para analisar o caso ou pelo menos investigá-lo mais a fundo.[177]

Em outro estudo realizado no âmbito das Cortes Federais de Apelação estadunidenses,[178] Frank B. Cross e Emerson H. Tiller identificaram que, em um painel

176. GEORGE, Tracey E. The Dynamics and Determinants of the Decision to Grant En Banc Review, p. 271. O autor complementa que: "*For a lawyer seeking an en banc rehearing, a dissenting panelist represents the single most helpful factor. Three-quarters of the en banc rehearings in this study (229 out of 305 cases) followed a divided panel decision; in contrast, fewer than one in twelve panel decisions not reheard en banc were divided. In all of the model configurations, the dissent variable was the leading determinant of the grant of en banc rehearing.*" "*The odds of a panel decision being reheard en banc are nearly forty times higher when a panelist dissents than when the panel is unanimous.*" (*Ibidem*).

177. Tradução adaptada de: "*Under principal-agent theory, a circuit court will grant en banc rehearing whenever it learns that a panel violated the terms of the relational contract. Monitoring the decisions of individual panels to learn if any of the panels have breached the agreement costs a circuit court time, energy, and resources. The circuit will more likely learn of a breach when one panelist dissents because that judge has access to greater information than the non-panelists and has an incentive to persuade the other non-panelists to grant en banc review. Moreover, the mere fact of a dissent signals to a nonpanelist that she may justifiably expend personal resources to rehear the case or at least investigate it further*" (GEORGE, Tracey E. The Dynamics and Determinants of the Decision to Grant En Banc Review, p. 247).

178. Os autores analisaram os acórdãos da D.C. Circuit Court of Appeals que, entre 1991 e 1995, mencionaram o caso *Chevron*. Eles explicam que: "*The Supreme Court in Chevron U.S.A. Inc. v. Natural Resources Defense Council, Inc., seemingly commanded lower courts to grant considerable deference to federal administrative agency interpretations of statutes. The decision was of great import for administrative law and also offers an ideal test case for determining whether Supreme Court doctrine has a material effect in restraining the decisions of lower courts. One can examine lower-court decisionmaking in the wake of Chevron and observe whether the lower court is granting deference neutrally, as per doctrine, or is*

de três Juízes, quando dois decidem contrariamente ao entendimento da maioria do Circuito, o terceiro pode sinalizar ao Plenário a necessidade de o recurso ser reapreciado *en banc* através da manifestação do dissenso. A consciência dessa possibilidade, por si só, afeta o conteúdo do resultado do julgamento anunciado pela maioria, pois:

> [...] A minoria pode expor a desobediência subconsciente internamente [do quórum originário], fazendo com que a maioria reconheça a desconsideração ou manipulação não intencional do entendimento majoritário [do circuito]. Consequentemente, na presença de tal denunciante, a maioria deve refletir e, se for o caso, alterar a decisão inicial.[179]

Nesse caso, o dissidente atua como *whistleblower* ao expor o desvio e o desrespeito da maioria do painel à maioria do Circuito. Por outro lado, Micheal W. Giles, Thomas Walker e Christopher Zorn, em pesquisa empírica realizada no Quinto Circuito de Apelação Federal, entre os anos de 1981 e 1991, constaram que, embora a existência do dissenso tenha influência forte e significativa na probabilidade de o caso ser levado a Plenário, não existem evidências do *whistleblower effect.*[180]

O que eles notaram foi que, embora a dissidência sinalize o potencial de um caso ser revisto pelo Plenário, o sinal não é mais ou menos forte quando, respectivamente, o dissenso está de acordo com as preferências da maioria do Circuito ou não.[181]

Virginia Hettinger, Stefanie Lindquist e Wendy Martinek também não encontraram apoio empírico para a hipótese de que Juízes de Cortes de Apelação em um painel discordam estrategicamente a fim de sinalizar a necessidade de o

---

manipulating the deference doctrine to achieve politically desirable outcomes. We employ Chevron cases to test our theories of judicial decisionmaking." (CROSS, Frank B.; TILLER, Emerson H. Judicial Partisan-ship and Obedience to Legal Doctrine: Whistleblowing on the Federal Courts of Appeals. *Yale Law Journal*, v. 107, p. 2155-2176, p. 2162, 1998).

179. Tradução adaptada de: "*[...] the minority may expose the subconscious disobedience internally, causing the majority to acknowledge its disregard or unintentional manipulation of doctrine. Consequently, in the presence of such a whistleblower, the majority must sometimes capitulate and keep its decision within the confines of doctrine.*" (CROSS, Frank B.; TILLER, Emerson H. Judicial Partisan-ship and Obedience to Legal Doctrine: Whistleblowing on the Federal Courts of Appeals, p. 2159).

180. GILES, Micheal W. *et al.* Setting a Judicial Agenda: The Decision to Grant En Banc Review in the U.S. Courts of Appeals, p. 861.

181. No original: "*While dissent again acts as a signal to judges as to the potential viability of a case for en banc review, that signal is no more likely to have an impact in a decision that runs counter to the majority's preferences than in one consistent with them.*" (GILES, Micheal W. *et al.* Setting a Judicial Agenda: The Decision to Grant En Banc Review in the U.S. Courts of Appeals, p. 863).

apelo ser revisado pelo Circuito *en banc*, porque a decisão está contrária ao seu entendimento.[182]

No entanto, Kim Pauline anota que as diferenças na seleção das amostras de cada um dos estudos podem explicar os seus resultados divergentes. Por exemplo, enquanto o estudo de Cross e Tiller examinou casos em uma área específica e reconhecidamente controversa – a revisão judicial de *agency actions* – Hettinger, Lindquist e Martinek selecionaram a totalidade de casos julgados em um Tribunal de Apelaçao em determinado período de tempo, independentemente da questão discutida. Além disso, concentraram-se estritamente na decisão do Juiz de apresentar um dissenso, ignorando qualquer outra correlação.[183]

Apesar de discordar com a metodologia e do conceito adotados na pesquisa de Cross e Tiller,[184] Pauline chega à conclusão parecida. A partir da análise de 2.361 votos de 787 casos envolvendo alegações de discriminação sexual no trabalho, decididos por painéis de três Juízes nos Tribunais Federais de Apelação, entre 1995 e 2002, ela identificou que tanto o Juiz minoritário quanto aqueles que encampam o voto majoritário, em painéis ideologicamente mistos, têm comportamentos diferentes dependendo de como as preferências do Circuito como um todo estão alinhadas.

182. "*We find that ideological disagreement between a judge and the majority opinion writer is a more persuasive explanation of the decision to dissent than a strategic account in which a judge conditions a dissent on whether circuit intervention would obtain the judge's preferred outcome. Though we do not discount the existence of other types of strategic behavior on the Courts of Appeals, our research suggests that strategic accounts of dissenting behavior are not generalizable to all courts.*" (HETTINGER, Virginia A. *et al.* Comparing Attitudinal and Strategic Accounts of Dissenting Behavior on the U.S. Courts of Appeals. *American Journal of Political Science*, v. 48, n. 1, p. 123-137, p. 123, 2004).

183. KIM, Pauline. Deliberation and Strategy on the United States Courts of Appeals: An Empirical Exploration of Panel Effects. *3rd Annual Conference on Empirical Legal Studies Papers*, September 1st, 2008, p. 15-16. Disponível em: <https://ssrn.com/abstract=1115357>. Acesso em: 15.02.2022.

184. Para ela, "*[...] Cross and Tiller's 'whistleblower' terminology [...] suggests normative judgments about judicial motivation that are not empirically supported and are unnecessarily tendentious. A 'whistleblower' brings attention to otherwise covert wrongdoing, and thus, Cross and Tiller suggest that politically motivated judges pursue their 'partisan ambitions' by engaging in 'manipulation or disregard of the applicable legal doctrine', and that the minority member 'acts as a whistleblower, ready to expose any cheating by the majority.' This account implies that legal doctrine provides clearly correct outcomes such that departures from doctrine can be easily identified, and that judges deliberately disregard the law. Neither assumption is justified, nor is either necessary to a strategic theory of judicial decision-making.*" (KIM, Pauline. Deliberation and Strategy on the United States Courts of Appeals: An Empirical Exploration of Panel Effects, p. 18). Além disso, mais do que identificar padrões comportamentais dos dissidentes, a pesquisa dos autores se preocupou em explicar a razão de as Cortes inferiores obedecerem precedentes, ignorando, porém, o resultado da decisão de primeiro grau impugnada.

O resultado do julgamento realizado pelo painel de três Juízes e a decisão de apresentar uma dissidência não são apenas reflexos da dinâmica deliberativa interna a eles, sendo também influenciados pelo ambiente externo (o Circuito). Segundo ela:

> É mais provável que ocorra barganha e compromisso por parte dos Juízes que compõem a maioria do painel quando a minoria estiver alinhada com a maioria do circuito como um todo. Além disso, é mais provável que um Juiz minoritário mantenha sua posição e se recuse a aceitar as preferências da maioria quando ela estiver mais alinhada com a do circuito do que com a da maioria [contingencial]. Estes resultados são precisamente os previstos por uma conta estratégica de tomada de decisão do painel. Presume-se que Juízes estratégicos antecipam as ações do plenário do circuito. Quando a minoria está alinhada com ele, o Juiz minoritário percebe que ele estaria melhor, e os Juízes da maioria percebem que eles estariam em situação pior, se o circuito apreciasse o caso *en banc*, e, portanto, os Juízes do painel ajustam seu comportamento decisório conformemente.[185]

Quando um Juiz descobre que suas preferências divergem daquelas da maioria do painel, mas convergem com as da mediana do Circuito, ele pode achar vantajoso usar a dissidência como sinal para o Tribunal, para além do incentivo atitudinal de expressar suas preferências.[186] Nesse caso, a dissidência funciona como estímulo à maioria do painel para que adeque seu entendimento àquele prevalente no Circuito.

Ou seja, a possibilidade de ser feita *denúncia* ao Plenário através do voto dissidente pode dissuadir os Juízes a desobedecer a maioria do Circuito, pois, além do aumento significativo da carga de trabalho que a reapreciação impõe ao painel,[187] existe a possibilidade de a decisão ser revertida.

No entanto, a correlação entre a apresentação do voto dissidente e a reapreciação pelo Pleno não significa, necessariamente, que as opiniões divergentes suscitam,

---

185. Tradução adaptada de: "*Bargaining and compromise on the part of majority judges is more likely to occur when the panel minority is aligned with the circuit as a whole. Moreover, a minority judge is more likely to stand her ground and refuse to go along with the majority's preferences when she is more closely aligned with the circuit than with the majority. These results are precisely those predicted by a strategic account of panel decision-making. Strategic judges are hypothesized to anticipate the actions of the circuit en banc. When the minority is aligned with the circuit, the minority judge perceives that she would be better off, and the majority judges perceive that they would be worse off, if the circuit were to hear the case en banc, and therefore the panel judges adjust their voting behavior accordingly.*" (KIM, Pauline. Deliberation and Strategy on the United States Courts of Appeals: An Empirical Exploration of Panel Effects, p. 38).

186. HETTINGER, Virginia A. *et al.* Comparing Attitudinal and Strategic Accounts of Dissenting Behavior on the U.S. Courts of Appeals, p. 125-126.

187. Ela exige, no mínimo, que eles apresentem memorandos substanciais explicando sua decisão e respondendo a críticas de outros juízes.

por si só, a atenção do Plenário. Kim Pauline chama atenção para a possibilidade de a dissidência ser resultado de alguma característica subjacente ao caso – por exemplo, a resolução de uma questão legal particularmente difícil.[188] A existência da divergência dentro do painel, apesar de ser o fator preponderante, não é o único capaz de influenciar a decisão do Circuito de determinar a (re)apreciação pelo Pleno – ou dos advogados de apresentar uma sugestão.

Aliás, Micheal W. Giles, Thomas Walker e Christopher Zorn constataram que litigantes e Juízes estruturam, respectivamente, a decisão de apresentar uma sugestão ao Tribunal e a decisão de requerer a análise do apelo pelo Pleno de acordo com conjuntos diferentes de metas e prioridades.[189] Em geral, considerando a prioridade dos advogados de defender os interesses de seus clientes e de lhes consagrar vitoriosos, a apresentação da sugestão é frequentemente condicionada à probabilidade esperada de ganhar o caso se ele for reconsiderado pelo Pleno.

Ou seja, a probabilidade de vitória é calculada através da percepção do posicionamento da maioria dos membros do painel *vis-à-vis* o posicionamento da maioria do Circuito. Há também um maior estímulo para a apresentação da sugestão quando pelo menos um Juiz já endossou a posição adotada pelo litigante, seja em primeiro grau, seja no painel através da manifestação de desacordo ou, ainda, quando há um conflito intercircuito.[190]

---

188. KIM, Pauline. Deliberation and Strategy on the United States Courts of Appeals: An Empirical Exploration of Panel Effects Papers, p. 14. Ela descarta, porém, que o receio de ter o recurso revisado pela Suprema Corte estimule a atuação estratégica dos Juízes no Tribunal de Apelação, ainda que a apresentação da dissidência aumente o monitoramento externo das decisões judiciais e, consequentemente, a probabilidade de o Supremo Tribunal conceder o *certiorari*. Para ela, isso se deve às diferenças entre a relação do Juiz alocado no painel com o Plenário do Circuito e sua relação com a Suprema Corte. No primeiro caso, há interações regulares, considerando a designação rotativa e aleatória dos paineis, o exercício em conjunto de funções administrativas e até mesmo o encontro casual nos corredores da Corte. Além disso, na hipótese de o caso ser afetado para julgamento no Plenário, os três Juízes que participaram do painel original terão que empreender esforço e tempo duplicados. Em contrapartida, a relação com a Suprema Corte, além de remota, formal e por escrito, só será negativa caso haja a inversão do julgamento e, ainda assim, além de custos reputacionais e políticos, implicará apenas a substituição da decisão do painel. (*Ibid.*, p. 38-39).

189. Para tanto, eles distribuíram sua amostra em quatro grupos de casos: (1) aqueles em que não houve a apresentação de uma sugestão por um litigante; (2) aqueles em que a reunião do Pleno foi sugerida pela(s) parte(s), mas foi negada; (3) aqueles em que, após a sugestão, um Juiz solicitou a reunião do circuito para a votação da proposta, mas ela não alcançou a maioria dos votos; e (4) aqueles em que a sugestão do(s) litigante(s) foi aceita e o caso, reapreciado pelo plenário, dentro do qual também incluíram os casos em que, *sua sponte*, o Tribunal determinou a reapreciação *en banc*.

190. GILES, Micheal W. *et al.* Setting a Judicial Agenda: The Decision to Grant En Banc Review in the U.S. Courts of Appeals, p. 862.

Por sua vez, a iniciativa do Juiz para, *sua sponte*, levar um caso à votação do Plenário é motivada, principalmente, por fatores relacionados ao caso em si, e não ao ambiente estratégico. Além da existência da dissidência dentro do painel, a reforma da decisão de primeiro grau, a existência de conflitos inter e intracircuitos e *first impression cases* aumentariam a probabilidade de o Juiz tomar essa iniciativa.[191]

George constatou, ainda, a maior probabilidade de decisões nas quais Juízes aposentados participam do quórum serem revisadas pela integralidade da Corte. Ela justifica a indiferença dos Juízes do Circuito à existência de Juízes visitantes no quórum originário pela menor propensão destes Juízes manifestarem suas discordâncias publicamente.[192]

Por fim, a letra (a) da *Federal Rule* 35 também autoriza o julgamento pelo Pleno quando se identifica uma questão de "importância excepcional" no caso, critério que pode ser ainda mais abrangente do que o primeiro.

Na prática, ele pode abarcar uma questão que surge com frequência no Circuito,[193] que atrai muita publicidade,[194] que consiste numa ação extraordinária contra

---

191. Curiosamente, os pesquisadores não conseguiram extrair da amostra por eles levantada um padrão determinante para o alcance do voto da maioria e a reapreciação do caso pelo Pleno, seja por iniciativa da(s) parte(s) ou de um Juiz. "*The lack of strong predictors in this final stage of the en banc decision is, we think, one of the most important findings of our study, for at least two reasons. First, were judges going to behave in an ideological or sophisticated fashion, their final votes on en banc review would seem to be the optimal place to do so. The absence of ideological or strategic effects at the final stage of the process, then, is the strongest evidence to date of the judges' legally oriented approach to en banc review. Second, nearly every previous empirical examination of en bancs has cast the analysis in terms of judges' votes to grant or deny a full court review. In fact, our results indicate that the final vote to grant or deny a full-court rehearing exhibits relatively little in the way of systematic variation. Those factors long believed to have important effects on the incidence of en banc review – including panel dissent – actually operate much earlier in the process. This, in turn, suggests that the 'winnowing' of cases for en banc review occurs primarily in the decisions of the litigants and individual circuit judges regarding petitions and polls, long before the court's final vote.*" (GILES, Micheal W. *et al*. Setting a Judicial Agenda: The Decision to Grant En Banc Review in the U.S. Courts of Appeals, p. 864).

192. GEORGE, Tracey E. The Dynamics and Determinants of the Decision to Grant En Banc Review, p. 260-262. "*[...] for any judge to file a solitary opinion requires a strong will plus opportunity; for a designated judge to do so must require the presentation of the most salient of issues in order to force the creation of an opportunity.*" (WASBY, Stephen L. Of Judges, Hobgoblins, and Small Minds: Dimensions of Disagreement in the Ninth Circuit. In: GOLDMAN, Sheldon; LAMB, Charles M. (Ed.). *Judicial Conflict and Consensus:* Behavioral Studies of American Appellate Courts, p. 159).

193. GEORGE, Tracey E.; SOLIMINE, Michael E. Supreme Court Monitoring of the United States Courts of Appeals En Banc, p. 179.

194. LABOVITZ, Judah I. En Banc Procedure in the Federal Courts of Appeals, p. 227.

um Juiz,[195] que envolve vários litigantes,[196] que provoca o envolvimento emocional dos Juízes,[197] que envolve valores monetários extraordinários[198] ou a integridade do processo judicial,[199] que transcende os interesses dos litigantes, que suscita sentimentos públicos e envolve políticas fundamentais[200] ou questões complexas o suficiente para justificar o uso da sabedoria da totalidade dos membros do Tribunal.[201]

A generalidade do termo tachado na lei e a substancial carga de trabalho dos Circuitos não permitem a apreciação de todos os casos concebivelmente importantes pelo Pleno,[202] causando dificuldades não apenas aos Juízes, mas também às partes, em razão da indefinição dos critérios de seleção dos processos.

Há quem entenda, inclusive, que casos em que são discutidas questões legais objeto de conflitos expressos inter e intraCortes podem ser considerados como casos de importância extraordinária.[203] Nessa perspectiva, os itens (1) e (2) da letra (a) da Regra 35 serviriam para promover a uniformidade.[204]

No entanto, o interesse pela uniformidade fornece uma justificativa fraca para o uso do teste da importância excepcional. Além de difícil, o alcance da uniformidade prospectivamente não é (sempre) recomendado. Primeiro, porque pode levar à definição prematura de determinadas questões.[205] Segundo, porque uma questão

---

195. ALEXANDER JR., A Lamar. En Banc Hearings in the Federal Courts of Appeals: Accommodating Institutional Responsibilities (Part I), p. 589.
196. ALEXANDER JR., A Lamar. En Banc Hearings in the Federal Courts of Appeals: Accommodating Institutional Responsibilities (Part I), p. 588.
197. ALEXANDER JR., A Lamar. En Banc Hearings in the Federal Courts of Appeals: Accommodating Institutional Responsibilities (Part I), p. 588.
198. GEORGE, Tracey E. The Dynamics and Determinants of the Decision to Grant En Banc Review, p. 227 e 229. Discordando desta hipótese: ALEXANDER Jr., A Lamar. En Banc Hearings in the Federal Courts of Appeals: Accommodating Institutional Responsibilities (Part I), p. 590.
199. ALEXANDER JR., A Lamar. En Banc Hearings in the Federal Courts of Appeals: Accommodating Institutional Responsibilities (Part I), p. 589.
200. LABOVITZ, Judah I. En Banc Procedure in the Federal Courts of Appeals, p. 230-231.
201. THE En Banc Procedures of the United States Courts of Appeals, p. 449.
202. ALEXANDER JR., A Lamar, En Banc Hearings in the Federal Courts of Appeals: Accommodating Institutional Responsibilities (Part I), p. 591.
203. GEORGE, Tracey E. The Dynamics and Determinants of the Decision to Grant En Banc Review, p. 236.
204. The Politics of En Banc Review, p. 876.
205. "*Using exceptional importance to achieve uniformity prospectively may lead to premature en banc pronouncements of the 'correct' answers on the occasion of initial panel decisions. An issue may not arise again, in which case the uniformity justification would not apply at all, and, in case the issue does eventually recur, an intervening change in circuit composition may put the original panel decision back in favor anyway. Moreover, it is difficult to achieve uniformity prospectively.*" (THE Politics of En Banc Review, p. 877).

pode não surgir de novo, caso em que a justificativa da uniformidade não se aplica de forma alguma. Terceiro, porque, como visto, caso a questão eventualmente se repita, uma mudança repentina na composição do Circuito pode reconsiderar a decisão da maioria de qualquer forma.

A resolução antecipada de conflitos através do uso do teste da importância excepcional pode sacrificar os benefícios do processo deliberativo e prejudicar os incentivos à experimentação. Certa dose de conflito pode permitir a mudança gradual e a acomodação flexível de interesses e preferências concorrentes.[206] Além disso, mesmo que o teste da importância excepcional possa ser justificado como meio de promover a uniformidade, esta não é a única preocupação do julgamento *en banc*.[207]

De fato, diferentemente da técnica decisória brasileira, a regra americana mobiliza todo Circuito, ou grande parte dele, o que facilita – ainda que não por completo, como visto – sua utilização para a acomodação de conflitos intracircuito. No entanto, apesar de haver quem entenda que qualquer benefício que os litigantes recebem da análise adicional proporcionada pela nova apreciação é incidental à vantagem do Tribunal de assegurar consistência decisória em questões importantes de direito,[208] o incremento na qualidade da decisão através da mobilização do Pleno pode ser tão significativo quanto a uniformidade – e até mais viável.[209]

Sabe-se que quando há um diálogo atento e um debate respeitoso entre o colegiado antes da agregação dos votos, é mais provável que uma resposta melhor seja alcançada. A técnica permite a atração da atenção de mais Juízes a questões particularmente importantes,[210] aumentando a probabilidade da tomada de uma decisão mais completa.[211] O diálogo entre opiniões múltiplas permite o esclarecimento das posições individuais dos Juízes em questões específicas, acrescentando racionalidade, continuidade e legitimidade consideráveis ao processo da tomada de decisão.[212]

Além de aumentar a palatabilidade da decisão e de lhe acrescentar autoridade, ao eliminar eventuais inconsistências causadas apenas pelas diferentes combinações de composição dos painéis, os Juízes atribuem à (re)apreciação *en banc* a

---

206. The Politics of En Banc Review, p. 879.

207. The Politics of En Banc Review, p. 877.

208. J. J. W. Playing with Numbers: Determining the Majority of Judges Required to Grant En Banc Sittings in the United States Courts of Appeals. *Virginia Law Review*, v. 70, n. 7, p. 1505-1542, p. 1509, 1984. Disponível em: <www.jstor.org/stable/1073052>. Acesso em: 15.02.2022.

209. LABOVITZ, Judah I. En Banc Procedure in the Federal Courts of Appeals, p. 230.

210. LABOVITZ, Judah I. En Banc Procedure in the Federal Courts of Appeals, p. 220.

211. LABOVITZ, Judah I. En Banc Procedure in the Federal Courts of Appeals, p. 230-231.

212. STEIN, Michael Ashley. Uniformity in the Federal Courts: A Proposal for Increasing the Use of En Banc Appellate Review, p. 840.

capacidade de garantir uma decisão mais competente, com menos possibilidade de erros. Mesmo na hipótese de ser concedido o *certioriari*, há a vantagem de ser apresentada à Suprema Corte toda a sabedoria do Circuito de Apelação.[213]

Contudo, é importante notar que a técnica norte-americana prevê, no mínimo, a reunião de seis Juízes – mas, em média, de onze a dezessete.[214] Para Alexander, isso se assemelha mais a uma convenção do que a um Tribunal. Como visto, a deliberação entre um número muito grande de Juízes pode ser impraticável e dificilmente resultará em consenso.[215] A adição de membros ao quórum de deliberação diminui o impacto do voto de um único Juiz.[216]

Michael Stein sintetiza as críticas normalmente associadas a essa particularidade. O Plenário do Tribunal não tem os benefícios atribuídos a grupos menores, mais flexíveis e capazes de trocar rapidamente comentários a respeito dos projetos de decisão. Portanto, grupos maiores de Juízes podem não funcionar tão eficientemente quanto grupos menores. Além disso, Juízes acostumados a acomodar três pontos de vista dentro dos painéis serão menos habilidosos em acomodar as opiniões de todos os seus colegas sentados *en banc*.[217]

Quando todos estão reunidos, os Juízes têm pouco tempo para se envolver em extensas negociações sobre o conteúdo das opiniões. Inclusive, os membros do Circuito estão muitas vezes em painéis dispersos geograficamente.[218] Fica evidente que se o Plenário do Tribunal, quando reunido, é incapaz de promover a uniformização da jurisprudência, a pretensão de atribuir essa função à técnica decisória do art. 942, que reúne apenas parte dele, é inatingível.

Diante desse quadro, até hoje são propostas reformas para limitar o uso da (re)apreciação de casos pelo Pleno nos Estados Unidos, divididas, basicamente, em três categorias. A primeira usa procedimentos informais de tomada de decisão

213. ALEXANDER JR., A Lamar. En Banc Hearings in the Federal Courts of Appeals: Accommodating Institutional Responsibilities (Part I), p. 589-590.

214. Disponível em: <https://www.uscourts.gov/sites/default/files/appealsauth.pdf>. Acesso em: 15.02.2022.

215. ALEXANDER JR., A Lamar. En Banc Hearings in the Federal Courts of Appeals: Accommodating Institutional Responsibilities (Part II), p. 742.

216. "*The larger number of participants means less opportunity for any single judge to impact the outcome significantly. This suggests that while the number of panel-circuit conflicts may increase geometrically with the number of judges, limited resources and decreasing returns to participation act as a constrain on granting en banc. Thus, the effect of the number of judges in a circuit is expected to be curvilinear; first increasing but subsequently decreasing as the number of judges on the circuit grows.*" (GILES, Micheal W. *et al.* The Etiology of the Occurrence of En Banc Review in the U.S. Court of Appeals, p. 454).

217. STEIN, Michael Ashley. Uniformity in the Federal Courts: A Proposal for Increasing the Use of En Banc Appellate Review, p. 833.

218. HETTINGER, Virginia A. *et al.* Comparing Attitudinal and Strategic Accounts of Dissenting Behavior on the U.S. Courts of Appeals, p. 127.

para controlar os efeitos adversos da técnica, sugerindo, dentre outras coisas, a circulação prévia dos rascunhos das decisões não apenas entre os Juízes do painel, como de todo o Circuito.

Em razão dos custos desta prática, já vistos nesse capítulo, a segunda propõe a definição de requisitos mais rígidos para a reunião do Plenário, incentivando o autocontrole judicial a limitar o escopo da revisão *en banc*. Para Andrew Lamar Jr. Alexander, por exemplo, a exclusão da "importância" como um fator independente para determinar a reunião do Plenário permitiria a viabilidade do funcionamento de um Tribunal de onze ou mais Juízes.[219]

Outra possibilidade consiste em autorizar o painel a enviar apenas uma questão, e não um caso, à apreciação do Circuito em composição integral. Nessa hipótese, resolvida a questão, seria dada continuidade ao julgamento pelo painel originário. As vantagens auferidas pelo Circuito pela limitação da análise do Pleno apenas às questões controvertidas são comparadas àquelas experimentadas pela Suprema Corte através do mecanismo do *certiorari*, da seguinte forma:

> O objetivo do procedimento *en banc* é resolver conflitos intracircuitos e permitir que a maioria dos juízes controle as decisões do circuito. Isto pode ser conseguido com uma demanda mínima no tempo dos juízes através da limitação das questões a serem apreciadas pelo Pleno àquelas que são fontes reais ou potenciais de conflito intracircuito. No caso da limitação das questões que recebem *certiorari* pela Suprema Corte, às quais as mesmas objeções podem ser feitas, o interesse de conservar energia judicial supera as possíveis desvantagens para uma das partes. O mesmo pode ser verdade, embora em menor grau, no que diz respeito aos *rehearings en banc*.[220]

No entanto, embora o Tribunal de Apelação deva ser capaz de limitar os casos que serão apreciados pelo Plenário, a analogia com o *certiorari* não é totalmente adequada. Há uma distinção fundamental entre a relação do Plenário do Circuito com um de seus painéis e a da Suprema Corte com os Tribunais inferiores.

---

219. ALEXANDER JR., A Lamar. En Banc Hearings in the Federal Courts of Appeals: Accommodating Institutional Responsibilities (Part II), p. 743.

220. Tradução adaptada de: "*The purpose of the en banc procedure is to resolve intracircuit conflict and to permit a majority of the judges to control the circuit's decisions. This can be achieved with a minimal demand on the time of the judges by limiting the issues to be heard to those which are actual or potential sources of intracircuit conflict. In the case of limitation of the issues on Supreme Court certiorari, to which the same objections may be made, the interest of conserving judicial energy outweighs the possible disadvantages to a party. The same may be true, although to a lesser degree, with respect to rehearings en banc.*" (FEDERAL Courts. Review by Courts of Appeals. Appeal May Be Returned to Panel after Rehearing En Banc Limited to a Single Issue. Farrand Optical Co. v. United States (2d Cir. 1963), p. 770).

No segundo caso, há propriamente a revisão das decisões das Cortes de Apelação, razão pela qual se atribui à Suprema Corte a possibilidade de, além de reverter ou confirmar a decisão, devolver o restante do caso para a apreciação dos Tribunais de primeira instância.[221] Já no primeiro, o propósito não é a supervisão da decisão do painel, sob pena de restar caracterizada uma terceira instância, mas a sua substituição através da resolução do caso, e não de apenas uma questão.

A linguagem estatutária não confirma nem nega o poder para dividir as questoes de um processo de apelação. A evolução mais recente do procedimento ocorreu em 1978, quando o Congresso autorizou Tribunais constituídos por mais de quinze Juízes a delegar a autoridade conferida ao Pleno a um agrupamento menor, instituindo o *mini-en banc (re)hearing*. O Congresso não obrigou os Tribunais de Apelação a se organizarem assim, concedendo-lhes o controle da organização do procedimento.[222]

Como os critérios sugeridos continuam dando grande margem à interpretação dos Juízes a seu respeito, a terceira categoria de reformas propostas sugere a exigência de maioria qualificada para levar um caso a Plenário.[223] No entanto, ela ainda não foi aprovada.

Ao contrário do legislador norte-americano, que deixou à margem de cada Tribunal a interpretação do conteúdo da regra geral que prevê as duas hipóteses em que o quórum do julgamento pode de ser ampliado, o legislador brasileiro estabeleceu critérios objetivos para a incidência do artigo 942 do CPC.

Isso não significa que não existam dúvidas e controvérsias a respeito da sua aplicação ou similaridades entre os requisitos considerados para a aplicação das técnicas dentro de cada sistema legal. Assim como no sistema norte-americano, a divergência dentro do quórum inicialmente designado para a apreciação do recurso é o maior indicativo, no sistema brasileiro, da necessidade de ele ser apreciado pela composição integral da Turma ou Câmara, conforme ficará claro no próximo capítulo (item 4.1.).

---

221. LABOVITZ, Judah I. En Banc Procedure in the Federal Courts of Appeals, p. 230.

222. O Nono Circuito, ao que parece, é o único a ter se valido da prerrogativa. Nos termos da Circuit Rule 35-3, do quórum do *mini en banc* farão parte o *chief justice* e 10 *justices* adicionais a serem sorteados entre os Juízes em exercício no Tribunal. (UNITED STATES. United States Court of Appeals. Ninth Circuit. *Federal Rules of Appellate Procedure. Ninth Circuit Rules. Circuit Advisory Committee Notes.* 1st June 2019, p. 149. Disponível em: <http://cdn.ca9.uscourts.gov/datastore/uploads/rules/frap.pdf>. Acesso em: 15.02.2022). Se um *justice* não for sorteado em pelo menos uma entre as últimas três formações *en banc*, será colocado automaticamente no próximo. A incerteza das partes – e dos Juízes – quanto à composição do quórum do julgamento afeta os critérios e a ponderação que eles farão a respeito da necessidade de um caso ser analisado ou reanalisado pelo Pleno, o que, no entanto, não será aprofundado no trabalho.

223. The Politics of En Banc Review, p. 881-884.

Capítulo 4
REQUISITOS PARA A APLICAÇÃO DA TÉCNICA

No *caput* do artigo 942, para a ampliação do quórum de julgamento do recurso de apelação cível, exige-se a constatação de "resultado [...] não unânime". No § 3º do dispositivo também há a indicação de que, para a ampliação do quórum do julgamento do recurso de agravo de instrumento, é necessária a identificação de "julgamento não unânime". Em comum, a ampliação do quórum de julgamento nessas duas hipóteses exige que o resultado alcançado pelo quórum inicial não seja unânime.

Na primeira hipótese, o legislador restringiu a ausência de unanimidade ao resultado do julgamento da apelação, mas não informou se a ampliação se dá tanto quando provido quanto quando desprovido o recurso, tanto em caso de julgamento que reforma a sentença, quanto naquele que a anula ou a mantém e tanto quando a questão que motiva a divergência é processual quanto quando se trata de uma questão meritória sobre a qual não houve unanimidade.

Na segunda, não se menciona a necessidade de a ausência de unanimidade estar no resultado do julgamento, mas se esclarece que o resultado deve reformar decisão interlocutória de mérito.

Em ambas, não foi identificado se a não unanimidade diz respeito a questões de fato e também de direito, ou a apenas uma delas. Isso deu origem a discussões na doutrina e a diferentes aplicações da técnica nos Tribunais de Justiça Estaduais e nos Tribunais Regionais Federais.[1]

Apesar da falta de clareza do legislador, da leitura do dispositivo extrai-se que a ausência da unanimidade mencionada pressupõe a existência de oposição intencionalmente expressa, publicizada e contrária à posição da maioria, por pelo menos um dos membros inicialmente designados.[2] Tendo isso em vista, no item 4.1.,

1. Como o objetivo do artigo não é a realização de um estudo empírico, os julgados proferidos pelos Tribunais de Justiça Estaduais e pelos Tribunais Regionais Federais, bem como alguns dos dispositivos de seus respectivos Regimentos Internos, eventualmente mencionados ao longo do trabalho, não foram escolhidos com base em qualquer método representativo, tendo papel meramente ilustrativo. É dada preferência aos julgados prolatados pelo Superior Tribunal de Justiça sobre o tema, principalmente os percursores dos entendimentos até o momento reproduzidos pela Corte.
2. COLLINS, R.; SKOVER, D. *On Dissent*: Its Meaning in America. Cambridge: Cambridge University Press, 2013. p. 3.

será analisado o tipo de divergência que autoriza a ampliação do quórum e o seu papel em um Tribunal colegiado.

4.1. Requisito comum ao julgamento dos recursos de apelação e agravo de instrumento cíveis: resultado não unânime

4.1.1. A divergência (no resultado), suas distorções e importância

Em primeiro lugar, ainda que possa parecer óbvio, a divergência que autoriza a incidência do art. 942 – seja a do *caput*, seja a do § 3º, II – é aquela manifestada dentro do quórum de julgamento do caso concreto. Conforme notado pelo STJ:

> PROCESSUAL CIVIL. AGRAVO INTERNO EM EMBARGOS DE DIVERGÊNCIA. ACÓRDÃO EMBARGADO. NÃO CONHECIMENTO DO RECURSO ESPECIAL POR MAIORIA. VOTO VENCIDO QUE ENFRENTA O MÉRITO. ACÓRDÃO PARADIGMA QUE ANALISA O MÉRITO. PONDERAÇÃO DO Artigo 941, § 3º, DO CPC/2015. DISSIDÊNCIA RESTRITA. NÃO OCORRÊNCIA DE DIVERGÊNCIA ENTRE ÓRGÃOS JUDICIANTES. [...]
>
> 2. Não obstante a previsão do art. 941, § 3º, do CPC/2015, o voto vencido não pode ser utilizado, por si só, para fins de comprovação de dissídio que embasa os Embargos de Divergência.
>
> 3. Os Embargos de Divergência visam dirimir conflito interpretativo entre órgãos judicantes, e não resolver dissidência entre julgadores em caso concreto, para a qual há o rito no art. 942 do CPC/2015 previsto apenas no julgamento da Apelação. [...].[3]

Segundo, apesar de não se ignorar a existência de conflitos latentes mesmo em casos decididos por unanimidade,[4] o conflito intramural deve ser manifestado intencionalmente para justificar a ampliação do quórum de julgamento. Pressupõe-se a intenção comunicativa, pois a expressão acidental ou inadvertida não é passível de responsabilização e, por isso, não se qualifica como dissidência.[5]

Terceiro, a expressão intencional deve ser exposta ao público, ainda que anonimamente – o que não é o caso nas Cortes de Justiça brasileiras. O conflito que se restringe ao momento sigiloso no qual há a deliberação intramural propriamente dita não se caracteriza como dissenso apto a ampliar o quórum. Nesse caso, a opinião majoritária não é externamente desafiada, de modo que a provocação é ineficaz aos

---

3. BRASIL. Superior Tribunal de Justiça. Primeira Seção. AgInt nos EAREsp 1023023/SP, Rel. Ministro Herman Benjamin, julgado em 27/11/2019, DJe 07/05/2020.
4. GOLDMAN, Sheldon; LAMB, Charles M. (Ed.). *Judicial Conflict and Consensus*: Behavioral Studies of American Appellate Courts, p. 7.
5. COLLINS, R.; SKOVER, D. *On Dissent*: Its Meaning in America, p. 7.

olhos do público, pois não tem o potencial de transmitir oposição às estruturas de poder ou de facilitar a mudança ou desenvolvimento do direito.[6]

Quarto, a divergência mencionada no art. 942 é aquela revelada no resultado declarado pelo quórum originário, seja no julgamento do recurso de apelação, seja no julgamento do recurso de agravo, e não aquela identificada nos fundamentos dos votos – quando existe mais de um.

Isso porque, como visto no capítulo um, na Corte de Justiça importa a resolução do caso concreto. Ainda que não se dispense a necessidade de somar separadamente as decisões quanto a questões prévias, prejudiciais ou preliminares, e causas de pedir e pedidos independentes, admite-se a existência de decisões plurais, isto é, que justificam um mesmo resultado com fundamentos diferentes.[7]

Dessa forma, a apresentação de voto concorrente não enseja a ampliação do quórum. Via de regra, ele assume a dupla função de "[...] a) demonstrar que há um melhor fundamento para a obtenção de um mesmo resultado; b) impedir a formação da *ratio decidendi* e, portanto, do precedente, ao não permitir a obtenção da maioria em torno um fundamento determinante."[8] Porém, na Corte de Justiça, justamente pelo fato de o resultado importar mais do que as razões do julgamento, não há, em regra, a formação de precedentes.[9]

Para Luiz Barbugiani, "a divergência na fundamentação que não altera o resultado do julgamento não enseja o uso do artigo 942 do CPC, de 2015, pois os argumentos divergentes que levem a mesma conclusão equiparam-se a uma deci são unânime."[10] No mesmo sentido, Fredie Didier e Leonardo Carneiro da Cunha apontam que, "se o resultado [do julgamento] for unânime, não se aplica a regra, mesmo que haja divergência na fundamentação. A aplicação da regra depende de divergência no resultado, e não na fundamentação."[11]

6. COLLINS, R.; SKOVER, D. *On Dissent*: Its Meaning in America, p. 21. Isso não significa que o dissenso apresentado apenas aos membros do quórum não desempenhe funções importantes, pois, como visto, após o diálogo com a maioria, pode ser acomodado no voto vencedor, agregando valor à sua fundamentação.

7. Em sentido contrário: CÂMARA JÚNIOR, José Maria. Técnica da colegialidade do art. 942 do CPC: extensão e profundidade da matéria submetida ao julgamento prolongado, p. 286.

8. DIDIER JR, Fredie; CUNHA, Leonardo José Carneiro da. *Curso de direito processual civil*. 13. ed. v. 3, p. 41.

9. As exceções, na linha do que propõe o CPC, e não necessariamente a doutrina (por todos: MARINONI), são os casos julgados no bojo de IRDR e IAC, além da orientação do plenário ou do órgão especial aos quais os juízes e tribunais estiverem vinculados (art. 927, III e V).

10. BARBUGIANI, Luiz Henrique Sormani. *Técnica de Julgamento do artigo 942 do CPC de 2015*, p. 183-184.

11. DIDIER JR, Fredie; CUNHA, Leonardo José Carneiro da. *Curso de direito processual civil*. 13. ed. v. 3, p. 80.

Quinto, a divergência pode ser total ou parcial. Isto é, não é necessário que a Turma dê provimento ao recurso para reformar integralmente o ato decisório impugnado. A reforma pode ser parcial.

Por exemplo, imagine-se que é interposto recurso de apelação contra sentença que julgou procedente ação em que o autor pleiteia a condenação do réu ao pagamento de danos morais. O réu recorre da sentença, requerendo a improcedência da ação e, subsidiariamente, a alteração dos consectários legais fixados em primeiro grau (juros moratórios e correção monetária). Caso dois julgadores acolham apenas o pedido subsidiário, enquanto um decide pelo desprovimento da apelação – ou até mesmo pelo acolhimento do pedido principal –, há divergência no resultado da votação capaz de ampliar o quórum de julgamento.

Por outro lado, caso haja unanimidade no acolhimento do pedido subsidiário, mas por razões diversas, não incide a técnica decisória do julgamento ampliado. É o que ocorre caso dois Desembargadores entendam que a correção monetária deve incidir desde o arbitramento da indenização por se tratar de responsabilidade extracontratual, enquanto o outro chega à mesma conclusão, mas por entender que se trata de responsabilidade contratual.

Agora, imagine-se uma terceira situação, em que o autor ajuíza ação na qual pleiteia, alternativamente, a substituição do produto comprado com defeito ou a devolução do valor pago ao demandado. A ação é julgada improcedente em primeiro grau, motivando-o a apresentar razões recursais nas quais reitera o pedido alternativo.

Caso os três julgadores do quórum deem provimento à apelação, mas dois, com base nas mesmas razões, pelo acolhimento do primeiro pedido – direito à substituição do produto – e o outro pelo acolhimento do segundo – direito à restituição do valor –, deve haver a ampliação do quórum de julgamento?

<table>
<tr><th></th><th>Pedido alternativo 1</th><th>Pedido alternativo 2</th></tr>
<tr><td>Desembargador 1</td><td>Rejeitado</td><td>Acolhido</td></tr>
<tr><td>Desembargador 2</td><td>Acolhido</td><td>Rejeitado</td></tr>
<tr><td>Desembargador 3</td><td>Acolhido</td><td>Rejeitado</td></tr>
<tr><td rowspan="2">Resultado</td><td>Acolhido</td><td>Rejeitado</td></tr>
<tr><td colspan="2">Provimento do recurso por unanimidade</td></tr>
</table>

Fonte: elaborado pela autora.

A divergência, aqui, está no pedido que é acolhido pelos Desembargadores para dar provimento integral ao recurso. Dois deles acolhem o primeiro pedido, mas rejeitam o segundo. Entre eles não há divergência na fundamentação para o acolhimento e a rejeição. Enquanto o outro rejeita o primeiro pedido, mas acolhe o segundo.

Dada a alternatividade dos pedidos, entende-se que, nesse caso, a divergência constatada está na fundamentação, e não no resultado. Equipara-se essa hipótese àquela na qual, por unanimidade, define-se o termo inicial da correção monetária na data do arbitramento da indenização, a despeito da divergência sobre a natureza da responsabilidade civil que fundamenta essa conclusão.

Quando os pedidos são alternativos e o colegiado dá provimento ao recurso por unanimidade, mas porque dois julgadores acolhem o primeiro pedido, enquanto o outro julgador acolhe o segundo, não se pode concluir pela existência de divergência no resultado do julgamento. Apenas no caso de os pedidos terem sido requeridos em ordem de preferência – como no exemplo em que o apelante requer a improcedência da ação e, subsidiariamente, a alteração dos consectários legais – é que a divergência sobre o pedido que é acolhido motiva a incidência do art. 942.

Isso não significa que a divergência na fundamentação do julgamento seja indiferente, mas apenas que ela não autoriza a ampliação do quórum. Ela pode encorajar a oposição de recursos adicionais e exigir mais tempo e mais trabalho dos demais membros da Câmara para responder às provocações. Também pode indicar a ausência de certeza na resolução das questões jurídicas e fáticas postas e, consequentemente, a inexatidão ou o desacerto do resultado.[12]

Ademais, as vantagens da seleção da divergência no resultado como critério para a extensão do quórum não são inequívocas. Ainda que se reconheça o valor da divergência para o aperfeiçoamento da deliberação, não se pode descartar a possibilidade de que os dissidentes estejam errados. Nesse caso, a sua conformação à proposta de voto do Relator pode ser extremamente valiosa. Caso contrário,

> Se os membros do grupo revelarem informações embaraçosas ou piores, poderão ajudar um concorrente ou um adversário. Eles também podem tornar mais difícil para o grupo ter discussões francas no futuro, simplesmente porque todos sabem que tudo o que é dito pode se tornar público. Normas fortes contra o "vazamento" são um corretivo natural. E se alguns membros do grupo se engajaram em transgressões, a revelação desse fato pode ferir muitos ou todos os membros do grupo.[13]

Logo, é possível que, em alguns casos, as cascatas informacionais e reputacionais produzam menos erros do que a manifestação de um voto independente e

12. GOLDMAN, Sheldon; LAMB, Charles M. (Ed.). *Judicial Conflict and Consensus:* Behavioral Studies of American Appellate Courts, p. 10-11.

13. Tradução livre de: "*If group members reveal information that is embarrassing or worse, they might assist a competitor or an adversary. They might also make it harder for the group to have candid discussions in the future, simply because everyone knows that whatever is said might be made public. Strong norms against 'leaking' are a natural corrective. And if some members of the group have engaged in wrongdoing, revelation of that fact might injure many or all group members.*" (SUNSTEIN, Cass R. Conformity and Dissent, p. 32).

que o autossilenciamento tenha uma justificativa plausível, como o respeito a um Magistrado que possui, de fato, maior conhecimento e autoridade sobre o assunto pautado.

A falta desse bom senso pode resultar na redação de uma opinião sem a preocupação de contribuir para a resolução do caso concreto e de dialogar com a proposta majoritária. O tom usado pode ser arbitrário e arrogante, prejudicando a convivência entre os intérpretes.

Um Juiz que sente a necessidade de expressar seus pontos de vista, repetidamente, ainda quando já está consolidado entendimento em sentido contrário ou quando seus argumentos já foram todos rebatidos, um a um, pelos redatores da opinião majoritária, desprestigia a colegialidade do Tribunal e os valores da segurança jurídica e da previsibilidade,[14] agregando insegurança aos jurisdicionados e a possibilidade de ser instituída a jurisprudência lotérica.

Esse tipo de Juiz é qualificado como *contrarian* e o fato de ele apresentar com frequência dissensos que não contribuem à resolução do caso concreto faz com que, com o tempo, ele se torne estigmatizado entre os colegas, que passam a menosprezar o valor do seu voto.[15] Nesse caso, o dissenso agrega ineficiência ao trabalho da Corte. Isso, contudo, não decorre diretamente do direito à apresentação do dissenso, mas do exercício desvirtuado desse direito.[16]

Por outro lado, quando o Magistrado está empenhado em resolver o caso concreto da melhor forma possível e em nome da Corte, ele apresenta a divergência em forma de crítica pontual, construtiva e cooperativa, capaz de agregar

---

14. EPSTEIN, Lee; LANDES, William M.; POSNER, Richard A. *Why (and When) Judges Dissent*: A Theoretical and Empirical Analysis, p. 4.
15. SUNSTEIN, Cass R. Conformity and Dissent, p. 29. O autor acrescenta que: "*By contrast, we can imagine a different kind of person, a contrarian, who feels that he will be rewarded, financially or otherwise, simply for disagreeing with others. There is no reason to celebrate the contrarian. In many cases, contrarians are most unlikely to give any help to the group. If the contrarian is known as such, his signal will be very noisy and not very informative. If the contrarian is not known as such, he is still failing to disclose accurate information, and in that sense he is not helping the group to arrive at correct decisions. We could imagine a variation on the urn experiment in which a contrarian-confederate regularly announced the opposite of what his predecessor announced. It is safe to predict that such behavior would reduce cascades, but it would not reduce errors by individuals or groups. On the contrary, it would increase them.*" (*Ibidem*).
16. "*To be sure, separate opinions also have the potential to undermine rather than promote adversarial collaboration. In my view, however, such a result stems not from the existence of separate opinions, but from the tone certain of these opinions take. When judges writing separately see themselves as withdrawing from the process of collaboration – when they write opinions that seek to antagonize and score points on the majority rather than improve its reasoning – then the opinions cease to be part of an adversarial collaboration; they become merely adversarial.*" (BERZON, Marsha S. Dissent, "Dissentals," and Decision Making, p. 1487).

novas informações e de dialogar com a opinião da maioria, pela qual ele aceita ser persuadido, porque sente respeito pelo trabalho dos seus pares.

Expressões abertas desse tipo de discordância entre os membros do Tribunal oferecem a oportunidade de examinar as motivações políticas subjacentes ao voto dos Juízes. Padrões de conflito e de consenso fornecem os fundamentos necessários para o desenvolvimento de teorias do comportamento judicial.[17]

Logo, o estudo do dissenso judicial é importante, na medida em que revela a existencia de diferenças entre as respostas jurídicas apropriadas e os fins estratégicos disponíveis dentro de determinado desenho institucional.[18] A compreensão da forma pela qual se formam conflitos – ou consensos – também o é, porque aponta as maneiras pelas quais o poder de que dispõem os Tribunais, na qualidade de instituições jurídicas e políticas, é exercido.[19]

Ele também é relevante para a compreensão do processo decisório e deliberativo que, muitas vezes, acontece a portas fechadas. Ainda que transparência não se confunda com publicidade, de modo que, mesmo quando realizado em sigilo, o processo decisório possa ser transparente e controlado pelo resultado coerente que expressa, o exame da divergência judicial é fundamental para isso, porque revela, ao menos em parte, o que acontece nas sessões de julgamento.

Assim, permite aprofundar o conhecimento das atitudes e dos valores dos deliberadores, dos estímulos por eles apreciados e das suas percepções a respeito da missão institucional a cumprir. É possível identificar em que medida o receio de sofrer retaliações públicas ou sanções futuras de outro julgador e a necessidade de mobilizar apoio e diluir os custos incutidos à fragmentação das decisões, especialmente quando inovadoras, estimulam o consenso.[20]

Finalmente, a análise dos padrões do conflito e do consenso judiciais permite avaliar a influência do exercício da liderança nos Tribunais, na medida em que os papéis do Presidente e do Relator podem influenciar na manutenção da coesão e da coerência dentro da Câmara.[21]

---

17. BRACE, Paul; HALL, Melinda Gann. Neo-Institutionalism and Dissent in State Supreme Courts, p. 54.
18. HETTINGER, Virginia A. *et al.* Comparing Attitudinal and Strategic Accounts of Dissenting Behavior on the U.S. Courts of Appeals, p. 124.
19. GOLDMAN, Sheldon; LAMB, Charles M. (Ed.). *Judicial Conflict and Consensus:* Behavioral Studies of American Appellate Courts, p. 3.
20. GOLDMAN, Sheldon; LAMB, Charles M. (Ed.). *Judicial Conflict and Consensus:* Behavioral Studies of American Appellate Courts, p. 1.
21. "*Important decisions are not reached with ease in a small group composed of strong-willed individuals. Such decisions require a balance of forceful and effective leadership, especially if a court is to speak with one voice and to stand as a unit in the aftermath as subsequent litigation seeks to clarify the new policy made.*" (GOLDMAN, Sheldon; LAMB, Charles M. (Ed.). *Judicial Conflict and Consensus:* Behavioral Studies of American Appellate Courts, p. 5).

No entanto, ainda quando ambos exercem forte influência convergente nos demais membros do grupo, invariavelmente, em alguns casos, o desacordo será intransponível. Até mesmo para Ronald Dworkin o desacordo entre intérpretes é natural. Ao contrário do que normalmente se repete, Dworkin não prega a existência de uma única resposta correta a casos difíceis, capaz de ser assim reconhecida por todos os participantes do processo deliberativo. O que ele defende é a possibilidade de todo agente identificar a resposta mais compatível com a história institucional e o propósito que ele atribui a ela, de acordo com suas próprias convicções políticas e morais.

Isso significa que a leitura moral das regras e dos precedentes empreendida por cada intérprete dependerá de constrangimentos que são tão genuínos quanto incontroversos para ele mesmo, mas não necessariamente para os outros, porque são particulares e internos.[22]

Ainda que uma variedade de forças compartilhada por toda a comunidade e interna ao caráter da interpretação conspire para a convergência,[23] como aquela que pode ser exercida pelo Relator e pelo Presidente da Câmara, as diferenças entre as teorias interpretativas e convicções sobre o propósito justificativo do sistema de cada Juiz são, via de regra, no máximo, atenuadas pela deliberação.[24] Cada um elege um valor, um propósito, diferente para guiar a atividade interpretativa e, por isso,

> Os juízes terão ideias diferentes de equidade, sobre o papel que a opinião de cada cidadão deve idealmente desempenhar na decisão do Estado sobre quais

---

22. DWORKIN, Ronald. *Law's empire*, p. 235.

23. "*Nevertheless, a variety of forces tempers these differences and conspires toward convergence. Every community has paradigms of law, propositions that in practice cannot be challenged without suggesting either corruption or ignorance. The most powerful influences toward convergence, however, are internal to the character of interpretation. The practice of precedent, which no judge's interpretation can wholly ignore, presses toward agreement; each judge's theories of what judging really is will incorporate by reference, through whatever account and restructuring precedent he settles on, aspects of other popular interpretations of the day. Judges think about law, moreover, within society, not apart from it, the general intellectual environment, as well as the common language that reflects and protects that environment, exercises practical constraints on idiosyncrasy and conceptual constraints on imagination. The inevitable conservatism of formal legal education, and of the process of selecting lawyers for judicial and administrative office, adds further centripetal pressure.*" (DWORKIN, Ronald. *Law's empire*, p. 87-88).

24. DWORKIN, Ronald. *Law's empire*, p. 87-88. "*[...] we share some of our concepts, including political concepts, in a different way: they function for us as interpretative concepts. We share them because we share social practices and experiences in which these concepts figure. We take the concepts to describe values, but we disagree [...] about what these values are and how they should be expressed. We disagree because we interpret the practices we share rather differently: we hold somewhat different theories about which values best justify what we accept as central or paradigm features of that practice.*" (DWORKIN, Ronald. *Law's empire*, p. 6).

> princípios de justiça devem ser aplicados por meio do seu poder de polícia central. Eles terão diferentes opiniões sobre a melhor resolução do conflito entre esses dois ideais políticos [equidade e justiça]. Nenhum juiz é capaz de sustentar a teoria simplista de que a equidade é automaticamente preferível à justiça ou vice-versa. A maioria dos juízes pensará que o equilíbrio entre as opiniões da comunidade e as demandas da justiça abstrata deve ser diferente em diferentes tipos de casos.[25]

Portanto, a "resposta correta" à qual Dworkin se refere não pode ser provada como tal à toda comunidade. A questão de saber se existe uma resposta correta é diferente da questão de saber se alguma resposta pode ser demonstrada como certa para todos os agentes envolvidos.[26] A existência de uma resposta correta para um único agente e a possibilidade de convencer todos os agentes a compartilharem essa mesma resposta são questões diferentes. A finalidade da integridade é o *princípio*, e não a uniformidade.[27] A busca pela resposta correta é uma postura hermenêutica perante o direito, e não um método.[28]

O desacordo entre os juristas sobre qual das várias respostas concorrentes é a correta é natural. Na verdade, mesmo para um único intérprete a melhor interpretação será a resposta certa até que outra seja capaz de tomar seu lugar. O *status* da resposta correta é temporário e particular a quem a proferiu, em certo momento. Para Catherine Valcke, Dworkin sequer afirma que os Juízes obtêm a resposta certa em todos os casos difíceis, mas apenas prediz que uma postura adjudicativa que visa progredir em direção à melhor resposta é superior a uma postura que não busca esse objetivo.[29]

---

25. Tradução adaptada de: "*Judges will have different ideas of fairness, about the role each citizen's opinion should ideally play in the state's decision about which principles of justice to enforce through its central police power. They will have different higher-level opinions about the best resolution of conflicts between these two political ideals. No judge is likely to hold the simplistic theory that fairness is automatically to be preferred to justice or vice versa. Most judges will think that the balance between the opinions of the community and the demands of abstract justice must be struck differently in different kinds of cases.*" (DWORKIN, Ronald. *Law's empire*, p. 250).
26. DWORKIN, Ronald. *Law's empire*, p. 176-275.
27. MENDES, Conrado Hübner. *Controle de Constitucionalidade e Democracia*, p. 42.
28. KOZICKI, Katya. *Levando a justiça a sério*, p. 43. "*I should say at once, however, that it is no part of this theory that any mechanical procedure exists for demonstrating what the rights of parties are in hard cases. On the contrary, the argument supposes that reasonable lawyers and judges will often disagree about legal rights, just as citizens and statesmen disagree about political rights.*" (DWORKIN, Ronald. *Taking Rights Seriously*. Cambridge: Cambridge University Press, 1977. p. 81).
29. VALCKE, Catherine. Hercules Revisited: An Evolutionary Model of Judicial Reasoning. *Mississippi Law Journal*, v. 59, p. 12, 1989. Disponível em: <https://ssrn.com/abstract=1443817>. Acesso em: 15.02.2022.

Para Luiz Guilherme Marinoni, a ideia da interpretação correta dá lugar à da "interpretação dotada das razões apropriadas",[30] que será aquela capaz de resolver casos similares, porquanto dotada de universalidade e racionalidade, em observância à isonomia.[31] Para ele, "a divergência decorre, em regra, de opções valorativas, diretivas interpretativas e, muitas vezes, de opções teóricas ou dogmáticas diversas, não havendo qualquer espaço para pensar em decisão que se aproxime do certo ou do errado."[32]

Charles Herman Pritchett entende que decisões fragmentadas informam ao público que os Juízes operam com pressupostos diferentes, que seus sistemas de valores são construídos e ponderados diferentemente e que suas visões políticas, econômicas e sociais contrastam em aspectos importantes.[33]

Assim, a depender da sua experiência pessoal, acadêmica e profissional, Juízes consideram diferentes estímulos legais e extralegais como legítimos para interpretar e aplicar a lei e os precedentes judiciais. Em razão disso, invariavelmente, da resolução de questões jurídicas nascerão conflitos e divergências, indicando que caminhos legítimos e conflitantes para a decisão estavam disponíveis naquele momento.[34] Isso significa que a apresentação da divergência apenas informa ao público algo que já existe. Ela é reflexo do conflito preexistente e não a catalisadora da discórdia judicial.[35]

Nessa perspectiva, a divergência não é vista negativamente como obstáculo para a obtenção do consenso, mas como ferramenta que torna visível ao público o confronto das disputas naturalmente existentes dentro do Tribunal. Trata-se de instrumento que fortalece a natureza democrática do processo, porquanto o protege do alcance demagógico do consenso falso e superficial.

Quando se abandona o ideal textualista radical da racionalidade jurisdicional, o debate jurídico é considerado normal, pois, além de permitir o controle sobre a atividade judicante, reconhece-se que a "sua finalidade não é obter uma resposta única para cada problema jurídico, mas sim uma resposta suficientemente justificada de acordo com os critérios e o limite temporal vigentes em cada ordenamento jurídico."[36]

---

30. MARINONI, Luiz Guilherme. *O STJ enquanto Corte de Precedentes*, p. 99.
31. MARINONI, Luiz Guilherme. *O STJ enquanto Corte de Precedentes*, p. 102.
32. MARINONI, Luiz Guilherme. *O STJ enquanto Corte de Precedentes*, p. 209.
33. PRITCHETT, C. Herman. *The Roosevelt Court:* A Study of Judicial Politics and Values, 1937-1947. New York: Macmillan, 1948. p. xii.
34. GOLDMAN, Sheldon; LAMB, Charles M. (Ed.). *Judicial Conflitc and Consensus*: Behavioral Studies of American Appellate Courts, p. 7.
35. MARTINO, Alessandra Di. *Le opinioni dissenzienti dei giudici costituzionali*, p. 520.
36. RODRIGUEZ, José Rodrigo. *Como decidem as Cortes?* Para uma crítica do direito brasileiro. Rio de Janeiro: Editora FGV, 2013. p. 215.

A possibilidade de divergir alimenta a cultura de tolerância, a partir da qual todos os pontos de vista são ouvidos e considerados. Nas palavras de Ronald Collins e David Skover, "Democracia é diversidade e a diversidade de pontos de vista nasce muitas vezes da divergência. Uma forma de medir a prosperidade da democracia é através da sua capacidade de promover o dissenso vibrante."[37] Ao dar voz a pontos de vista e interpretações alternativos em relação ao(s) dominante(s), o dissenso institucionaliza o conflito e contribui para a democratização dos Tribunais.

Os mitos da infalibilidade e da onipotência judiciais são sacrificados em benefício da concepção deliberativa de democracia, na qual o princípio representativo é integrado por diferentes formas de participação e de controle da opinião pública.[38] É revelado ao público que a capacidade de deliberação na comunidade em geral é igual à encontrada no Tribunal, pois os Magistrados também são falíveis e também divergem entre si.

A dissidência é valiosa especialmente porque desafia a opinião (majoritária) da Corte, intensificando a deliberação pública sobre certas questões e mantendo o debate vivo.[39] Apesar de subtrair numericamente poder e influência da opinião da Corte, ao enfatizar o dano que ela causará ou os erros que está cometendo, o dissenso pode direcionar ainda mais atenção a ela e ampliar sua importância.[40] Ele tem o poder de manter a questão em debate, estimulando a comunidade jurídica a discuti-la.[41]

O conflito na forma de divergência não ameaça, necessariamente, a legitimidade ou a autoridade do Tribunal, e tampouco a probabilidade de que o entendimento majoritário seja observado pelos Magistrados de primeira instância. Na verdade, quando se impede a articulação da divergência, a proteção à perda imediata da confiança pública não supera o enfraquecimento da capacidade da Corte de resolver o caso concreto de forma completa e transparente a longo prazo.

Com o tempo, a proibição do dissenso abala a credibilidade do Poder Judiciário, pois o que o sustenta no fim das contas é a imparcialidade e a independência dos seus membros. Assim, embora idealmente a unanimidade garanta mais força à decisão, ela só é digna quando é alcançada sem desrespeitar a autonomia dos

---

37. Tradução adaptada de: "*Democracy is diversity, and diversity of views is often born out of dissent. One measure of a thriving democracy is the extent to which it fosters vibrant dissent.*" (COLLINS, R.; SKOVER, D. *On Dissent:* Its Meaning in America, p. XII).

38. MARTINO, Alessandra Di. *Le opinioni dissenzienti dei giudici costituzionali*, p. 393.

39. MARTINO, Alessandra Di. *Le opinioni dissenzienti dei giudici costituzionali*, p. 520.

40. EPSTEIN, Lee; LANDES, William M.; POSNER, Richard A. *Why (and When) Judges Dissent:* A Theoretical and Empirical Analysis, p. 3.

41. DIDIER JR, Fredie; CUNHA, Leonardo José Carneiro da. *Curso de direito processual civil*. 13. ed. v. 3, p. 40.

Magistrados,[42] que não tem sentido de ser quando deles se exige o consentimento indiscriminado para a manutenção do consenso aparente.[43]

A possibilidade de divergir garante o respeito da dignidade dos Juízes e alimenta um sentimento de igualdade e mútua consideração entre eles. Os Magistrados reconhecem uns aos outros como iguais e se sentem reconhecidos como participantes do processo deliberativo.

A legitimidade do dissenso também está na capacidade de reconciliar o julgador vencido com a decisão tomada, pois a abertura de espaço para a manifestação da dissidência alivia a frustração do perdedor daquela rodada.[44] Ao proibi-lo de expressar discordâncias legítimas, nega-se a satisfação de se expressar e de exercer sua profissão. Dessa forma, a possibilidade de apresentar uma opinião divergente na Corte de Justiça também se relaciona com o princípio do Juiz natural, que impede a supressão artificial do pluralismo democrático através da seleção da opinião de um Juiz ao invés da de outro.[45]

Além de promover a autorrealização e a autonomia do Magistrado, a autorização para a comunicação do voto divergente pode ter efeito moderador sobre o voto majoritário do quórum que desrespeita o entendimento consolidado pelo Tribunal ou definido pelas Cortes Supremas. Nesse caso, como visto no capítulo 3, o dissenso pode adquirir efeito de "denúncia da transgressão",[46] evitando com que as partes sejam prejudicadas por decisões personalistas. O dissenso também tem o propósito de ampliar as informações e valorações disponíveis à resolução do caso concreto, contribuindo para a busca da verdade e da justiça processuais.

Não se pode olvidar, ainda, que os membros do quórum cujo resultado é, até então, unânime podem se sentir pressionados a acompanhar esta unanimidade inicial e provisória, tornando-a definitiva. A apresentação de um único dissenso dilui essa pressão e, portanto, exerce um grande impacto dali em diante. Se o grupo incorre em erro, um único dissidente pode corrigi-lo, através do compartilhamento de informações não conhecidas até então. Será a "voz da sanidade", diluindo os custos para aqueles que ainda não votaram – ou para os que ainda podem mudar o seu voto – caso também decidam não seguir a voz da *maioria degenerada*.[47]

---

42. LYNCH, Andrew. Dissent: The Rewards and Risks of Judicial Disagreement in the High Court of Australia. *Melbourne University Law Review*, v. 27, issue 3, p. 729-769, p. 738-739, 2003.
43. COLLINS, R.; SKOVER, D. *On Dissent: Its* Meaning in America, p. XI.
44. WALDRON, Jeremy. Five to four: why do bare majorities rule on courts?, p. 1706.
45. MARTINO, Alessandra Di. *Le opinioni dissenzienti dei giudici costituzionali*, p. 458.
46. SUNSTEIN, Cass R.; SCHKADE, David; ELLMAN, Lisa M.; SAWICKI, Andres. *Are Judges Political?* An Empirical Analysis of the Federal Judiciary, p. 148.
47. SUNSTEIN, Cass R. Conformity and Dissent, p. 7.

Assim, além de revelar publicamente a natureza deliberativa da decisão, os dissidentes monitoram a eventual falibilidade da posição majoritária, incentivando o estudo mais amplo e profundo de questões mal-entendidas, consideradas sob aspectos falsos ou interpretadas em dissonância com o sentido definido pelas Cortes Supremas. A cada rodada da deliberação plural e acolhedora, os Magistrados são capazes de ampliar os conhecimentos sobre os casos discutidos e aperfeiçoar suas capacidades e habilidades deliberativas.

A dissidência também pode prevenir erros causados por "vieses cognitivos", isto é, preconceitos individuais que manipulam e orientam, inconscientemente, o rumo que um Magistrado dá ao processo. Um desses vieses é o "enquadramento" (*framing*), maneira tendenciosa e inconsciente de apresentar ou enquadrar as mesmas informações, o que altera a compreensão sobre elas.[48]

Outro é a confirmação (*confirmation bias*), hipótese em que se adota uma "estratégia de teste positivo", em que são filtradas, também inconscientemente, apenas as evidências que corroboram uma concepção inicial. Os dados incompatíveis com as crenças compartilhadas são excluídos. Trata-se de uma seletividade prévia inconsciente na aquisição e no uso de evidências. Encaixam-se os dados em uma determinada história, suprimindo ambiguidades ou contradições internas e alcançando uma (falsa) coerência.[49] Por exemplo, um Juiz inicialmente predisposto ao ceticismo da aplicação da lei pode tender a buscar evidências que apoiem essa predisposição e a ignorar evidências ambíguas ou contrárias a ela.

Além desses vieses cognitivos – isto é, desses preconceitos no modo como as informações são processadas – os Juízes, como todas as pessoas, também estão sujeitos a "vieses de traços" (*trait biases*), preconceitos que se manifestam através da tendência de favorecer posições conservadoras ou progressivas ou a predisposição para confiar ou duvidar da administração pública, do consumidor ou de empresas privadas, por exemplo.[50]

A forma como esses conceitos prévios afeta, inconscientemente, a tomada da decisão corrobora a importância de garantir aos outros membros do colegiado a possibilidade de divergir. Eles podem atuar como *whistleblowers* ao trazer *insights* através de informações às quais só eles têm acesso, em razão das diferentes qualidades que possuem ou da experiência e técnica que adquiriram ao longo da vida.[51]

Isso permite a oferta de uma resposta mais completa às partes, que, cientes da discussão havida nos bastidores, exercem maior controle sobre a função judicante e podem se basear nos fundamentos da minoria para recorrer da decisão majoritária.

---

48. BERZON, Marsha S. Dissent, "Dissentals", and Decision Making, p. 1482.
49. BERZON, Marsha S. Dissent, "Dissentals", and Decision Making, p. 1482.
50. BERZON, Marsha S. Dissent, "Dissentals", and Decision Making, p. 1483.
51. EPSTEIN, Lee; LANDES, William M.; POSNER, Richard A. *Why (and When) Judges Dissent*: A Theoretical and Empirical Analysis, p. 7.

É claro que quando a manifestação da discordância prejudica uma das partes é mais provável que ela acredite que a opinião da minoria está errada e se oponha ao valor da dissidência. Agora, caso o litigante concorde com as razões expostas pela minoria sobre o caso, ele lhe será grato pela exposição da falha da maioria, inclusive porque isso lhe permitirá se insurgir, eventualmente, de maneira mais fundamentada.[52] Os esclarecimentos prestados pelo texto da opinião divergente também permitem a melhor compreensão do significado da posição majoritária.[53]

As partes se sentirão mais satisfeitas por terem tido seu caso analisado com mais cuidado, inclusive porque não é raro que a apresentação da divergência incentive a redação de opinião majoritária mais extensa, que dialoga com o posicionamento contrário, rejeitando-o fundamentadamente. Aliás, no momento pré-deliberativo, a consciência de que a dissidência pode ser apresentada pode ter impacto positivo sobre a maneira pela qual a opinião do Relator é elaborada, estimulando-o a ser mais preciso.[54]

O receio de que a discordância seja apresentada estimula a realização de estudo mais amplo e profundo do caso e, consequentemente, a redação mais cuidadosa da decisão, então mais clara e completa. O dissenso é capaz de agregar qualidade à decisão majoritária mesmo quando não se sabe se ela será a decisão definitivamente acolhida pela Corte.

Na fase pós-deliberativa, a possibilidade de o Relator rever sua proposta de voto após a comunicação do dissenso também oportuniza o aprimoramento da resolução do caso concreto. A dissidência contribui para o "mercado de ideias", promovendo o diálogo entre pontos de vista divergentes, na esperança de que, através das trocas de informações e do esclarecimento da controvérsia, a decisão se torne mais precisa naquilo que já aborda e mais completa naquilo sobre o que se omitiu.[55]

Os argumentos da maioria e da minoria testam a força uns dos outros e exigem uma resposta fundamentada e apreensível.[56] A capacidade de discordar resulta em benefícios claros para a opinião impugnada, pois, ao desafiar a opinião da maioria,

---

52. Segundo Erik Navarro, "[...] as partes têm seu próprio conceito de justiça, e [...] sua percepção está muito mais ligada ao resultado final do processo, desde que esse resultado esteja de acordo com seus interesses, do que ao procedimento em si. Trata-se do *self-serving bias*, ou seja, da tendência das partes de considerar justo apenas aquilo que as beneficia." (NAVARRO, Erik. *Análise econômica do processo civil*, p. 295, grifo do autor).
53. LYNCH, Andrew. Dissent: The Rewards and Risks of Judicial Disagreement in the High Court of Australia, p. 737.
54. LYNCH, Andrew. Dissent: The Rewards and Risks of Judicial Disagreement in the High Court of Australia, p. 737.
55. COLLINS, R.; SKOVER, D. *On Dissent:* Its Meaning in America, p. XII.
56. KORNHAUSER, Lewis; SAGER, Lawrence. The One and the Many: Adjudication in Collegial Courts, p. 9.

oferece-se a ela um ponto de vista "competitivo" ao qual ela deve responder. Isso faz parte do processo de colaboração adversarial, que permite a colaboração entre atores que discordam. Através do acomodamento da divergência e da flexibilização e da sinergia das opiniões individuais é que a deliberação alcança, se não o consenso, uma decisão mais fundamentada.[57]

As opiniões divergentes servem como suporte que atua em profundidade ao demandar da opinião majoritária maior articulação, oportunizando a melhoria da qualidade, da consistência e da nitidez dos argumentos iniciais.[58] Tanto aqueles que compõem a maioria quanto os que estão na posição minoritária se empenharão em demonstrar que possuem os melhores argumentos e em tornar suas propostas mais convincentes. Através desse processo de desafio mútuo, quando posições conflitantes interagem, o diálogo pode resultar na sinergia dos pontos de vista, na incorporação de informações uma na outra e na mudança de opinião.

Para garantir a unanimidade no resultado, o autor da opinião majoritária pode estar disposto a revisar sua opinião para atender, explícita ou implicitamente, os pontos apresentados pelo dissidente. É claro que, para que essa função específica da dissidência seja explorada, ela deve ser apresentada oportunamente.[59]

Portanto, o fato de, ao final do processo cooperativo adversarial, serem declaradas uma ou mais opiniões divergentes, não lhe(s) retira o valor, pois o que o define é a capacidade de agregar mais informações ao caso e, assim, permitir a tomada de uma decisão mais ponderada, refletida, sólida e completa. Na verdade, a possibilidade de divergir, além de parte integrante da colaboração adversarial,

---

57. O processo de colaboração adversarial desenvolvido por Daniel Kahneman pressupõe o debate entre atores que não concordam entre si, com o fim de alcançar, ao final, um resultado conjunto, de autoria compartilhada, no qual as divergências, quando não acomodadas, também são apresentadas.

Para saber mais, ver: KAHNEMAN Daniel. Experiences of Collaborative Research. In: *American Psychologist* 58(9). p. 723-30, October 2003. p. 729. Para Marsha S. Berzon, "*Adversarial collaboration has several advantages over the convention method of scientific discourse, particularly with respect to minimizing impact of certain cognitive biases. First, there is of course the potential that collaboration – particularly that with an adversary – will cause researchers to more carefully review their own hypotheses, reasoning, and conclusions ensure that they are sound against any criticism they may receive from their collaborators. Furthermore, it allows each author to monitor the work of the others, thereby increasing the chance that errors and biases will be identified before publication. In addition to these general monitoring functions, the structure of adversarial collaboration itself may neutralize some cognitive biases to which individuals – or teams of like-minded researchers – often prey.*" (Dissent, "Dissentals," and Decision Making, p. 1484).

58. LYNCH, Andrew. Dissent: The Rewards and Risks of Judicial Disagreement in the High Court of Australia, p. 740.

59. LYNCH, Andrew. Dissent: The Rewards and Risks of Judicial Disagreement in the High Court of Australia, p. 742.

contribui para a própria legitimidade da decisão, pois ela se apoia na racionalidade prática e limitada – e não na verdade. A tutela da diversidade de pontos de vista fortalece a integridade do processo, através do controle da motivação da maioria e do acolhimento da diversidade.

Em casos mais polêmicos, o dissenso pode estimular o refinamento da discussão não apenas no ambiente jurídico institucional, mas também no acadêmico e no social, democratizando o processo decisório, até que um determinado entendimento se torne suficientemente estável e aceito. Esse diálogo do Tribunal com a sociedade permite o aumento da aceitação social das suas decisões.[60]

O esclarecimento do significado da opinião da maioria também contribui para a sua compreensão pelos Juízes de primeiro grau e para maneira pela qual eles a interpretam. Opiniões concordantes e divergentes são guias importantes para o significado dinâmico da decisão da Corte não apenas para as partes, mas para os Magistrados singulares.

Além disso, a divergência de hoje pode inspirar o desenvolvimento do direito e se tornar a opinião majoritária no futuro.[61] As opiniões dissidentes revelam que a decisão da maioria é parte de um processo de discussão contínuo, pois o trabalho de argumentação não termina com a decisão, podendo se alterar no futuro a partir dos pontos levantados em separado. As interpretações minoritárias participam do *continuum* argumentativo da Corte e, um dia, podem fazer parte da opinião vencedora.

Logo, elas exercem influência sobre o desenvolvimento do direito e podem conduzi-lo a novas direções, permitindo, por um lado, sua atualização de acordo com novas necessidades e padrões comunitários e, por outro, o respeito à previsibilidade e à segurança jurídica, pois há, previamente à mudança, a sinalização expressa a respeito dessa possibilidade. As mudanças são feitas suavemente, sem abruptidade, contribuindo para sua aceitação social.[62]

Em resumo, a possibilidade de tornar pública a divergência assegura o respeito à autonomia do Juiz, impulsiona o diálogo da Corte com a sociedade e o primeiro grau, aumenta a aceitação social da decisão judicial e tem o valor potencial de se tornar, futuramente, a opinião majoritária.[63]

Entendido isso, é necessário definir se a divergência no resultado, referida no artigo 942, pode dizer respeito tanto a questões de fato quanto de direito (subitem 4.1.2.).

---

60. SILVA, Virgílio Afonso da. De quem divergem os divergentes: os Votos Vencidos no Supremo Tribunal Federal, p. 206.
61. SILVA, Virgílio Afonso da. De quem divergem os divergentes: os Votos Vencidos no Supremo Tribunal Federal, p. 206.
62. LYNCH, Andrew. Dissent: The Rewards and Risks of Judicial Disagreement in the High Court of Australia, p. 735.
63. SILVA, Virgílio Afonso da. De quem divergem os divergentes: os Votos Vencidos no Supremo Tribunal Federal, p. 206.

4.1.2. A divergência sobre questões de fato ou de direito

Ciente das funções da divergência, além da técnica do artigo 942 do CPC, o legislador previu, no § 3º do artigo 941 do mesmo diploma,[64] a imprescindibilidade da declaração em separado do voto vencido na qualidade de parte integrante do acórdão, no qual deverá constar "[...] todos os argumentos deduzidos no processo capazes de, em tese, infirmar a conclusão adotada pelo julgador" para que a decisão seja considerada fundamentada (artigo 489, § 1º, IV, do CPC).

Há, portanto, no Código, um microssistema que tutela e acolhe a pluralidade argumentativa inerente à interpretação do direito. A partir da leitura integral desse microssistema, do estudo das funções das Cortes de Justiça às quais o artigo 942 é dedicado e da função à qual ele se destina, na qualidade de técnica decisória, é possível responder às indagações relacionadas ao dispositivo de modo coerente.

A primeira diz respeito ao tipo das questões responsáveis pela divergência no resultado do julgamento e, consequentemente, pela ampliação do quórum.

Em regra, a controvérsia legal envolve questões de fato – as alegações das partes sobre o que aconteceu – e questões legais – as regras jurídicas às quais os fatos são subsumidos, após a interpretação do texto e a extração da norma. Dessa forma, a prestação jurisdicional inclui, em geral, a definição das questões de fato controvertidas, dos meios de prova aptos a dirimi-las, do arcabouço legal que governa os fatos, do sentido ao texto legal e da subsunção dos fatos às normas.[65]

Para a maior parte da doutrina, o desacordo no resultado que motiva a extensão do quórum do julgamento dos recursos de apelação e agravos de instrumento cíveis pode dizer respeito tanto a questões de fato, quanto a questões de direito.[66]

As questões de direito dizem respeito à forma pela qual o texto legal é interpretado e materializado em forma de norma. A norma não está implícita no texto legal, ou seja, não antecede a interpretação, mas dela deriva. Para resolver uma

---

64. "Art. 941. [...] § 3º O voto vencido será necessariamente declarado e considerado parte integrante do acórdão para todos os fins legais, inclusive de pré-questionamento."

65. "*A legal controversy consists of issues of fact (the parties' contentions as to what happened) and issues of law (the governing rules and how they apply to the facts before the court). A controversy can involve both fact issues and legal issues, and more than one of each. Boiling down a legal controversy to these components is a complex thought process that involves three steps: (1) setting up the framework of legal rules that govern the facts; (2) gathering sifting, and fitting the evidence into the legal framework; and (3) fixing the undisputed matters of law and fact so that attention can be directed to the points of disagreement.*" (JAMES, Fleming; HAZARD, Geoffrey; LEUBSDORF, John. *Civil Procedure*, p. 180-181).

66. Por todos: "[...] a divergência poderá ser de ordem processual ou de mérito relacionada à questão de fato ou de direito, em caráter amplo, o que simplifica a compreensão da regra procedimental, eliminando as controvérsias [...]" (BARBUGIANI, Luiz Henrique Sormani. *Técnica de Julgamento do artigo 942 do CPC de 2015*, p. 22).

disputa sobre questão de direito, o intérprete deve valorar e decidir entre um dos resultados interpretativos possivelmente extraídos do texto.[67]

Para Ronald Dworkin, há duas maneiras pelas quais advogados e Juízes podem discordar sobre proposições legais, ou seja, sobre as várias declarações e afirmações feitas sobre o que a lei permite, proíbe ou autoriza. Na primeira, o desacordo está nos fundamentos do direito (*grounds of law*), responsáveis por garantir as condições de verdade para as proposições jurídicas.

O desacordo a respeito dos fundamentos do direito é teórico e interpretativo: discorda-se a respeito do significado daquilo que está na lei, sobre a satisfação dos fundamentos teóricos pelo caso particular ou sobre a interpretação mais sólida de algum aspecto pertinente da prática judicial.[68] Discorda-se sobre o que a lei realmente é, ou seja, sobre o que deve ser considerado como fundamento do direito. Nesse caso, o desacordo recai sobre a própria identidade do que é o direito, do que deve ser considerado direito.

Na segunda maneira, o desacordo é empírico: discute-se a própria existência de uma determinada prescrição dentro da lei. Isto é, discorda-se sobre quais palavras estão na lei.[69]

Quando o desacordo diz respeito às questões de fato, discorda-se sobre quais dos eventos históricos narrados pelas partes são verdadeiros, sobre a forma pela qual eles se desenrolaram, bem como se estão ou não devidamente comprovados. Para ser dirimida, a questão de fato controvertida deve ser analisada à luz das provas colacionadas aos autos. Quando não há consenso sobre a valoração da instrução probatória, atribuem-se efeitos jurídicos distintos ao mesmo caso.[70]

De fato, a subjetividade de algumas provas gera divergência na narrativa.[71] É apenas a partir delas que o Juiz é capaz de tentar reconstruir os fatos do passado, mas, como qualquer outro ser humano, ele está sujeito a valorações subjetivas da realidade que o cerca.[72] Para Luiz Guilherme Marinoni e Sérgio Arenhart, "a interpretação sobre o fato – ou sobre a prova dele derivada – altera o seu real conteúdo, acrescentando-lhe um toque pessoal que pode distorcer a realidade."[73]

---

67. *"When a matter of law is in dispute, the issue is determined through the consideration of alternative interpretations of law."* (HAZARD, Geoffrey; TARUFFO, Michelle. *American Civil Procedure,* p. 71).
68. DWORKIN, Ronald. *Law's empire*, p. 87.
69. DWORKIN, Ronald. *Law's empire*, p. 5.
70. HAZARD, Geoffrey; TARUFFO, Michelle. *American Civil Procedure*: An Introduction, p. 71.
71. PUGLIESE, William e KOZIKOSKI, Sandro. Uniformidade da jurisprudência, divergência e vinculação do colegiado, p. 31.
72. MARINONI, Luiz Guilherme; ARENHART, Sérgio. *Prova e convicção de acordo com o CPC de 2015*. 3. ed. São Paulo: Ed. Revista dos Tribunais, 2015. p. 40.
73. MARINONI, Luiz Guilherme; ARENHART, Sérgio. *Prova e convicção de acordo com o CPC de 2015*, p. 39.

Além dos critérios políticos, sociais, econômicos, históricos etc. distintivos de cada Juiz, a maneira como cada um compreende a forma pela qual deve exercer seu ofício também influencia na seleção das provas cuja produção é determinada para o esclarecimento dos fatos – que também são identificados como controversos de modo diferente por cada intérprete.[74] Algumas fontes de informação podem ser ignoradas, porque o Juiz não considera legítimo incorporá-las à decisão.[75]

A reconstrução do fato ocorrido no passado também sofre ingerência dos aspectos subjetivos daqueles que o vivenciaram, ou seja, das próprias partes, cuja colaboração é sempre tendenciosa e divergente, e das testemunhas. A valoração dos fatos realizada pelo Juiz é posterior à valoração dos fatos realizada por outros sujeitos do processo, sendo impossível chegar à essência da verdade, independentemente do esforço empregado para tanto.[76]

Ainda quando, da análise do processo, dois Magistrados acolhem a ocorrência dos mesmos fatos, é possível que haja divergência nas consequências a eles atribuídas, pois, na decisão final, leva-se em consideração tanto a decisão da prova, a respeito das questões de fato, quanto a decisão interpretativa, sobre as questões de direito.[77]

Como o direito não opera sempre através de uma lógica dedutiva, a divergência pode estar no âmbito da coerência normativa, que exige do Magistrado a atribuição de sentido ao direito, a partir dos princípios e propósitos que ele considera importantes para justificar a resposta do caso concreto.[78]

Até mesmo quando a existência de precedente firmado a respeito da tutela jurídica a ser dada a determinada situação fática é reconhecida e respeitada, é possível que as respostas finais dos Magistrados sejam distintas. Cada um pode identificar uma *ratio* diversa no julgamento.[79] A *ratio decidendi* de um precedente depende da conjugação lógica e racional dos fundamentos da maioria do colegiado e, por isso, cabe aos Magistrados dos Tribunais inferiores individualizá-la com cautela,

74. GIBSON, James L. From Simplicity to Complexity: The Development of Theory in the Study of Judicial Behavior, p. 19.

75. GIBSON, James L. From Simplicity to Complexity: The Development of Theory in the Study of Judicial Behavior, p. 20.

76. MARINONI, Luiz Guilherme; ARENHART, Sérgio. *Prova e convicção de acordo com o CPC de 2015*, p. 45. Os autores fazer referência à obra de Sergio Cotta, *Quidquid latet apparebit*: le problème de la vérité du jugement. Archives de philosophie du droit. Paris: Dalloz, 1995. tomo XXXIX. p. 225.

77. WROBLEWSKI, Jerzy. Legal decision and its justification. *Logique & Analyse*, v. 14, n. 53-54, p. 409-419, p. 413, 1971.

78. PUGLIESE, William; KOZIKOSKI, Sandro. Uniformidade da jurisprudência, divergência e vinculação do colegiado, p. 31-32.

79. DWORKIN, Ronald. *Taking rights seriously*, p. 112.

inclusive graduando sua autoridade a depender do número de votos favoráveis computados na decisão original.[80]

Cabe a eles também identificar a força gravitacional do precedente, isto é, a abrangência da sua autoridade a casos similares, para o que é necessária não apenas a análise das razões de direito que fundamentaram a decisão original, como a comparação dos seus fatos com aqueles do caso em análise.[81] Segundo Dworkin, o Magistrado deve descobrir e examinar o que foi decidido anteriormente por outro Juiz para, assim, dar continuidade à história, ao "romance em cadeia", da melhor forma possível – a seu ver.[82]

A depender dos valores e da experiência pregressa do Magistrado, bem como da visão que ele tem sobre sua profissão, serão considerados diferentes propósitos e estímulos legais e extralegais como legítimos para interpretar e aplicar as decisões anteriores. Desse modo, os precedentes judiciais, ironicamente, podem consistir em uma das mais profundas fontes de discordância entre os Juízes.[83]

Há, porém, quem entenda que o voto divergente que dá causa ao quórum estendido, previsto no art. 942, *caput* e § 3º, II, do CPC, é apenas aquele que decorre do desacordo sobre questões de fato. Para Araken de Assis, a divergência em torno de tese jurídica é resolvida pela afetação do julgamento, nos termos do art. 947, § 4º, do CPC, segundo o qual se admite a assunção de competência "[...] quando

---

80. MARINONI, Luiz Guilherme. *O STJ enquanto Corte de Precedentes*, p. 203-204 e 206.

81. "[...] o enquadramento de um fato em determinada categoria, para o efeito de se dar ao primeiro a consequência outorgada à segunda, depende da análise cuidadosa das razões contidas na decisão, pois são estas que não só podem justificar o enquadramento do fato do precedente em determinada categoria, como também a inserção do fato do novo caso na categoria de que faz parte o fato do precedente. Ao se olhar para as razões da decisão é preciso identificar a cultura e o modo de viver da época e do lugar do caso que deu origem ao precedente. Isso porque, como é sabido, a linguagem, os conceitos jurídicos, a cultura e os valores podem variar conforme as épocas e os lugares. Contudo, como este enquadramento, ainda que dependente das razões do precedente, requer racionalidade jurídica, aquele sempre dependerá, em maior ou menor medida da justificativa apresentada na decisão que aplicou o precedente. Na decisão do novo caso há que se justificar os critérios que levaram à assimilação dos fatos ou ao enquadramento destes em uma mesma categoria. Em outras palavras, deve haver razão para assimilar fatos, procedendo-se ao seu enquadramento em uma mesma categoria." (MARINONI, Luiz Guilherme. *Precedentes obrigatórios*, 183).

82. DWORKIN, Ronald. *A matter of principle*. Cambridge: Harvard University Press,1985. p. 159.

83. LYNCH, Andrew. Dissent: The Rewards and Risks of Judicial Disagreement in the High Court of Australia, p. 759. Talvez não maiores apenas do que as divergências a respeito da interpretação das súmulas. Sobre o tema: PUGLIESI, William Soares. O papel das súmulas no direito brasileiro contemporâneo. In: *Constituição, Economia e Desenvolvimento*: Revista da Academia Brasileira de Direito Constitucional. Curitiba, 2020, vol. 11, n. 21, p. 143-166, ago-dez, 2019.

ocorrer relevante questão de direito a respeito da qual seja conveniente a prevenção ou a composição de divergência entre Câmaras ou Turmas do Tribunal."[84]

No mesmo sentido, Sampaio salienta a existência, no sistema processual vigente, de outras vias para se dirimir ou se firmar a jurisprudência sobre questões de direito. Para ele, a renovação do debate a respeito de uma tese jurídica dentro da mesma Câmara decisória não parece "[...] acrescentar algo útil para realização da justiça."

Por outro lado, quando a questão envolver "fatos ou interpretação de contrato", como, a princípio, não haverá outra oportunidade para rediscutir o assunto, ele entende que a ampliação do quórum se mostra imprescindível. Por isso, sugere que, sem a necessidade de reforma legislativa, os Magistrados estabeleçam critérios internos para autodisciplinar seus julgamentos, submetendo, espontaneamente, a manifestação de divergências à verificação da sua utilidade ao processo. Caso contrário, o ponto de vista contrário deve ser apenas ressalvado dentro da proposta de voto do Relator.[85]

Curiosamente, ao defender a inclusão da técnica no CPC/15, o Senador Aloysio Nunes Ferreira, em Plenário, mencionou a existência de controvérsia sobre matéria de fato para a sua aplicação. O Senador disse que era o caso de alterar "[...] a sistemática do julgamento da apelação, quando houve[r] um placar apertado, digamos assim – dois a um, em uma turma em que participam três julgadores –, e [...] uma *controvérsia sobre matéria de fato*."[86]

---

84. ASSIS, Araken de. *Manual dos Recursos*. 1. ed. em e-book baseada na 8. ed. impressa, p. 333.
85. SAMPAIO, José Roberto de Albuquerque. Conversa sobre Processo: Elogio ao art. 942 do CPC. O Uso Saudável da Técnica, p. 179-180.
86. Na íntegra: "O SR. ALOYSIO NUNES FERREIRA (Bloco Minoria/PSDB – SP. Para encaminhar. Sem revisão do orador.) – Sr. Presidente, eu vejo que a minha tese será derrotada no plenário, e respeito a opinião do Relator. Apenas queria dizer que, quando propus o reestabelecimento do texto da Câmara nesta matéria, eu não estava pensando em criar mais um recurso, mas simplesmente alterar a sistemática do julgamento da apelação, quando houvesse um placar apertado, digamos assim – dois a um, em uma turma em que participam três julgadores –, e que houvesse uma controvérsia sobre matéria de fato. Uma vez concluído o julgamento em segunda instância, não haveria a possibilidade de rediscussão de questões de fato em recurso ao STJ, por exemplo, ao Tribunal Superior. Então, com receio de que isso pudesse prejudicar, digamos assim, a segurança do julgamento é que eu previa o restabelecimento do texto da Câmara, chamando dois novos julgadores para se buscar um quórum maior. Mas eu compreendo que há questões de ordem prática que foram arguidas com muita procedência pelo Relator, nas conversas que tivemos anteriormente. De modo que, vendo aqui que se forma uma maioria muito sólida em favor da tese esposada pelo Relator, em me curvo à maioria." (Trecho extraído do Diário do Senado Federal n. 207, publicado em 18.12.2014. Disponível em: <https://legis.senado.leg.br/diarios/ver/19244?sequencia=1>. Acesso em: 05. mar. 2022).

Apesar de ser desconhecida a intenção do Senador com o pronunciamento, sabe-se que a forte diferenciação entre questões de fato e de direito, característica ao *common law* norte-americano, não tem correspondência no direito brasileiro. Bem-vistas as coisas:

> Não existe uma contrapartida direta desse conceito no sistema de *civil law*. Uma vez que o juiz de primeira instância do sistema de *civil law* decide questões de fato e de direito, o juiz não precisa se perguntar se as evidências sustentariam razoavelmente a conclusão de outra pessoa, ou seja, do júri. Pelo contrário, o juiz procede diretamente a uma conclusão independente sobre as provas. Chegar a esta conclusão exige que o juiz pergunte se as provas fornecidas pela parte com o ônus da prova persuade-o a decidir em favor dela. No caso em que o juiz decide os fatos, as questões de suficiência das provas e o seu efeito persuasivo se fundem em uma única questão: "O que o juiz conclui das provas"?[87]

Logo, a divisão das funções adjudicatórias entre o Juiz e o júri é que torna necessária a manutenção da distinção entre questões de direito e questões de fato. Nos Estados Unidos, ela reverbera no papel dos Tribunais de Apelação, já que a classificação da questão como de direito ou de fato define se ela poderá ou não ser reanalisada em segundo grau – ou em que medida o será.[88] Isso também repercute na atividade do advogado que apela: ele não pode sequer listar as provas que corroboram a posição do seu cliente quando prevaleceu, em primeiro grau, valoração probatória em sentido diverso.[89]

A distinção entre questões de direito e de fato não é ontológica, epistemológica nem analítica, mas pragmática. Ela depende de quem – Juiz ou júri – deve decidi-la e sob quais *standards*.[90] Nas palavras de Geoffrey Hazard e Michelle Taruffo:

---

87. Tradução livre de: "*There is no direct counterpart to this concept in the civil law system. Since the firstinstance judge in the civil law system decides questions of fact as well as of law, the judge does not need to ask him or herself whether the evidence would reasonably support a conclusion by someone else, that is, the jury. Rather, the judge directly proceeds to an independent conclusion concerning the evidence. Reaching this conclusion requires the judge to ask whether the evidence provided by the party with the burden of proof persuades him or her to decide in that party's favor. In a case in which the judge decides the facts, the questions of sufficiency of evidence and the persuasive effect of evidence thus merge into a single question: "What does the judge conclude from the evidence?*" (HAZARD, Geoffrey; TARUFFO, Michelle. *American Civil Procedure*: An Introduction, p. 145).
88. JAMES, Fleming; HAZARD, Geoffrey; LEUBSDORF, John. *Civil Procedure*, p. 771.
89. JAMES, Fleming; HAZARD, Geoffrey; LEUBSDORF, John. *Civil Procedure*, p. 769.
90. ALLEN, Ronald J.; PARDO, Michael S. The myth of the law-fact distinction. *Northwestern University Law Review*, v. 97, p. 1769-1807, p. 1771, 2003. "*This does not mean that the doctrinal distinction between 'law' and 'fact' is unimportant; it merely means that it must be decided functionally rather than by reference to purported ontological, epistemological, or*

> A distinção do *common law* entre direito e fato corresponde aproximadamente à delimitação no procedimento moderno das funções do juiz e do júri. O juiz e o júri falam com a voz da "justiça", mas representam diferentes modos de justiça. O juiz é a voz da lei positiva ou "oficial", historicamente emanando da autoridade do rei. Esta autoridade é expressa nas regras legais gerais de controle do juiz sobre o júri. Em contraste, o júri é a voz do "país", correspondendo à sociedade representada pelo júri. É dele a autoridade da comunidade em geral, traduzindo a generalidade da lei em uma prescrição sobre as circunstâncias específicas do caso.[91]

Na verdade, a distinção é, em grande parte, artificial. Os autores expõem, por exemplo, que, em um caso envolvendo contrato para a construção de edifício, saber se o trabalho foi concluído de acordo com padrões aceitáveis pode ser considerado tanto uma questão *de direito* – *"in a contract claim the promisee must prove performance on its part"* – quanto uma questão de fato – *"acceptable performance is the standard actually prevailing in the market."*[92]

Em razão disso, nos últimos anos, a Suprema Corte se referiu a essa distinção como *elusive*,[93] *slippery*[94] e de *vexing nature*.[95] Ela reconheceu a inexistência de *an entirely clear course*[96] a respeito e que nenhuma regra ou princípio é capaz de "*unerringly distinguish a factual finding from a legal conclusion.*"[97]

---

analytical differences between the concepts. This is precisely why the cases on the distinction are so apparently haphazard rather than orderly: there is no algorithm for generating correct conclusions about which is which, and so the courts muddle along attempting to rationalize a process whose primary purpose is allocative in terms of the nature of the entities. There is thus a mismatch between the task and the tool, leading to the perfectly predictable sense of chaos surrounding the matter." (ALLEN, Ronald J.; PARDO, Michael S. The myth of the law-fact distinction, p. 1806).

91. Tradução adaptada de: "*The common law's distinction between law and fact approximately corresponds to the boundary in modern procedure between the functions of the judge and of the jury. The judge and the jury each speak with the voice of 'justice' but represent different modes of justice. The judge is the voice of positive or 'official' law, historically emanating from the authority of the king. This authority is expressed in the general legal rules of the judge's charge to the jury. In contrast, the jury is the voice of 'the country', meaning the general citizenry as represented in the jury. Theirs is the authority of the community at large, translating the law's generalizations into a determination about the specific circumstances of the case.*" (HAZARD, Geoffrey; TARUFFO, Michelle. *American Civil Procedure*: An Introduction, p. 17).
92. HAZARD, Geoffrey; TARUFFO, Michelle. *American Civil Procedure*: An Introduction, p. 71-72.
93. UNITED STATES. Supreme Court. Miller v. Fenton, 474 U.S. 104, 113, 1985.
94. UNITED STATES. Supreme Court. Thompson v. Keohane, 516 U.S. 99, 111, 1995.
95. UNITED STATES. Supreme Court. Pullman-Standard v. Swint, 456 U.S. 273, 288, 1982.
96. UNITES STATES. Supreme Court. Williams v. Taylor, 529 U.S. 362, 385, 2000; Thompson, 516 U.S. at 110-11; Miller, 474 U.S. at 113.
97. UNITED STATES. Supreme Court. Pullman-Standard, 456 U.S. at 288.

Cientes disso, Luiz Guilherme Marinoni, Sérgio Arenhart e Daniel Mitidiero esclarecem que:

> Inexistem fatos puros – assim como não existem ontologicamente direitos que independem dos fatos. A norma é sempre um programa para a interpretação dos fatos. Os fatos são sempre alegações que aparecem já formuladas através de determinada visão normativa do processo. É por essa razão que a causa de pedir, longe de ser uma neutra narrativa em que se pode separar com precisão alegações de fato de fundamentos jurídicos, constitui uma unidade fático-jurídica em que as razões apresentadas em juízo pela parte são concebidas a partir de uma determinada visão a respeito do caso. Daí a razão pela qual é correto afirmar que a causa de pedir é uma unidade fático-jurídica denotada por um fato essencial juridicamente qualificado, não constituindo uma simples junção de fatos e de direito.[98]

Portanto, ainda que existam outros meios para a solução e a uniformização de questões de direito no direito brasileiro, como o IRDR e o IAC, não parece eficiente e perspicaz a limitação da técnica do quórum ampliado apenas a questões de fato. A divergência que autoriza a extensão do quórum é aquela que está no resultado dos votos manifestados pelos membros do quórum inicial, independente de dizer respeito a questões de fato ou não.

Isso se aplica tanto para o julgamento de recurso de apelação, quanto de agravo de instrumento. Contudo, como visto no texto legal, o legislador dispôs de critérios expressos para diferenciar a extensão do quórum em cada uma dessas hipóteses, o que será analisado a seguir, no item 4.2.

4.2. Requisitos restritos (ou não?) ao julgamento do recurso de agravo de instrumento

a técnica de julgamento prevista no artigo 942 não rejeita as virtudes da regra da maioria simples, como a proteção dos valores da liberdade e da igualdade, tanto que, uma vez ampliado o quórum, exige a obtenção de três de cinco votos para que seja encerrada a votação.

Contudo, ela torna os custos para o encerramento do julgamento dos recursos de apelação e agravo cíveis mais elevados. No primeiro caso (apelação), em especial, a tomada da decisão final é mais difícil, porque, em uma interpretação literal,[99]

98. MARINONI, Luiz Guilherme; MITIDIERO, Daniel. *Comentários ao Código de Processo Civil*: artigos 926 ao 975, p. 158.

99. "A interpretação literal consiste numa das fases (a primeira, cronologicamente) da interpretação sistemática. O enunciado normativo é, num primeiro momento, interpretado em seu sentido literal para, então, ser examinado crítica e sistematicamente, a fim de se averiguar se a interpretação literal está de acordo com o sistema em que inserido. Havendo

exige-se a unanimidade dos votos para que não haja a convocação de "outros julgadores [...] em número suficiente para garantir a possibilidade de inversão do resultado inicial, assegurado às partes e a eventuais terceiros o direito de sustentar oralmente suas razões perante os novos julgadores" (art. 942, *caput*, do CPC).

No segundo (agravo), também em uma interpretação literal, os custos são atenuados, pois, para o encerramento do julgamento pelo quórum originário, só se exige unanimidade quando a decisão impugnada é de mérito e está sendo reformada.

Isso é resultado da ausência de qualquer ressalva por parte do legislador no *caput* do artigo 942 do CPC a respeito da necessidade de o voto majoritário do julgamento da apelação cível ter que estar dando provimento ao recurso e/ou impugnando uma questão de mérito para a ampliação do quórum. Por outro lado, no inciso II, § 3º, do art. 942 do CPC, a aplicação da técnica foi restringida à hipótese em que o voto da maioria dá provimento ao agravo interposto contra decisão interlocutória de mérito.

Não é necessário realizar estudo empírico para concluir que as restrições complementares impostas à aplicação do quórum estendido ao recurso de agravo reduzem as hipóteses em que a técnica será aplicada. Essa distinção de tratamento entre os julgamentos da apelação e do agravo de instrumento tem gerado perplexidade. Por isso, nos próximos itens, examinam-se as supostas razões para o tratamento anti-isonômico dado pelo legislador para, então, ser avaliada a sua razoabilidade.

4.2.1. Decisão de mérito e reforma pelo Tribunal

Tratando-se de apelação, é incontroverso que "[...] a técnica de ampliação do colegiado deve ser aplicada a qualquer julgamento não unânime, incluindo as questões preliminares relativas ao juízo de admissibilidade do recurso."[100] Em agravo, a exigência de que a decisão interlocutória de primeiro grau trate do mérito para que, diante da divergência, haja a ampliação do quórum, relaciona-se com a capacidade deste tipo de decisão formar coisa julgada material. Para a maior parte da doutrina, decisões processuais revestem-se apenas de coisa julgada formal, isto é, de estabilidade endoprocessual, pois são indiscutíveis e imutáveis apenas no âmbito do processo em que proferidas.[101]

---

divergência entre o sentido literal e o genético, teleológico ou sistemático, adota-se uma das interpretações corretivas, entre as quais se destaca a extensiva, que é um modo de interpretação que amplia o sentido da norma [texto] para além do contido em sua letra." (DIDIER JR., Fredie; CUNHA, Leonardo Carneiro da. *Curso de Direito Processual Civil*: meios de impugnação às decisões judiciais e processos nos tribunais. 15. ed. Salvador: Editora Jus Podium, 2018. v. 3. p. 248).

100. BRASIL. Superior Tribunal de Justiça. Terceira Turma. REsp 1798705/SC, Rel. Ministro Paulo de Tarso Sanseverino, julgado em 22/10/2019, DJe 28/10/2019.

101. Por todos: TALAMINI, Eduardo. *Coisa julgada e sua revisão*. São Paulo: Revista dos Tribunais, 2005. p. 30-31, 131-132. A análise da coisa julgada é feita apenas *en passant*

Decisões de mérito, porquanto revestidas de coisa julgada material, projetam efeitos para fora do processo em que são produzidas e são passíveis de modificação apenas através de ação rescisória.[102]

Ainda que as hipóteses previstas no art. 486, § 1º, do CPC[103] desfrutem de eficácia impeditiva, ao exigir que, extinto o processo sem resolução de mérito, o defeito que deu causa à sentença terminativa seja corrigido para que seja possível a propositura de nova demanda, a estabilidade de que elas se revestem não coincide com a da coisa julgada.[104]

---

no trabalho, razão pela qual o conceito de coisa julgada e a diferença entre coisa julgada material e coisa julgada formal não serão aprofundados. Vale notar, no entanto, a opinião de Antonio do Passo Cabral, para quem o critério que diferencia a coisa julgada formal e material não é a natureza (material ou processual) ou o perímetro (interno ou externo) dos seus efeitos, mas a possibilidade da prolação de sentenças incidentais (CABRAL, Antonio do Passo. *Coisa julgada e preclusões dinâmicas*: entre continuidade, mudança e transição de posições processuais estáveis. 2. ed Salvador: JusPodivm, 2014. p. 281-289). Em sua obra, o autor propõe, basicamente, a unificação das estabilidades processuais em torno da preclusão, defendendo que a coisa julgada formal seja tratada como preclusão e que a coisa julgada material seja denominada tão somente "coisa julgada".

102. TALAMINI, Eduardo. *Coisa julgada e sua revisão*, p. 140-142. Há, porém, quem defenda a possibilidade de interposição de ação rescisória em face de sentença terminativa, ante a projeção além do processo da estabilidade da decisão. Por todos: YARSHELL, Flávio Luiz. *Ação Rescisória*. São Paulo: Malheiros, 2005. p. 163-164.

103. "Art. 486. [...] § 1º No caso de extinção em razão de litispendência e nos casos dos incisos I, IV, VI e VII do art. 485, a propositura da nova ação depende da correção do vício que levou à sentença sem resolução do mérito."

104. SILVA, Ricardo Alexandre. *A nova dimensão da coisa julgada*. São Paulo: Thompson Reuters Brasil, 2019. p. 86-87. "Ao afirmar que o art. 486, § 1º, do CPC, não imuniza com a coisa julgada as decisões sobre indeferimento da inicial, inexistência de pressupostos, falta de interesse processual, ausência de legitimidade ou de reconhecimento da alegação de existência de convenção de arbitragem não se pretende negar que esses provimentos sejam estáveis. Apenas se recusa que sua estabilidade consista na *res judicata*." (*Ibid.*, p. 84). Em sentido contrário, Fredie Didier, Pauna Sarno Braga e Rafael Alexandre de Oliveira: "O legislador torna a decisão de inadmissibilidade estável: reputa indiscutível a solução da questão processual que levou à extinção do primeiro processo. Essa estabilidade extrapola o âmbito do processo em que a decisão foi proferida. Reproposta a demanda, o Juiz desse segundo processo fica vinculado à decisão sobre a questão processual: se o defeito não for corrigido, a nova demanda não será examinada. Se a decisão se torna indiscutível e se essa indiscutibilidade opera-se também para fora do processo, não há razão para não chamá-la de coisa julgada. Há, aqui, coisa julgada quanto à questão de admissibilidade, uma coisa julgada processual: determinada questão processual foi decidida e a sua resolução tornou-se indiscutível." (DIDIER Jr., Fredie; BRAGA, Paula Sarno; OLIVEIRA, Rafael Alexandria de. *Curso de direito processual civil*. v. 2, p. 530). Os autores concluem que: "A estabilidade decorrente do § 1º do art. 486 e a coisa julgada decorrente do art. 503 possuem o mesmo regime jurídico – o que as distingue é apenas o objeto que se torna indiscutível, consequência inevitável do fato de as decisões serem

Os artigos 502 e 503, *caput*, do CPC[105] são claros ao restringir a decisões de mérito a estabilidade de grau máximo, ainda que o Código não ignore a importância e utilidade de decisões processuais, bem como a possibilidade de se repetirem em outro processo.[106]

No entanto, independentemente do *nome* atribuído à *coisa*, será demonstrada a falta de sentido de se vincular a ampliação do quórum de julgamento do recurso de agravo de instrumento à impugnação de qualquer tipo de decisão de mérito. Apesar da impossibilidade de se ler o artigo 942 à luz das particularidades dos extintos embargos infringentes, a consideração da sua evolução histórica e do entendimento doutrinário a seu respeito é esclarecedora nesse ponto.

Desde a promulgação do CPC/73, não existe mais a diferenciação entre sentenças definitivas e terminativas para fins de interposição de apelação e de agravo. Até então, sentenças definitivas, que julgavam o mérito, eram apeláveis, cabendo recurso de agravo de petição contra sentenças terminativas, que colocavam fim à relação processual, sem apreciação do mérito. À vista dessa distinção, eram impugnáveis por "embargos de nulidade e infringentes do julgado", nos termos do artigo 833 do CPC/39,[107] apenas os acórdãos proferidos em grau de apelação (que reformavam a sentença que, por sua vez, apreciava o mérito).

---

diferentes. A diferença existe entre as decisões que podem ser estabilizadas, e não entre as estabilidades." (*Ibid.*, p. 531).

105. "Art. 502. Denomina-se coisa julgada material a autoridade que torna imutável e indiscutível a decisão de mérito não mais sujeita a recurso. Art. 503. A decisão que julgar total ou parcialmente o mérito tem força de lei nos limites da questão principal expressamente decidida. [...]"

106. "O *nomen juris* a ser dado ao fenômeno é tema de escassa importância. Fundamental é perceber que nao se trata de coisa julgada, nem de preclusão, mas de eficácia impeditiva diversa, similar a outros institutos previstos no Código, como a eficácia interventiva (CPC, art. 123) e a estabilização da tutela antecipada (CPC, art. 304, § 6º)." (SILVA, Ricardo Alexandre. *A nova dimensão da coisa julgada*, p. 82).

107. O livro não se propõe a um estudo histórico, mas vale notar que a redação original do artigo foi alterada três vezes. Na última alteração antes da revogação do Código, foi incluído o cabimento dos embargos também em grau de ação rescisória e mandado de segurança: CPC/39: "Art. 833. Além dos casos em que os permitem os arts. 783 § 2º e 839, admitir-se-ão embargos de nulidade e infringentes do julgado quando não for unânime o acórdão que, em gráu de apelação, houver reformado a sentença." (Redação original). CPC/39: "Art. 833. Além dos casos em que os permitem os arts. 783 § 2º e 839, admitir-se-ão embargos de nulidade e infringentes do julgado quando não fôr unânime o acórdão que, em grau de apelação, houver reformado a sentença, ou quando, apesar de unânime o acórdão que houver reformado a sentença, se tiver fundado a ação em contratos de mandato ou outros para a execução, no estrangeiro, de sentenças proferidas no Brasil." (Redação dada pelo Dec.-lei 2.253/1940). CPC/39: "Art. 833. Além dos casos em que os permitem os arts. 783, § 2º. e 839 deste Código, ou disposições de lei especial, admitir-se-ão embargos de nulidade e infringentes do julgado quando não for unânime o acordão que, em grau de apelação, houver reformado a sentença." (Redação

Ou seja, apenas os acórdãos que analisavam sentenças definitivas (de mérito) eram embargáveis.[108] Isso se devia ao grau de estabilidade do qual só elas se revestem e, consequentemente, da necessidade de resguardar a parte prejudicada. A coisa julgada material produzida pelas decisões de mérito era a justificativa do recurso de embargos. A parte contra a qual a sentença de mérito seria estabilizada definitivamente tinha, como última *ratio*, a possibilidade de inverter o resultado do ato decisório através da ampliação do quórum de julgamento.

Para que a decisão de mérito não unânime transitasse em julgado e produzisse seus efeitos para fora do processo em que proferida, quando o recurso era interposto, no mínimo, outro julgador deveria ser chamado a compor o quórum e a reanalisar a lide.[109]

Em contrapartida, como o trânsito em julgado da sentença terminativa não produz *res judicata* e, portanto, não impede o litigante de repropor sua pretensão, a disponibilidade de um recurso a menos não significava "[...] insuportável restrição a seu direito de acesso à justiça."[110]

Egas Moniz de Aragão destaca, porém, que, já naquela época, uma decisão agravável, por vezes, invadia o mérito, e uma decisão apelável limitava-se a questões processuais, o que motivou a criação de exceções à interposição dos embargos e, no CPC/73, o fim da distinção entre sentenças que julgavam o mérito e sentenças que colocavam fim ao processo.[111]

A partir de então, a matéria tratada na decisão de primeiro grau deixou de definir o recurso – de apelação ou de agravo – interposto.[112] O momento em que a

---

dada pelo Dec.-lei 4.565/1942). CPC/39: "Art. 833. Além dos casos em que os permitem os arts. 783, § 2º, e 839, admitir-se-ão embargos de nulidade e infringentes do julgado quando não fôr unânime a decisão proferida em grau de apelação, em ação rescisória e em mandado de segurança. Se o desacôrdo fôr parcial, os embargos serão restritos à matéria objeto de divergência." (Redação dada pelo Dec.-lei 8.570/1946 e que perdurou até a revogação do Diploma em 1973).

108. ARAGÃO, Egas de. *Embargos Infringentes*, p. 107.

109. "Os embargos [...] supõem o julgamento da apelação perante uma turma de três membros, aos quais se acrescenta, no mínimo, um novo julgador: o relator. Não previa o código anterior, como não prevê o atual, o caso de ser a apelação julgada diretamente no plenário, situação a que o legislador não faz a menor alusão." (ARAGÃO, Egas Moniz de. *Embargos Infringentes*, p. 98).

110. DINAMARCO, Cândido Rangel. *A reforma da reforma*, p. 203.

111. ARAGÃO, Egas Moniz de. *Embargos Infringentes*, p. 108.

112. ARAGÃO, Egas Moniz de. *Embargos Infringentes*, p. 108. "Nos tribunais de segundo grau, os embargos já não ficam mais vinculados, como sucedia perante o Código de 1939, ao mérito da causa: a apelação teve alterado o seu próprio cabimento. Se nesta é possível abordar quaisquer questões, pois também pode ser interposta contra as sentenças terminativas, ocorre o mesmo com os embargos." (ARAGÃO, Egas Moniz de. *Embargos Infringentes*, p. 113).

decisão era proferida passou a ser o divisor de águas no CPC/73 (art. 162, § 1º).[113] Por sua vez, o art. 530 do CPC/73, que tratava dos embargos infringentes, manteve o cabimento do recurso atrelado ao julgamento não unânime de ação rescisória ou de apelação, a qual, naquele momento, podia ser interposta tanto contra sentença terminativa quanto de mérito[114].

No ano de 2001, o STJ editou a Súmula n. 255, autorizando o cabimento de "[...] embargos infringentes contra acórdão, proferido por maioria, em agravo retido, quando se trata[sse] de matéria de mérito."

Quatro meses depois, a redação original do artigo 530 foi alterada pela Lei n. 10.352/2001 nos seguintes termos:

> Art. 530. Cabem embargos infringentes quando o acórdão não unânime houver reformado, em grau de apelação, a sentença de mérito, ou houver julgado procedente ação rescisória. Se o desacordo for parcial, os embargos serão restritos à matéria objeto da divergência.

Diante do que Cândido Dinamarco assim pontuou:

> [...] se a intenção do legislador foi realmente a de negar os embargos infringentes quando o processo tem fim sem a formação da coisa julgada material, e portanto sem que o autor fique impedido de tornar a juízo com outra demanda (arts. 28 e 268), outro deveria ser o critério para a nova redação do art. 530 do Código de Processo Civil.[115]

Isso porque a lei mencionada também incluiu o § 3º no art. 515 do CPC/73,[116] autorizando o Tribunal, nos casos de extinção do processo sem julgamento do mérito (art. 267, *caput*),[117] a julgar desde logo a lide quando a causa versasse sobre

113. "Art. 162. [...] § 1º Sentença é o ato pelo qual o juiz põe termo ao processo, decidindo ou não o mérito da causa. [...]"

114. CPC/73 (redação original): "Art. 530. Cabem embargos infringentes quando não for unânime o julgado proferido em apelação e em ação rescisória. Se o desacordo for parcial, os embargos serão restritos à matéria objeto da divergência."

115. DINAMARCO, Cândido Rangel. *A reforma da reforma*, p. 203.

116. "Art. 515. [...] § 3º Nos casos de extinção do processo sem julgamento do mérito (art. 267), o Tribunal pode julgar desde logo a lide, se a causa versar questão exclusivamente de direito e estiver em condições de imediato julgamento. [...]"

117. CPC/73: "Art. 267. Extingue-se o processo, sem resolução de mérito: I – quando o juiz indeferir a petição inicial; II – quando ficar parado durante mais de 1 (um) ano por negligência das partes; III – quando, por não promover os atos e diligências que lhe competir, o autor abandonar a causa por mais de 30 (trinta) dias; IV – quando se verificar a ausência de pressupostos de constituição e de desenvolvimento válido e regular do processo; V – quando o juiz acolher a alegação de perempção, litispendência ou de coisa julgada; VI – quando não concorrer qualquer das condições da ação, como

questão exclusivamente de direito e estivesse em condições de imediato julgamento. A partir de então, a sentença terminativa poderia ser substituída por acórdão de mérito no Tribunal. E não só, conforme ressaltado por Dinamarco:

> [...] (a) nem sempre é meramente terminativo o acórdão que julga apelação contra sentença terminativa, (b) nem é necessariamente de mérito o acórdão que julga apelação contra sentença de mérito. Consequentemente, (c) nem sempre é suscetível de coisa julgada material o acórdão que julga apelação contra sentença de mérito e (d) nem sempre é incapaz de obter essa autoridade o que julga apelação contra sentença terminativa.[118]

Posteriormente, por alteração da Lei n. 11.232/2005, o critério do conteúdo para a definição da sentença voltou a prevalecer.[119]

Atualmente, a diferenciação, em si, entre decisões que julgam o mérito e decisões que não o julgam continua pertinente.[120] Como visto no subitem 1.1.1., o CPC/15 introduziu um novo conceito de sentença ao ordenamento jurídico, caracterizado pela cumulação dos critérios finalístico e substancial, distinguindo as decisões interlocutórias a partir de um critério residual.

Porém, é incontroverso que qualquer tipo de decisão – interlocutória, sentença, decisão unipessoal de Relator ou acórdão – pode tratar do mérito e, consequentemente, produzir coisa julgada material.[121] Tanto é assim que os arts. 502 e 503 utilizam o termo "decisão", como gênero, e os arts. 354, parágrafo único,[122]

---

a possibilidade jurídica, a legitimidade das partes e o interesse processual; Vll – pela convenção de arbitragem; Vlll – quando o autor desistir da ação; IX – quando a ação for considerada intransmissível por disposição legal; X – quando ocorrer confusão entre autor e réu; XI – nos demais casos prescritos neste Código. [...]"

118. DINAMARCO, Cândido Rangel. *A reforma da reforma*, p. 203.

119. "Art. 162. [...] § Sentença é o ato do juiz que implica alguma das situações previstas nos arts. 267 e 269 desta Lei. [...]"

120. "A decisão de caráter 'terminativo' (assim compreendida aquela que afirma a impossibilidade de julgar, no todo ou em parte, o mérito processual) julga apenas a pretensão do demandante ao recebimento de provimento sobre o mérito da causa, para rejeitá-la. Já a decisão de mérito julga as duas pretensões deduzidas: num primeiro momento, reconhece o direito do demandante a um julgamento de mérito; num segundo momento, rejeita ou reconhece o direito ao bem da vida pleiteado." (TALAMINI, Eduardo; WLADECK, F. S. Dos recursos: disposições gerais. In: Cassio Scarpinella Bueno. (Org.). *Comentários ao Código de Processo Civil*. v. 4, p. 365).

121. Para o STJ, "[...] as decisões interlocutórias que versam sobre o mérito do processo têm natural aptidão para a definitividade, isto é, formarão coisa julgada material se porventura não forem impugnadas imediatamente [...]" (BRASIL. Superior Tribunal de Justiça. Terceira Turma. REsp 1702725/RJ, Rel. Ministra Nancy Andrighi, julgado em 25/06/2019, DJe 28/06/2019).

122. "Art. 354. [...] Parágrafo único. A decisão a que se refere o caput pode dizer respeito a apenas parcela do processo, caso em que será impugnável por agravo de instrumento."

356, *caput*, I e II,[123] e 1.015, II,[124] do CPC, preveem expressamente a possibilidade da prolação de decisão interlocutória de mérito.

Também é pacífica a possibilidade de tanto a sentença de mérito quanto a decisão interlocutória terminativa serem substituídas no Tribunal, respectivamente, por acórdão terminativo e acórdão de mérito, considerando a acomodação do teor do § 3º do art. 515 do CPC/73 no diploma atual, ainda que com alterações (vide art. 1.013, § 3º).

A regra geral prevista no *caput* do artigo 1.013 do CPC prevê a restrição do efeito devolutivo [aos capítulos] da matéria impugnada pelo recorrente.[125] Apesar de prevista expressamente apenas para o julgamento do recurso de apelação, ela também se aplica às demais espécies de recurso de fundamentação livre. No entanto, em duas hipóteses, a regra geral é "excepcionada".

Na primeira, o Tribunal deve adentrar o mérito do julgamento de recurso de apelação interposto contra sentença terminativa, nos termos do art. 1.013, § 3º, I, do CPC, que, além de ampliar as hipóteses definidoras da "causa madura", diferentemente do antecessor (art. 515, § 3º, do CPC/73), não exige que, para tanto, a causa trate exclusivamente de questão de direito:

> Art. 1.013 [...] § 3º Se o processo estiver em condições de imediato julgamento, o Tribunal deve decidir desde logo o mérito quando:
>
> I reformar sentença fundada no art. 485;
>
> II – decretar a nulidade da sentença por não ser ela congruente com os limites do pedido ou da causa de pedir;
>
> III – constatar a omissão no exame de um dos pedidos, hipótese em que poderá julgá-lo;
>
> IV – decretar a nulidade de sentença por falta de fundamentaçao. [...].

Esse dispositivo evidencia a preferência dada pelo legislador ao julgamento de mérito e à duração razoável do processo, expressamente reconhecidos no Capítulo I, "Das Normas Fundamentais do Processo Civil":

> Art. 4º As partes têm o direito de obter em prazo razoável a solução integral do mérito, incluída a atividade satisfativa.

123. "Art. 356. O Juiz decidirá parcialmente o mérito quando um ou mais dos pedidos formulados ou parcela deles: I – mostrar-se incontroverso; II – estiver em condições de imediato julgamento, nos termos do art. 355. [...]"

124. "Art. 1.015. Cabe agravo de instrumento contra as decisões interlocutórias que versarem sobre: [...] II – mérito do processo; [...]"

125. "Art. 1.013. A apelação devolverá ao tribunal o conhecimento da matéria impugnada. [...]"

> [...]
>
> Art. 6º Todos os sujeitos do processo devem cooperar entre si para que se obtenha, em tempo razoável, decisão de mérito justa e efetiva.

Para Fredie Didier e Leonardo Carneiro da Cunha, a incidência do § 3º do art. 1.013 do CPC pressupõe pedido expresso da(s) parte(s) por se tratar de matéria adstrita ao princípio dispositivo.[126] No entanto, a redação do dispositivo revela que a análise do mérito pelo Tribunal, nesses casos, constitui um *dever*, a ser exercido, inclusive, de ofício.[127]

Isso é possível porque, em prol da economia processual, o legislador é autorizado a atribuir competência originária ao Tribunal que, então, está autorizado a apreciar matéria não examinada pelo Juízo *a quo*, quando a questão objeto de impugnação recursal é afastada. Trata-se de continuidade da atividade do Juiz de primeira instância, razão pela qual não se exige pedido expresso da parte a esse respeito.[128]

Apesar de estar incluído no Capítulo II do Título II, dirigido ao recurso de apelação, o art. 1.013, § 3º, I, do CPC também se aplica ao agravo de instrumento nos casos em que o Juiz monocrático extingue parcialmente a demanda sem resolução de mérito, nos termos de algum dos incisos do art. 485, *caput*, do diploma processual.[129]

A segunda hipótese em que a regra geral do *caput* do art. 1.013 é excepcionada envolve o reconhecimento de matéria de ordem pública, também na qualidade de dever do Tribunal, considerando a relevância que o ordenamento atribui a esse assunto. Aqui também não se exige impugnação expressa da parte e/ou manifestação a respeito na decisão recorrida para que haja o reconhecimento.

---

126. DIDIER JR, Fredie; CUNHA, Leonardo José Carneiro da. *Curso de direito processual civil*. 13. ed. v. 3. p. 194-195.

127. Também nesse sentido: WAMBIER, Teresa Arruda Alvim; MELLO, Rogério Licastro Torres de; RIBEIRO, Leonardo Ferres da Silva. *Primeiros Comentários ao Novo Código de Processo Civil*: artigo por artigo, p. 1558. *E-book*.

128. NERY JR., Nelson. *Teoria geral dos recursos*. 7. ed. rev. e atual. São Paulo: Ed. Revista dos Tribunais, 2014. p. 408-410. TALAMINI, Eduardo; WLADECK, F. S. Dos recursos: disposições gerais. In: Cassio Scarpinella Bueno. (Org.). *Comentários ao Código de Processo Civil*. v. 4, p. 444.

129. "Art. 485. O juiz não resolverá o mérito quando: I – indeferir a petição inicial; II – o processo ficar parado durante mais de 1 (um) ano por negligência das partes; III – por não promover os atos e as diligências que lhe incumbir, o autor abandonar a causa por mais de 30 (trinta) dias; IV – verificar a ausência de pressupostos de constituição e de desenvolvimento válido e regular do processo; V – reconhecer a existência de perempção, de litispendência ou de coisa julgada; VI – verificar ausência de legitimidade ou de interesse processual; VII – acolher a alegação de existência de convenção de arbitragem ou quando o juízo arbitral reconhecer sua competência; VIII – homologar a desistência da ação; IX – em caso de morte da parte, a ação for considerada intransmissível por disposição legal; e X – nos demais casos prescritos neste Código. [...]"

Na verdade, tecnicamente, a possibilidade de questões de ordem pública serem reconhecidas de ofício não se trata de "exceção", mas de decorrência da própria profundidade do efeito devolutivo dos recursos.

Para Eduardo Talamini e Felipe Wladeck, o conhecimento de matérias de ofício opera nos limites da extensão do efeito devolutivo, podendo atingir apenas o capítulo impugnado, conforme o disposto no § 1º do art. 1.013.[130] Nessa perspectiva, constatada a existência de coisa julgada material em sentido prejudicial à pretensao do recorrente, por exemplo, apenas o objeto recursal é afetado, permanecendo incólumes os capítulos não impugnados, por não fazerem parte do efeito devolutivo recursal, sob pena de incorrer em *reformatio in pejus*.[131]

Já para Teresa Arruda Alvim, Maria Lúcia Lins Conceição, Leonardo Ferres da Silva Ribeiro e Rogério Licastro Torres de Mello, o fato de questões de ordem pública poderem ser conhecidas de ofício, tradicionalmente, por decorrência da dimensão da profundidade do efeito devolutivo, não impede que matérias inclusive alheias ao conteúdo impugnado sejam impactadas.[132]

No mesmo sentido, Araken de Assis entende que a restrição da profundidade do efeito devolutivo e, portanto, da amplitude do poder-dever do órgão *ad quem* para conhecer de questões de ordem pública é arbitrária. A subtração da competência do

---

130. "O efeito devolutivo consiste na simples reabertura de possibilidade de manifestação judicial sobre a decisão recorrida, seja por outro órgão, seja pelo mesmo órgão que a proferiu. [...] A extensão concerne à delimitação dos comandos decisórios ou de parcela de comando (quando há capítulos 'decomponíveis') atingidos pelo recurso. É o reCorte, no plano horizontal, de capítulo (s) decisório (s) (ou fração de capítulo) impugnado(s). é delineada pelo pedido recursal." (TALAMINI, Eduardo; WLADECK, F. S. Dos recursos: disposições gerais. In: Cassio Scarpinella Bueno. (Org.). *Comentários ao Código de Processo Civil*. v. 4, p. 273). No tocante à profundidade, "Nos recursos de fundamentação livre, observada a extensão acima apontada (ou seja, nos limites do que é relevante para manter ou não a conclusão contida nos dispositivos impugnados, ou na parcela deles impugnada), deve o órgão julgador do recurso conhecer todas as questões antes suscitadas (tenham ou não sido decididas) e todas as questões de ordem pública, mesmo que não suscitadas (art. 485, § 3º, e 933, *caput*). Ou seja, para examinar aquela extensão de matéria fixada pelo pedido recursal, o julgador poderá se aprofundar na causa, conhecendo e apreciando todas as questões suscitadas e discutidas no processo, bem como as examináveis de ofício (art. 485, § 3º, e art. 1013, §§ 1º e 2º – regra essa explicitada para a apelação, mas aplicável aos demais recursos de fundamentação livre)." (*Ibid.*, p. 274).

131. TALAMINI, Eduardo; WLADECK, F. S. Dos recursos: disposições gerais. In: Cassio Scarpinella Bueno. (Org.). *Comentários ao Código de Processo Civil*. v. 4, p. 275.

132. "A ausência de preclusão sobre matéria de ordem pública deixa, à luz do NCPC, de ter caráter absolutamente excepcional, já que não haverá preclusão tampouco quanto a qualquer matéria que fique fora da abrangência do cabimento do agravo de instrumento." (WAMBIER, Teresa Arruda Alvim; MELLO, Rogério Licastro Torres de; RIBEIRO, Leonardo Ferres da Silva. *Primeiros Comentários ao Novo Código de Processo Civil*: artigo por artigo, p. 1557-1558. *E-book*).

primeiro grau para proferir a sentença se justifica pelo efeito substitutivo previsto no art. 1.008 do CPC.[133] O julgamento do agravo interposto contra decisão interlocutória processual que resulta em decisão de mérito constitui hipótese análoga ao julgamento de apelação manejada contra sentença de mérito que reconhece a ilegitimidade da parte, independentemente da omissão do Juiz monocrático sobre esse ponto.[134] Para o autor:

> A profundidade do efeito devolutivo do agravo de instrumento é total. O efeito devolutivo não implica a necessidade de o órgão *ad quem* percorrer e reconstruir o trajeto transitado pelo órgão *a quo* e, muito menos, estancada a atividade deste em determinado ponto, a impossibilidade de julgar o mérito no todo ou em parte.[135]

Há quem sustente a mesma conclusão por incluir o dever do Juiz de conhecer matérias de ordem pública de ofício no chamado "efeito translativo", que, além de autorizar o conhecimento de questões de ordem pública não suscitadas pelo órgão julgador, não concebe, nesses casos, a ocorrência de *reformatio in pejus*. A essa corrente se filia Nelson Nery Júnior, para quem:

> O poder dado pela lei ao juiz para, na instância recursal examinar de ofício as questões de ordem pública não arguidas pelas partes, não se insere no conceito de efeito devolutivo em sentido estrito, já que isso se dá pela atuação do princípio inquisitório e não pela sua antítese, que é o primeiro dispositivo, de que é corolário o efeito devolutivo dos recursos. Mesmo porque efeito devolutivo pressupõe ato comissivo de interposição de recurso, não podendo ser caracterizado quando há omissão da parte ou interessado sobre determinada questão não referida nas razões ou contrarrazões do recurso.[136]

Independentemente do termo utilizado, o entendimento de Pontes de Miranda, de que "o Tribunal não pode, de modo nenhum, entrar no mérito, inclusive para julgar exceção de direito material (e.g., de prescrição)"[137] há tempos não

---

133. "Art. 1.008. O julgamento proferido pelo tribunal substituirá a decisão impugnada no que tiver sido objeto de recurso."

134. ASSIS, Araken de. *Manual dos Recursos*. 1. ed. em e-book baseada na 8. ed. impressa, p. 495. "O agravo devolve ao órgão *ad quem* toda a problemática relativa aos pressupostos processuais e às condições da ação, haja ou não controvérsia entre as partes e decisão do órgão a quo a seu respeito." (ASSIS, Araken de. *Manual dos Recursos*. 1. ed. em e-book baseada na 8. ed. impressa, p. 494).

135. ASSIS, Araken de. *Manual dos Recursos*. 1. ed. em e-book baseada na 8. ed. impressa, p. 193. grifo do autor.

136. NERY JR., Nelson. *Teoria geral dos recursos*. 7. ed. rev. e atual, p. 462.

137. MIRANDA, Pontes de. *Comentários ao Código de Processo Civil*: Dos Recursos(arts. 496--538). Rio de Janeiro; São Paulo: Forense, 1975. tomo VII. p. 275. No mesmo sentido: LASPRO, Oreste Nestor de Souza. *Duplo grau de jurisdição no direito processual civil*, p. 25-26.

mais se justifica. A escolha pela primazia do julgamento de mérito autoriza que o agravo interposto contra decisão que nega a tutela antecipada pleiteada se torne prejudicado ante o reconhecimento de prescrição da pretensão ou da decadência do direito pelo Tribunal (art. 487, II e parágrafo único, do CPC).[138]

Isso revela a inocuidade da limitação da extensão do quórum a agravo interposto contra decisão de mérito, considerando que uma decisão interlocutória processual contra a qual é interposto agravo poderá resultar em acórdão de mérito transitado em julgado. E não se diga, então, que a restrição deveria se aplicar ao conteúdo do acórdão julgado por maioria pelo Tribunal, pela simples razão de que não existe, ainda, acórdão lavrado quando do chamamento de novos julgadores para a composição do quórum.

Como ficará claro no capítulo seguinte, a técnica decisória prevista no artigo 942 é aplicada antes de o resultado da votação ser declarado pelo Presidente e, portanto, antes de o acórdão ser lavrado e o julgamento, encerrado. Isso significa que, mesmo quando três Desembargadores, por maioria, reformam sentença terminativa, adentrando o mérito, é possível que, após a ampliação do quórum, aquela seja mantida.

A despeito disso, a doutrina apresenta outro fundamento para a subordinação da ampliação do quórum do julgamento do agravo à impugnação de decisão de mérito, relacionado às suas peculiaridades procedimentais.[139] A inexistência de simetria no tratamento entre os recursos de apelação e de agravo decorreria das suas dissimilitudes: diferentemente do que ocorre no julgamento do primeiro, no julgamento do segundo a regra é a inexistência do direito à sustentação oral e da concessão de efeito suspensivo, por exemplo.

Além disso, o momento em que é prolatada a decisão interlocutória também justificaria a diferença de tratamento, pois a decisão de mérito prolatada no curso do processo não poderia ser considerada idêntica, para fins legais, àquela prolatada ao final, em sentença.

Para José Roberto de Albuquerque Sampaio, as hipóteses previstas no art. 356 compartilham de:

> [...] um grau de certeza maior acerca da procedência ou improcedência da postulação, que justifica um julgamento antecipado, sem que [seja] necessária

138. "Art. 487. Haverá resolução de mérito quando o juiz: [...] II – decidir, de ofício ou a requerimento, sobre a ocorrência de decadência ou prescrição; [...] Parágrafo único. Ressalvada a hipótese do § 1º do art. 332, a prescrição e a decadência não serão reconhecidas sem que antes seja dada às partes oportunidade de manifestar-se."

139. BASÍLIO, Ana Tereza. Novo CPC amplia possibilidade de análise de voto divergente. *Consultor Jurídico*, 28 ago. 2015. Disponível em: <https://www.conjur.com.br/2015-ago-28/ana-basilio-cpc-amplia-possibilidade-analise-divergencia>. Acesso em: 15.02.2022. SAMPAIO, José Roberto de Albuquerque. Conversa sobre Processo: Elogio ao art. 942 do CPC. O Uso Saudável da Técnica, p. 167-168.

a instrução probatória e o debate mais abrangente sobre os diversos aspectos não só fáticos, como também jurídicos.[140]

Nos termos do dispositivo:

> Art. 356. O Juiz decidirá parcialmente o mérito quando um ou mais dos pedidos formulados ou parcela deles:
>
> I – mostrar-se incontroverso;
>
> II – estiver em condições de imediato julgamento, nos termos do art. 355.

Na primeira hipótese, a decisão de mérito antecipada – ou imediata[141] – encontra-se atrelada à dispensa de produção de provas, quando há manifestação expressa pela sua prescindibilidade ou não há requerimento em sentido contrário; quando os fatos são notórios, foram afirmados por uma parte e confessados pela outra; admitidos como incontroversos, porquanto não impugnados – ou insuficientemente impugnados – pelo réu; em cujo favor milita presunção de existência ou veracidade (art. 374 do CPC);[142] ou, ainda, quando o autor tiver sido capaz de comprovar suficientemente os fatos narrados.

Na segunda hipótese, o Juiz julgará antecipadamente a questão de direito em condições de imediato julgamento quando "I – não houver necessidade de produção de outras provas; II – o réu for revel, ocorrer o efeito previsto no art. 344[143] e não houver requerimento de prova, na forma do art. 349"[144] (artigo 355 do CPC).

---

140. SAMPAIO, José Roberto de Albuquerque. Conversa sobre Processo: Elogio ao art. 942 do CPC. O Uso Saudável da Técnica, p. 168-167.

141. Para Eduardo Talamini, o termo julgamento antecipado "transmite a falsa impressão de que o ato decisório estaria ocorrendo antes de seu momento oportuno, com uma verdadeira abreviação do devido itinerário processual. Não é o que se dá: decide-se porque não há mais o que ser feito; porque tudo o que era necessário para a resolução do mérito já está nos autos [...] Sob esse aspecto, 'julgamento imediato' do mérito talvez seja expressão mais adequada." (TALAMINI, Eduardo. Julgamento "antecipado" e julgamento parcial do mérito. *Migalhas*, 04 mar. 2016. Disponível em: <https://www.migalhas.com.br/dePeso/16,MI235085,41046-Julgamento+antecipado+e+julgamento+parcial+do+merito>. Acesso em: 15.02.2022).

142. "Art. 374. Não dependem de prova os fatos: I – notórios; II – afirmados por uma parte e confessados pela parte contrária; III – admitidos no processo como incontroversos; IV – em cujo favor milita presunção legal de existência ou de veracidade."

143. "Art. 344. Se o réu não contestar a ação, será considerado revel e presumir-se-ão verdadeiras as alegações de fato formuladas pelo autor."

144. "Art. 349. Ao réu revel será lícita a produção de provas, contrapostas às alegações do autor, desde que se faça representar nos autos a tempo de praticar os atos processuais indispensáveis a essa produção."

Segundo Eduardo Talamini,

> Isso acontecerá quando: (c.1) os aspectos fáticos direta ou indiretamente relevantes são incontroversos, pacíficos (art. 374, II e III) e o Juiz não verifica nenhum aspecto que objetivamente o leve a duvidar de sua veracidade a ponto de precisar determinar provas de ofício – resumindo-se a discussão entre as partes às decorrências jurídicas de tais fatos; ou (c.2) a prova já trazida para os autos (que, em regra, até esse momento, será apenas a documental) já é suficiente para o julgamento do mérito; (d) ocorrer a revelia e seu efeito principal (de presunção de veracidade dos fatos narrados pelo autor) e o revel não comparecer ao processo a tempo de requerer a produção de provas destinadas a demonstrar a inexistência dos fatos constitutivos do direito do autor (art. 355, II, c/c art. 349).[145]

Em ambos os casos, como parcela do mérito – um dos pedidos ou parte de um deles – já está madura, é imposta ao Magistrado a necessidade de cindir o julgamento da causa, em nome do direito fundamental à tutela jurisdicional tempestiva e da celeridade processual.[146] Em síntese,

> O julgamento antecipado é uma decisão de mérito, fundada em cognição exauriente, proferida após a fase de saneamento do processo, em que o Magistrado reconhece a desnecessidade de produção de mais provas em audiência de instrução e julgamento (provas orais, perícia e inspeção judicial).[147]

Dito isso, passa-se à análise da exigência do II, § 3º, do art. 942 no sentido de que a decisão – de mérito – agravada seja reformada para a aplicação da técnica de julgamento. Seu fundamento reside na dupla conformidade (*doppia conforme*), também denominada "dupla sentença" (*duplex sententia conformis*), "dúplice decisão judiciária" ou "dupla sucumbência".[148]

Simplificadamente, a regra da *doppia conforme* pressupõe que, para o trânsito em julgado do ato proferido pela instância recursal – seja por maioria ou por unanimidade –, é necessária a conformidade entre ele e a decisão do Juiz de primeira instância (caso em que a ação é julgada procedente no primeiro grau e, por maioria

---

145. TALAMINI, Eduardo. Julgamento "antecipado" e julgamento parcial do mérito. *Migalhas*, 04 mar. 2016.

146. LEMOS, Vinicius Silva. O Agravo de Instrumento contra decisão parcial de mérito. *Revista de Processo*, v. 259, p. 275-303, p. 281, set. 2016.

147. DIDIER JR., Fredie; CUNHA, Leonardo José Carneiro da. *Curso de direito processual civil:* Introdução ao Direito Processul Civil, Parte Geral e Processo de Conhecimento. Salvador: Editora Jus Podium, 2015. v. I. p. 688.

148. VIOLIN, Jordão. Dupla conformidade e julgamento monocrático de mérito: os poderes do relator no código de processo civil, p. 6. versão *online*.

ou unanimidade, a sentença é mantida no Tribunal, por exemplo). Agora, na hipótese de o Tribunal – também por maioria ou por unanimidade – decidir pela reforma do ato monocrático impugnado, considera-se haver um "empate" entre os resultados alcançados pelo Juiz *a quo* e pela Corte *ad quem*, porquanto dignos de igual consideração.

Nas palavras de Oreste Laspro,

> [...] a *doppia conforme* não nasce de um direito do recorrente em ver reformada uma decisão desfavorável, mas de uma prerrogativa do Estado que entende indispensável compor definitivamente um litígio em que dois órgãos julgadores decidem em sentido antagônico. Nesse caso, o sistema se satisfaz com o duplo grau de jurisdição se as duas decisões forem iguais. Contudo, se forem diversas, indispensável se torna um terceiro julgamento, a fim de que se possa estabelecer exatamente a *doppia conforme*.[149]

Para o autor, esse terceiro julgamento se faria necessário porque a divergência entre as decisões de primeira e segunda instância apontariam para um conflito na interpretação das normas, desestabilizando o sistema jurisdicional.[150]

Calha notar que a conformidade não precisa, necessariamente, ser formada por uma decisão monocrática e uma decisão colegiada proferidas no mesmo processo. Ela pode se dar entre uma decisão e um parâmetro de julgamento, selecionado de outro contexto, na qualidade de filtro recursal, com a finalidade de limitar o cabimento recursal quando há interesse em otimizar a atividade judicial, principalmente através do respeito à hierarquia jurisdicional.[151]

É esse o caso das hipóteses dos artigos 927 e 932 do CPC. Na primeira, determinadas decisões, acórdãos e enunciados são tomados como parâmetros de julgamento a serem observados nas decisões de primeiro e segundo grau.[152] Na segunda,

---

149. LASPRO, Oreste Nestor de Souza. *Duplo grau de jurisdição no direito processual civil*, p. 24.

150. LASPRO, Oreste Nestor de Souza. *Duplo grau de jurisdição no direito processual civil*, p. 116. O autor acrescenta que: "[...] enquanto não existem provas inequívocas de que a segunda decisão seja melhor que a primeira, razão primordial da existência do duplo grau de jurisdição, não se pode duvidar que esse sistema acaba por alongar excessivamente a duração dos processos, o que eleva os custos e desprestigia não somente o julgador de primeiro grau, cuja decisão pode ser reformada, mas também todo o Judiciário e, conseqüentemente (sic), o próprio Estado, que apresenta soluções diferentes para a mesma demanda." (*Ibid.*, p. 177).

151. CARVALHO, Fabiano. O princípio da dupla conformidade. *Revista de Ciências Jurídicas e Sociais da Unipar*, v. 11, n. 2, p. 703-717, p. 705, jul./dez. 2008.

152. "Art. 927. Os juízes e os tribunais observarão: I – as decisões do Supremo Tribunal Federal em controle concentrado de constitucionalidade; II – os enunciados de súmula vinculante; III – os acórdãos em incidente de assunção de competência ou de resolução

súmulas e determinados acórdãos e entendimentos, na qualidade de parâmetros destinados a acelerar o julgamento nos tribunais, autorizam o julgamento monocrático, e não colegiado, de determinados recursos com eles conflitantes ou cujas decisões impugnadas foram prolatadas em sentido contrário ao fixado (incisos IV e V, respectivamente).[153]

Na técnica de julgamento prevista no art. 942 exige-se a identidade entre o resultado de duas decisões prolatadas, no mesmo processo, a respeito da mesma *causa petendi* e *petitum*, entre as mesmas partes e em diferentes graus de jurisdição – a sentença e a maioria vencedora do acórdão. Ela tem a finalidade de superar a divergência judicial e chegar o mais próximo possível da verdade, através da valorização da posição do Juiz de primeiro grau, à qual é conferida peso equivalente à do Tribunal, considerando sua proximidade com as provas produzidas durante a instrução e com as partes, consectária da regra da concentração e da imediatidade.[154]

Vejamos, então, como têm o Superior Tribunal de Justiça e a doutrina se manifestado sobre (i) a necessidade de se tratar de decisão de mérito agravável e (ii) de haver sua reforma em segundo grau para que seja aplicada a técnica decisória do art. 942 ao julgamento do agravo de instrumento.

A interpretação dada pela Corte ao artigo é literal, razão pela qual ratifica os requisitos supra e dispensa, para a extensão do quórum no julgamento do recurso de apelação, a existência de reforma de sentença necessariamente de mérito.

Na ementa do REsp 1.733.820/SC, foi sintetizado que:

> [...] diferentemente dos embargos infringentes do CPC/1973 – que limitava, no caso da apelação, a incidência do recurso aos julgamentos que resultassem em reforma da sentença de mérito –, a técnica de julgamento prevista

---

de demandas repetitivas e em julgamento de recursos extraordinário e especial repetitivos; IV – os enunciados das súmulas do Supremo Tribunal Federal em matéria constitucional e do Superior Tribunal de Justiça em matéria infraconstitucional; V – a orientação do plenário ou do órgão especial aos quais estiverem vinculados."

153. Art. 932. Incumbe ao relator: [...] IV – negar provimento a recurso que for contrário a: a) súmula do Supremo Tribunal Federal, do Superior Tribunal de Justiça ou do próprio tribunal; b) acórdão proferido pelo Supremo Tribunal Federal ou pelo Superior Tribunal de Justiça em julgamento de recursos repetitivos; c) entendimento firmado em incidente de resolução de demandas repetitivas ou de assunção de competência; V – depois de facultada a apresentação de contrarrazões, dar provimento ao recurso se a decisão recorrida for contrária a: a) súmula do Supremo Tribunal Federal, do Superior Tribunal de Justiça ou do próprio tribunal; b) acórdão proferido pelo Supremo Tribunal Federal ou pelo Superior Tribunal de Justiça em julgamento de recursos repetitivos; c) entendimento firmado em incidente de resolução de demandas repetitivas ou de assunção de competência; [...]."

154. ARAGÃO, Egas Moniz de. *Estudo sobre os embargos de nulidade e infringentes do julgado previstos no código de processo civil*. Curitiba: Litero Técnica, 1959. p. 142.

> no CPC/2015 deverá ser utilizada quando o resultado da apelação for não unânime, independentemente de ser julgamento que reforma ou mantém a sentença impugnada [...].[155]

No corpo do acórdão, foi elucidado o seguinte:

> [...] ainda que se reconheça que a interpretação literal é, em princípio, pobre e simplista demais, em algumas situações, diante da clareza do texto, ela é altamente recomendável, por não haver espaço em que o intérprete possa criar a regra.
>
> No caso dos autos, a interpretação literal se robustece por sua incontestável consonância com o fim perseguido pela norma, qual seja, a melhoria da qualidade das decisões. [...]
>
> Sendo assim, não obstante as críticas à opção do legislador de adotar um escopo amplo para a técnica do art. 942 do CPC de 2015, na apelação, entendo que a interpretação não pode afastar-se da letra da lei, que não deixa dúvidas quanto ao seu cabimento em todas as hipóteses de resultado não unânime de julgamento da apelação, e não apenas quando ocorrer a reforma de sentença de mérito.
>
> Corroborando este entendimento, nota-se que, no caso da ação rescisória e do agravo de instrumento (art. 942, § 3º), o legislador teve o cuidado de especificar as hipóteses de cabimento da técnica processual, limitando, nesses casos, o âmbito de incidência deste dispositivo.

No mesmo sentido foi o voto vencedor do julgamento do REsp 1.762.236/SP, cuja ementa está, no que interessa, assim redigida:

> [...] 9. A incidência do art. 942, *caput*, do CPC/2015 não se restringe aos casos de reforma da sentença de mérito, tendo em vista a literalidade da disposição legal, que não estabelece nenhuma restrição semelhante ao regime dos extintos embargos infringentes
>
> 10. A redação do caput do art. 942 do CPC/2015, que dispõe acerca da apelação, é distinta do § 3º, que regulamenta a incidência da técnica nos julgamentos não unânimes de ação rescisória e agravo de instrumento, para os quais houve expressa limitação aos casos de rescisão ou modificação da decisão parcial de mérito [...].[156]

---

155. BRASIL. Superior Tribunal de Justiça. Quarta Turma. REsp 1733820/SC. Rel. Ministro Luis Felipe Salomão, julgado em 02/10/2018, DJe 10/12/2018.

156. BRASIL. Superior Tribunal de Justiça. Terceira Turma. REsp 1762236/SP. Rel. Ministro Marco Aurélio Bellizze; Rel. p/ Acórdão Ministro Ricardo Villas Bôas Cueva, julgado em 19/02/2019, DJe 15/03/2019.

O redator do acórdão, Ministro Ricardo Villas Boas Cueva, esclareceu que:

> [...] interpretação, que atribui à técnica de ampliação do colegiado os mesmos contornos dos extintos embargos infringentes, contraria o entendimento a respeito do art. 942 do CPC/2015 firmado pela maioria das duas Turmas que compõem esta Segunda Seção no REsp no 1.771.815/SP, Rel. Ministro Ricardo Villas Bôas Cueva, julgado em 13/11/2018, DJe 21/11/2018, e no REsp no 1.733.820/SC, Rel. Ministro Luis Felipe Salomão, julgado em 02/10/2018, DJe 10/12/2018.
>
> Em ambas as oportunidades, prevaleceu a compreensão de que a nova técnica é de observância automática e obrigatória sempre que o resultado da apelação for não unânime e não apenas quando ocorrer a reforma de sentença de mérito, tendo em vista a literalidade do art. 942 do CPC/2015, *caput*, que não estabelece qualquer restrição e determina somente que "quando o resultado da apelação for não unânime" o julgamento prosseguirá com o colegiado estendido.

No voto convergente, a Ministra Nancy Andrigui pontuou o seguinte:

> Eventual superação de regra legal expressa deve ser feita de forma absolutamente excepcional, observadas determinadas condições específicas, tais como elevado grau de imprevisibilidade, ineficiência ou desigualdade, circunstância que [...] não se verifica na espécie.
>
> Convém, ademais, destacar que a aplicação da técnica de julgamento ampliado nas hipóteses de apelação decidida de modo não unânime (independentemente de seu resultado: reforma ou manutenção da sentença) não prejudica a promoção da finalidade subjacente da norma, que é a de aperfeiçoar a prestação jurisdicional, por meio do alargamento da discussão sobre questões jurídicas decididas por maioria de votos, a fim de que se alcance um grau de certeza mais elevado.
>
> Como fica claro da leitura do texto, a intenção do legislador não pode ter sido outra senão a de fazer incidir a técnica de julgamento ampliado "em qualquer julgamento de apelação" (e não apenas em alguns).

Parte da doutrina também compartilha do entendimento de que a interpretação do artigo 942 deve ser literal e que, portanto, as restrições do inciso II do § 3º são válidas. Nessa perspectiva, no julgamento da apelação, mesmo que se trate de questão processual e que a maioria esteja negando provimento ao recurso, entende-se que o quórum deve ser ampliado, enquanto no julgamento do agravo, para tanto, exige-se a reforma da decisão de mérito pelo voto majoritário.

Para Teresa Arruda Alvim,

> O silêncio da lei é eloquente. O NCPC abandonou a preocupação com a reformulação meritória da causa. Tratando-se de apelação tirada contra sentença

de mérito ou terminativa, tem lugar a aplicação da técnica de julgamento prevista no art. 942.[157]

No mesmo sentido, Luiz Guilherme Marinoni e Daniel Mitidiero sustentam que, ausente qualquer limitação no *caput* do art. 942 do CPC/15, qualquer julgamento de apelação cujo resultado não for unânime pode ser subjetivamente ampliado, independente do desacordo incidir sobre questão de direito material ou questão de direito processual.[158]

Araken de Assis ressalta a necessidade de que restrições sejam interpretadas literalmente e de que o novo Código não seja analisado à luz do diploma revogado. Por isso, para ele, no julgamento de apelação, não havendo restrição expressa, não se exige que a divergência no julgamento diga respeito à questão de mérito.[159]

Pela mesma razão, Luiz Barbugiani entende que, no julgamento da apelação, a divergência enseja a aplicação da regra procedimental, seja ela de cunho processual ou material.[160] Leonardo Greco também destaca que, "ocorrendo a divergência no julgamento de qualquer questão, preliminar, prejudicial ou de mérito no julgamento da ação ou recurso, o julgamento será suspenso."[161]

Guilherme Freire de Barros Teixeira chega à mesma conclusão. Para ele, tratando-se ou não de omissão involuntária, os requisitos previstos no inciso II, § 3º, do artigo 942 não podem ser estendidos ao *caput*, à vista da impossibilidade de lhe ser conferida interpretação restritiva.[162]

O conteúdo da divergência tampouco importa para Fredie Didier e Leonardo José Carneiro da Cunha, segundo os quais, sempre que a apelação for inadmitida por maioria de votos, desprovida por maioria de votos ou, ainda, provida por maioria de votos, haverá a incidência da regra. Assim como para Araken de Assis, para Didier e Cunha a interpretação do texto deve ser literal, o que significa que, da leitura do

157. WAMBIER, Teresa Arruda Alvim; MELLO, Rogério Licastro Torres de; RIBEIRO, Leonardo Ferres da Silva. *Primeiros Comentários ao Novo Código de Processo Civil*: artigo por artigo, p. 1436. *E-book*.

158. MARINONI, Luiz Guilherme; MITIDIERO, Daniel. *Comentários ao Código de Processo Civil*: artigos 926 ao 975, p. 242.

159. ASSIS, Araken de. Manual dos Recursos. 1. ed. em e-book baseada na 8. ed. impressa, p. 335.

160. BARBUGIANI, Luiz Henrique Sormani. *Técnica de Julgamento do artigo 942 do CPC de 2015*, p. 22.

161. GRECO, Leonardo. *Instituições de Processo Civil*: Recursos e Processos da Competência Originária dos Tribunais. Rio de Janeiro: Editora Forense. 2016. v. 3. p. 188.

162. TEIXEIRA, Guilherme Freire de Barros. Art. 942 do CPC 2015 e suas dificuldades operacionais: aspectos práticos. In: MARANHÃO, Clayton *et al.* (Coord.). *Ampliação da colegialidade*: técnica de julgamento do art. 942 do CPC. Belo Horizonte: Arraes Editores, 2017. p. 38.

inciso II do § 3º do artigo 942, no julgamento do agravo de instrumento, a técnica da ampliação do quórum de julgamento não se aplica:

> (a) se o julgamento for unânime; (b) se o agravo não for admitido, ainda que por maioria de votos; (c) se o agravo for admitido e desprovido, ainda que por maioria de votos; (d) se o agravo for admitido e provido para anular a decisão, ainda que por maioria de votos; (e) se o agravo for admitido e provido para reformar uma decisão que não trate do mérito, ainda que por maioria de votos.[163]

Ocorre que as decisões interlocutórias que decidem o mérito do processo, objetáveis por agravo de instrumento, nos termos do inciso II do artigo 1.015 do CPC, não se limitam às hipóteses previstas no artigo 356 do CPC, como se verá no subitem seguinte (4.2.2.). Isso torna a interpretação literal do art. 942 incongruente com o sistema processual.

4.2.2. Interpretação sistemática e teleológica proposta: posição doutrinária e do Superior Tribunal de Justiça

O conceito de decisão parcial de mérito deve ser aprofundado, sobretudo porque, no CPC/15, foi expressamente reconhecida a possibilidade desse tipo de decisão ser proferida.[164] Segundo a Ministra Nancy Andrighi, Relatora do Resp 1.702.725 – RJ:

> [...] 3 – Embora se trate de conceito jurídico indeterminado, a decisão interlocutória que versa sobre mérito do processo que justifica o cabimento do recurso de agravo de instrumento fundado no art. 1.015, II, do CPC/2015, é aquela que: (i) resolve algum dos pedidos cumulados ou parcela de único pedido suscetível de decomposição, que caracterizam a decisão parcial de merito; (ii) possui conteúdo que se amolda às demais hipóteses previstas no art. 487 do CPC/2015; ou (iii) diga respeito a substância da pretensão processual

---

163. DIDIER JR, Fredie; CUNHA, Leonardo José Carneiro da. *Curso de direito processual civil*. 13. ed. v. 3, p. 79. À mesma conclusão chegam RIBAS, Rogério; LOPES, Fernanda Machado. Artigo 942 do NCPC e o Agravo de Instrumento. In: MARANHÃO, Clayton *et al.* (Coord.). *Ampliação da colegialidade*: técnica de julgamento do art. 942 do CPC, p. 71.

164. O CPC/2015 "[...] passou a reconhecer, expressamente, o fenômeno segundo o qual pedidos ou parcelas de pedidos podem amadurecer em momentos processuais distintos, seja em razão de inexistir controvérsia sobre a questão, seja em virtude da desnecessidade de dilação probatória para resolução daquela matéria", a fim de que "[...] tais questões possam ser solucionadas antecipadamente, por intermédio de uma decisão parcial de mérito com aptidão para a formação de coisa julgada material." (BRASIL. Superior Tribunal de Justiça. Terceira Turma. REsp 1798975/SP, Rel. Ministra Nancy Andrighi, julgado em 02/04/2019, DJe 04/04/2019).

> deduzida pela parte em juízo, ainda que não expressamente tipificada na lista do art. 487 do CPC. [...].[165]

O parágrafo único do artigo 354[166] dispõe que as hipóteses previstas nos incisos II e III do artigo 487 podem corresponder apenas à parte do pedido ou a somente um dos pedidos formulados pelo autor. Nos termos do artigo 487, I a III, do CPC:

> Artigo 487. Haverá resolução de mérito quando o Juiz:
>
> I – acolher ou rejeitar o pedido formulado na ação ou na reconvenção;
>
> II – decidir, de ofício ou a requerimento, sobre a ocorrência de decadência ou prescrição;
>
> III – homologar:
>
> a) o reconhecimento da procedência do pedido formulado na ação ou na reconvenção;
>
> b) a transação;
>
> c) a renúncia à pretensão formulada na ação ou na reconvenção.[167]

No primeiro caso, conforme reconhecido no enunciado 103 do Fórum Permanente de Processualistas Civis, "a decisão parcial proferida no curso do processo com fundamento no art. 487, I, sujeita-se a recurso de agravo de instrumento." No segundo, é possível que, no curso do procedimento, a alegação de prescrição ou de decadência seja rejeitada e a instrução probatória, determinada, o que também motiva a interposição de agravo. Por fim, também são decisões interlocutórias de mérito agraváveis aquelas que homologam a renúncia parcial, a transação parcial ou o reconhecimento de um dos pedidos cumulados.

---

165. BRASIL. Superior Tribunal de Justiça. Terceira Turma. REsp 1702725/RJ, Rel. Ministra Nancy Andrighi, julgado em 25/06/2019, DJe 28/06/2019.

166. "Art. 354. [...] Parágrafo único. A decisão a que se refere o caput pode dizer respeito a apenas parcela do processo, caso em que será impugnável por agravo de instrumento."

167. Nesse último caso, "Ainda que o juiz não julgue propriamente o conflito, o conteúdo da sentença que profere versa sobre o mérito, diz respeito ao objeto do processo. Embora a resolução da lide não tenha, na origem, sido dada pelo órgão jurisdicional, foi por ele chancelada. Ao homologar o ato de disposição de vontade, o juiz toma para si, faz sua, a solução concebida pelas partes. Tais atos de disposição de vontade e sua consequente homologação judicial podem ocorrer a todo tempo no curso do processo. Há requisitos para que eles possam ser homologados (notadamente, a transigibilidade do objeto do processo). De todo modo, caso tais atos se apresentem ao juiz no momento do julgamento conforme o estado do processo e cumpram os requisitos o requisito para tanto, impõe-se, também então, o proferimento de sentença de mérito extintiva da fase cognitiva [...]" (TALAMINI, Eduardo. Julgamento "antecipado" e julgamento parcial do mérito. *Migalhas*, 04 mar. 2016).

Também é proferida decisão de mérito contra a qual cabe agravo de instrumento quando: é resolvido incidente de desconsideração da personalidade jurídica (art. 1.015, IV, do CPC);[168] é afastada a possibilidade de purgação da mora em alienação fiduciária quando adimplidas apenas as parcelas vencidas do financiamento; e há decisão sobre exibição ou posse de documento ou coisa (art. 1.015, VI, CPC)[169] contra uma das partes (arts. 396 a 400 do CPC)[170] ou, quando determinada de ofício pelo Juiz, contra terceiro (art. 438, *caput*, do CPC).[171]

As decisões, no curso do processo, que impoem à parte o pagamento de multa – seja por descumprimento de deveres processuais (art. 77, § 2°, CPC),[172] litigância de má-fé (art. 81, *caput*, do CPC)[173] ou, ainda, não devolução dos autos

168. "Art. 1.015. Cabe agravo de instrumento contra as decisões interlocutórias que versarem sobre: [...] IV – incidente de desconsideração da personalidade jurídica; [...]."

169. "Art. 1.015. Cabe agravo de instrumento contra as decisões interlocutórias que versarem sobre: [...]VI – exibição ou posse de documento ou coisa; [...]."

170. "Art. 396. O juiz pode ordenar que a parte exiba documento ou coisa que se encontre em seu poder. Art. 397. O pedido formulado pela parte conterá: I – a individuação, tão completa quanto possível, do documento ou da coisa; II – a finalidade da prova, indicando os fatos que se relacionam com o documento ou com a coisa; III – as circunstâncias em que se funda o requerente para afirmar que o documento ou a coisa existe e se acha em poder da parte contrária. Art. 398. O requerido dará sua resposta nos 5 (cinco) dias subsequentes à sua intimação. Parágrafo único. Se o requerido afirmar que não possui o documento ou a coisa, o juiz permitirá que o requerente prove, por qualquer meio, que a declaração não corresponde à verdade. Art. 399. O juiz não admitirá a recusa se: I – o requerido tiver obrigação legal de exibir; II – o requerido tiver aludido ao documento ou à coisa, no processo, com o intuito de constituir prova; III – o documento, por seu conteúdo, for comum às partes. Art. 400. Ao decidir o pedido, o juiz admitirá como verdadeiros os fatos que, por meio do documento ou da coisa, a parte pretendia provar se: I – o requerido não efetuar a exibição nem fizer nenhuma declaração no prazo do art. 398; II – a recusa for havida por ilegítima. Parágrafo único. Sendo necessário, o juiz pode adotar medidas indutivas, coercitivas, mandamentais ou sub-rogatórias para que o documento seja exibido."

171. "Art. 438. O juiz requisitará às repartições públicas, em qualquer tempo ou grau de jurisdição. I – as certidões necessárias à prova das alegações das partes; II – os procedimentos administrativos nas causas em que forem interessados a União, os Estados, o Distrito Federal, os Municípios ou entidades da administração indireta. [...]."

172. "Art. 77 [...] § 2° A violação ao disposto nos incisos IV e VI constitui ato atentatório à dignidade da justiça, devendo o juiz, sem prejuízo das sanções criminais, civis e processuais cabíveis, aplicar ao responsável multa de até vinte por cento do valor da causa, de acordo com a gravidade da conduta. [...]"

173. "Art. 81. De ofício ou a requerimento, o juiz condenará o litigante de má-fé a pagar multa, que deverá ser superior a um por cento e inferior a dez por cento do valor corrigido da causa, a indenizar a parte contrária pelos prejuízos que esta sofreu e a arcar com os honorários advocatícios e com todas as despesas que efetuou. [...]."

(art. 234, § 2º, do CPC)[174] – importam em condenação à parte e, portanto, ampliam o mérito do processo.

Se o requerente postular a produção antecipada de mais de uma prova em cumulação de pedidos, nos termos do artigo 382 do CPC,[175] e o Juiz não admitir por decisão interlocutória a produção de uma delas, caberá agravo de instrumento. E, na hipótese de outra prova relacionada ao mesmo fato (art. 382, § 3º, do CPC),[176] pleiteada por terceiro interessado, ser inadmitida pelo Juiz, também restará caracterizada decisão interlocutória de mérito agravável.

A decisão que julga procedente o pedido para condenar o réu a prestar contas (art. 550, § 5º, do CPC)[177] versa sobre mérito e também é passível de agravo, conforme reconhecido no enunciado 77 do Fórum Permanente de Processualistas Civis, segundo o qual "A decisão interlocutória que julga procedente o pedido para condenar o réu a prestar contas, por ser de mérito, é recorrível por agravo de instrumento." Houve, inclusive, o reconhecimento pelo Superior Tribunal de Justiça a esse respeito.[178]

A mencionada Corte também reconheceu a ampla e irrestrita possibilidade de ser apresentado recurso em face de todas as decisões interlocutórias nas fases de liquidação e de cumprimento de sentença,

> [...] quer seja porque a maioria dessas fases ou processos não se findam por sentença e, consequentemente, não haverá a interposição de futura apelação, quer seja em razão de as decisões interlocutórias proferidas nessas fases ou processos possuírem aptidão para atingir, imediata e severamente, a esfera jurídica das partes, sendo absolutamente irrelevante investigar, nesse contexto, se o conteúdo da decisão interlocutória se amolda ou não às hipóteses previstas no *caput* e incisos do art. 1.015 do CPC/2015. [...].[179]

174. "Art. 234. [...] § 2º Se, intimado, o advogado não devolver os autos no prazo de 3 (três) dias, perderá o direito à vista fora de cartório e incorrerá em multa correspondente à metade do salário-mínimo. [...]"
175. "Art. 382. Na petição, o requerente apresentará as razões que justificam a necessidade de antecipação da prova e mencionará com precisão os fatos sobre os quais a prova há de recair. [...]"
176. "Art. 382. [...] § 3º Os interessados poderão requerer a produção de qualquer prova no mesmo procedimento, desde que relacionada ao mesmo fato, salvo se a sua produção conjunta acarretar excessiva demora."
177. "Art. 550. [...] § 5º A decisão que julgar procedente o pedido condenará o réu a prestar as contas no prazo de 15 (quinze) dias, sob pena de não lhe ser lícito impugnar as que o autor apresentar."
178. BRASIL. Superior Tribunal de Justiça. Terceira Turma. REsp 1746337/RS, Rel. Ministra Nancy Andrighi, julgado em 09/04/2019, DJe 12/04/2019.
179. BRASIL. Superior Tribunal de Justiça. Terceira Turma. REsp 1736285/MT, Rel. Ministra Nancy Andrighi, julgado em 21/05/2019, DJe 24/05/2019.

Nesse sentido, é a previsão do parágrafo único do artigo 1.015: "também caberá agravo de instrumento contra decisões interlocutórias proferidas na fase de liquidação de sentença ou de cumprimento de sentença, no processo de execução e no processo de inventário." Não são raras as decisões interlocutórias que, nesses casos, decidem questão de mérito. Dentre elas, há a decisão que define o alcance da sentença ou que resolve o pedido de nova perícia para a avaliação de imóvel desapropriado, por envolver a relativização da coisa julgada e a alteração do valor fixado a título de justa indenização.

O inciso XIII do art. 1.015 do CPC[180] autoriza, ainda, a criação de novas hipóteses agraváveis por lei federal. Exemplo disso é a decisão – que tem natureza de sentença[181] – responsável pela decretação da falência (art. 100, primeira parte, da Lei n. 11.101/2005).[182]

O Superior Tribunal de Justiça também classificou as decisões que resolvem a impugnação de crédito em recuperação judicial e o pedido de instauração de recuperação judicial como decisões parciais de mérito impugnáveis por agravo de instrumento. Veja-se, respectivamente:

> RECURSO ESPECIAL. EMPRESARIAL. RECUPERAÇÃO JUDICIAL. IMPUGNAÇÃO DE CRÉDITO. AÇÃO INCIDENTAL. JULGAMENTO DE MÉRITO. AGRAVO DE INSTRUMENTO. NÃO UNÂNIME. TÉCNICA DE AMPLIAÇÃO DO COLEGIADO. APLICAÇÃO.
>
> [...] 4. A impugnação de crédito não é um mero incidente processual na recuperação judicial, mas uma ação incidental, de natureza declaratória, que tem como objeto definir a validade do título (crédito) e a sua classificação.
>
> 5. No caso de haver pronunciamento a respeito do crédito e sua classificação, mérito da ação declaratória, o agravo de instrumento interposto contra essa decisão, julgado por maioria, deve se submeter à técnica de ampliação do colegiado prevista no artigo 942, § 3º, II, do Código de Processo Civil de 2015 [...].[183]
>
> RECURSO ESPECIAL. RECUPERAÇÃO JUDICIAL. SISTEMA RECURSAL. DECISÃO INTERLOCUTÓRIA. HONORÁRIOS DO ADMINISTRADOR JUDICIAL E RENOVAÇÃO BENEFÍCIO PRODEIC. AGRAVO DE INSTRUMENTO.

180. "Art. 1.015. Cabe agravo de instrumento contra as decisões interlocutórias que versarem sobre: [...] XIII – outros casos expressamente referidos em lei."
181. Para Didier e Cunha, porque "[...] reconhece a presença dos pressupostos materiais de existência do direito afirmado na petição inicial, acolhe o pedido formulado e encerra a fase de conhecimento do processo de falência, dando início à fase executiva." (DIDIER JR., Fredie; CUNHA, Leonardo Carneiro da. *Curso de Direito Processual Civil*. v. 3, p. 163).
182. "Art. 100. Da decisão que decreta a falência cabe agravo, e da sentença que julga a improcedência do pedido cabe apelação."
183. BRASIL. Superior Tribunal de Justiça. Terceira Turma. REsp 1797866/SP. Rel. Ministro Ricardo Villas Bôas Cueva, julgado em 14/05/2019, DJe 24/05/2019.

CABIMENTO. Art. 1.015, PARÁGRAFO ÚNICO, DO CPC/15. INTERPRETAÇÃO EXTENSIVA. POSSIBILIDADE.

[...] 4. O rol taxativo do art. 1.015 do CPC/2015 não afasta a incidência das hipóteses previstas na LREF, pois o próprio inciso XIII estabelece o cabimento do agravo de instrumento nos "outros casos expressamente referidos em lei". Havendo disposição expressa da Lei de Recuperação de Empresas e Falência, essa prevalecerá sobre o numerus clausus do dispositivo do CPC, de modo que a aplicação desse Código será apenas para suprimento de lacunas e omissões. Por outro lado, se o provimento judicial, no âmbito falimentar/recuperacional, enquadrar-se em uma das hipóteses do rol do diploma processual, será também possível o manejo do agravo de instrumento.

5. Nas decisões interlocutórias sem previsão específica de recurso, incidirá o parágrafo único do art. 1.015 do CPC/2015, justamente porque, em razão das características próprias do processo falimentar e recuperacional, haverá tipificação com a ratio do dispositivo – falta de interesse/utilidade de revisão da decisão apenas no momento do julgamento da apelação –, permitindo a impugnação imediata dos provimentos judiciais.

6. Assim como se dá nos procedimentos previstos no parágrafo único do art. 1.015 do CPC/2015, as decisões de maior relevância na recuperação judicial e na falência são tomadas antes da sentença propriamente dita, que, via de regra, se limita a reconhecer fatos e atos processuais firmados anteriormente. Consequentemente, aguardar a análise pelo Tribunal, apenas em sede de apelação, equivaleria à irrecorribilidade prática da interlocutória, devendo incidir a interpretação extensiva do dispositivo em comento.

7. Além disso, a natureza também processual (de execução coletiva e negocial) da LREF justifica a interpretação do parágrafo único do art. 1.015 no CPC (ou dos incisos do caput do art. 1.015) no sentido de estender a interposição do recurso de agravo de instrumento às decisões que envolvam matérias dos regimes falimentar e recuperatório.

8. Na hipótese, o Magistrado de piso indeferiu os pleitos das recuperandas quanto à renovação do benefício fiscal (PRODEIC) e determinou que elas efetuassem o imediato depósito de 40% dos honorários do administrador judicial, sob pena de convolação da recuperação em falência. Portanto, tal decisão desafia o recurso de agravo de instrumento, na forma do artigo 203, § 2º, do CPC.

9. Recurso especial provido.[184-185]

---

184. BRASIL. Superior Tribunal de Justiça. Quarta Turma. REsp 1722866/MT, Rel. Ministro Luis Felipe Salomão, julgado em 25/09/2018, DJe 19/10/2018.

185. Aliás, o STJ já teve oportunidade de se manifestar expressamente no sentido de que: "[...] 5. No caso de haver pronunciamento a respeito do crédito e sua classificação, mérito da ação declaratória, o agravo de instrumento interposto contra essa decisão, julgado por

As decisões que resolvem a exceção de pré-executividade, a impugnação à liquidação de sentença e o pedido de falência são as mais emblemáticas, pois, quando os pedidos não são acolhidos na decisão, ela se reveste de natureza interlocutória de mérito, desafiando recurso de agravo; já a decisão de acolhimento, quando encerrar a atividade processual, tem natureza de sentença e, por isso, é impugnável por apelação. Nesse caso, o que dita o procedimento a ser observado na esfera recursal não é o momento em que a decisão é proferida, mas o sentido por ela referendado.

A verdade é o que o artigo 1.015 do CPC não foi estruturado para tutelar os procedimentos especiais, na mesma medida em que o inciso II do § 3º do artigo 942 não foi pensado para as decisões interlocutórias de mérito provenientes de hipóteses diferentes daquelas previstas no artigo 356 do CPC.

Ademais, no REsp 1.696.396/MT, foi fixada a tese de que "[...] o rol do art. 1.015 do CPC é de taxatividade mitigada, por isso admite a interposição de agravo de instrumento quando verificada a urgência decorrente da inutilidade do julgamento da questão no recurso de apelação", com a ressalva de que "[...] somente haverá preclusão quando o recurso eventualmente interposto pela parte venha a ser admitido pelo Tribunal [...]".[186]

Logo, valendo-se de referido entendimento, a parte poderia optar entre impugnar determinada decisão por meio de agravo – quando então a questão seria apreciada apenas pelo quórum originário – ou apenas ao final do processo, após a sentença, em sede de apelação, quando então eventual divergência no resultado do julgamento bastaria para subsidiar a ampliação do quórum.

Por exemplo, na hipótese de ser declarada a competência do Tribunal em decisão interlocutória e, ao final, a demanda ser apreciada com ou sem resolução de mérito, autoriza-se, na apelação, a impugnação da conclusão a respeito da competência e, caso haja a reforma por dois a um daquela decisão, a ampliação do quórum. Isso não aconteceria caso a decisão interlocutória tivesse sido contestada por meio de agravo, mas também sucederia no caso de a competência ter sido reconhecida na própria sentença.

Cumpre assinalar que, no caso de decisões de mérito sujeitas a agravo, aplica-se o art. 1.015, inc. II, do CPC, sendo que a falta de impugnação, pela parte, nesse caso, resultaria em preclusão, não se aplicando a taxatividade mitigada.

Enfim, há questões que, a depender do momento em que são decididas – e da vontade (e estratégia) das partes –, poderão ser impugnadas ora por agravo ora por apelação. Esse também é o caso das decisões que resolvem o incidente

---

maioria, deve se submeter à técnica de ampliação do colegiado prevista no artigo 942, § 3º, II, do Código de Processo Civil de 2015". (BRASIL. Superior Tribunal de Justiça. Terceira Turma. REsp 1797866/SP, Rel. Ministro Ricardo Villas Bôas Cueva, julgado em 14/05/2019, DJe 24/05/2019).

186. BRASIL. Superior Tribunal de Justiça. Corte Especial. REsp 1696396/MT. Rel. Ministra Nancy Andrighi, julgado em 05/12/2018, DJe 19/12/2018.

de desconsideração da personalidade jurídica, que impõem multas e que concedem tutela provisória com a finalidade de afastar o efeito suspensivo da apelação (art. 1.012, § 1º, V,[187] e 1013, § 5º, do CPC),[188] por exemplo.

Por essa razão, há quem entenda que a diferenciação realizada pelo legislador traduz esquecimento ou falha involuntária e que, por isso, a regra do *caput* deve ser interpretada restritivamente. Para Daniel Neves, em interpretação sistêmica, a omissão do legislador no *caput* do artigo 942 foi provavelmente involuntária, "[...] porque, se a pretensão era ampliar o cabimento, não teria sentido continuar a limitá-lo à espécie de resultado na ação rescisória e no agravo de instrumento." Portanto, para o autor, somente na hipótese de o julgamento de apelação reformar sentença de mérito o quórum deve ser ampliado.[189]

Esse entendimento é compartilhado por José Miguel Garcia Medina, para quem essa interpretação é a que melhor se harmoniza com a finalidade da técnica,[190] e por Nelson e Rosa Maria de Andrade Nery, segundo os quais, embora não expressa, essa restrição é dedutível do contexto, isto é, do § 3º do artigo 942 do CPC.[191]

Nesse sentido também foi o voto divergente do Ministro Marco Aurélio Belizze no julgamento do REsp 1.762.236/SP:

> [...] Apesar da interpretação literal sugerir que a técnica de julgamento ampliado terá lugar sempre que for rompida a unanimidade e, portanto, independentemente do resultado do julgamento, como defende a recorrente, uma interpretação sistemática do referido texto e seus parágrafos e historicamente contextualizada, apontam em sentido diverso.
>
> Portanto, a manutenção de coerência do sistema processual inaugurado pelo novo Código de Processo Civil perpassa pela interpretação harmônica das hipóteses de cabimento da técnica de julgamento, que deverão ter lugar sempre que, em julgamento não unânime, se altere substancialmente o conteúdo do decisum impugnado, qualquer que seja a forma de impugnação recursal: seja apelação, seja ação rescisória, seja agravo de instrumento.

---

187. "Art. 1.012. [...] § 1º Além de outras hipóteses previstas em lei, começa a produzir efeitos imediatamente após a sua publicação a sentença que: [...] V – confirma, concede ou revoga tutela provisória; [...]."

188. "Art. 1.013. [...] § 5º O capítulo da sentença que confirma, concede ou revoga a tutela provisória é impugnável na apelação."

189. NEVES, Daniel Amorim Assumpção. *Novo Código de Processo Civil Comentado*, p. 1535. Para ele, "[...] se a pretensão era ampliar o cabimento não teria sentido continuar a limitá-lo à espécie de resultado na ação rescisória e no agravo de instrumento." (NEVES, Daniel Amorim Assumpção. *Novo Código de Processo Civil Comentado*, p. 1535).

190. MEDINA, José Miguel Garcia. *Novo Código de Processo Civil comentado*, p. 1348.

191. NERY JR., Nelson; NERY, Rosa Maria de Andrade. *Código de Processo Civil comentado*. 17. ed. São Paulo: Thomson Reuters Brasil, 2018. p. 2093. *E-book*.

> Importante frisar, ainda, que a introdução desse parágrafo não inaugura no sistema processual uma aplicação diferenciada da técnica para os julgamentos de apelação, ação rescisória ou agravo de instrumento; ao contrário, como se depreende do parágrafo, a intenção foi aclarar a aplicação igualmente da técnica, segundo a natureza das decisões em foco. Não se pode esquecer que, à propósito das hipóteses de cabimento dos embargos infringentes, houve relevante discussão em relação ao acórdão que, por maioria, reformasse a decisão interlocutória devolvida por meio de agravo retido. Essa questão acabou resolvida em âmbito jurisprudencial com a edição do Enunciado n. 255, da Súmula do STJ, segundo a qual, "cabem embargos infringentes contra acórdão, proferido por maioria, em agravo retido, quando se tratar de matéria de mérito".
>
> De outro lado, a aparente distinção de tratamento entre as espécies recursais ressuscitaria o debate superado pela jurisprudência e, finalmente, pela legislação, ainda que em sentido oposto. Note-se que a solução jurisprudencial foi desenhada no sentido de assegurar a igualdade de tratamento legal para situações de natureza jurídica idêntica. Assim, toda decisão que ensejasse a alteração substancial do julgamento de mérito, por maioria, estaria sujeita à ampliação do debate proporcionada pela via recursal dos antigos embargos infringentes [...].[192]

Para Luiz Barbugiani, a restrição da aplicação da técnica no julgamento de agravo também é incoerente, por tutelar situações idênticas de forma diferente, razão pela qual ambas as hipóteses – do *caput* e do § 3º, II – merecem tratamento isonômico e uniforme. No entanto, para o autor, a partir da análise sistemática e teleológica do CPC de 2015, em especial, dos artigos 7º e 8º,[193] a interpretação não deve ser restritiva, mas ampliativa. Ele defende a equiparação da regra do *caput* com a hipótese do inciso II, § 3º, do artigo 942 e não o contrário, considerando que:

> As decisões interlocutórias anteriores à sentença podem ser proferidas sem o esgotamento de toda a instrução processual e, por isso, [são] mais fragilizadas sob o aspecto de uma visão conjuntural do processo em cognição exauriente. Enquanto isso, as sentenças são menos sujeitas a equívocos e, mesmo assim, segundo o *caput*, do artigo 942, do CPC, de 2015, serão submetidas à ampliação.[194]

---

192. BRASIL. Superior Tribunal de Justiça. REsp 1762236/SP. Terceira Turma. Rel. Ministro Marco Aurélio Bellizze; Rel. p/ Acórdão Ministro Ricardo Villas Bôas Cueva, julgado em 19/02/2019, DJe 15/03/2019.

193. "Art. 7º É assegurada às partes paridade de tratamento em relação ao exercício de direitos e faculdades processuais, aos meios de defesa, aos ônus, aos deveres e à aplicação de sanções processuais, competindo ao Juiz zelar pelo efetivo contraditório. Art. 8º Ao aplicar o ordenamento jurídico, o Juiz atenderá aos fins sociais e às exigências do bem comum, resguardando e promovendo a dignidade da pessoa humana e observando a proporcionalidade, a razoabilidade, a legalidade, a publicidade e a eficiência."

194. BARBUGIANI, Luiz Henrique Sormani. *Técnica de Julgamento do artigo 942 do CPC de 2015*, p. 49. O autor cita julgamentos que admitem a aplicação da técnica de julgamento

Ocorre que o fato de decisões interlocutórias serem proferidas em momento anterior ao encerramento da instrução probatória de modo algum implica a sua fragilidade. Primeiro, porque, para a incidência das hipóteses previstas no art. 356 do CPC, como visto, é necessária a constatação da prescindibilidade da abertura da instrução probatória, seja porque as questões discutidas são apenas jurídicas, seja porque as questões fáticas são incontroversas diante das provas arroladas, segundo o convencimento livremente motivado do Juiz (art. 371 do CPC).[195]

Logo, a diferença entre uma decisão que julga parcialmente o mérito e uma sentença está apenas no momento em que a primeira é prolatada e no fato de ela não colocar fim ao processo. A diferença não está no grau de confiabilidade que pode ser depositada na primeira, pois a permissão para cindir o mérito do processo é corolário do princípio da adequação da tutela jurisdicional e, portanto, do processo justo.[196]

Em segundo lugar, nem todas as decisões interlocutórias de mérito pressupõem a análise das provas ou da necessidade de elas serem produzidas ou não, como é o caso da decisão que impõe o pagamento de multa. Além disso, há decisões interlocutórias de mérito que se manifestam, justamente, sobre a utilidade da instrução,

---

no agravo de instrumento, ainda quando não há a reforma da decisão de mérito, mas apenas divergência de mérito, nas hipóteses de: "[...] a) relativização da coisa julgada com solicitação de nova perícia para modificar o valor de indenização de desapropriação; b) desprovimento por maioria de agravo de instrumento interposto de decisão que deferia a purgação da mora em alienação fiduciária; c) decisão que, por maioria, não aplicava o princípio da dialeticidade para conhecer do recurso em preliminar; d) decisão que após o voto favorável do relator divergia pelo entendimento dos demais Desembargadores em face do pronunciamento de primeiro grau, que não acolheu "impugnação de crédito arrolado em recuperação judicial, ao fundamento de não restar cumprida a exigência legal para constituição da garantia fiduciária, em razão do contrato firmado entre as partes não descrever apropriadamente o objeto garantidor." (BARBUGIANI, Luiz Henrique Sormani. *Técnica de Julgamento do artigo 942 do CPC de 2015*, p. 51-52).

195. "Art. 371. O juiz apreciará a prova constante dos autos, independentemente do sujeito que a tiver promovido, e indicará na decisão as razões da formação de seu convencimento."

196. "O julgamento conforme o estado do processo constitui um encurtamento do procedimento. Basicamente, deixa-se de seguir o procedimento comum porque é desnecessário: dado o estado do processo e do direito material que constitui objeto do litígio, seguir adiante constitui apenas perda de tempo. Daí que o legislador sumarizou formalmente o procedimento, encurtando-o, atento ao princípio da adequação da tutela jurisdicional. Nessa linha, o julgamento conforme o estado do processo constitui uma técnica de sumarização do procedimento que visa à concretização do princípio da adequação do processo. Cumpre ao Juiz de ofício aferir a desnecessidade de seguir adiante no procedimento e desde logo encurtá-lo, [julgando] o processo no estado em que se encontra." (MARINONI, Luiz Guilherme; ARENHART, Sérgio; MITIDIERO, Daniel. *Novo Curso de Processo Civil*: tutela dos direitos mediante procedimento comum. 2. ed. São Paulo: Ed. Revista dos Tribunais, 2016. v. II. p. 232).

ao, por exemplo, determinar ou rejeitar a exibição de documento ou coisa. Também existem decisões interlocutórias de mérito tomadas após o encerramento da instrução probatória, como qualquer uma das tomadas em sede de liquidação de sentença. Em todas as hipóteses, a decisão é tomada oportunamente, após a ponderação entre os valores da certeza e da celeridade, por impulso oficial.[197]

Em terceiro lugar, independentemente do momento em que é proferida, a decisão de mérito se reveste de *res judicata*, o que significa que a estabilidade da decisão interlocutória de mérito é tão imutável quanto a de uma sentença desde que ambas transitem em julgado. Ou seja, o efeito é o mesmo, mas, para que se implemente e, assim, para que as decisões sejam imutabilizadas da forma como foram proferidas, não pode haver impugnação da(s) parte(s), pois, quando o há, é o acórdão proferido pelo Tribunal que, então, terá a capacidade de se tornar rescindível apenas por ação rescisória.

Não surpreende, portanto, que se retorne à constatação de que a natureza – da decisão ou da sentença – não tem o condão de diferenciá-las para fins da incidência do art. 942 quando é interposto recurso contra uma delas. No entanto, é de se admirar que pouquíssima atenção tenha sido dada, contemporaneamente, ao segundo critério limitador da ampliação do quórum do julgamento do agravo: a reforma, pela maioria do Tribunal, da decisão impugnada.

De fato, sob o corolário da oralidade, o Juiz de primeiro grau se encontrou por muito tempo em posição privilegiada para apreciar as questões de fato, não apenas por presenciar a colheita da prova, ouvindo e inquirindo as testemunhas e as partes, bem como examinando objetos e lugares (identidade física do Juiz), mas também por dever apreciá-las, em cotejo com as provas, ao menos idealmente, logo após o encerramento da instrução (imediatidade).

Para Barbosa Moreira, o juiz de primeiro grau, se não conta com a experiência daqueles de segunda instância, tem a favorecê-lo o conhecimento dos fatos através da prova testemunhal, a concentração e a oralidade do processo, permitindo às partes o exercício de seus direitos e prerrogativas. Ele lembra, ademais, que nada garante que a última decisão seja mais correta e legítima do que a primeira. Em suas palavras:

> Não pode sofrer dúvida, em tese, que os fatos relevantes para o julgamento da lide têm maior probabilidade de ser bem averiguados e valorados através do contacto (sic) direto com as fontes de prova, que de ordinário, entre nós, ocorre

197. "[...] o procedimento avança rumo à tutela jurisdicional independentemente de as partes o impulsionarem. As partes não têm o ônus de requerer que o procedimento avance de uma fase à outra. No processo civil brasileiro, o Juiz é responsável por impulsionar o procedimento: daí a razão pela qual se fala em 'impulso oficial'." (MARINONI, Luiz Guilherme; ARENHART, Sérgio; MITIDIERO, Daniel. *Novo Curso de Processo Civil*: teoria do processo civil. v. I, p. 542).

> quase exclusivamente na instância inferior – ressalvado o caso da prova documental, a cujo respeito o problema não se põe, é óbvio, nos mesmos termos.[198]

Para Oreste Laspro, como o procedimento oral é o que melhor permite o alcance da verdade real,

> [...] o juiz de primeiro grau, se não conta com a experiência daqueles de segunda instância, tem a favorecê-lo o conhecimento dos fatos através da prova testemunhal, a concentração e oralidade do processo, permitindo às partes o exercício de seus direitos e prerrogativas.[199]

Ocorre que a substituição do processo físico pelo eletrônico permite que, hoje, as audiências sejam gravadas e, assim, o Tribunal tenha acesso direto à prova testemunhal. A raridade da prolação oral da sentença durante a audiência de instrução e julgamento também enfraquece o argumento de que o Juiz monocrático está em posição privilegiada para encontrar a verdade real, inclusive porque, como visto, o custo para alcançá-la – se é que isso é possível – não compensa o investimento privado e, sobretudo, público necessário para tanto.

Além disso, diferentemente do sistema norte-americano, no brasileiro, a análise das questões de fato, tanto quanto as de direito, cabe ao Juiz – seja de primeiro ou de segundo grau. Se, nos Estados Unidos, ainda que não seja um critério formal para a ampliação do quórum do julgamento, a reforma da sentença impugnada, empiricamente, tem peso na decisão do Tribunal de (re)apreciar o recurso pelo Pleno, isso se justifica pelo fato de, lá, a devolutividade do *appeal* ser limitada a questões de direito, considerando a tradicional autoridade do júri para analisar as questões de fato. A lógica, como visto, é a da indiscutibilidade das questões de fato e a da presunção da retidão das decisões de primeiro grau.

---

198. BARBOSA MOREIRA, José Carlos. *Comentários ao Código de Processo Civil*: arts. 476 a 565, p. 453-454. Nesse ponto, é interessante o apontamento de Egas Moniz sobre a redação originária do Código de 1939, que "[...] fizera prevalecer a sentença de primeiro grau em face do acórdão que a reformasse, quando verificada indecisão no julgamento dos embargos opostos ao pronunciamento proferido com o apelo [...] O interesse predominante na regra legal era o de projetar a figura do Juiz, que instruíra e julgara a causa." (ARAGÃO, Egas Moniz de. *Embargos Infringentes*, p. 142). No entanto, ele ressalva que "Retirar ao Presidente o tradicional voto de desempate, contudo, era passo avançado demais. Daí por que a regra causou espécie, suscitando protestos imediatos. Acrescentar a essa inovação a superioridade da sentença inferior, então, era ferir os melindres dos sobreJuízes. E assim originou-se a última reforma, pela qual, havendo equilíbrio, subsistiria o acórdão recorrido." (*Ibid*., p. 142). Diante da omissão a respeito no CPC/73, "[...] nenhuma dessas regras subsiste: em caso de empate, desempata, com seu voto, o Presidente do órgão julgador. E é a melhor solução." (*Ibid*., p. 142).
199. LASPRO, Oreste Nestor de Souza. *Duplo grau de jurisdição no direito processual civil*, p. 95.

No ordenamento brasileiro, em contrapartida, a regra é a devolutividade ampla tanto dos fatos quanto do direito impugnado. Marinoni, Arenhart e Mitidiero explicam, porém, que a possibilidade de os fatos serem reapreciados no Tribunal, mesmo que fragilize o princípio da oralidade, não o desqualifica necessariamente quando o controle recursal reside apenas sobre "[...] a motivação dada pela instância recorrida, ao dar maior valor a esta ou àquela prova, especialmente de modo a testar a coerência e a consistência dos fundamentos externados."[200]

Nesse caso,

> [...] não há propriamente uma substituição das impressões do juiz de primeiro grau pelas "impressões" inexistentes do Tribunal recursal. O que há é simplesmente um controle da suficiência dos argumentos empregados pelo Magistrado de primeiro grau, para fundamentar sua convicção em matéria de fato.[201]

Contudo, na prática, a finalidade dos recursos de agravo de instrumento e, sobretudo, de apelação, no Brasil, é a reforma ou anulação, respectivamente, da decisão interlocutória e da sentença para a correção de erros e injustiças. E, para tanto, autoriza-se não apenas a correção dos mesmos, como também a reapreciação dos fatos e o reexame das provas.[202]

Na verdade, admite-se, inclusive, a suscitação, pelas partes, de novas questões de fato, desde que comprovado motivo de força maior, nos termos do art. 1.014 do CPC.[203] Em sentido parecido, é a previsão do art. 435 do CPC que, na ausência de qualquer ressalva, também se aplica ao segundo grau:

> Art. 435. É lícito às partes, em qualquer tempo, juntar aos autos documentos novos, quando destinados a fazer prova de fatos ocorridos depois dos articulados ou para contrapô-los aos que foram produzidos nos autos.
>
> Parágrafo único. Admite-se também a juntada posterior de documentos formados após a petição inicial ou a contestação, bem como dos que se tornaram conhecidos, acessíveis ou disponíveis após esses atos, cabendo à parte que os produzir comprovar o motivo que a impediu de juntá-los anteriormente e incumbindo ao Juiz, em qualquer caso, avaliar a conduta da parte de acordo com o art. 5º.[204]

---

200. MARINONI, Luiz Guilherme; ARENHART, Sérgio; MITIDIERO, Daniel. *Novo Curso de Processo Civil*: teoria do processo civil. v. I, p. 540.
201. MARINONI, Luiz Guilherme; ARENHART, Sérgio; MITIDIERO, Daniel. Novo Curso de Processo Civil: teoria do processo civil. v. I, p. 540.
202. NERY JR., Nelson. *Teoria geral dos recursos*. 7. ed. rev. e atual, p. 405.
203. "Art. 1.014. As questões de fato não propostas no juízo inferior poderão ser suscitadas na apelação, se a parte provar que deixou de fazê-lo por motivo de força maior."
204. Em comentário sobre este dispositivo, Fredie Didier e Leonardo Carneiro da Cunha anotam que "Nada justifica que apenas a prova documental possa ser produzida em fase

Aos julgadores, de ofício, também é dado o poder-dever de reconhecer fato superveniente até a sessão de julgamento:

> Art. 933. Se o relator constatar a ocorrência de fato superveniente à decisão recorrida ou a existência de questão apreciável de ofício ainda não examinada que devam ser considerados no julgamento do recurso, intimará as partes para que se manifestem no prazo de 5 (cinco) dias.
>
> § 1º Se a constatação ocorrer durante a sessão de julgamento, esse será imediatamente suspenso a fim de que as partes se manifestem especificamente.
>
> § 2º Se a constatação se der em vista dos autos, deverá o Juiz que a solicitou encaminhá-los ao relator, que tomará as providências previstas no caput e, em seguida, solicitará a inclusão do feito em pauta para prosseguimento do julgamento, com submissão integral da nova questão aos julgadores.

No mesmo sentido:

> Art. 493. Se, depois da propositura da ação, algum fato constitutivo, modificativo ou extintivo do direito influir no julgamento do mérito, caberá ao Juiz tomá-lo em consideração, de ofício ou a requerimento da parte, no momento de proferir a decisão.
>
> Parágrafo único. Se constatar de ofício o fato novo, o Juiz ouvirá as partes sobre ele antes de decidir.

Além disso, o Código atribui ao Relator do processo o poder de "[...] dirigir e ordenar o processo no Tribunal, inclusive em relação à produção de prova, bem como, quando for o caso, homologar autocomposição das partes [...]" (art. 932, I, do CPC). E mais: reconhecida a necessidade de produção de prova, autoriza, expressamente, a conversão do julgamento em diligência para tanto – pelo Relator ou pelo órgão julgador. A produção probatória será feita em primeira ou segunda instância, para, necessariamente, uma vez concluída, a prova colhida ser analisada pelo Tribunal (art. 938, §§ 3º e 4º, do CPC).[205]

---

recursal, até mesmo porque a prova documental prevê a possibilidade de o juiz (qualquer juiz) determinar a produção de outros meios de prova. Realmente, o órgão julgador pode, em qualquer fase do processo (inclusive em instância recursal) inspecionar pessoalmente pessoas ou coisas (móveis, imóveis e semoventes), a fim de esclarecer-se sobre fato que interesse à decisão da causa (art. 481, CPC)." (DIDIER JR., Fredie; CUNHA, Leonardo Carneiro da. *Curso de Direito Processual Civil*. v. 3, p. 47-48).

205. "Art. 938. [...] § 3º Reconhecida a necessidade de produção de prova, o relator converterá o julgamento em diligência, que se realizará no tribunal ou em primeiro grau de jurisdição, decidindo-se o recurso após a conclusão da instrução. § 4º Quando não determinadas pelo relator, as providências indicadas nos §§ 1º e 3º poderão ser determinadas pelo órgão competente para julgamento do recurso."

Didier e Cunha entendem, ainda, que os poderes instrutórios dos Desembargadores também provêm do disposto no art. 370, *caput*, do CPC.[206] Para eles:

> [...] aplica-se ao Tribunal o art. 370 do CPC, que confere poderes instrutórios ao juiz – e em Tribunal também há juízes; com competência funcional diversa, é claro, mas juízes. Nada justifica restringir a incidência do artigo à atuação do juízo de primeira instância. Não se pode restringir o exercício da função jurisdicional do Tribunal, em competência recursal. Se a causa há de ser rejulgada no procedimento recursal, não se pode retirar do órgão ad quem a possibilidade de produzir provas que fundamentem o seu convencimento.[207]

Seja qual for o entendimento doutrinário a respeito da natureza e da (im)prescindibilidade do segundo grau de jurisdição, o fato é que, num sistema em que se admite não apenas a revisão de fatos pelo Tribunal, como a apreciação de novos fatos e a produção de novas provas, a decisão do Juiz de primeiro grau não pode ter o mesmo peso do voto dos Desembargadores.

Quando esse é o caso, isto é, quando são apresentados novos documentos e alegações ao Tribunal de Apelação, em certa medida, ele sequer atua como segunda instância. Como a base de exame é diversa, não existe reexame, propriamente. Segundo Oreste Laspro:

> Nos sistemas que admitem uma renovação ampla e ilimitada da instrução em grau de apelação [...] temos, na verdade, duas demandas diversas, porque o julgador de primeiro grau julga com base nos elementos que lhe foram dados e em segundo grau acabam sendo trazidos outros elementos, um verdadeiro *novum iudicium*. De fato, não se pode nem mesmo dizer que o juiz *a quo* cometeu uma injustiça ao julgar, pois julgou com as provas que tinha e, se os fatos são absolutamente opostos, como se demonstra perante o juiz *ad quem*, isso faz com que a apelação e o segundo grau se tornem praticamente o primeiro e único exame da verdadeira demanda.[208]

E não se diga que a desconsideração da decisão de primeiro grau desvaloriza a primeira instância. Bem-vistas as coisas, a desvalorização do primeiro grau está no congestionamento de sua carga de trabalho, em parte, decorrente da fragilização da sua estrutura material. Tanto é assim que:

---

206. "Art. 370. Caberá ao juiz, de ofício ou a requerimento da parte, determinar as provas necessárias ao julgamento do mérito. [...]"

207. DIDIER JR., Fredie; CUNHA, Leonardo Carneiro da. *Curso de Direito Processual Civil*. v. 3, p. 46-47.

208. LASPRO, Oreste Nestor de Souza. *Duplo grau de jurisdição no direito processual civil*, p. 27, grifo do autor.

> De acordo com os indicadores do Relatório Justiça em Números, o primeiro grau de jurisdição é o segmento mais sobrecarregado do Poder Judiciário e, por conseguinte, aquele que presta serviços judiciários mais aquém da qualidade desejada.[209]

Nessas condições, ainda que fosse vetada a produção de provas em segundo grau, a opção por exigir a reforma da decisão monocrática a fim de valorizá-la, seria, no mínimo, questionável. Primeiro, porque à vista da quantidade de processos conclusos com cada Magistrado singular, não há garantia de que o contato do Juiz com a prova produzida resultará, necessariamente, na sua melhor valoração. Segundo, pois, se a intenção é valorizar o Juiz monocrático, a medida prioritária deve ser o descongestionamento da sua carga de trabalho, através da redistribuição de servidores e da ampliação do número de Juízes.

Por fim, é evidente que a decisão do Juiz de primeiro grau não aproveita os benefícios da deliberação aludidos no capítulo um. Desse ponto de vista, pode-se dizer que a contabilização do voto singular desprestigiaria os valores da colegialidade.

Do exposto, seria, então, possível inferir que no julgamento de todo e qualquer agravo de instrumento o quórum deveria ser ampliado quando manifestada divergência. Ocorre que esse entendimento contraria diretamente a intenção do legislador de restringir o cabimento da técnica nessa hipótese. Não se pode ignorar uma decisão de política legislativa tomada democraticamente, ainda que pareça ferir a isonomia.

A interpretação a ser dada ao artigo deve ser sistemática e teleológica. Assim como o CPC deve ser analisado dentro do contexto do ordenamento jurídico brasileiro, os seus artigos devem ser examinados de acordo com os seus parágrafos e incisos e os demais dispositivos.[210] A esse respeito, é interessante a passagem do voto vencedor do REsp 1.696.396/MT, de relatoria da Ministra Nancy Andrighi, responsável pela definição da tese da taxatividade mitigada do art. 1.015 do CPC:

> [...] Por se tratar de ramo do direito público, o direito processual deve sempre ser lido e interpretado à luz do texto constitucional. A Constituição Federal, pois, não pode estar em outros locais senão na base e simultaneamente no vértice do sistema processual, devendo todas as regras pertencentes a esse sistema serem interpretadas tendo-a como fundamento de validade e, ao mesmo tempo, como fonte normativa maior a que se deve respeito.

---

209. BRASIL. Conselho Nacional de Justiça. *Priorização do 1º grau de Jurisdição*. Disponível em: <https://www.cnj.jus.br/programas-e-acoes/priorizacao-do-1o-grau/>, Acesso em: 05 mar. 2022.

210. FERRAZ JÚNIOR, Tercio Sampaio. *Introdução ao Estudo do Direito*: técnica, decisão, dominação. 11. ed. São Paulo: Atlas, 2018. p. 247.

> Dessa forma, andou bem o legislador ao inserir, no Capítulo I do Título Único do Livro I do CPC/15, um conjunto de diretivas denominado "Normas Fundamentais do Processo Civil", pois, a despeito de ser dispensável para a adequada compreensão do sistema processual, o capítulo possui uma função eminentemente pedagógica: quer se lembrar, a todo momento, que quaisquer pessoas que se relacionem com o processo civil deverão interpretá-lo tendo como base e também como ápice as suas normas fundamentais.
>
> Além da mencionada função educacional, as metanormas do processo civil também cumprem um outro papel de igual relevância, pois permitem que esta Corte possa exercer amplo controle acerca da mais adequada interpretação que se deva conferir aos dispositivos legais de índole processual existentes no sistema, tratando-se a hipótese em tela um emblemático exemplo dessa obrigatoriedade [...].[211]

Além disso, a leitura do art. 942 do CPC deve ser guiada pelo seu propósito, analisado no capítulo dois – a promoção da qualidade da solução dada ao caso concreto através do estímulo ao debate quando constatada divergência –, sem que se olvidem as suas consequências práticas, devidamente ponderadas no capítulo seguinte.[212]

Argumentos exclusivamente valorativos e principiológicos não podem ser independentemente valorados como critério para a alocação de recursos públicos. Para Erik Navarro, isso pode se tornar um atalho autoritário, que simplesmente exclui o que mais importa: a realidade. Para ele, "o que define a correção de um posicionamento sobre uma questão difícil é, em última instância, uma questão empírica."[213]

Tendo isso em vista, sugere-se que se encontre alguma hipótese em que os poderes instrutórios do Tribunal e os benefícios da deliberação dos seus integrantes revelem-se de menor valia para a apreciação do recurso interposto contra decisão

---

211. BRASIL. Superior Tribunal de Justiça. Corte Especial. REsp 1696396/MT, Rel. Ministra Nancy Andrighi, julgado em 05/12/2018, DJe 19/12/2018.

212. "Em suma, a interpretação teleológica e axiológica ativa a participação do intérprete na configuração do sentido. Seu movimento interpretativo, inversamente ao da interpretação sistemática que também postula uma cabal e coerente unidade do sistema, parte das consequências avaliadas e das normas e retorna para o interior do sistema. É como se o intérprete tentasse fazer com que o legislador fosse capaz de mover suas próprias previsões, pois as decisões dos conflitos parecem basear-se nas previsões de suas próprias consequências. Assim, entende-se que, não importa a norma, ela há de ter, para o hermeneuta, sempre um objetivo que serve para controlar até as consequências da previsão legal (a lei sempre visa aos fins sociais do direito e às exigências do bem comum, ainda que, de fato, possa parecer que eles não estejam sendo atendidos)." (FERRAZ JÚNIOR, Tercio Sampaio. *Introdução ao Estudo do Direito*, p. 256).

213. NAVARRO, Erik. *Análise econômica do processo civil*, p. 211.

interlocutória. Em tese, é esse o caso do julgamento parcial de mérito, previsto no art. 356 do CPC.

Ora, quando algum dos pedidos iniciais ou parcela dele é incontroverso(a) ou está em condições de julgamento imediato, porque é dispensada a produção de outras provas (art. 355, I, do CPC) ou incidem os efeitos da revelia e não há requerimento de produção de prova (art. 355, II, do CPC), as opções do Tribunal são: a) manter o julgamento parcial de mérito, conforme decidido em primeiro grau, negando provimento ao recurso; b) manter o julgamento parcial de mérito, em sentido contrário à decisão de primeiro grau, reformando-a e dando provimento ao recurso; c) anular o *decisum* monocrático e determinar a reabertura da instrução probatória em primeiro grau, de ofício ou acolhendo as razões recursais; ou d) reconhecer questão de ordem pública de ofício, considerando prejudicado o recurso e extinto, com ou sem resolução de mérito, parte – ou todo – o processo, a depender da concepção da profundidade do efeito devolutivo – ou translativo – adotada.

Na medida em que o legislador já ponderou entre os ideais da certeza e da brevidade quando elegeu as hipóteses do art. 356, *caput*, I e II, e que não há prova a ser potencialmente produzida perante o Tribunal nesses casos, faz sentido restringir a incidência do art. 942, § 3º, II, do CPC ao julgamento do agravo que reforma a decisão parcial de mérito (art. 356 do CPC) contra a qual ele foi interposto, o que inclui as hipóteses "b", "c" ou "d".[214]

Em outras palavras, o que se propõe é a restrição da ampliação do quórum tal como prevista no art. 942, § 3º, II, do CPC para o julgamento do recurso de agravo às hipóteses em que há reforma no Tribunal da decisão singular que julga antecipada e parcialmente o mérito, com base no art. 356, *caput*, I e II.[215]

Veja-se que, em caso apreciado pela sua Terceira Turma em 2020, o STJ afastou a incidência do art. 942 ao julgamento de agravo interposto contra decisão que indeferiu a penhora de imóvel gerador de dívida condominial, para a tentativa de penhora de outros bens. O acórdão do Tribunal da Cidadania foi assim ementado:

---

214. "Uma interpretação restritiva ocorre toda vez que se limita o sentido da norma, não obstante a amplitude de sua expressão literal. Em geral, o intérprete vale-se de considerações teleológicas e axiológicas para fundar o raciocínio. Supõe, assim, que a mera interpretação especificadora não atinge os objetivos da norma, pois lhe confere uma amplitude que prejudica os interesses, ao invés de protegê-los." (FERRAZ JÚNIOR, Tercio Sampaio. *Introdução ao Estudo do Direito*, p. 258).

215. "Uma interpretação restritiva ocorre toda vez que se limita o sentido da norma, não obstante a amplitude de sua expressão literal. Em geral, o intérprete vale-se de considerações teleológicas e axiológicas para fundar o raciocínio. Supõe, assim, que a mera interpretação especificadora não atinge os objetivos da norma, pois lhe confere uma amplitude que prejudica os interesses, ao invés de protegê-los." (FERRAZ JÚNIOR, Tercio Sampaio. *Introdução ao Estudo do Direito*, p. 258).

> PROCESSUAL CIVIL. AGRAVO INTERNO EM AGRAVO EM RECURSO ESPECIAL. CUMPRIMENTO DE SENTENÇA. TAXAS CONDOMINIAIS. ALIENAÇÃO FIDUCIÁRIA EM GARANTIA. DIREITOS DO DEVEDOR FIDUCIANTE. PENHORA DO IMÓVEL DEVEDOR. IMPOSSIBILIDADE.
>
> 1. Cumprimento de sentença.
>
> 2. A técnica diferenciada de julgamento, prevista no artigo 942, caput, § 3º, inciso III, do CPC, só será exigível nas hipóteses em que o Agravo de Instrumento julgue antecipadamente o mérito da demanda, o que permite a interpretação de que tal dispositivo se dirige às ações de conhecimento, não se aplicando, assim, ao processo de execução, como na hipótese dos autos, haja vista tratar-se de cumprimento de sentença.
>
> 3. Não se admite a penhora do bem alienado fiduciariamente em execução promovida por terceiros contra o devedor fiduciante, visto que o patrimônio pertence ao credor fiduciário, permitindo-se, contudo, a constrição dos direitos decorrentes do contrato de alienação fiduciária. Precedentes.
>
> 4. Agravo interno desprovido.[216]

Na fundamentação, é sugerido pela i. Relatoria que o STJ teria, justamente, passado a limitar a incidência do inc. II, do § 3º, do art. 942 ao julgamento parcial de mérito previsto no art. 356 do CPC:

> [...] O Tribunal de origem, ao examinar o tema relativo à pretensão de ampliação do julgamento, assim consignou:
>
> Realmente, em se tratando de agravo de instrumento, só há que se cogitar de o julgamento ampliado, na hipótese consubstanciada no inc. II, do § 3º, do art. 942, verbis: "quando houver reforma da decisão que julgar parcialmente o mérito"
>
> Dúvida não há de que aludido dispositivo ao fazer referência a decisão que "julga parcialmente o mérito", está a cuidar do julgamento antecipado parcial do mérito, no âmbito de processo de conhecimento, previsto no art. 356 do CPC.
>
> In casu, não houve julgamento antecipado parcial do mérito no âmbito do processo de conhecimento. Aliás, a decisão agravada foi proferida em sede de cumprimento de sentença.
>
> Logo, inadmissível a discussão armada acerca da necessidade de julgamento ampliado na hipótese, pelo que não há que se cogitar, como acima observado, de omissão na espécie.
>
> Ao assim decidir, o Tribunal de origem foi ao encontro do posicionamento deste Superior Tribunal de Justiça, para o qual, a técnica diferenciada de julgamento,

216. BRASIL. Superior Tribunal de Justiça. Terceira Turma. AgInt no AREsp 1654813/SP, Rel. Ministra Nancy Andrighi, julgado em 29/06/2020, DJe 01/07/2020.

prevista no artigo 942, caput, § 3º, inciso III, do CPC, só será exigível nas hipóteses em que o Agravo de Instrumento julgue antecipadamente o mérito da demanda, o que permite a interpretação de que tal dispositivo se dirige às ações de conhecimento, não se aplicando, assim, ao processo de execução, como na hipótese dos autos, haja vista tratar-se de cumprimento de sentença.

Com base nesse entendimento, já houve, inclusive, a prolação de decisões monocráticas:

> [...] Ademais, "a técnica diferenciada de julgamento, prevista no artigo 942, caput, § 3º, inciso III, do CPC, só será exigível nas hipóteses em que o Agravo de Instrumento julgue antecipadamente o mérito da demanda, o que permite a interpretação de que tal dispositivo se dirige às ações de conhecimento, não se aplicando, assim, ao processo de execução, como na hipótese dos autos, haja vista tratar-se de cumprimento de sentença" (STJ, AgInt no AREsp 1.654.813/SP, Rel. Ministra NANCY ANDRIGHI, TERCEIRA TURMA, DJe de 01/07/2020) [...].[217]
>
> [...] Quanto à alegada violação ao art. 942 do CPC/2015, o Tribunal local asseverou o que segue:
>
> "Como se depreende, a regra do artigo 942, § 3º, II, o procedimento de julgamento por turma ampliada se aplica a agravo de instrumento somente se houver reforma de decisão que julgou antecipada e parcialmente o mérito da demanda, na forma do art. 356 do CPC:
>
> Art. 356. O juiz decidirá parcialmente o mérito quando um ou mais dos pedidos formulados ou parcela deles:
>
> I – mostrar-se incontroverso;
>
> II – estiver em condições de imediato julgamento, nos termos do art. 355.
>
> É dizer, a regra do artigo 942, § 3º, II aplica-se ao julgamento não unânime de agravo de instrumento quando houver reforma da decisão que julgar parcialmente o mérito no processo de conhecimento, não tendo aplicabilidade nas execuções. [...]
>
> (...)
>
> Sendo este o caso dos autos (execução), feito tal esclarecimento, nada há para ser modificado no ponto em questão" (fls. 142/143e).
>
> Observa-se que o acórdão está em consonância com a jurisprudência deste Tribunal, [...].[218]

---

217. BRASIL. Superior Tribunal de Justiça. Decisão Monocrática. REsp 1902553/RS (2020/0280763-8). Rel. Ministra Assusete Magalhães, julgado em 01/02/2022, DJe 02/02/2022.
218. BRASIL. Superior Tribunal de Justiça. Decisão Monocrática. REsp 1958285/SC (2021/0282260-0). Rel. Ministra Assusete Magalhães, julgado em 29/11/2021, DJe 01/12/2021.

Todavia, a brevidade das razões até então apresentadas nesse sentido somada à ausência de manifestação da Corte Especial sobre o assunto não permitem identificar qualquer tendência com segurança. Aliás, ainda que essa orientação seja consagrada, fica a dúvida quanto a incidência do *caput* do art. 942 aos julgamentos dos agravos interpostos contra decisões de mérito que não dizem respeito ao art. 356 do CPC. Ou, para o STJ, seriam todos esses julgamentos exceptuados tanto do § 3º, II, quanto do *caput*?

Até o momento, a Corte vem sinalizando que a técnica não seria aplicável ao julgamento de agravo interposto contra decisão de mérito proferida em sede de cumprimento de sentença e execução. Nesse sentido:

> AGRAVO INTERNO NO AGRAVO EM RECURSO ESPECIAL – AUTOS DE AGRAVO DE INSTRUMENTO NA ORIGEM – DECISÃO MONOCRÁTICA QUE NEGOU PROVIMENTO AO RECLAMO. INSURGÊNCIA RECURSAL DA PARTE AGRAVADA.
>
> 1. "A técnica diferenciada de julgamento, prevista no artigo 942, caput, § 3º, inciso III, do CPC, só será exigível nas hipóteses em que o Agravo de Instrumento julgue antecipadamente o mérito da demanda, o que permite a interpretação de que tal dispositivo se dirige às ações de conhecimento, não se aplicando, assim, ao processo de execução, como na hipótese dos autos, haja vista tratar-se de cumprimento de sentença." (AgInt no AREsp 1654813/SP, Rel. Ministra NANCY ANDRIGHI, TERCEIRA TURMA, julgado em 29/06/2020, DJe 01/07/2020) [...].[219]

Mas, diante dos objetivos que a técnica decisória prevista no art. 942 é vocacionada a materializar, essa redução do âmbito de incidência da técnica é questionável, além de insuficiente para esclarecer diversas outras situações.

A rigor, é mais coerente que o *caput* do art. 942 – textualmente aplicável apenas ao julgamento do recurso de apelação em que haja divergência – seja interpretado extensivamente[220] ou sofra alteração de *lege ferenda* para incluir o julgamento não

---

219. BRASIL. Superior Tribunal de Justiça. Quarta Turma. AgInt no AREsp 1175734/SP, Rel. Ministro Marco Buzzi, julgado em 07/12/2020, DJe 15/12/2020.

220. "Trata-se de um modo de interpretação que amplia o sentido da norma para além do contido em sua letra. Isso significa que o intérprete toma a mensagem codificada num código forte e a decodifica conforme um código fraco. Argumenta-se, não obstante, que desse modo estará respeitada a ratio legis, pois o legislador (obviamente, o legislador racional) não poderia deixar de prever casos que, aparentemente, por uma interpretação meramente especificadora, não seriam lançados." (FERRAZ JÚNIOR, Tercio Sampaio. *Introdução ao Estudo do Direito*, p. 260 e 261). "Na interpretação extensiva, partimos de uma norma e a estendemos a casos que estão compreendidos implicitamente em sua letra ou explicitamente em seu espírito." (*Ibid.* p. 268).

unânime de agravo contra decisão de mérito não abrangida pelas hipóteses do art. 356.

Ou seja, quando a decisão de mérito agravada não for resultado de julgamento antecipado parcial do mérito (art. 356 do CPC), a ampliação do quórum de julgamento prescindiria da reforma da decisão agravada, bastando a divergência – total ou parcial – no resultado, já que a aplicação da regra da *doppia conforme* não tem sentido.

E mais: para evitar que situações idênticas sejam tuteladas de forma diversa, eis que uma decisão interlocutória processual contra a qual é interposto agravo pode resultar em acórdão de mérito transitado em julgado, é o caso de também incluir as decisões processuais agraváveis no âmbito de incidência do *caput* do art. 942.

De todo modo, independente do sentido interpretativo que se atribua ao *caput* e ao § 3º, II, do art. 942 do CPC, o mais importante é que eles sejam esclarecidos aos jurisdicionados em prol da segurança jurídica. Por enquanto, ainda são muitas as dúvidas procedimentais relacionadas à incidência da técnica de julgamento, algumas das quais serão objeto de análise do capítulo seguinte (item 5.).

Capítulo 5
QUESTÕES PROCEDIMENTAIS

A discussão a respeito dos critérios elegidos pelo legislador para a aplicação da técnica decisória prevista no art. 942 não é a única a despertar o interesse da doutrina. Para Teresa Arruda Alvim, ela "[...] tem gerado mais problemas do que propriamente o aprimoramento das decisões dos Tribunais",[1] considerando as inúmeras dúvidas procedimentais que tem levantado.

Os Regimentos Internos dos Tribunais apresentam conteúdo normativo de lei local material para assuntos da sua competência funcional, o que lhes permite regular o procedimento através do qual a técnica decisória prevista no art. 942 será aplicada. Isso não lhes confere, porém, poder para restringir ou ampliar seu cabimento, devendo ser respeitada a competência da União para legislar sobre matéria processual, conforme disposição do art. 22, I, da Constituição Federal.[2]

Constata-se uma pluralidade de interpretações a respeito do art. 942 nas Cortes de Justiça[3] – o que não pode servir para justificar a eliminação da técnica. Devem ser buscadas respostas interpretativas que não ignorem a redação dada pelo legislador e que, ao mesmo tempo, atribuam-lhe sentido compatível com o sistema e com a função que a regra é capaz de satisfazer na prática.[4]

5.1. Dispersão de votos

A dispersão de votos caracteriza-se pela ausência do alcance da maioria quantitativa ou qualitativa no resultado da votação.[5]

Na dispersão quantitativa, cada julgador define um *quantum* indenizatório diverso a título de reparação à parte, sendo necessária a adoção do voto médio. Isso

1. ALVIM, Teresa Arruda. Ampliar a colegialidade: a que custo?, p. 17.
2. "Art. 22. Compete privativamente à União legislar sobre: I – direito civil, comercial, penal, processual, eleitoral, agrário, marítimo, aeronáutico, espacial e do trabalho; [...]."
3. Não é objetivo do trabalho realizar, sobre elas, um estudo comparativo, por isso poucos exemplos dessas discrepâncias são citados apenas a título exemplificativo em temas pontuais.
4. SAMPAIO, José Roberto de Albuquerque. Conversa sobre Processo: Elogio ao art. 942 do CPC. O Uso Saudável da Técnica, p. 178.
5. DIDIER JR, Fredie; CUNHA, Leonardo José Carneiro da. *Curso de direito processual civil.* 13. ed. v. 3, p. 80.

pode ser feito através do sistema da continência, em que são somados em ordem decrescente os *quanta* estipulados por cada julgador e, então, é selecionado o "voto do meio", ou do sistema da média aritmética, a partir do qual os valores fixados individualmente são somados e divididos pelo número total de julgadores.[6]

Na dispersão qualitativa, cada voto indica um resultado diferente e, para o alcance da solução, pode-se recorrer a três sistemas diferentes: o da supervotação, que exige a convocação de outros Juízes em número suficiente para a definição, por maioria, de um dos votos dispersos; o da opção coata, que pressupõe a nova tomada dos votos e, caso isso não resolva a dispersão, a adesão dos partidários das teses minoritárias a uma das majoritárias; e o da exclusão, que consiste na votação de duas opiniões discordantes por vez para verificar qual delas prevalece no final.[7]

O método a ser adotado deverá ser escolhido e registrado no Regimento Interno de cada Tribunal. O Supremo Tribunal Federal, por exemplo, utiliza o sistema da opção coata.[8] A dúvida está na ordem que deverá ser observada quando, além da dispersão, incidir o *caput* ou o § 3º, II, do artigo 942.

A solução mais adequada é a aplicação imediata da técnica decisória. O fato de o disposto no artigo 942 não consistir em recurso faz com que a ampliação do quórum seja automática. A técnica incide em momento anterior à conclusão do julgamento, não havendo lavratura de acórdão, mesmo que parcial. Assim que os votos dos três membros do quórum inicial são colhidos e identifica-se a impossibilidade de agregá-los, novos julgadores são convocados e a votação prossegue na mesma ou na(s) próxima(s) sessão(ões).

No máximo, há a suspensão do julgamento iniciado. Em nenhuma hipótese ele é encerrado, porque não há declaração do resultado da votação em que houve a dispersão pelo Presidente da Câmara ou Turma ao qual o recurso analisado foi distribuído.

---

6. No primeiro – sistema da continência –, "[...] supondo-se que sejam cinco os componentes do órgão fracionário, e o primeiro voto condenou o réu a pagar 80; o segundo, 50; o terceiro, 40; o quarto, 30; e o último, 10; prevalece o último voto proferido que reúne a maioria absoluta, ou seja, o do terceiro votante, pois os que condenaram a pagar 80 e 50 também condenaram em 40; ao invés, os que condenaram a pagar 30 ou 10 ficaram aquém do montante mínimo." (ASSIS, Araken de. *Manual dos Recursos*. 1. ed. em e-book baseada na 8. ed. impressa, p. 353). No segundo – sistema da média aritimética, "[...] o cálculo seria o seguinte: 80 + 50 + 40 + 30 + 10: 5 = 42." (*Ibid.*, p. 353-354).
7. ASSIS, Araken de. *Manual dos Recursos*. 1. ed. em e-book baseada na 8. ed. impressa, p. 353.
8. Art. 185, § 2º, do Regimento Interno: "Na hipótese de os votos se dividirem entre mais de duas interpretações, proceder-se-á, em outra sessão designada pelo Presidente, à segunda votação restrita à escolha, pelo quórum de seis Ministros, pelo menos, de uma dentre as duas interpretações anteriormente mais votadas."

A partir da leitura do disposto no art. 941, *caput*, do CPC,[9] a possibilidade de ser lavrado o acórdão e encerrado o julgamento é exigida para que a dispersão – qualitativa ou quantitativa – seja solucionada por um dos métodos mencionados. Logo, apenas se a dispersão persistir após a incidência do art. 942 – isto é, mesmo depois da discussão pelo quórum ampliado e da nova contagem de votos –, é que tais métodos deverão ser empregados.[10]

5.2. A composição do quórum ampliado

O *caput* do art. 942 exige a convocação de julgadores "[...] em número suficiente para garantir a possibilidade de inversão do resultado inicial [...]." Isso significa que deverão ser convocados outros dois Desembargadores para compor o quórum de julgamento. Ainda que não se ignore a possibilidade de os membros do quórum original – ou de pelo menos um deles –, que inicialmente compunha(m) a maioria, ser(em) convencido(s) a mudar de opinião e a apoiar o dissidente, a interpretação semântica e teleológica do *caput* não permite a dispensa de nenhum convocado.

O número de Magistrados chamados deve ser suficiente, por si só, para tornar vencedor o voto minoritário e assim deve permanecer mesmo quando, antes da tomada dos novos votos, um dos Juízes do quórum originário altera o resultado do voto outrora manifestado.

A finalidade da técnica é valorizar a dissidência e estimular o debate para, assim, promover a qualidade da decisão tomada. Logo, ainda que com a manifestação do voto de um quarto julgador, a princípio, o resultado do julgamento possa já ser definido, o encerramento da votação não se justifica pelo princípio da eficiência. O desrespeito à letra do *caput*, nesse caso, implica a subversão da ordem processual e da finalidade subjacente à criação da técnica do quórum ampliado.[11]

Existe, porém, um desafio estrutural a ser superado para a viabilidade dessa perspectiva. A maior parte dos órgãos colegiados de segundo grau do país funciona com menos de cinco membros. Em levantamento feito por Marcelo Navarro Ribeiro Dantas, vinte e três dos trinta e dois Tribunais de Justiça não estruturam

9. "Art. 941. Proferidos os votos, o presidente anunciará o resultado do julgamento, designando para redigir o acórdão o relator ou, se vencido este, o autor do primeiro voto vencedor. [...]"

10. Nesse sentido, entre outros: SAMPAIO, José Roberto de Albuquerque. Conversa sobre Processo: Elogio ao art. 942 do CPC. O Uso Saudável da Técnica, p. 170. DIDIER JR, Fredie; CUNHA, Leonardo José Carneiro da. *Curso de direito processual civil*. 13. ed. v. 3, p. 82. CÂMARA, Alexandre Freitas. A complementação de julgamentos não unânimes e a dispersão de votos. *Consultor Jurídico*, 16 mar. 2017. Disponível em: <https://www.conjur.com.br/2017-mar-16/alexandre-camara-complementacao-julgamentos-nao-unanimes>. Acesso em: 15.02.2022.

11. SAMPAIO, José Roberto de Albuquerque. Conversa sobre Processo: Elogio ao art. 942 do CPC. O Uso Saudável da Técnica, p. 172.

suas Câmaras ou Turmas com 5 integrantes. Em quinze, elas são formadas por 3 Desembargadores, enquanto em oito, por 4.[12]

12. DANTAS, Marcelo Navarro Ribeiro. A problemática dos embargos infringentes no projeto do novo Código de Processo Civil. In: FREIRE, Alexandre *et al.* (Org.). *Novas tendências do processo civil*: Estudos sobre o projeto do novo Código de Processo Civil. Salvador: JusPodivm, 2013. p. 727-738, p. 733-735. Órgãos fracionários compostos por três Desembargadores: 1. Tribunal Regional Federal da 1ª Região (TRF1), nos termos do artigo 3º, parágrafo 1º, combinado com o 13, II, do seu Regimento Interno (RI); 2. Tribunal Regional Federal da 2ª Região (artigo 2º, parágrafo 5º, combinado com o 16, III, do RITRF2); 3. Tribunal Regional Federal da 4ª Região (artigo 2º, parágrafo 4º, combinado com o 15, II, a, do RITRF3); 4. Tribunal Regional Federal da 5ª Região (artigo 3º, parágrafo 2º, combinado com o 8º, II e III, do RITRF5); 5. Tribunal de Justiça do Estado do Acre (artigo 8º, combinado com o 9º, II, a, do RITJAC); 6. Tribunal de Justiça do Estado de Alagoas (artigo 16 do Código de Normas do TJAL); 7. Tribunal de Justiça do Estado do Amazonas (artigo 6º, combinado com o 13, do RITJAM); 8. Tribunal de Justiça do Estado da Bahia (artigo 91, parágrafo 3º, combinado com o 97, II, do RITJBA); 9. Tribunal de Justiça do Estado do Maranhão (artigo 14, parágrafo único, combinado com o 17, II, do RITJMA); 10. Tribunal de Justiça do Estado do Pará (artigo 26, I, do RITJPA); 11. Tribunal de Justiça do Estado da Paraíba (artigo 13, combinado com o 16, II, do RITJPB);12. Tribunal de Justiça do Estado de Pernambuco (artigo 17, combinado com o 25, II, a, e o 25-A, II, a, do RITJPE); 13. Tribunal de Justiça do Estado do Piauí (artigo 3º, parágrafo 2º, combinado com o 85, I, do RITJPI); 14. Tribunal de Justiça do Estado do Rio Grande do Norte, com exceção da Terceira Câmara, formada por 4 Desembargadores (artigo 14, *caput*, combinado com o artigo 18, do RITJRN); e 15. Tribunal de Justiça do Estado de Rondônia ("no mínimo três", artigo 9º, combinado com o 12 e seus incisos, e o 135, I, b, do RITJRO); Órgãos fracionários compostos por quatro Desembargadores: 1. Tribunal Regional Federal da 3ª Região, com exceção da Primeira e Segunda Turma, compostas por 3 Desembargadores (artigo 2º, parágrafo 4º, combinado com o 13, II, do RITRF 3); 2. Tribunal de Justiça do Distrito Federal e Territórios (artigo 16, combinado com o 18, I, do RITJDFT); 3. Tribunal de Justiça do Estado do Ceará (artigo 5º, combinado com o 25, I, d, do RITJCE); 4. Tribunal de Justiça do Estado do Espírito Santo (artigo 7º, III, combinado com o 54, II, a, do RITJES); 5. Tribunal de Justiça do Estado de Mato Grosso – três Desembargadores mais um Juiz convocado – (artigo 20, combinado com o artigo 21, II, a e e, e 21-A, II, a, do RITJMT); 6. Tribunal de Justiça do Estado de Mato Grosso do Sul (artigos 66 e 67 a e b, do RITJMS); 7. Tribunal de Justiça do Estado de Santa Catarina (artigo 4º do Ato Regimental nº 2, de 1989, combinado com o artigo 29, II, do RITJSC); e 8. Tribunal de Justiça do Estado de Sergipe (artigo 21); Órgãos fracionários compostos por cinco Desembargadores: 1. Tribunal de Justiça do Estado de Goiás (artigo 12, combinado com o 14, II, do RITJGO); 2. Tribunal de Justiça do Estado de Minas Gerais (artigo 9º, VI, combinado com o 36, I e II, e 37, I e II, do RITJMG); 3. Tribunal de Justiça do Estado do Paraná (artigo 4º, V, combinado com o 89, II, do RITJPR); 4. Tribunal de Justiça do Estado do Rio de Janeiro (artigo 81, parágrafo 1º, combinado com o 6º, II, do RITJRJ); 5. Tribunal de Justiça do Estado do Rio Grande do Sul ("até cinco", artigo 17 e seu parágrafo 1º, combinado com o 19, II, a, do RITJRS); 6. Tribunal de Justiça do Estado de Roraima (artigos 29 e 31 do RITJRR); 7. Tribunal de Justiça do Estado de São Paulo (artigos 34 e 35 do TJSP); e

Nesse cenário dominante, não é intuitiva, como o é nas Câmaras e Turmas de cinco membros, a maneira pela qual o quórum de julgamento originário será estendido, isto é, de onde exatamente virão os novos membros e a partir de qual critério. Isso deverá ser refletido por cada Tribunal e definido em Regimento Interno.

Para a ampliação do quórum, "[...] ou se eleva o número de Desembargadores que constituem cada Câmara ou Turma, ou se convocam julgadores que compõem outras unidades de julgamento."[13]

Para Vicente Ataíde, as duas hipóteses são problemáticas. A primeira, além de antipragmática, por implicar a redução do potencial de julgamento da Corte, foi objetada na segunda passagem do Projeto do Código pelo Senado pelo Relator, Vital do Rêgo. Citando trecho da Nota Técnica 06/2014, da Associação dos Juízes Federais do Brasil (AJUFE), o Senador pontuou que, na prática,

> [...] poderia haver estímulo à alteração dos tribunais, a fim de que os órgãos fracionários passassem a contar com pelo menos cinco julgadores, o que, sem ampliação do número total de membros da Corte, implicaria redução no número de órgãos fracionários e, por extensão, da capacidade de julgamento do Tribunal.[14]

Por sua vez, a segunda hipótese sofre severas críticas, basicamente, porque a convocação de julgadores de outras Turmas ou Câmaras ofenderia o princípio do Juiz natural. Isso seria ainda mais problemático no caso de um dos convocados vir a ser o Relator do voto condutor no fim das contas.[15]

Ocorre que essa preocupação só tem fundamento quando se está diante de órgão jurisdicional de exceção, casuístico ou *ad hoc*. Desde que em cada Tribunal o critério para o chamamento dos membros adicionais seja objetivo e previamente fixado, assegurando a previsibilidade à qual o jurisdicionado tem direito, a imparcialidade e a competência do Tribunal serão respeitadas.[16]

---

8. Tribunal de Justiça do Estado do Tocantins (artigo 8º, *caput*, combinado com o 10, IV e suas alíneas, do RITJTO); Órgãos fracionários compostos por sete Desembargadores: 1. Tribunal de Justiça do Estado do Amapá (artigo 3º, parágrafos 1º e 3º, combinado com o 19, II, a e b, do RITJAP).

13. ATAIDE JUNIOR, Vicente de Paula. *A técnica de julgamento ampliado nos Juizados especiais à luz do método processual pragmático*, p. 8.

14. STRECK, Lênio Luiz; HERZL, Ricardo Augusto. O que é isto – Os novos embargos infringentes? Uma mão dá e a outra... *Consultor Jurídico*, 13 jan. 2015.

15. DANTAS, Marcelo Navarro Ribeiro. A problemática dos embargos infringentes no projeto do novo Código de Processo Civil, p. 734.

16. Nesse sentido: ATAIDE JUNIOR, Vicente de Paula. *A técnica de julgamento ampliado nos Juizados especiais à luz do método processual pragmático*, p. 9. MARINONI, Luiz Guilherme. *Julgamento nas Cortes Supremas*: precedente e decisão do recurso diante do novo CPC, p. 78. DIDIER JR., Fredie; CUNHA, Leonardo Carneiro da Cunha. *Curso de direito*

O direito ao Juiz natural, na qualidade de princípio relativo à competência, pressupõe, para a identificação do órgão competente, a existência de critérios prévios e abstratos redigidos em lei ou em ato regimental. Nos termos do artigo 44 do CPC,

> Art. 44. Obedecidos os limites estabelecidos pela Constituição Federal, a competência é determinada pelas normas previstas neste Código ou em legislação especial, **pelas normas de organização judiciária** e, ainda, no que couber, pelas constituições dos Estados. (grifo nosso).

Além disso, apesar de a regra geral ser a determinação da competência "[...] no momento do registro ou da distribuição da petição inicial, sendo irrelevantes as modificações do estado de fato ou de direito ocorridas posteriormente [...]" (art. 43 do CPC – regra da perpetuação da competência), sua alteração é autorizada, excepcional e imediatamente, quando há alteração da competência absoluta.

Trata-se de um dos regimes de competência previstos no direito processual civil brasileiro, ao lado do relativo. O regime relativo está sujeito à disposição das partes, porque é destinado à facilitação do seu acesso à justiça. Ele abrange os critérios territorial e material referente ao valor da causa.[17]

O regime absoluto, pelo contrário, é cogente e deve ser imediatamente atendido, pois é pensado no interesse da administração da justiça, em prol da melhor organização do Poder Judiciário e da prestação da tutela jurisdicional com mais qualidade e rigor. Não admite convenção e inclui os critérios de competência material – referente à matéria e à pessoa – e funcional.[18] Aquele diz respeito às particularidades da causa proposta, enquanto este, às funções desempenhadas pelos Magistrados no processo, podendo ser vertical, quando relacionado à competência recursal, ou horizontal, quando diz respeito à competência de primeiro grau.[19]

---

processual civil. 13. ed. v. 3, p. 78. ZANETI JR., Hermes. Comentários ao art. 942. In: CABRAL, Antonio do Passo; CRAMER, Ronaldo (Coord.). *Comentários ao novo Código de Processo Civil.* 2. ed. Rio de Janeiro: Forense, 2016. p. 1481.

17. "Art. 63. As partes podem modificar a competência em razão do valor e do território, elegendo foro onde será proposta ação oriunda de direitos e obrigações. [...]."

18. "Art. 62. A competência determinada em razão da matéria, da pessoa ou da função é inderrogável por convenção das partes."

19. MARINONI, Luiz Guilherme; ARENHART, Sérgio; MITIDIERO, Daniel. *Novo Curso de Processo Civil*: tutela dos direitos mediante procedimento comum. v. II, p. 65-66. "A competência funcional – ou critério funcional de determinação da competência – relaciona-se com a distribuição das funções que devem ser exercidas em um mesmo processo. Toma-se por critérios de distribuição aspectos endoprocessuais (internos), relacionados ao exercício das diversas atribuições que são exigidas do Magistrado durante toda a marcha processual." (DIDIER JR, Fredie; CUNHA, Leonardo José Carneiro da. *Curso de direito processual civil*: Introdução ao Direito Processual Civil, Parte Geral e Processo de Conhecimento. 17 ed. 2015. v. 1, p. 218).

A ampliação do quórum do julgamento organiza o procedimento recursal em segunda instância, compatibilizando-o com sua função primordial: a resolução do caso concreto. A expressão da divergência revela o conflito existente na busca pela entrega da decisão justa e efetiva (art. 6º do CPC), justificando a convocação de novos julgadores para compor o quórum do julgamento e, consequentemente, a necessidade de aprofundar o debate.

A finalidade da técnica indica a natureza funcional da qual a modificação do quórum se reveste e, portanto, o regime absoluto do critério de competência que a regra institui para a continuidade do julgamento. Isso implica o reconhecimento da incompetência superveniente do quórum originário tão logo constatado o preenchimento dos requisitos tratados no capítulo anterior. Cabe ao Presidente da Câmara conhecê-la de ofício, convocando os novos julgadores de acordo com critérios previamente estabelecidos no Regimento.

Isso não ofende o princípio do Juiz natural, porque, preenchidos os requisitos do art. 942, *caput* e do § 3º, II, o novo Juiz natural é automaticamente o colegiado ampliado.[20] Independentemente de onde venham os julgadores convocados, o quórum ampliado adquire competência funcional – de caráter absoluto – para o julgamento da apelação e do agravo.[21]

O emprego do verbo "convocar" no *caput* reforça essa conclusão, indicando a obrigatoriedade de os novos Magistrados aceitarem a convocação – de acordo com os critérios objetivos definidos previamente no Regimento Interno – sob pena de – aqui sim – se ofender o princípio do Juiz natural.[22]

Esses critérios poderão variar. O Tribunal de Justiça do Rio Grande do Sul, em Câmaras compostas por 4 Magistrados, por exemplo, prevê o chamamento do membro remanescente da própria Câmara e de outro Desembargador integrante de Grupo correspondente, a ser sorteado eletronicamente.[23] Já o Tribunal de Justiça

---

20. MARINONI, Luiz Guilherme; MITIDIERO, Daniel. *Comentários ao Código de Processo Civil*: artigos 926 ao 975, p. 242.

21. Nesse sentido, entre outros: BARBUGIANI, Luiz Henrique Sormani. *Técnica de Julgamento do artigo 942 do CPC de 2015*, p. 183 e 150. SILVA JÚNIOR, Denarcy Souza e. Reflexões sobre a técnica da ampliação da colegialidade prevista no art. 942 do CPC-15: contribuições para uma sistematização. *Empório do Direito*, 08 maio 2017. Disponível em: <https://emporiododireito.com.br/leitura/reflexoes-sobre-a-tecnica-da-ampliacao-da-colegialidade-prevista-no-art-942-do-cpc-15-contribuicoes-para-uma-sistematizacao-por-denarcy-souza-e-silva-junior>. Acesso em: 15.02.2022.

22. ASSIS, Araken de. Manual dos Recursos. 1. ed. em e-book baseada na 8. ed. impressa, p. 337. A não ser que se declarem suspeitos ou impedidos, obviamente.

23. TRIBUNAL DE JUSTIÇA DO RIO GRANDE DO SUL. Regimento Interno. Art. 233: "Quando o resultado da apelação for não unânime, suspende-se o julgamento, remetendo-se o processo para sessão extraordinária, da qual participarão os julgadores originários e, convocados pelo Presidente, o membro remanescente da Câmara e um Desembargador

do Rio de Janeiro prevê a convocação dos "[...] Desembargadores da Câmara de número imediatamente superior àquela em que se deu o julgamento não unânime, do mais novo para o mais antigo."[24] Enquanto o Tribunal de Justiça de Sergipe prevê a convocação do quinto membro entre "os membros da outra Câmara Cível que seguirem o Relator em ordem decrescente de antiguidade."[25]

Em todos os casos, desde que o critério seja abstratamente preestabelecido, não há de se falar em ofensa ao princípio do juiz natural.

5.3. Modificação do voto

O § 1º do art. 941 dispõe que "o voto poderá ser alterado até o momento da proclamação do resultado pelo Presidente, salvo aquele já proferido por Juiz afastado ou substituído." Portanto, em regra, a alteração do voto anunciado em sessão pública de julgamento pode ser feita até a proclamação do resultado da votação pelo Presidente. É esse o critério, o limite temporal, para a mudança dos votos.

A possibilidade de os participantes do quórum originário do julgamento de agravo ou apelação alterarem seus votos depois de convocados novos julgadores corrobora o critério temporal estabelecido. Segundo o § 2º do art. 942 do CPC, "os julgadores que já tiverem votado poderão rever seu voto por ocasião do prosseguimento do julgamento."

Como visto no item 5.1., entre o preenchimento dos requisitos do *caput* e do § 3º, II, do art. 942 do CPC e a extensão do quórum, não há o anúncio – sequer parcial – do resultado da votação pelo Presidente, o que significa realmente que, após a convocação dos dois outros membros, os originários poderão alterar seu entendimento inicial.

---

integrante do Grupo correspondente, que será escolhido por meio do sistema de processamento eletrônico de dados, mediante sorteio, na forma deste Regimento, salvo nas Câmaras compostas por cinco membros, caso em que serão convocados os membros remanescentes."

24. TRIBUNAL DE JUSTIÇA DO RIO DE JANEIRO. Regimento Interno. Art. 130-A: "Para os efeitos da convocação prevista no artigo 942 do CPC, serão convocados os Desembargadores da Câmara de número imediatamente superior àquela em que se deu o julgamento não unânime, do mais novo para o mais antigo. Se o julgamento for proferido pela última Câmara, convocar-se-ão os Desembargadores da primeira."

25. TRIBUNAL DE JUSTIÇA DE SERGIPE. Regimento Interno Art. 346-A: [...] § 1º: "O quórum mínimo para continuação de julgamento será de cinco membros, neles compreendidos aqueles que integram a competência originária acrescidos dos demais convocados, na seguinte ordem: I – O membro da Câmara Cível competente que não integrou a composição originária de julgamento; II – Os membros da outra Câmara Cível que seguirem o Relator em ordem decrescente de antiguidade. III – Os membros das outras Câmaras Cíveis que seguirem o Relator em ordem decrescente de antiguidade, para a Câmara Criminal, em relação aos recursos contra decisões de natureza infracional previstos no Estatuto da Criança e do Adolescente."

Excepcionalmente, a última parte do § 1º do art. 941 prevê que, na hipótese de um Magistrado ser afastado ou substituído, aquele que o suceder não poderá alterar o voto do seu antecessor – desde que, obviamente, o motivo do afastamento ou da substituição não diga respeito à sua (im)parcialidade. Para Sampaio, trata-se de opção legislativa que deve ser respeitada.[26] Em contrapartida, a exceção é criticada por Marinoni e Mitidiero, por desrespeitar o "ideal dialogal inerente ao julgamento colegiado", a partir do qual se recomenda a garantia de participação e influência do novo deliberador.[27]

Como visto no capítulo 3, no sistema norte-americano, para a reapreciação do caso pelo Pleno, é autorizada até mesmo a convocação dos Juízes já aposentados que participaram da votação inicial dentro do painel. À vista da impossibilidade de Juízes afastados ou substituídos serem convocados no Brasil, a participação do seu sucessor no debate deveria ser permitida, inclusive porque a finalidade do quórum ampliado se relaciona com a promoção do diálogo, da deliberação e da qualidade da resposta jurisdicional dada ao caso concreto.

Essa situação remete a outra, também importante para a análise do item 5.6. adiante, referente à definição da competência para o julgamento de embargos de declaração e de agravo interno: a competência para o julgamento desses recursos compete ao Juízo responsável pela decisão embargada ou agravada, e não necessariamente ao(s) Juiz(es) pelos quais os recursos foram apreciados.[28]

Seja como for, não se pode ignorar que, na prática, os custos decisórios para a alteração do voto do antecessor – dentre os quais os discutidos no subitem 1.2.2. – podem desestimulá-la. Na verdade, mesmo quando o resultado não é proclamado pelo Presidente, o fato de as sessões nas quais são anunciados os votos dos Magistrados do quórum inicial serem públicas pode desestimulá-los a alterar seu posicionamento.

---

26. SAMPAIO, José Roberto de Albuquerque. Conversa sobre Processo: Elogio ao art. 942 do CPC. O Uso Saudável da Técnica, p. 173.

27. "[...] é da essência da discussão colegiada a possibilidade de revisão de entendimento de quaisquer de seus membros enquanto pendente o julgamento: a decisão colegiada não é uma soma de decisões individuais, mas o resultado de um debate o mais aberto possível da causa." (MARINONI, Luiz Guilherme, MITIDIERO, Daniel. Comentários ao Código de Processo Civil: artigos 926 ao 975, p. 240).

28. "A competência para julgar os embargos (tanto para o exame de admissibilidade como para o de mérito) é do mesmo juízo ou órgão jurisdicional que proferiu a decisão embargada. Seria recomendável que os embargos fossem julgados pelo mesmo Juiz (pessoa natural), mas não se exige tal vinculação. O CPC de 1973, que previa a regra da identidade física do Juiz para julgamento quando tivesse ele encerrado a instrução, não estabelecia a aplicação da identidade física aos embargos declaratórios. O CPC de 2015, que não prevê a regra da identidade física do Juiz, com mais razão não impõe que os embargos de declaração sejam examinados e julgados pelo mesmo Juiz." (DIDIER JR, Fredie; CUNHA, Leonardo José Carneiro da. *Curso de direito processual civil*. 13. ed. v. 3, p. 265).

A receptividade a argumentos contrários e a reconsideração do próprio entendimento dependem de muitos fatores institucionais e culturais, dentre os quais, a publicização da fase propriamente decisional, isto é, do debate empreendido pelos membros do quórum publicamente, e da fase pós-decisional, na qual os votos são anunciados.[29] Magistrados, como todo ser humano, têm grande estima por sua reputação e autoimagem, preocupando-se com a forma que se apresentam ao público que os acompanha.[30] Isso interfere na forma pela qual eles expõem suas razões escritas e no modo como se portam (gestos, entonação de voz, trajes) e transmitem suas ideias (linguagem, clareza, formalidade, robustez).

Para Lawrence Baum, isso fica claro quando Juízes desfrutam de formas jurídicas incomuns, através de linguagem erudita, criativa, irônica, provocadora ou extravagante em excesso para reforçar sua estima e renome.[31] Isso revela que a deliberação realizada diante de uma grande audiência tende a ser menos sincera entre os participantes.[32] Inclusive, promove inseguranças no Juiz quanto a se expor ao ridículo ou ser recriminado pelos diversos setores sociais caso decida alterar sua posição original.[33] Nesse caso, o julgador pode se tornar menos receptivo ao

29. Inclusive, Conrado Mendes comenta que a etapa propriamente decisional, preferencialmente, deve ser dar intramuros em prol dos benefícios da deliberação e da maior transparência dos fundamentos da decisão. Às etapas pré e pós-decisionais é que deveria ser dada a adequada publicidade. (MENDES, Conrado. *Constitutional Courts and Deliberative Democracy*, p. 107).

30. "*I argue that judges care about the regard of salient audiences because they like that regard in itself, not just as a means to other ends. Further, I argue, judges' interest in what their audiences think of them has fundamental effects on their behavior as decision makers.*" (BAUM, Lawrence. *Judges and Their Audiences*: A perspective on judicial behavior, p. 4). "Self-presentation helps people to create their identities." (*Ibid.*, p. 29.)

31. "*A reading of opinions themselves makes it clear that one function is as a vehicle for self-presentation, especially evident when judges go beyond the standard forms of expression in judicial opinions.*" (BAUM, Lawrence. *Judges and Their Audiences*: A perspective on judicial behavior, p. 34). Baum dá o exemplo de Juízes que citam letras de músicas em suas fundamentações, as quais, sem dúvida, segundo ele, vão além do necessário para decidir os respectivos casos, tendo na verdade o fim de promover sua auto-expressão e impressionar os leitores da argumentação. (*Ibid.*, p. 35). "*Their flamboyant expressions in opinions enhance their visibility, and visibility can help in winnin promotion.*" (*Ibid.*, p. 40).

32. "*According to several (theoretical and empirical) studies on the psychology of commitments and opinion and attitude changes, deliberation tends to be less sincere when all or even some of the participants have already publicly expressed their opinions.*" (SILVA, Virgílio Afonso da. Deciding without deliberating, p. 581).

33. "They would have a plausible incentive to protect themselves against the 'public ridicule'. Changing his mind, after all, may look like weakness of character or of intellect to the curious spectator. More generally, publicity runs counter collegiality itself. In order to avoid public shame or embarrassment, a judge might resist changing his mind." (SILVA, Virgílio Afonso da. Deciding without deliberating, p. 189).

reconhecimento das falhas no seu posicionamento e da existência de melhores argumentos para a resolução do caso concreto.

No estudo empírico realizado pelos estudantes do Grupo de Estudos Processuais da PUC-Rio, apenas em 4,7% dos casos houve retratação por, pelo menos, um integrante do quórum inicial do julgamento dos recursos de apelação analisados no TJ-RJ. É curioso, ainda, que em três casos houve a retratação dos três Desembargadores inicialmente designados.[34]

Logo, a publicização do debate pode enfraquecer o ideal do art. 942. No entanto, não se pretende esgotar o tema nesse trabalho. Parte-se da publicidade das sessões como premissa. A controvérsia que se pretende solucionar diz respeito à abrangência do direito dos Magistrados – não substituídos ou afastados – de revisar os votos anunciados na sessão inicial do julgamento.

Para José Rogério Cruz e Tucci, a prerrogativa prescrita no § 2º do art. 942[35] abrange apenas a(s) matéria(s) sobre a(s) qual(s) recaiu a divergência.[36] Teresa Arruda Alvim explica que "[...] o procedimento criado para julgar seu recurso ou a ação rescisória quando há ampliação da colegialidade deve ser concebido como sendo um procedimento por fases [...], fases estas que, se superadas, impedem que se volte atrás",[37] razão pela qual a discussão sobre a matéria decidida por unanimidade deve ser considerada definitiva.

É curioso o entendimento de Marco Antônio Ribas Pissurno, para quem a disposição do § 1º do art. 941 do CPC cede diante da regra do § 2º do art. 942. Dessa forma, além de limitada ao capítulo não unânime da votação inicial, a revisão do voto prevista na regra específica revelaria a intenção do legislador de permitir apenas o aprimoramento dos fundamentos da conclusão já alcançada, e não a modificação do seu resultado. Para ele, "revisar" teria o sentido de "tornar a ver", e não de "inverter".[38]

---

34. PANTOJA, F. M.; LUCENA, A.; GUALBERTO, L.; COSTA, N.; PIRES, V. A aplicação da Técnica de Ampliação da Colegialidade no Julgamento das Apelações Cíveis no Tribunal de Justiça do Estado do Rio de Janeiro. *In*: Aspectos Polêmicos dos Recursos Cíveis. 1. ed.: Revista dos Tribunais, 2020, v. 15.

35. "Art. 942. [...] § 2º Os julgadores que já tiverem votado poderão rever seus votos por ocasião do prosseguimento do julgamento. [...]"

36. TUCCI, José Rogério Cruz e. Paradoxo da Corte. Limites da devolução da matéria objeto da divergência no julgamento estendido. *Consultor Jurídico*, 31 jan. 2017. Disponível em: <https://www.conjur.com.br/2017-jan-31/paradoxo-Corte-limites-devolucao-materia-divergente-julgamento-estendido>. Acesso em: 15.02.2022.

37. ARRUDA ALVIM, Teresa. Ampliar a colegialidade: a que custo?, p. 23.

38. PISSURNO, Marco Antônio Ribas. *Aspectos polêmicos sobre a técnica de julgamento do artigo 942 do CPC/2015* à luz dos debates travados na 1ª. *Jornada de Direito Processual Civil do Conselho da Justiça Federal*. Disponível em: <https://www.academia.edu/34620440/Aspectos_pol%C3%AAmicos_sobre_a_t%C3%A9cnica_de_julgamento_do_artigo_942_

Também é singular a opinião de Júlio Cesar Goulart Lanes. Para o autor, a prerrogativa de alterar o posicionamento inicial não tem limitação quanto à matéria, oportunizando a revisão das razões recursais por completo, pois o julgamento está apenas prosseguindo. Ele explica que, na verdade, tecnicamente, ainda não há julgamento propriamente dito, porquanto ausente a proclamação do resultado e a lavratura do acórdão.[39]

Todavia, pela mesma razão, o autor entende que a eventual reformulação do voto deverá ser manifestada depois da nova sustentação oral oportunizada às partes, mas antes da tomada dos votos dos novos julgadores, pois existe a possibilidade de a divergência inicial ser acomodada antes disso. Sendo este o caso – isto é, dissipada a divergência inicial – o resultado da votação seria declarado à unanimidade e a ampliação do quórum de julgamento, dispensada.[40]

De fato, a prerrogativa da alteração dos votos já proferidos não encontra limitação quanto à matéria, porque a aplicação da técnica do quórum ampliado implica a suspensão do julgamento e a automática convocação de novos julgadores, ante a alteração da competência funcional recursal, que é absoluta. Não há a proclamação, mesmo que parcial, do resultado da votação inicial, que, portanto, pode ser integralmente revisto, complementado e alterado pelos membros do quórum originário.

O julgamento colegiado realmente acontece em fases, mas entre elas não há remates: apenas ao final, com a lavratura do acórdão e o anúncio do resultado pelo Presidente, elas são encerradas concomitantemente.

Para Sampaio, a mudança do posicionamento proclamado expõe a influência da ampliação do debate na tomada da decisão colegiada. Para ele, "ou bem se aplica como um todo ou não se aplica o art. 942."[41] Isso significa, inclusive, que, ao final, a decisão poderá ser tomada à unanimidade por cinco Magistrados.

Portanto, não se pode aceitar que a alteração dos votos dos julgadores do quórum inicial justifique a dispensa da tomada dos últimos dois, à vista da alteração automática, imediata e definitiva da competência funcional do órgão julgador logo após a incidência do *caput* ou do § 3º, II, do art. 942.[42]

---

do_CPC_2015_%C3%A0_luz_dos_debates_travados_na_1a_Jornada_de_direito_processual_civil_do_Conselho_da_Justi%C3%A7a_Federal>. Acesso em: 05 mar. 2022.

39. LANES, Júlio Cesar Goulart. A sistemática decorrente de julgamentos não unânimes. In: WAMBIER, Teresa Arruda Alvim; DIDIER, Fredie; TALAMINI, Eduardo; DANTAS, Bruno (Org.). *Breves comentários ao novo Código de Processo Civil*. 3. ed. São Paulo: Ed. Revista dos Tribunais, 2015. p. 2106.

40. LANES, Júlio Cesar Goulart. A sistemática decorrente de julgamentos não unânimes, p. 22.

41. SAMPAIO, José Roberto de Albuquerque. Conversa sobre Processo: Elogio ao art. 942 do CPC. O Uso Saudável da Técnica, p. 170-171.

42. Nesse sentido, dentre outros: SILVA JÚNIOR, Denarcy Souza e. Reflexões sobre a técnica da ampliação da colegialidade prevista no art. 942 do CPC-15: contribuições para

Para Denarcy Souza Silva Júnior, além de contrária às regras da competência funcional, o retorno ao quórum simples originário caracterizaria "[...] comportamento contraditório que atenta contra a boa-fé objetiva (art. 5º, CPC-2015)."[43] Assim sendo, foi aprovado o enunciado 599 do Fórum Permanente de Processualistas Civis, segundo o qual "a revisão do voto, após a ampliação do colegiado, não afasta a aplicação da técnica de julgamento do art. 942."

Por outro lado, não é dispensada a necessidade da(s) alteração(ões) no posicionamento inicialmente revelado ser(em) transcrita(s) no corpo do acórdão vencedor ou nas notas taquigráficas da sessão de julgamento (art. 944, *caput*, do CPC),[44] sobretudo no caso de, ao final, o julgamento ser apreciado à unanimidade.[45] Para Barbugiani, "isso decorre não só da necessidade de observância do princípio da publicidade dos atos judiciais, como também da transparência inerente a qualquer regime democrático."[46]

5.4. "Devolutividade" do quórum ampliado?

Esclarecida a possibilidade da revisão integral dos fundamentos e do resultado inicialmente exteriorizados pelos membros do quórum originário, importa a definição da abrangência da matéria sobre a qual os julgadores convocados para compor o quórum poderão se manifestar.

---

uma sistematização. *Empório do Direito*, 08 maio 2017. TEIXEIRA, Guilherme Freire de Barros. Art. 942 do CPC 2015 e suas dificuldades operacionais: aspectos práticos. In: MARANHÃO, Clayton *et al.* (Coord.). *Ampliação da colegialidade*: técnica de julgamento do art. 942 do CPC, p. 43. SILVA JÚNIOR, Denarcy Souza e. Reflexões sobre a técnica da ampliação da colegialidade prevista no art. 942 do CPC-15: contribuições para uma sistematização. *Empório do Direito*, 08 maio 2017.

43. SILVA JÚNIOR, Denarcy Souza e. Reflexões sobre a técnica da ampliação da colegialidade prevista no art. 942 do CPC-15: contribuições para uma sistematização. *Empório do Direito*, 08 maio 2017.
44. "Art. 944. Não publicado o acórdão no prazo de 30 (trinta) dias, contado da data da sessão de julgamento, as notas taquigráficas o substituirão, para todos os fins legais, independentemente de revisão. [...]"
45. WAMBIER, Luiz Rodrigues. *Curso avançado de processo civil*: cognição jurisdicional (processo comum de conhecimento e tutela provisória). 16. ed. São Paulo: Ed. Revista dos Tribunais, 2016. v. 2. p. 1402. No estudo empírico coordenado pela Professora Fernanda Pantoja, os alunos apresentaram dificuldades em analisar os acórdãos, não sendo capazes, em alguns casos, de "[...] auferir se houve retratação de voto dos Desembargadores em razão da insuficiência de informações nas certidões de julgamento ou confidencialidade de processos em segredo de justiça." (PANTOJA, F. M.; LUCENA, A.; GUALBERTO, L.; COSTA, N.; PIRES, V. A aplicação da Técnica de Ampliação da Colegialidade no Julgamento das Apelações Cíveis no Tribunal de Justiça do Estado do Rio de Janeiro. *In*: Aspectos Polêmicos dos Recursos Cíveis. 1 ed.: Revista dos Tribunais, 2020, v. 15).
46. BARBUGIANI, Luiz Henrique Sormani. *Técnica de Julgamento do artigo 942 do CPC de 2015*, p. 151.

Para Júlio Lanes, o fato de o cabimento da técnica ser subordinado à existência de divergência no resultado da votação sugere que o debate em que os novos membros poderão adentrar se restringe à matéria objeto da divergência.[47] Para o autor, a exemplo do que ocorria na apreciação do recurso de embargos infringentes, os convocados integram a nova composição para confirmar ou alterar os pontos sobre os quais não houve unanimidade.[48]

No mesmo sentido, Teresa Arruda Alvim pontua que, "se o instituto foi concebido para simplificar, o resultado da sua aplicação não pode gerar mais ônus temporais para as partes do que geravam os extintos embargos infringentes."[49] Por isso, ela defende a mesma limitação.

Esse também é o entendimento de Marco Antônio Ribas Pissurno, para quem, mesmo na hipótese de ser constatado novo fundamento – inclusive de ordem pública – pelos membros recém-convocados, não é possível examiná-lo, a não ser em *obiter dictum*. Para ele, a análise de nova matéria de ordem pública pelo quórum ampliado pressupõe, necessariamente, a alegação em embargos declaratórios com efeitos infringentes pela parte prejudicada.[50]

Para José Maria Câmara Júnior, a interpretação restritiva decorre da própria ordem semântica do art. 942, a partir da qual não é permitido o alcance de outro entendimento se não o de que a discussão após a extensão do quórum é limitada à divergência inicial. Para o autor, a interpretação teleológica do dispositivo alcança o mesmo resultado, considerando que:

> O art. 942 quer assegurar para a parte a possibilidade de reverter o resultado do julgamento, com a prevalência do voto vencido, simplificando o procedimento para tanto, ou seja, abolindo a necessidade de interposição de recurso de embargos infringentes. Nessa órbita, interpreta-se restritivamente para afirmar que a técnica devolve para o quórum ampliado apenas a matéria que motivou a decisão não unânime.[51]

Esse também é o entendimento de Guilherme Freire de Barros Teixeira[52] *e de José Rogério Cruz e Tucci, para quem a devolução da matéria* decidida por

---

47. LANES, Júlio Cesar Goulart. A sistemática decorrente de julgamentos não unânimes, p. 2106.
48. LANES, Júlio Cesar Goulart. A sistemática decorrente de julgamentos não unânimes, p. 2106.
49. ARRUDA ALVIM, Teresa. Ampliar a colegialidade: a que custo?, p. 22.
50. PISSURNO, Marco Antônio Ribas. *Aspectos polêmicos sobre a técnica de julgamento do artigo 942 do CPC/2015* à luz dos debates travados na 1ª. Jornada de Direito Processual Civil do Conselho da Justiça Federal.
51. CÂMARA JÚNIOR, José Maria. Técnica da colegialidade do art. 942 do CPC: extensão e profundidade da matéria submetida ao julgamento prolongado, p. 282.
52. TEIXEIRA, Guilherme Freire de Barros. Art. 942 do CPC 2015 e suas dificuldades operacionais: aspectos práticos, p. 39-40.

unanimidade aos novos julgadores ofende o princípio do juiz natural. Para o segundo, o princípio "[...] prevê um número X de componentes para o julgamento unânime e um número Y para julgar quando configurada divergência sobre algum capítulo da decisão."[53] Tendo isso em vista, quando o julgamento ampliado prossegue na mesma sessão em que foi iniciado, caberá ao Presidente da Câmara ou da Turma delimitar a matéria sujeita à apreciação dos novos integrantes convocados a compor o órgão colegiado.[54]

Esse entendimento, no entanto, foi rejeitado na 1ª Jornada de Direito Processual Civil, realizada pelo Conselho da Justiça Federal,[55] em 2017. De fato, ele não merece prosperar, basicamente, por duas razões.

A primeira é, novamente, relacionada à alteração da competência funcional que o cabimento da técnica implica automaticamente. O quórum estendido é o novo Juízo competente para a apreciação do recurso – e não apenas para a apreciação da divergência.

A segunda também diz respeito a um ponto já aprofundado, especificamente no subitem 2.2.1. Assim como a caracterização de um recurso depende da voluntariedade, isto é, do ato de impugnação, a caracterização do efeito devolutivo pressupõe a existência de recurso. E, na medida em que a extensão do quórum é implementada *ex officio*, à vista da natureza de técnica decisória da qual se reveste, não se pode interpretá-la a partir da parte final do art. 530 do CPC/73, que limitava o cabimento dos embargos à matéria objeto da divergência, pois não há efeito devolutivo.[56]

Isso significa que, uma vez convocados novos julgadores, eles poderão apreciar tanto as matérias já decididas – por unanimidade ou não – quanto argumentos

53. TUCCI, José Rogério Cruz e. Paradoxo da Corte. Limites da devolução da matéria objeto da divergência no julgamento estendido. *Consultor Jurídico*, 31 jan. 2017.

54. TUCCI, José Rogério Cruz e. Paradoxo da Corte. Limites da devolução da matéria objeto da divergência no julgamento estendido. *Consultor Jurídico*, 31 jan. 2017.

55. Na ocasião, foi proposta dentro do grupo de Recursos e Precedentes Processuais, presidido pelo Ministro do Superior Tribunal de Justiça, Humberto Martins, e coordenado por Teressa Arruda Alvim e Cassio Scarpinella Bueno, a tese de que "a técnica do julgamento ampliado (art. 942, CPC/2015) aplica-se apenas ao capítulo do julgamento em que houve divergência." Por 109 x 92, a tese foi rejeitada.

56. "O fato de o legislador ter, por assim dizer, substituído o recurso de embargos infringentes pela técnica da ampliação do debate diante da não unanimidade não autoriza, todavia, a leitura do art. 942, CPC/2015, como se fosse um simples sucedâneo – apenas dotado de um novo nome – do recurso de embargos infringentes. É preciso evitar semelhante interpretação. Como se trata de prosseguimento de julgamento, é claro que as questões recursais continuam sendo as mesmas do recurso que deu lugar à não unanimidade. Em outras palavras, não é o caso principalmente de ver-se na ampliação do debate qualquer espécie de devolutividade restrita à questão objeto da divergência." (MARINONI, Luiz Guilherme; MITIDIERO, Daniel. *Comentários ao Código de Processo Civil:* artigos 926 ao 975, p. 242).

novos, não contemplados pelos membros originais, de ordem pública ou não, como questões preliminares e prejudiciais de mérito e questões acessórias, relativas a honorários advocatícios, por exemplo.

Assim entendem Nelson Nery Jr. e Rosa Maria de Andrade Nery:

> Constatada a divergência no julgamento da apelação, após a proclamação do resultado, o julgamento, a rigor, não termina, pois deverá ser submetido à nova sessão. É consequência automática da existência da divergência. Portanto, este parágrafo [§ 2º do art. 942] não constitui uma exceção ao disposto no CPC 941 § 1º. A extensão [...] não se limita ao 'voto vencido', pois o julgamento estendido é de todo o processo. Essa técnica de extensão não tem natureza recursal e, portanto, não há que se falar em 'devolução' do conteúdo do voto vencido.[57]

Entendimento contrário permitiria que fossem identificados pontos divergentes paulatina e consecutivamente, criando, assim, a necessidade de o quórum ser ampliado mais de uma vez.

Mas não é só. A autorização para a apreciação apenas da divergência pelo quórum ampliado, com a "remessa" das demais questões ao quórum original,

57. NERY JR., Nelson; NERY, Rosa Maria de Andrade. *Código de Processo Civil comentado*, p. 2093. *E-book*. No mesmo sentido: GRECO, Leonardo. *Instituições de Processo Civil*: Recursos e Processos da Competência Originária dos Tribunais. v. 3, p. 188: "Ocorrendo a divergência no julgamento de qualquer questão, preliminar, prejudicial ou de mérito no julgamento da ação ou recurso, o julgamento será suspenso, prosseguindo perante a composição ampliada ou a nova composição com a tomada de votos de todos os participantes do novo julgamento, inclusive os que porventura já haviam anteriormente votado, que renovarão o julgamento por inteiro, sobre todas as questões, mesmo aquelas em que no órgão de origem não havia se verificado divergência, porque o julgamento como um todo somente se concluirá na fase perante a nova composição. Nesta poderão vir a ser suscitadas, inclusive, novas questões que não haviam sido objeto de apreciação na primeira fase do julgamento porque, não tendo se concluído essa primeira fase, o único julgamento da ação ou recurso será o proferido na segunda fase. Na verdade, nesse segundo momento, todas as deliberações poderão ser tomadas por maioria ou por unanimidade, podendo os julgadores que participaram da 1ª fase manter ou modificar os seus votos." No mesmo sentido: CÂMARA, Alexandre Freitas. A ampliação do colegiado em julgamentos não unânimes. *Revista de Processo*, v. 282, ano 43. São Paulo: Ed. Revista dos Tribunais, p. 251-266, agosto 2018. PEIXOTO, Marco Aurélio; BECKER, Rodrigo. O artigo 942 do CPC (técnica de ampliação do colegiado) em xeque. Uma análise das polêmicas sobre o dispositivo. *Jota*, 01 fev. 2018. Disponível em: <https://www.jota.info/?pagename=paywall&redirect_to=//www.jota.info/opiniao-e-analise/colunas/coluna-cpc-nos-tribunais/o-artigo-942-do-cpc-tecnica-de-ampliacao-do-colegiado-em-xeque-01022018>. Acesso em: 18 jun. 2018. CARNEIRO, Leonardo. O julgamento ampliado do colegiado em caso de divergência (CPC, art. 942) e as repercussões práticas da definição de sua natureza jurídica. *Migalhas*, 08 fev. 2017. Disponível em: <https://www.migalhas.com.br/dePeso/16,MI253284,101048-O+julgamento+ampliado+do+colegiado+em+ca>. Acesso em: 15.02.2022.

transformaria o quórum estendido em terceira instância, crítica também tecida no âmbito do julgamento *en banc* norte-americano, como visto ao final do subitem 3.2.2.

Sendo assim, o entendimento de que tanto os membros originais quanto os julgadores convocados podem tratar de todas as razões recursais deve prevalecer – e já foi consagrado pelo Superior Tribunal de Justiça:

> RECURSO ESPECIAL. PROCESSO CIVIL. AÇÃO DE PRESTAÇÃO DE CONTAS. APELAÇÃO. CÓDIGO DE PROCESSO CIVIL DE 2015. JULGAMENTO NÃO UNÂNIME. TÉCNICA DE AMPLIAÇÃO DO COLEGIADO. Art. 942 DO CPC/2015. NATUREZA JURÍDICA. TÉCNICA DE JULGAMENTO. CABIMENTO. MODIFICAÇÃO DE VOTO. POSSIBILIDADE. NULIDADE. NÃO OCORRÊNCIA.
>
> [...]
>
> 4. No caso concreto, diante da ausência de unanimidade no julgamento da apelação, foi aplicado, de ofício, o art. 942 do CPC/2015 a fim de ampliar o colegiado com a convocação de outros desembargadores. Na continuidade do julgamento, um dos desembargadores alterou o voto anteriormente proferido para negar provimento à apelação e manter a sentença, resultado que prevaleceu, por maioria.
>
> 5. A técnica de ampliação do colegiado consiste em significativa inovação trazida pelo CPC/2015, tendo cabimento nas hipóteses de julgamento não unânime de apelação; ação rescisória, quando o resultado for a rescisão da sentença; e agravo de instrumento, quando houver reforma da decisão que julgou parcialmente o mérito.
>
> 6. O art. 942 do CPC/2015 não configura uma nova espécie recursal, mas, sim, uma técnica de julgamento, a ser aplicada de ofício, independentemente de requerimento das partes, com o objetivo de aprofundar a discussão a respeito de controvérsia, de natureza fática ou jurídica, acerca da qual houve dissidência.
>
> 7. Constatada a ausência de unanimidade no resultado da apelação, é obrigatória a aplicação do art. 942 do CPC/2015, sendo que o julgamento não se encerra até o pronunciamento pelo colegiado estendido, ou seja, inexiste a lavratura de acórdão parcial de mérito.
>
> 8. Os novos julgadores convocados não ficam restritos aos capítulos ou pontos sobre os quais houve inicialmente divergência, cabendo-lhes a apreciação da integralidade do recurso.
>
> 9. O prosseguimento do julgamento com quórum ampliado em caso de divergência tem por objetivo a qualificação do debate, assegurando-se oportunidade para a análise aprofundada das teses jurídicas contrapostas e das questões fáticas controvertidas, com vistas a criar e manter uma jurisprudência uniforme, estável, íntegra e coerente.

> 10. Conforme expressamente autorizado pelo art. 942, § 2º, do CPC/2015, os julgadores que já tenham votado podem modificar o seu posicionamento. [...].[58]
>
> AGRAVO EM RECURSO ESPECIAL. [...] Art. 942, CAPUT, DO CPC/2015. JULGAMENTO NÃO UNÂNIME. [...] NATUREZA JURÍDICA. TÉCNICA DE AMPLIAÇÃO DO COLEGIADO. AUSÊNCIA DE LIMITE DEVOLUTIVO. ANÁLISE TAMBÉM DA PARTE UNÂNIME DO JULGADO.
>
> 15. O art. 942 do CPC/2015 não ostenta natureza recursal, como ocorria com os revogados Embargos Infringentes do CPC/1973 (art. 530). Trata-se de técnica de julgamento que visa aprofundar o debate da controvérsia e proporcionar julgamento colegiado com quórum ampliado, que será encerrado somente após anunciado o resultado final. Por isso não há espaço para se falar em efeito devolutivo na ampliação do colegiado, podendo os julgadores convocados apreciar a integralidade do recurso, não estando adstritos, portanto, aos capítulos em que existente divergência. Precedentes: REsp 1.771.815/SP, Rel. Ministro Ricardo Villas Bôas Cueva, Terceira Turma, DJe 21/11/2018; REsp 1798705/SC, Rel. Ministro Paulo de Tarso Sanseverino, Terceira Turma, DJe 28/10/2019.[59]

Trata-se também do entendimento que mais se compatibiliza com o propósito da técnica, pois, mais do que permitir a possibilidade de inversão do resultado, ela pretende incentivar o aprofundamento do debate e o aperfeiçoamento das razões da decisão, o que, em tese, resulta numa decisão mais fundamentada (art. 489 do CPC) e satisfatória às partes. Para Barbugiani, apenas assim a segurança jurídica e a justiça são asseguradas.[60]

5.5. Sustentação oral

o direito à sustentação oral constitui prerrogativa destinada a concretizar os princípios do contraditório e da ampla defesa, os quais, no modelo processual cooperativo, incluem o direito de influência das partes no julgamento e no convencimento dos Magistrados, que têm a oportunidade de prestar e colher informações junto a elas.[61]

---

58. BRASIL. Superior Tribunal de Justiça. Terceira Turma. REsp 1771815/SP. Rel. Ministro Ricardo Villas Bôas Cueva, julgado em 13/11/2018, DJe 21/11/2018.
59. BRASIL. Superior Tribunal de Justiça. Segunda Turma. AREsp 1520297/RJ, Rel. Ministro Herman Benjamin, julgado em 23/03/2021, DJe 26/04/2021.
60. BARBUGIANI, Luiz Henrique Sormani. *Técnica de Julgamento do artigo 942 do CPC de 2015*, p. 163.
61. Sobre a colaboração no processo civil, ver, por todos: MITIDIERO, Daniel. *Colaboração no processo civil*: Do Modelo ao Princípio. 4. ed. rev. atual. e ampl. São Paulo: Ed. Revista dos Tribunais, 2019.

Teórica e idealmente, ele compõe a fase pré-decisional para que, assim, as informações colhidas sejam levadas em consideração na fase decisional. Na formulação do Professor Conrado Mendes, esta fase caracteriza-se pela virtude da "respeitosa curiosidade."[62]

Na prática, porém, as sustentações orais são realizadas após a redação e agregação dos votos – ou, como é na maioria dos casos, após a adesão dos vogais ao voto do Relator – através de sistema eletrônico compartilhado pelos julgadores.[63] Isso compromete o diálogo entre o julgador e a parte, razão pela qual foi desenvolvida a prática informal de entrega de memoriais, momento em que se "despacha" com os Magistrados, sem a presença da parte contrária. Disso, inclusive, as partes se valem para incluir fatos e fundamentos sobre os quais não desejam que o adversário se manifeste, fazendo com que o momento não caracterize propriamente um diálogo transparente.

O direito das partes de sustentar oralmente suas razões recursais nos julgamentos de competência das Cortes de Justiça é tutelado pelo art. 937 do CPC, que prevê o seguinte:

> Art. 937. Na sessão de julgamento, depois da exposição da causa pelo relator, o Presidente dará a palavra, sucessivamente, ao recorrente, ao recorrido e, nos casos de sua intervenção, ao membro do Ministério Público, pelo prazo improrrogável de 15 (quinze) minutos para cada um, a fim de sustentarem suas razões, nas seguintes hipóteses, nos termos da parte final do caput do art. 1.021:
>
> I – no recurso de apelação; [...]
>
> VIII – no agravo de instrumento interposto contra decisões interlocutórias que versem sobre tutelas provisórias de urgência ou da evidência;
>
> IX – em outras hipóteses previstas em lei ou no regimento interno do Tribunal. [...]

Por sua vez, o art. 942, *caput*, assegura às partes e a eventuais terceiros "[...] o direito de sustentar oralmente suas razões perante os novos julgadores" convocados para compor o quórum ampliado. E, no § 1º, prevê que, "sendo possível, o

62. MENDES, Conrado Hübner. *Constitutional Courts and Deliberative Performance*, p. 127-128.

63. "Forma-se o pronunciamento colegiado através da conjugação dos votos proferidos individualmente pelos integrantes do órgão fracionário do Tribunal. Em tese, o conteúdo de cada voto é desconhecido até a sua emissão; na prática, todos os votos são conhecidos dos Juízes, por força da consulta à rede de informática, na qual manifestam assentimento ou expõem divergências. Nada exclui, por óbvio, a repentina mudança de entendimento na própria sessão, persuadido o julgador pelo teor do debate oral." (ASSIS, Araken de. Manual dos Recursos. 1. ed. em e-book baseada na 8. ed. impressa, p. 350).

prosseguimento do julgamento dar-se-á na mesma sessão, colhendo-se os votos de outros julgadores que porventura componham o órgão colegiado."

Da leitura desses dispositivos, incluído o § 3º, II, do art. 942, questiona-se sobre 1) a inexistência, *a priori*, do direito à sustentação oral quando é interposto agravo de instrumento que trata sobre o mérito; 2) a existência do direito de sustentar duas vezes – uma perante o quórum simples e outra diante do quórum ampliado – quando, após a aplicação da técnica, a) o julgamento continua na sessão inicial ou b) o julgamento é suspenso e o recurso é incluído em pauta para a(s) próxima(s) sessão(ões).

É certo que, em uma interpretação literal, nos recursos de agravo interpostos contra decisão interlocutória de mérito, exceto se assim previsto regimentalmente (art. 937, IX, do CPC), as partes só terão direito à sustentação oral quando for cabível a técnica do julgamento ampliado.

No entanto, no capítulo anterior, foi demonstrada a impropriedade, em geral, da diferença do tratamento dado aos recursos de agravo de instrumento e de apelação. Ato contínuo, a interpretação sistemática e teleológica proposta deve incluir a ampliação dos casos em que será dado ao agravante a oportunidade de sustentar perante a Corte. No entanto, ainda assim, mostra-se necessária, a rigor, a existência de divergência no resultado do julgamento para tanto.

Para Teresa Arruda Alvim, "[...] o legislador errou ao não conferir às partes o direito de sustentar oralmente no agravo de instrumento interposto contra decisão parcial de mérito. E acertou ao prever a possibilidade de sustentação quando da ampliação da colegialidade."[64]

Segundo Marinoni, Arenhart e Mitidiero, o legislador presumiu que, nos recursos expressamente mencionados nos incisos I a VIII do art. 937, há direito à sustentação oral, porque se julga o mérito da causa. Bem-vistas as coisas, pela mesma razão, nas hipóteses em que há interposição de agravo em face de decisão de improcedência liminar parcial, julgamento antecipado parcial do mérito, liquidação da sentença e não acolhimento de impugnação, por exemplo, também deve ser oportunizado o direito à sustentação oral (art. 937, VIII, CPC).[65]

Decerto, se o motivo que instiga a garantia dos jurisdicionados sustentarem suas razões perante a Corte, como última tentativa de fazê-las prevalecer, é a apreciação do mérito da causa litigada pelo órgão julgador, faz sentido que, em norma regimental, essas hipóteses sejam incluídas.[66]

---

64. ARRUDA ALVIM, Teresa. Ampliar a colegialidade: a que custo?, p. 25.
65. MARINONI, Luiz Guilherme; ARENHART, Sérgio; MITIDIERO, Daniel. *Novo Curso de Processo Civil*: tutela dos direitos mediante procedimento comum. v. II, p. 1001.
66. Esse é o caso do Regimento Interno do TJ-PR: "Art. 226, § 1º. Será admitida sustentação oral na apelação cível, na ação rescisória, no mandado de segurança, na reclamação e no agravo de instrumento interposto contra decisão interlocutória que resolva parcialmente

Dito isso, também cabe interpretar o *caput* e o § 1º do art. 942 sistemática e teleologicamente nas duas hipóteses aventadas – 2) a) e b).

Na primeira, após a aplicação da técnica, o julgamento continua em outra sessão, caso em que, para Marinoni e Mitidiero, é imprescindível a colocação do processo em pauta, com a indicação dos nomes dos julgadores convocados para compor o quórum ampliado, para que as partes "[...] tenham condições de exercer plenamente o contraditório, direcionando seus esforços também para convencer os membros ocasionais do julgamento."[67] Isso, no entanto, não será necessário quando o julgamento tiver sido adiado expressamente para a primeira sessão seguinte, nos termos do *caput* do art. 935 do CPC.[68]

Didier e Cunha entendem que a possibilidade de sustentar perante os novos julgadores "[...] concretiza o princípio da cooperação (art. 6º, CPC) e reforça o contraditório, assegurando às partes o direito de influência para que possam ter a chance de participar do convencimento dos julgadores que ainda não conhecem o caso." Por isso, sugerem que as partes – e eventuais terceiros – possam sustentar oralmente suas razões perante os novos julgadores quando for designada nova sessão para o prosseguimento do julgamento.[69]

Esse também é o entendimento de Teresa Arruda Alvim, para quem, na hipótese de os membros adicionados ao quórum não estarem presentes na sessão inicial, o julgamento deve ser suspenso e designado, necessariamente, para outra data. Neste dia, as partes poderão sustentar suas razões novamente.[70]

Parece, portanto, uniforme a perspectiva de que, quando os julgadores convocados para compor o quórum, de acordo com o Regimento Interno, não participaram da sessão inicial, o julgamento deve ser suspenso e retomado em outra data, na qual as partes terão a oportunidade de sustentar suas razões novamente diante deles.

No entanto, as opiniões a respeito da hipótese em que é dada continuidade ao julgamento na mesma sessão em que ele foi iniciado são destoantes. Para Marinoni e Mitidiero, o prosseguimento na sessão inicial só é possível quando há nela julgadores em número suficiente para a reversão do resultado do julgamento.[71]

---

o mérito, ou verse sobre a tutela provisória de urgência ou evidência, bem como no agravo de instrumento que julgue a liquidação da sentença."

67. MARINONI, Luiz Guilherme; MITIDIERO, Daniel. *Comentários ao Código de Processo Civil*: artigos 926 ao 975, p. 243.

68. "Art. 935. Entre a data de publicação da pauta e a da sessão de julgamento decorrerá, pelo menos, o prazo de 5 (cinco) dias, incluindo-se em nova pauta os processos que não tenham sido julgados, salvo aqueles cujo julgamento tiver sido expressamente adiado para a primeira sessão seguinte. [...]"

69. DIDIER JR, Fredie; CUNHA, Leonardo José Carneiro da. *Curso de direito processual civil*. 13. ed. v. 3, p. 78.

70. ARRUDA ALVIM, Teresa. Ampliar a colegialidade: a que custo?, p. 24 e 25.

71. MARINONI, Luiz Guilherme; MITIDIERO, Daniel. *Comentários ao Código de Processo Civil*: artigos 926 ao 975, p. 243.

Nessa hipótese, Guilherme Teixeira entende que a faculdade da parte acompanhar a sessão transforma-se em ônus, pois sua ausência implica a perda do direito à nova sustentação.[72] Para Didier e Cunha, também não haverá direito quando os membros convocados assistiram a primeira sustentação realizada pelas partes,[73] posicionamento compartilhado por Daniel Amorim Assumpção Neves, ainda que a contragosto.[74]

Por sua vez, Denarcy Souza Silva Júnior justifica o direito à nova sustentação oral perante os julgadores convocados diante da alteração da competência funcional do julgamento.[75] Compartilhando dessa premissa, Barbugiani sugere a suspensão do julgamento em qualquer circunstância para oportunizar às partes o direito de realizar sustentação oral aos novos julgadores, considerando que,

> a) ao priorizar a oportunidade de manifestação das partes em prol da ampla defesa, as chances de declaração de nulidade do acórdão seriam minimizadas, em especial diante da ausência de manifestação dos Tribunais Superiores sobre a questão;
>
> b) o tempo decorrente da suspensão da sessão com a nova designação permitiria também aos julgadores uma pesquisa mais aprofundada sobre o tema e, por óbvio, uma consequente ambientação com a causa, viabilizando, com isso, uma real possibilidade de revisão de entendimento;
>
> c) o tempo destinado com a realização de duas sessões seria compensado com a redução das divergências nos julgados subsequentes, na medida em que, como é de conhecimento notório, muitas vezes, as decisões se uniformizam apenas após diversas decisões em sentido contrário, o que poderia ser antecipado com o aperfeiçoamento da pesquisa sobre um tema específico e divergente;
>
> d) a decisão surpresa não é permitida em nosso sistema processual, atraindo a aplicação conjugada de diversos dispositivos, dentre os quais, dos artigos 10 e 933 do CPC de 2015, sendo salutar sempre que possível a oitiva das partes para um melhor esclarecimento da matéria objeto do julgamento.[76]

Alternativamente, caso seja permitido o prosseguimento do feito na sessão inicial, o autor prescreve que os advogados deverão ser advertidos, quando da

---

72. TEIXEIRA, Guilherme Freire de Barros. Art. 942 do CPC 2015 e suas dificuldades operacionais: aspectos práticos, p. 78.
73. DIDIER JR, Fredie; CUNHA, Leonardo José Carneiro da. *Curso de direito processual civil*. 13. ed. v. 3, p. 78.
74. NEVES, Daniel Amorim Assumpção. *Novo Código de Processo Civil Comentado*. v. 3, p. 78.
75. SILVA JÚNIOR, Denarcy Souza e. Reflexões sobre a técnica da ampliação da colegialidade prevista no art. 942 do CPC-15: contribuições para uma sistematização. *Empório do Direito*, 08 maio 2017.
76. BARBUGIANI, Luiz Henrique Sormani. *Técnica de Julgamento do artigo 942 do CPC de 2015*, p. 174-175.

publicação da pauta de julgamento, da consequência da sua ausência na sessão inicial, qual seja, a perda da oportunidade de realizar nova sustentação oral, no caso de haver a ampliação do quórum e de ser dada continuidade imediata ao julgamento.[77]

Além da suspensão do julgamento, Dierle Nunes, Jéssica Galvão e Giselle Santos Couy propõem a publicação do resultado parcial da votação sucedida entre os membros inicialmente designados, sem o anúncio do resultado final. Assim, além de garantir a realização da nova sustentação oral, é oportunizada às partes a entrega de memoriais aos novos convocados, de acordo com a boa-fé e a cooperação processuais (artigos 5°, 6° e 7° do CPC).[78] Também é oportunizado aos convocados o conhecimento das questões discutidas para que, devidamente preparados, possam contribuir com a deliberação.[79]

Daniel Amorim Assumpção Neves também critica a suposta agilidade buscada pelo legislador ao autorizar o prosseguimento do julgamento na mesma sessão em que houve a extensão do quórum. Para ele, é razoável esperar que o interesse de sustentar oralmente surja justamente no momento em que a divergência e o cabimento da técnica decisória são declarados. Portanto, ele propõe a interpretação do § 1° do art. 942 a partir do *caput*, sugerindo a possibilidade de o julgamento continuar na sessão inicial apenas quando os advogados de ambas as partes estiverem presentes.[80]

Essa posição se justifica, sobretudo, quando se leva em consideração a alteração da competência funcional para apreciação do recurso provocada pela incidência da técnica. À primeira vista, ela parece ser a mais apropriada, ao respeitar, ao mesmo

---

77. BARBUGIANI, Luiz Henrique Sormani. *Técnica de Julgamento do artigo 942 do CPC de 2015*, p. 174.

78. "Art. 5° Aquele que de qualquer forma participa do processo deve comportar-se de acordo com a boa-fé. Art. 6° Todos os sujeitos do processo devem cooperar entre si para que se obtenha, em tempo razoável, decisão de mérito justa e efetiva. Art. 7° É assegurada às partes paridade de tratamento em relação ao exercício de direitos e faculdades processuais, aos meios de defesa, aos ônus, aos deveres e à aplicação de sanções processuais, competindo ao juiz zelar pelo efetivo contraditório."

79. "A nova técnica do incidente de ampliação da colegialidade não pode jamais caracterizar julgamento estratégico de anuência ao voto do relator ou aos votos majoritários, sem o prévio acesso e analise detida dos autos pelos novos Desembargadores que passarão a compor o julgamento, cujo pronunciamento deve ser construído de forma efetivamente comparticipada com amplo debate, assegurando-se o direito à sustentação oral pelos procuradores das partes em nova sessão, sob pena de comprometimento do processo democrático, além do risco da não observância a tais requisitos desencadear novos recursos, como embargos declaratórios, recurso especial e até mesmo extraordinário, para aplicação adequada do novo dispositivo legal." (NUNES, Dierle; GALVÃO, Jéssica; COUY, Giselle Santos. Ampliação da colegialidade e embargos declaratórios no novo CPC. *Consultor Jurídico*, 11 jul. 2016. Disponível em: <http://www.conjur.com.br/2016-jul-11/ampliacao-colegialidade-embargos–declaratorios-cpc>. Acesso em: 15.02.2022).

80. NEVES, Daniel Amorim Assumpção. *Novo Código de Processo Civil Comentado*, p. 1535.

tempo, o disposto no art. 942, *caput* e § 1º, do CPC e os princípios do contraditório e da ampla defesa. Ela também confere aos Magistrados convocados tempo para se informar sobre o caso, desestimulando que haja a simples adesão ao voto da maioria ou ao voto do dissidente.

Além disso, ela posterga minimamente o momento de conclusão do litígio,[81] de modo que, no fim das contas, os ganhos obtidos pela deferência ao devido processo legal superariam os custos com a suspensão do julgamento.

No entanto, quando se considera que, mesmo com a alteração da competência funcional, é dado *prosseguimento* ao julgamento inicial – e não iniciado um novo – a conclusão de Neves é comprometida, enquanto a tese de que o "resultado parcial" deve ser publicado, totalmente descartada. Fosse esse o caso, quando da suspensão do julgamento em razão de pedido de vista, o "resultado" até então proclamado também deveria ser publicado, sobre o que não se cogita.

Em tese, tratando-se do mesmo julgamento, a perda do direito à nova sustentação prevista no *caput* do art. 942 em razão da ausência do advogado na sessão inicial – em que é dado seguimento ao julgamento em quórum ampliado – não compromete o direito de defesa das partes.

Primeiro, porque a participação das partes, apesar de contribuir para a realização do direito material, o faz até certo ponto. Dele em diante, os custos financeiros e não financeiros, públicos e privados, empregados para permiti-la, podem torná-la infrutífera.[82]

Conforme Navarro,

> [...] contraditório, ampla defesa e outras derivações do devido processo legal são importantes não porque têm valor absoluto, mas, sim, pela sua contribuição para que o sistema de justiça funcione de modo mais efetivo, trazendo o máximo conforto e bem-estar possível para o maior número de pessoas.[83]

Por isso, a realização do direito material, e não necessariamente a quantidade de participação admitida no processo, é a principal medida da dignidade do processo.[84]

---

81. Pelo menos, de acordo com o resultado do estudo empírico coordenado pela Professora Fernanda Pantoja.

82. NAVARRO, Erik. *Análise econômica do processo civil*, p. 289. Para o autor, [...] todo investimento em participação (manifestações das partes de modo geral, dilargamento de prazos, recursos, motivação, produção de provas, oralidade etc.) é, na verdade, um investimento no combate ao erro. E o erro é um custo social para o processo. Logo, o tamanho do investimento em participação deve ser tal que, ao final, acarrete uma diminuição nos custos sociais do erro judicial que seja superior ao valor investido." (*Ibid.*, p. 284).

83. NAVARRO, Erik. *Análise econômica do processo civil*, p. 176.

84. NAVARRO, Erik. *Análise econômica do processo civil*, p. 304.

Segundo, porque quando ausentes os advogados das partes, não se sabe se o acompanhamento do julgamento do caso por seus assistentes legais seria suficiente para permitir a continuidade imediata.

Terceiro, porque a presença dos advogados na sessão de julgamento que pode se submeter à técnica decisória do art. 942 não se *torna* ônus, apenas continua o sendo. É amplamente aceita a possibilidade do direito à sustentação oral perante o quórum originário precluir, pois também se trata de ônus, isto é, de faculdade que, em determinadas hipóteses – não todas –, é oportunizada ao advogado a exposição oral de suas razões perante o órgão julgador competente para apreciar o recurso. Essa faculdade opera em prol do seu próprio interesse – ou melhor, do interesse da parte que ele representa.[85]

O não comparecimento à sessão inicial, quando aplicada a técnica do quórum ampliado, continua tendo o mesmo efeito: não se impõe sanção jurídica àquele que não a observa. O sujeito que assim o faz deixa apenas de obter a satisfação do interesse de expor oralmente as razões já escrituradas e, dessa forma, a possibilidade de influir no convencimento dos julgadores no sentido que lhe interessa.[86] No fim das contas, a qualificação jurídica da prerrogativa continua a mesma.

Além disso, os advogados das partes, ainda quando não comparecem à sessão, têm assegurado o direito de entregar memoriais nos gabinetes dos Desembargadores, inclusive daqueles com o potencial de serem convocados para compor o quórum ampliado.[87] O fato de regras abstratas a respeito da ordem dessa convocação estarem definidas no Regimento Interno e de a advertência quanto à possibilidade de a competência funcional ser alterada estar regulada em lei federal (art. 942 do Código de Processo Civil) evita que as partes sejam surpreendidas e dispensa qualquer outra advertência.

A continuidade do julgamento na mesma sessão não usurpa o direito previsto no § 1º do art. 942, porque a oportunidade – a faculdade ou o ônus, como se

85. MARTINS-COSTA, Judith. *Da boa-fé no direito privado*: critérios para sua aplicação. 2. ed. São Paulo: Saraiva, 2018. p. 609.

86. Sobre o conceito de ônus, por todos, ver: GRAU, Eros Roberto. Notas sobre a distinção entre obrigação, dever e ônus. *Revista da Faculdade de Direito da Universidade de São Paulo*, v. 77, p. 177-183, p. 180-181, 1982.

87. É interessante, aqui, a consideração da possibilidade de a entrega de memoriais, seguindo a tendência atual, ser realizada através de protocolo eletrônico, a fim de que os novos Magistrados eventualmente convocados para compor o quórum tenham acesso ao seu conteúdo antes da sessão. Isso, por consequência, frustraria a estratégia, por vezes, adotada por advogados de, neles, apresentar, propositadamente, fatos novos sobre os quais a parte contrária não terá a oportunidade de tomar conhecimento. Tratando-se de peça disponibilizada em sistema eletrônico, ainda que seja prescindível a abertura de prazo para a apresentação de "contrarrazões", caso apresentado fato novo, a parte contrária poderá se manifestar sobre ele.

preferir – de renovar a exposição das razões orais é oferecida. Ela surge no momento em que é anunciada, pelo Presidente, a aplicação da técnica decisória e, portanto, deve ser disponibilizada mesmo quando os julgadores convocados estavam presentes no momento da primeira sustentação.

Isso porque, ainda quando os novos julgadores estão cientes da ampliação do quórum que está por vir, regimentalmente, nada impede, por exemplo, que, durante a sustentação, eles se ausentem da sala de julgamento. O direito à renovação do direito à sustentação oral é ainda mais óbvio quando a divergência surge na própria sessão, caso em que, certamente, a atenção dispensada pelos convocados à sustentação inicial não foi a ideal.

Isso não impede que os novos Magistrados facultem às partes a escolha de dispensar a nova sustentação, quando, além de terem tido acesso aos autos físicos ou eletrônicos antes da sessão, ouviram atentamente às razões expostas. Diferentemente do sistema norte-americano, no brasileiro, o direito à sustentação oral não pode ser discricionariamente dispensado (art. 935, *caput*, do CPC). Todavia, é *praxe* indagar à parte cuja tese recursal será prestigiada sobre o interesse pela dispensa da sustentação. Em qualquer hipótese, a palavra final é do patrono, a quem também sempre é garantida a exposição de questão de ordem, mesmo quando não é feito pedido de sustentação.

Bem-vistas as coisas, não será a presença dos advogados que definirá o momento em que o julgamento prosseguirá, mas o preparo dos membros convocados e a maturação do debate entre eles e aqueles originalmente designados. Por óbvio, quando os Magistrados adicionados ao quórum não se fizeram presentes na sessão inicial, o que ocorre, principalmente, quando compõem outra Câmara ou Turma, a imediatidade autorizada pelo Código será inviável – ela não será "possível". Também não será factível quando os novos Desembargadores não tiverem tido prévio acesso ao processo e, por isso, não se sentirem habilitados a votar.

Ainda, é possível que seja dada continuidade imediata ao julgamento, com a oportunização de nova sustentação, mas que o debate não se encerre na sessão inicial, sendo designada nova data para o julgamento, se necessário com nova inclusão em pauta (art. 935, *caput*, do CPC). Nesse caso, excepcionalmente, a sustentação oral realizada pelas partes poderá, de fato, influenciar na conformação do convencimento dos novos julgadores antes de tomada uma posição.

Isso não significa que nos outros casos a sustentação oral não tenha impacto no processo de convencimento judicial. Tanto tem influência que é autorizada a solicitação de pedido de vista dos autos pelos vogais (art. 940, *caput*, do CPC)[88]

88. "Art. 940. O relator ou outro juiz que não se considerar habilitado a proferir imediatamente seu voto poderá solicitar vista pelo prazo máximo de 10 (dez) dias, após o qual o recurso será reincluído em pauta para julgamento na sessão seguinte à data da devolução. [...]"

e a retirada de pauta do processo pelo Relator, no caso de algum ponto levantado oralmente ter lhes chamado atenção.

Por fim, com a disseminação do julgamento virtual, chegou ao STJ discussão a respeito da necessidade de ser oportunizada a realização de sustentação oral, perante o quórum ampliado, à parte que, oportunamente, concordou com a utilização da ferramenta, dispensando a prerrogativa de realizá-la perante o quórum originário. Sobre a controvérsia, assim decidiu o STJ:

> PROCESSUAL CIVIL. APELAÇÃO. JULGAMENTO NÃO UNÂNIME. Art. 942, § 1º, DO CPC/2015. CONVOCAÇÃO DE NOVOS JULGADORES. PEDIDO DE SUSTENTAÇÃO ORAL. MESMA SESSÃO. RITO DE JULGAMENTO VIRTUAL. IMPOSSIBILIDADE. HONORÁRIOS ADVOCATÍCIOS MAJORADOS, CONFORME Art. 85, § 11, DO CPC/2015 1. Segundo o Tribunal de origem, em resposta aos Aclaratórios opostos pela parte ora recorrente: "Outrossim, não há que se falar em designação de nova sessão de julgamento para sustentação oral, ante a existência de divergência, uma vez que o embargante foi devidamente intimado sobre a possibilidade de julgamento virtual dos autos, não se opondo a tal julgamento, bem como foi integralmente cumprido o § 1º do artigo 942 do Código de Processo Civil, com a extensão do julgamento para os demais julgadores".
>
> 2. Com efeito, a parte ora recorrente foi intimada da designação de julgamento virtual no Tribunal de origem e não se insurgiu a tempo contra esse rito de julgamento, o que resultou, desde o início, no seu conhecimento sobre a impossibilidade de sustentação oral, que de fato não ocorreu para os julgadores que inicialmente chegaram à conclusão não unânime.
>
> 3. A superveniente necessidade, no curso do julgamento, de convocação de novos julgadores em virtude de a votação da Apelação não ser unânime (art. 942, caput, do CPC/2015) deve observar o rito inicialmente adotado, que no caso foi o julgamento virtual, quando o prosseguimento do julgamento der-se na mesma sessão, conforme hipótese do § 1º do precitado dispositivo legal.
>
> 4. Recurso Especial não provido.[89]

5.6. Manutenção do quórum ampliado

A redação do art. 942 silencia a respeito da necessidade de o quórum ampliado ser mantido ou não quando o acórdão prolatado pela Câmara ou Turma em composição integral é impugnado por embargos de declaração.

Para Sampaio, no caso de os embargos não serem conhecidos, serem conhecidos e rejeitados ou serem conhecidos e providos apenas para fins de esclarecimento,

89. BRASIL. Superior Tribunal de Justiça. Segunda Turma. REsp 1811599/SP, Rel. Ministro Herman Benjamin, julgado em 07/11/2019, DJe 19/12/2019.

sem efeitos infringentes, a regra é o desfazimento do quórum ampliado e o julgamento dos embargos pelo quórum originalmente designado à apreciação do agravo ou da apelação. Todavia, quando forem concedidos efeitos infringentes aos aclaratórios, resultando em mudanças no acórdão embargado, o autor defende a convocação do colegiado ampliado, sob pena de haver a manipulação do julgamento e a inutilidade da técnica decisória.[90]

Marco Aurélio Peixoto e Rodrigo Becker também defendem a aplicação da técnica quando houver alteração material do resultado no julgamento dos embargos, considerando que o acórdão dos aclaratórios tem eficácia integrativa ao da decisão embargada. No entanto, nas demais hipóteses – em que os embargos são rejeitados por maioria ou acolhidos sem efeitos infringentes –, os autores entendem que não há razão para a ampliação.[91]

Ocorre que a extensão do quórum implica a alteração da competência funcional do órgão julgador. Disso decorre que os embargos de declaração opostos contra acórdão que julga apelação ou agravo em quórum estendido deverão, invariavelmente, desde o princípio, ser apreciados pelo quórum ampliado, independente da conclusão à qual chegarem e dos efeitos dos quais se revestirem.[92]

---

90. SAMPAIO, José Roberto de Albuquerque. Conversa sobre Processo. Elogio ao art. 942 do CPC. O Uso Saudável da Técnica, p. 175-176. "A *vexata quaestio* surge no julgamento de embargos em que, seja por unanimidade, seja por maioria, é emprestado efeito infringente. Havendo omissão, obscuridade, contradição ou erro material, os embargos devem ser não só conhecidos, como também providos, nos termos do art. 1.022 do CPC. Ora, se o esclarecimento dessas questões puder resultar em mudança do resultado do acórdão embargado, a nosso juízo se faz necessária a convocação do colegiado ampliado, nos termos do art. 942. Pensar diferente é abrir as portas para manobras processuais que podem tornar letra morta o art. 942. Vejamos um exemplo. No início do julgamento da apelação, é formada a maioria em favor do apelante. Convocado o colegiado ampliado, o resultado do julgamento se inverte. Se se aceitar o rejulgamento da apelação, em sede de embargos, apenas com os Magistrados que compuseram a assentada originalmente, se estes mantiverem suas posições originais, o placar do julgamento será novamente revertido, voltando-se ao resultado inicial. Nesta hipótese, a aplicação do 942 seria uma enorme perda de tempo. Tornar-se-ia este dispositivo legal, repetimos, letra morta. Nesta restrita situação, vemos, inclusive, violação do princípio do juízo natural, já que não prevalecerá, por via transversa, o voto da maioria do colegiado ampliado, em privilégio da posição vencida, do colegiado original." (SAMPAIO, José Roberto de Albuquerque. Conversa sobre Processo. Elogio ao art. 942 do CPC. O Uso Saudável da Técnica, p. 176, grifo do autor).
91. PEIXOTO, Marco Aurélio; BECKER, Rodrigo. O artigo 942 do CPC (técnica de ampliação do colegiado) em xeque. Uma análise das polêmicas sobre o dispositivo. *Jota*, 01 fev. 2018.
92. Nesse sentido: PISSURNO, Marco Antônio Ribas. *Aspectos polêmicos sobre a técnica de julgamento do artigo 942 do CPC/2015* à luz dos debates travados na 1ª. Jornada de Direito Processual Civil do Conselho da Justiça Federal.

Sabe-se que os aclaratórios devem ser julgados pelo mesmo órgão que proferiu a decisão embargada. O ato decisório que aprecia o recurso integra o ato judicial embargado (efeito integrativo), pois seu objetivo é "[...] integrar, complementar, aperfeiçoar a decisão embargada, com vistas a exaurir a prestação jurisdicional que se encontra inacabada, imperfeita ou incompleta."[93] Por isso, a decisão que o analisa se reveste da mesma natureza decisória da que é por ele impugnada.[94] Tanto é assim que a oposição de embargos de declaração dispensa o recolhimento de novo preparo, pois seu custo já está "incluído" no do recurso principal (de apelação ou agravo).

Por fim, pode surgir a necessidade de o Tribunal de segunda instância se retratar diante do julgamento de recursos extraordinário e especial repetitivos. Nesse caso, o quórum do julgamento originário também deverá ser mantido, independentemente da questão sobre a qual os Tribunais Supremos se manifestaram.[95] Quando há interposição de recurso contra acórdão lavrado pela composição ampliada da Câmara ou Turma, seja para o exercício da retratação, seja para a apreciação de novo expediente oposto, a competência é do Juízo, isto é, do quórum estendido, independentemente de ter havido a mudança de algum integrante no ínterim.

Em nenhum dos casos citados, há propriamente a ampliação regimental ou doutrinária do uso da técnica, mas apenas a adaptação procedimental consecutiva à modificação da competência funcional, decorrente da apreciação do recurso originário.[96]

93. DIDIER JR, Fredie; CUNHA, Leonardo José Carneiro da. *Curso de direito processual civil.* 13. ed. v. 3, p. 264.

94. "[...] se os embargos forem opostos contra sentença, serão julgados por meio de outra sentença. Se, por sua vez, forem opostos contra acórdão, haverão de ser julgados por novo acórdão, [...] não se permitindo ao relator que o faça em decisão isolada." (DIDIER JR, Fredie; CUNHA, Leonardo José Carneiro da. *Curso de direito processual civil.* 13. ed. v. 3, p. 264).

95. "A ampliação colegial ainda comporta exame com o regime dos recursos repetitivos, notadamente por força do inciso II do art. 1.040 do CPC 2015. Isto porque, após a publicação do acórdão *paradigma*, subsistirão hipóteses em que os órgãos colegiais locais estarão convidados a formalizar o *juízo de retratação* em relação ao tema subjacente. Contudo, não se pode descartar a hipótese de que o acórdão local anterior tenha sido proferido à luz do quórum ampliado, fato esse que ainda exigirá a formação do juízo de retratação nos mesmos moldes." (PUGLIESE, William; KOZIKOSKI, Sandro. Uniformidade da jurisprudência, divergência e vinculação do colegiado, p. 54-55). No mesmo sentido: TEIXEIRA, Guilherme Freire de Barros. Art. 942 do CPC 2015 e suas dificuldades operacionais: aspectos práticos, p. 42.

96. Em sentido contrário, Luiz Henrique Sormani Barbugiani, para quem "[...] a regra do artigo 942 do CPC, de 2015, não impede que os regimentos internos dos Tribunais ampliem o uso dessa técnica em outros recursos, por decorrer do próprio sistema processual e visar uma melhora na qualidade da prestação jurisdicional, preservando padrões mais

5.7. Ampliação do quórum nos embargos de declaração

Como visto, a decisão que aprecia os embargos de declaração reveste-se de complementariedade. Seu julgamento não corresponde à continuação daquele que aprecia a apelação ou o agravo contra o qual são manejados, eis que os resultados do julgamento desses recursos são anunciados e os acórdãos, lavrados, anteriormente. Todavia, a decisão dos aclaratórios irá integrar a da apelação ou a do agravo, fazendo com que elas se tornem um só ato decisório (composto).

Tanto é assim que eventual recurso especial ou extraordinário deverá rebater tanto as razões que apreciaram o recurso originário quanto as eventualmente lançadas naquela que apreciou os ED.

Tendo isso em vista, é possível que a técnica do art. 942 não incida no julgamento da apelação ou do agravo, mas naquele em que são apreciados os embargos de declaração contra o acórdão lavrado naquele julgamento. Para tanto, os mesmos requisitos previstos no art. 942, caput e § 3º, II, do CPC – interpretados de acordo com capítulo anterior – deverão ser preenchidos.

Trata-se de entendimento acolhido pelo STJ:

> PROCESSUAL CIVIL. AGRAVO INTERNO NO AGRAVO EM RECURSO ESPECIAL. CÉDULAS DE CRÉDITO RURAL. AÇÃO DE REVISÃO DE ENCARGOS E REPETIÇÃO DE INDÉBITO. LIQUIDAÇÃO DE SENTENÇA POR ARBITRAMENTO. DECISÃO QUE REJEITOU AS IMPUGNAÇÕES APRESENTADAS PELO BANCO E HOMOLOGOU O LAUDO TÉCNICO JUDICIAL. EMBARGOS DE DECLARAÇÃO. OMISSÃO, CONTRADIÇÃO OU OBSCURIDADE. NÃO OCORRÊNCIA. VIOLAÇÃO DO Art. 489 DO CPC/15. INOCORRÊNCIA. FUNDAMENTAÇÃO. AUSENTE. DEFICIENTE. SÚMULA 284/STF. REEXAME DE FATOS E PROVAS. INADMISSIBILIDADE. TÉCNICA DE JULGAMENTO AMPLIADO. Art. 942 DO CPC/15. INAPLICABILIDADE. HARMONIA ENTRE O ACÓRDÃO RECORRIDO E A JURISPRUDÊNCIA DO STJ. [...]
>
> 6. Em se tratando de aclaratórios opostos a acórdão que julga agravo de instrumento, a convocação de outros julgadores para compor o colegiado ampliado (técnica de julgamento prevista no artigo 942 do CPC/2015) somente ocorrerá se os embargos de declaração forem acolhidos para modificar o julgamento originário do magistrado de primeiro grau que houver proferido decisão parcial de mérito. [...][97]

---

elevados de segurança e justiça. Em nossa concepção, tal norma é típica regra procedimental e não de cunho processual, também inserida na competência de organização judiciária dada a ampliação do órgão colegiado para apreciar julgamento não unânime." (BARBUGIANI, Luiz Henrique Sormani. *Técnica de Julgamento do artigo 942 do CPC de 2015*, p. 212).

97. BRASIL. Superior Tribunal de Justiça. Terceira Turma. AgInt nos EDcl no AREsp 1746505/MS, Rel. Ministra Nancy Andrighi, julgado em 26/04/2021, DJe 28/04/2021.

> RECURSO ESPECIAL. [...] ACLARATÓRIOS. REJEIÇÃO. MAIORIA DE VOTOS. VOTO VENCIDO QUE ANULAVA O ACÓRDÃO EMBARGADO. TÉCNICA DE JULGAMENTO AMPLIADO. Art. 942 DO CPC/2015. NÃO APLICAÇÃO.
>
> [...]
>
> 6. Segundo lições doutrinárias, em se tratando de aclaratórios opostos a acórdão que julga agravo de instrumento, a convocação de outros julgadores para compor o colegiado ampliado (técnica de julgamento prevista no artigo 942 do CPC/2015) somente ocorrerá se os embargos de declaração forem acolhidos para modificar o julgamento originário do magistrado de primeiro grau que houver proferido decisão parcial de mérito.
>
> 7. Recurso especial provido para declarar a nulidade do julgamento dos embargos de declaração com determinação de retorno dos autos à origem para novo julgamento, com a prévia intimação da parte embargada para apresentação de impugnaçao. [...].[98]

Em síntese, a aplicação da técnica do quórum ampliado em julgamento de embargos de declaração exige que o voto divergente tenha o condão de alterar o resultado unânime da apelação ou agravo. Assim, voto divergente, em ED, que apenas sugere o acréscimo ou modificação de parte do texto do acórdão recorrido não enseja a ampliação da técnica. Por outro lado, voto que, acolhendo o ED com efeitos infringentes, modifica o resultado unânime da apelação enseja a incidência do art. 942.

5.8. Consequências da inobservância

A inobservância do cabimento do art. 942 não implica a ineficácia ou, como defendido por Barbugiani, a inexistência do ato jurisdicional.[99] Ela se resolve no plano da validade.[100]

---

98. BRASIL. Superior Tribunal de Justiça. Terceira Turma. REsp 1841584/SP, Rel. Ministro Ricardo Villas Bôas Cueva, julgado em 10/12/2019, DJe 13/12/2019.

99. Nesse sentido: BARBUGIANI, Luiz Henrique Sormani. *Técnica de Julgamento do artigo 942 do CPC de 2015*, p. 190. Como próprio autor salienta, nesse caso, para a apresentação de *querela nullitatis*, surgem dificuldades, inclusive, quanto à "[...] competência do juízo de primeiro grau para processar a ação de nulidade, que pode causar confusão para a parte interessada quando se pretende atingir um acórdão ou ato processual de segundo grau, sendo, de certa forma, incoerente que o primeiro grau se manifeste em ato processual de competência do Tribunal." Para ele, "apesar da competência residual ser das varas de primeira instância seria conveniente que os regimentos internos dos Tribunais regulassem essa matéria quando a impugnação ocorre em processos de competência originária da Corte, circunstância que evitaria muitas controvérsias. Enquanto não houver previsão regimental sobre a questão, propício o ajuizamento da ação em

Como visto, a ampliação do quórum de julgamento, nos termos do art. 942, implica a mudança da competência funcional do órgão judicial, classificada dentro do regime de competência absoluta, pensada no interesse da organização judiciária. Essa classificação é relevante para determinar o momento e o instrumento através do qual sua inobservância deve ser arguida.

A incompetência absoluta deverá ser reconhecida de ofício pelo Juiz a qualquer tempo ou grau de jurisdição, nos termos do artigo 64, § 1º, do CPC,[101] imediatamente após a oportunização da oitiva das partes (art. 64, § 2º),[102] em observância ao contraditório, à ampla defesa e a não surpresa (arts. 5º, LV, da CF[103], e 9º e 10º do CPC).[104]

Conforme pontuado por Teresa Arruda Alvim, "a situação que se cria não é idêntica à de não se terem esgotado todas as instâncias, e a responsabilidade pela iniciativa do uso do instituto não é do recorrente."[105] No entanto, o *error in procedendo* também pode ser apontado pela parte em embargos de declaração ou em recurso especial e/ou extraordinário, nesse caso, como questão preliminar[106] e desde que tenha havido o prequestionamento da matéria na origem. Nesse sentido:

---

segundo grau, direcionando o pedido ao órgão com competência para apreciação da ação rescisória em face da decisão impugnada." (BARBUGIANI, Luiz Henrique Sormani. *Técnica de Julgamento do artigo 942 do CPC de 2015*, p. 194).

100. ARRUDA ALVIM, Teresa. Ampliar a colegialidade: a que custo?, p. 23-24; STRECK, Lenio Luiz; HERZL, Ricardo Augusto. O que é isto – Os novos embargos infringentes? Uma mão dá e a outra... *Consultor Jurídico*, 13 jan. 2015. RIBAS, Rogério; LOPES, Fernanda Machado. Artigo 942 do NCPC e o Agravo de Instrumento, p. 79.

101. "Art. 64. [...] § 1º A incompetência absoluta pode ser alegada em qualquer tempo e grau de jurisdição e deve ser declarada de ofício. [...]"

102. "Art. 64. [...] § 2º Após manifestação da parte contrária, o juiz decidirá imediatamente a alegação de incompetência. [...]"

103. Art. 5º Todos são iguais perante a lei, sem distinção de qualquer natureza, garantindo-se aos brasileiros e aos estrangeiros residentes no País a inviolabilidade do direito à vida, à liberdade, à igualdade, à segurança e à propriedade, nos termos seguintes: [...] LV – aos litigantes, em processo judicial ou administrativo, e aos acusados em geral são assegurados o contraditório e ampla defesa, com os meios e recursos a ela inerentes; [...]"

104. "Art. 9º Não se proferirá decisão contra uma das partes sem que ela seja previamente ouvida. Parágrafo único. O disposto no caput não se aplica: I – à tutela provisória de urgência; II – às hipóteses de tutela da evidência previstas no art. 311, incisos II e III; III – à decisão prevista no art. 701. Art. 10. O juiz não pode decidir, em grau algum de jurisdição, com base em fundamento a respeito do qual não se tenha dado às partes oportunidade de se manifestar, ainda que se trate de matéria sobre a qual deva decidir de ofício."

105. ARRUDA ALVIM, Teresa. Ampliar a colegialidade: a que custo?, p. 23 e 24; SILVA JÚNIOR, Denarcy Souza e. Reflexões sobre a técnica da ampliação da colegialidade prevista no art. 942 do CPC-15: contribuições para uma sistematização. *Empório do Direito*, 08 maio 2017.

106. "Bem, não realizada a técnica, não cabe o RESP? Tem que caber. A situação não é idêntica à de não se terem esgotado todas as instâncias. A responsabilidade pela iniciativa do

> TRIBUTÁRIO E PROCESSUAL CIVIL. [...] IMPOSSIBILIDADE DE EXAME NA VIA DO RECURSO ESPECIAL. ALEGAÇÃO DE OFENSA AO Artigo 942 DO CPC. MATÉRIA NÃO PREQUESTIONADA. [...]
>
> 3. Não se pode conhecer da alegação de ofensa ao artigo 942 do CPC. O Tribunal de origem não se manifestou sobre a matéria, incidindo as Súmulas 282 e 356 do Supremo Tribunal Federal. Nesse senteido: AREsp 1.574.806/SC, Relator Min. Luis Felipe Salomão, Quarta Turma, DJe 10.3.2020 [...].[107]

O impedimento de ter o recurso apreciado por número maior de Magistrados compromete o potencial deliberativo que o legislador arquitetou à hipótese,[108] razão pela qual a nulidade do julgamento nesses casos vem sendo reconhecida inclusive monocraticamente pelo Superior Tribunal de Justiça:

> [...] 7. No caso, o Tribunal de origem, ao deixar de ampliar o quórum da sessão realizada no dia 9/6/2016, diante da ausência de unanimidade com relação à preliminar de não conhecimento da apelação interposta de forma adesiva pelo autor, inobservou o enunciado normativo inserto no art. 942 do CPC, sendo de rigor declarar a nulidade por «error in procedendo».
>
> 8. Ainda que a preliminar acolhida pelo voto minoritário careça de previsão legal, inviável ao Superior Tribunal de Justiça sanar a nulidade apontada, pois o art. 942 do CPC enuncia uma técnica de observância obrigatória pelo órgão

---

uso do instituto não é do recorrente. Mas será a primeira ilegalidade a ser apontada no RESP." (WAMBIER, Luiz Rodrigues. Ampliação da colegialidade, os "novos" embargos infringentes! *Migalhas*, 29 jul. 2016. Disponível em: <https://www.migalhas.com.br/EntendendoDireito/110,MI243043,61044-Ampliacao+da+colegialidade+os+novos+embargos+infringentes>. Acesso em: 15.02.2022). Em sentido contrário: "Contudo, se a incompetência absoluta não tiver sido alegada e decidida, não poderá ser invocada apenas no recurso especial ou no recurso extraordinário, por falta de prequestionamento. Na verdade, quando se diz que a incompetência absoluta pode ser declarada, ainda que de ofício, em qualquer grau de jurisdição, toma-se em consideração somente as instâncias ordinárias, e não as instâncias de tais recursos." (MARINONI, Luiz Guilherme; ARENHART, Sérgio; MITIDIERO, Daniel. *Novo Curso de Processo Civil*: tutela dos direitos mediante procedimento comum. v. II, p. 68). "A decisão judicial defeituosa deve ser invalidada por meio da interposição de recurso, pelo qual se alegue *error in procedendo*. A não impugnação da decisão implicará preclusão, ressalvada regra expressa em sentido contrário." (DIDIER JR, Fredie; CUNHA, Leonardo José Carneiro da. *Curso de direito processual civil*: Introdução ao Direito Processual Civil, Parte Geral e Processo de Conhecimento. 17 ed. v. 1, p. 409).

107. BRASIL. Superior Tribunal de Justiça. Segunda Turma. AgInt no REsp 1886323/RJ, Rel. Ministro Herman Benjamin, julgado em 12/04/2021, DJe 01/07/2021.

108. "Há prejuízo sempre que o defeito impedir que o ato atinja a sua finalidade." (DIDIER JR, Fredie; CUNHA, Leonardo José Carneiro da. *Curso de direito processual civil*: Introdução ao Direito Processual Civil, Parte Geral e Processo de Conhecimento. 17 ed., v. 1, p. 404).

> julgador, devendo ser aplicada no momento imediatamente posterior à colheita dos votos e à constatação do resultado não unânime quanto à preliminar.
>
> 9. Uma vez ampliado o colegiado, os novos julgadores convocados não ficam adstritos aos capítulos em torno dos quais se estabeleceu a divergência, competindo-lhes também a apreciação da integralidade das apelações.
>
> 10. RECURSO ESPECIAL PROVIDO PARA DECLARAR A NULIDADE DO JULGAMENTO DAS APELAÇÕES, DETERMINANDO O RETORNO DOS AUTOS AO TRIBUNAL DE ORIGEM PARA QUE SEJA CONVOCADA NOVA SESSÃO PARA PROSSEGUIMENTO DO JULGAMENTO. (REsp 1798705/SC, Rel. Ministro PAULO DE TARSO SANSEVERINO, TERCEIRA TURMA, julgado em 22/10/2019, DJe 28/10/2019)
>
> Ante o exposto, com base no art. 253, II, parágrafo único, "c", do RISTJ, CONHEÇO do agravo para DAR PARCIAL PROVIMENTO ao recurso especial e, anulando o acórdão recorrido, determinar o retorno dos autos ao Tribunal de origem, a fim de que os desembargadores convocados em observância à regra técnica de julgamento prevista no art. 942 do CPC/2015 se pronunciem sobre a integralidade da controvérsia decidida pelo Colegiado original de forma unânime e não unânime.[109]

Trata-se de defeito insanável e incorrigível, não sujeito à preclusão, mas que, por não adentrar o plano da existência, produz coisa julgada. Sendo este o caso, o defeito capaz de levar à invalidação se transforma em hipótese de rescindibilidade, pois a decisão só poderá ser anulada por ação rescisória (art. 966, II, do CPC).[110-111]

---

109. BRASIL. Superior Tribunal de Justiça. Decisão Monocrática. AREsp 1805846/DF (2020/0331542-9). Rel. Ministro Gurgel de Faria, julgado em 29/09/2021, DJe 06/10/2021.

110. "Art. 966. A decisão de mérito, transitada em julgado, pode ser rescindida quando: [...] II – for proferida por juiz impedido ou por juízo absolutamente incompetente; [...]"

111. Vale, nesse ponto, a reprodução da ressalva de Didier e Cunha: "Não se pretende proceder a uma tentativa de distinção entre nulidade e anulabilidade; a tarefa, frise-se, é das mais árduas. Os critérios distintivos são vários, mas nem sempre o legislador é fiel às lições doutrinárias. Neste momento, cumpre apenas fazer duas observações: a) ambas são hipóteses de invalidação dos atos jurídicos, com regimes jurídicos distintos (legitimidade para arguir, forma de arguição, prazo, sanabilidade do defeito, retroatividade da decretação da invalidade etc.); b) não obstante as diferenças, a invalidação é sempre uma decisão constitutiva negativa." (DIDIER JR, Fredie; CUNHA, Leonardo José Carneiro da. *Curso de direito processual civil*: Introdução ao Direito Processual Civil, Parte Geral e Processo de Conhecimento. 17 ed. v. 1, p. 398). Para Teresa Arruda Alvim, "[...] efetivamente, as sentenças *nulas*, uma vez transitadas em julgado, passam a ser (*além de nulas*) *rescindíveis. Inafastável esta conclusão*, em face, por exemplo, do que dispõe o art. 966, II, do CPC, no sentido de que, *ausente um dos pressupostos processuais de validade*, a sentença é *rescindível*. Ora, o inverso, o avesso, o contrário de *validade* é *nulidade*." (ARRUDA ALVIM, Teresa. *Nulidades do processo e da sentença*. 2. ed. São Paulo: Thomson Reuters Brasil, 2018, p. 239).

Transcorrido o prazo decadencial de dois anos para a propositura da rescisória (art. 975, *caput*, do CPC),[112] a decisão judicial, ainda que viciada, não poderá ser atacada, pois "[...] tem de haver um ponto final."[113]

De acordo com o § 4º do art. 64 do CPC, "salvo decisão judicial em sentido contrário, conservar-se-ão os efeitos de decisão proferida pelo juízo incompetente até que outra seja proferida, se for o caso, pelo juízo competente." Logo, o acórdão lavrado pelo quórum originariamente designado – de três Magistrados – será presumido válido até que seja proclamado o resultado do julgamento do recurso pelo quórum ampliado – de cinco – pelo Presidente da Câmara ou Turma. Uma vez lavrado o novo acórdão, é decretada a nulidade do anterior, não sendo necessária a análise casuística a respeito do prejuízo experimentado: ele é presumido.

Também deverá ser reconhecida nulidade quando, inversamente, a técnica do quórum estendido for aplicada apesar de ausentes os requisitos necessários para tanto. Foi o que ocorreu, por exemplo, no julgamento do REsp 1841584/SP, de cujo acórdão se extrai, no que importa, a seguinte fundamentação:

> [...] No caso em apreço, colhe-se dos autos que após o provimento do agravo de instrumento, por maioria de votos, e da rejeição de questão de ordem relativa à ampliação do julgamento colegiado, foram opostos aclaratórios, pugnando pelo reconhecimento da nulidade do acórdão embargado e pela necessidade de refazimento daquele julgamento de forma ampliada.
>
> Levados os embargos de declaração a julgamento, estes foram inicialmente rejeitados, por maioria, sendo que o voto vencido preconizava o seu acolhimento com a anulação do julgamento do agravo de instrumento para que outro fosse realizado com a devida observância ao disposto no art. 942 § 3º, II do CPC/2015.
>
> Nota-se, portanto, que, além de os aclaratórios terem sido rejeitados, o voto vencido proferido nos embargos não era apto a modificar o julgamento do agravo de instrumento em seu mérito. O sucesso da tese ali defendida ensejaria apenas a anulação do julgamento para que outro fosse realizado, sem nenhuma alteração no conteúdo meritório da decisão atacada.
>
> Nesse contexto, foi indevida a ampliação do julgamento operada pela Corte local, razão pela qual deve ser provido o recurso especial também quanto a esse ponto.
>
> Logo, por mais de um motivo, deve ser reconhecida a nulidade do julgamento dos embargos de declaração, devendo retornar os autos à origem para novo julgamento dos aclaratórios, agora com a intimação prévia da parte adversa, prejudicadas, por ora, as demais questões.[114]

---

112. "Art. 975. O direito à rescisão se extingue em 2 (dois) anos contados do trânsito em julgado da última decisão proferida no processo. [...]"

113. ARRUDA ALVIM, Teresa. *Nulidades do processo e da sentença*, p. 242.

114. BRASIL. Superior Tribunal de Justiça. Terceira Turma. REsp 1841584/SP, Rel. Ministro Ricardo Villas Bôas Cueva, julgado em 10/12/2019, DJe 13/12/2019.

Nesse caso, o STJ entende que o acórdão lavrado pelo quórum ampliado deve ser anulado para que prevaleça o resultado do julgamento alcançado pelo quórum originário. *Mutatis mutandis*:

> PROCESSO CIVIL. RECURSO ESPECIAL. RECURSO MANEJADO SOB A ÉGIDE DO NCPC. EXECUÇÃO DE TÍTULO EXTRAJUDICIAL. AGRAVO DE INSTRUMENTO CONTRA DECISÃO QUE RECONHECE A LEGITIMIDADE DE PARTE DA CREDORA PARA AJUIZAMENTO DA EXECUÇÃO. RECURSO JULGADO POR MAIORIA. APLICAÇÃO DA TÉCNICA DE JULGAMENTO AMPLIADO. Art. 942, § 3º, II, DO NCPC. POSSIBILIDADE. OBSERVADA, CONTUDO, A REFORMA DA DECISÃO QUE JULGAR PARCIALMENTE O MÉRITO. AUSÊNCIA DE REFORMA NO CASO EM COMENTO. AGRAVO DE INSTRUMENTO QUE NÃO FOI PROVIDO, POR MAIORIA. DECISÃO AGRAVADA QUE NÃO ANALISOU O MÉRITO DA CONTROVÉRSIA. NECESSIDADE DE ANULAÇÃO DOS VOTOS PROFERIDOS EM SEDE DE JULGAMENTO AMPLIADO PARA FAZER PREVALECER O QUE FICOU DECIDIDO, POR MAIORIA DE VOTOS, PELO RELATOR, PRIMEIRO E SEGUNDO VOGAIS (NÃO PROVIMENTO DO AGRAVO DE INSTRUMENTO). RECURSO ESPECIAL PROVIDO.
>
> 1. Aplica-se o NCPC a este julgamento ante os termos do Enunciado Administrativo nº 3, aprovado pelo Plenário do STJ na sessão de 9/3/2016: Aos recursos interpostos com fundamento no CPC/2015 (relativos a decisões publicadas a partir de 18 de março de 2016) serão exigidos os requisitos de admissibilidade recursal na forma do novo CPC.
>
> 2. Somente se admite a técnica do julgamento ampliado, em agravo de instrumento, prevista no art. 942, § 3º, II, do NCPC, quando houver o provimento do recurso por maioria de votos e desde que a decisão agravada tenha julgado parcialmente o mérito. Doutrina sobre o tema.
>
> 3. Ausência, no caso dos autos, de provimento do agravo de instrumento, por maioria de votos, e de decisão agravada que tenha analisado o mérito da causa.
>
> 4. Reconhecido que o julgamento ampliado se deu em confronto com a lei, devem ser anulados os votos proferidos na modalidade ampliada para prevalecer somente aqueles votos proferidos pelo Desembargador Relator e Primeiro Vogal, que o acompanhou, que entenderam, por maioria, em negar provimento ao agravo de instrumento.
>
> 5. Recurso especial provido.[115]

Ainda que algumas questões procedimentais estejam mais sedimentadas, não se ignora a existência de tantas outras dúvidas que a aplicação da técnica do art. 942 segue provocando. Espera-se que, em alguma medida, as considerações tecidas nesse livro instiguem e orientem o debate sobre elas.

---

115. BRASIL. Superior Tribunal de Justiça. Terceira Turma. REsp 1960580/MT. Rel. Ministro Moura Ribeiro, julgado em 05/10/2021, DJe 13/10/2021.

CONSIDERAÇÕES FINAIS

As Cortes de Justiça, na qualidade de órgãos colegiados, não são instituições intrinsicamente deliberativas. Não é raro que uma decisão colegiada seja resultado da mera agregação de votos ou do consenso aparente. Ainda quando não é este o caso, os benefícios da deliberação não são inequívocos, existindo *déficits* a serem contornados. A deliberação pode implicar a polarização das opiniões, ao invés do seu acomodamento, bem como a perpetuação de erros, ao invés da promoção da qualidade das respostas finais, que, uma vez proferidas aleatoriamente em nome dos indivíduos, e não da instituição da qual eles fazem parte, desenvolvem padrões decisórios inconsistentes e incoerentes.

A deliberação também pode promover a segregação quando mascara a divergência. Para estimular o compartilhamento de informações relevantes e, assim, enriquecer o processo deliberativo com o diálogo plural, respeitoso e produtivo que lhe deve ser inerente, os membros da Corte de Apelação devem receber os estímulos certos. Assim, a resposta jurisdicional que dela se espera será mais completa e adequada. A voz da minoria não deve ser abafada; deve ser reconhecida como parte da decisão, e não como elemento distinto.

Para isso, os custos informacionais e reputacionais que envolvem a manifestação do desacordo público devem ser neutralizados através da introdução de regras decisórias capazes de organizar e modificar o comportamento dos atores sociais e redistribuir custos e recompensas. A salvaguarda do desacordo assegura o respeito à autonomia do Juiz, impulsiona o diálogo da Corte com a sociedade e os Juízes singulares, pode promover o desenvolvimento previsível do direito e fortalecer a integridade do processo, através do controle da motivação da maioria e do acolhimento da diversidade. Também é capaz de corrigir erros causados por "vieses cognitivos" e de denunciar ao Plenário decisões majoritárias extremistas.

Tendo isso em vista, a apresentação da divergência foi elegida como o principal critério para a incidência da técnica do julgamento ampliado do art. 942 do CPC. Para tanto, exige-se que ela (i) ocorra dentro do quórum de julgamento do caso concreto; (ii) seja manifestada intencionalmente; (iii) seja exposta ao público; e (iv) não ocorra na fundamentação do acórdão, mas no resultado do julgamento do recurso. Este último requisito não se verifica quando pelo menos um dos pedidos alternativos – independente do qual – é acolhido pelos membros do quórum originário, pois nesse caso tem-se julgamento por unanimidade, mas está presente quando os pedidos formulados são subsidiários. Por fim, (v) não importa se o desacordo é parcial ou total, em ambos os casos haverá a ampliação do quórum.

No entanto, assim como a deliberação, o desacordo também pode ser desvirtuado, o que não pode ser ignorado pelo intérprete da regra decisória do artigo 942 do CPC. Ela deve ser interpretada sistemática e teleologicamente, isto é, dentro do contexto em que está inserida e a partir das funções que é capaz de satisfazer. Deve ser analisada a partir do microssistema processual que acolhe a pluralidade argumentativa inerente à interpretação do direito (art. 941, § 3º, do CPC), a fundamentação das decisões judiciais (art. 489 do CPC), a primazia do julgamento de mérito (arts. 4º, 6º e 1.013, § 3º, do CPC), o efetivo contraditório (arts. 7º e 9º do CPC) e o processo cooperativo (arts. 5º e 6º do CPC).

Ela é capaz de estimular a prolação de decisões mais fundamentadas e de maior qualidade através da ampliação do debate, mas apenas indiretamente contribui para a uniformização da jurisprudência. O fato de o Plenário dos Circuitos Federais de Apelação norte-americanos – e não apenas de parte dele – poder se reunir para apreciar o *appeal* e, ainda assim, ser apenas instrumento paliativo de resolução das controvérsias intracircuito, revela que a única forma de promover a unidade do direito é pelo respeito aos precedentes.

Apesar das diferenças culturais e procedimentais entre os sistemas brasileiro e estadunidense, a análise institucional e microcomparada do artigo 942 e da técnica de julgamento *en banc* fomenta o pensamento crítico e permite o desenvolvimento de *insights*. Assim como no sistema brasileiro, no sistema norte-americano a existência de divergência dentro do quórum inicial designado para julgar o recurso é fator preponderante para determinar sua (re)análise pelo Pleno.

Lá, a regra geral também é a apreciação do *appeal* por um painel de três Juízes nos Circuitos Federais, mas a existência de conflitos inter e intracircuitos e a importância da questão discutida no recurso podem motivar sua análise – ou reanálise – pelo Pleno, composto, em média, por onze a dezessete Juízes. Cabe à maioria simples da Corte verificar o cabimento, ou não, da ampliação do quórum, cuja competência se restringe à revisão das questões de direito tratadas na decisão impugnada, que se presume correta. As questões de fato, tradicionalmente, são confiadas ao júri e, por isso, só podem ser revisadas excepcionalmente pelo Tribunal.

A distinção entre questões de direito e questões de fato nos Estados Unidos não é ontológica, epistemológica, nem analítica, mas pragmática e artificial, porque depende de quem – Juiz ou júri – é considerado competente para analisá-la. No Brasil, como ambas competem ao Juiz, ainda que existam outros meios para a solução e a uniformização das questões de direito, a divergência que autoriza a extensão do quórum no direito brasileiro é aquela que está no resultado. Não importa se ela trata de questão de fato ou de questão de direito.

Tampouco importa se ela abrange ou não o mérito da pretensão e, em razão disso, é capaz de produzir coisa julgada, pois o ato judicial singular impugnado pode ser substituído por ato de natureza diversa no Tribunal. A sentença de mérito pode ser substituída por acórdão terminativo e a decisão interlocutória terminativa, por acórdão de mérito. As diferenças procedimentais e o momento em que os recursos de agravo e de apelação são interpostos também não justificam a limitação da ampliação do quórum a agravo que impugna decisão de mérito. Há questões que podem ser apreciadas tanto por decisão interlocutória quanto por sentença ou, quando decididas pela primeira, impugnadas apenas após a prolação da segunda.

Por fim, a possibilidade de o Tribunal, além de corrigir erros, reapreciar fatos e reexaminar provas, analisar fato novo e reabrir a instrução probatória, impede que a decisão de primeiro grau tenha o mesmo peso do voto dos membros do colegiado e, portanto, que seja exigida a reforma da decisão interlocutória para a incidência da técnica do art. 942. Em respeito à intenção do legislador, isso só será possível quando a decisão impugnada consistir em julgamento parcial de mérito (art. 356 do CPC), pois, nesse caso, além de os poderes instrutórios do Tribunal serem dispensados, o legislador já ponderou entre os ideais da certeza e da brevidade.

Portanto, faz sentido restringir a ampliação do quórum e exigir a reforma da decisão singular apenas no julgamento de agravo interposto contra decisão parcial de mérito, nos termos do art. 356 do CPC. Em todas as outras hipóteses, sugere-se seja o *caput* do art. 942 interpretado extensivamente para abarcar o julgamento não unânime de agravo interposto contra decisão que versa ou não sobre mérito. Outra possibilidade é a alteração do *caput* e do § 3º, II, do art. 942 – no sentido mencionado – *de lege ferenda*.

Nessas hipóteses – em que se aplica o art. 942, *caput* –, concede-se ao dissidente o poder de vetar a proposta de voto apresentada pelo Relator, que deverá ser analisada por outros dois Magistrados, convocados de acordo com regras pré-estabelecidas objetivamente no Regimento Interno de cada Tribunal. O entendimento dos Magistrados originais poderá ser parcial ou integralmente alterado até o momento em que o resultado da votação é anunciado pelo Presidente da Câmara ou Turma. Apenas se a dispersão qualitativa ou quantitativa persistir mesmo depois da discussão levada a cabo pelo quórum ampliado e da nova contagem de votos é que os mecanismos regimentais para solucioná-la serão empregados.

Os novos membros poderão se manifestar a respeito da apreciação de todo o recurso – e não apenas do ponto que motivou a divergência –, pois a ampliação do quórum implica a alteração da competência funcional do órgão julgador. Isso também implica a manutenção da ampliação no caso de serem opostos embargos de declaração contra o acórdão e/ou ser necessária sua retratação.

Pela mesma razão – a modificação da competência funcional –, a inobservância do cabimento do art. 942 se resolve no plano da validade. Trata-se de defeito insanável capaz de resultar na decretação da incompetência absoluta ou, após o trânsito em julgado, na rescindibilidade do acórdão em até dois anos. A aplicação da técnica origina o direito da parte sustentar novamente suas razões perante o quórum estendido, mesmo quando os membros convocados presenciaram a sustentação dirigida ao quórum original. Nesse caso, a sustentação poderá ser dispensada pelos patronos da parte, mas nunca pelos Magistrados, como ocorre nos Estados Unidos.

Poderá ser dada continuidade imediata à sessão com quórum ampliado quando houver julgadores em número suficiente para a reversão do resultado do julgamento na sessão inicial, independente da presença dos advogados das partes. A preclusão do direito à sustentação oral não ofende o contraditório e a ampla defesa. A sustentação perante o órgão competente constitui ônus da parte em qualquer hipótese. Quando o julgamento for suspenso, não será publicado o "resultado parcial" da votação, porque ela ainda não foi encerrada. O julgamento colegiado acontece em fases, mas entre elas não há remates.

Por fim, à vista do efeito integrativo dos aclaratórios, é possível que a técnica do art. 942 não incida no julgamento da apelação ou do agravo, mas, após a lavratura e publicação do respectivo acórdão, naquele que aprecia o ED oportunamente manejado, desde que nele sejam preenchidos os requisitos previstos no art. 942, *caput* ou § 3º, II, do CPC. A definição dessas questões procedimentais é importante para garantir a credibilidade da técnica e a isonomia dos jurisdicionados.

REFERÊNCIAS

ALEXANDER Jr., A. Lamar. *En Banc Hearings in the Federal Courts of Appeals*: Accommodating Institutional Responsibilities (Part I). *40 N.Y.U. Law Review 563*, 1965.

ALEXANDER Jr., A. Lamar. En Banc Hearings in the Federal Courts of Appeals: Accommodating Institutional Responsibilities (Part II). *40 N.Y.U. Law Review 726*, 1965.

ALLEN, Ronald J.; PARDO, Michael S. The myth of the law-fact distinction. *Northwestern University Law Review*, v. 97, p. 1769-1807, 2003.

ANDLER, Daniel. What Has Collective Wisdom to Do with Wisdom? In: LANDEMORE, H.; ELSTER, J. (Ed.). *Collective Wisdom:* Principles and Mechanisms. Cambridge: Cambridge University Press, 2012. Disponível em: <doi:10.1017/CBO9780511846427>. Acesso em: 08 jun. 2019.

ARAGÃO, Egas Moniz de. Demasiados recursos? *Revista de processo*, v. 31, n. 136, p. 9-31, jun. 2006.

ARAGÃO, Egas Moniz de. *Embargos Infringentes*. 2. ed. São Paulo: Saraiva, 1974.

ARAGÃO, Egas Moniz de. *Estudo sobre os embargos de nulidade e infringentes do julgado previstos no código de processo civil*. Curitiba: Litero Técnica, 1959.

ARAÚJO, Mateus Morais; MAGALHÃES Lucas Fernandes de. *Comportamento estratégico nos tribunais de justiça estaduais*: uma análise das decisões colegiadas proferidas pelos Desembargadores. 11º Encontro da Associação Brasileira de Ciência Política Democracia e Representação: Impasses contemporâneos, Curitiba, 31 de julho a 3 de agosto de 2018.

ARISTOTLE. *The Politics*. Editado por EVERSON, S. Cambridge: Cambridge University Press, 1988.

ARRUDA ALVIM WAMBIER, Teresa; MELLO, Rogério Licastro Torres de; RIBEIRO, Leonardo Ferres da Silva. *Primeiros Comentários ao Novo Código de Processo Civil*: artigo por artigo. São Paulo: Ed. Revista dos Tribunais, 2016. *E-book*.

ARRUDA ALVIM, Teresa. Ampliar a colegialidade: a que custo? *Res Severa Verum Gaudium*, v. 3, n. 1, Porto Alegre, p. 17-27, mar. 2017.

ARRUDA ALVIM, Teresa. *Nulidades do processo e da sentença*. 2. ed. São Paulo: Thomson Reuters Brasil, 2018.

ASSIS, Araken de. *Manual dos Recursos*. 1. ed. em e-book baseada na 8. ed. impressa. São Paulo: Ed. Revista dos Tribunais, 2017.

ATAIDE JUNIOR, Vicente de Paula. *A técnica de julgamento ampliado nos Juizados especiais à luz do método processual pragmático*. Disponível em: <https://www.academia.edu/36056115/A_T%C3%89CNICA_DE_JULGAMENTO_AMPLIADO_NOS_JUIZADOS_ESPECIAIS_%C3%80_LUZ_DO_M%C3%89TODO_PROCESSUAL_PRAGM%C3%81TICO>. Acesso em: 12 jun. 2019.

ATKINS, Burton M. Decision-Making Rules and Judicial Strategy on the United States Courts of Appeals. *The Western Political Quarterly*, v. 25, n. 4, p. 626-642, 1972. Disponível em: <www.jstor.org/stable/446792>. Acesso em: 15 jun. 2019.

ATKINS, Burton M.; GREEN, Justin J. Consensus on the United States Courts of Appeals: Illusion or Reality? *American Journal of Political Science*, v. 20, n. 4, p. 735-748, 1976. Disponível em: <www.jstor.org/stable/2110569>. Acesso em: 11 jun. 2019.

BARBUGIANI, Luiz Henrique Sormani. *Técnica de Julgamento do artigo 942 do CPC de 2015*: cabimento, processamento e questões polêmicas da ampliação do quórum em busca de maior segurança jurídica e uniformidade das decisões judiciais. Rio de Janeiro: Lumen Juris, 2018.

BASÍLIO, Ana Tereza. Novo CPC amplia possibilidade de análise de voto divergente. *Consultor Jurídico*, 28 ago. 2015. Disponível em: <https://www.conjur.com.br/2015-ago-28/ana-basilio-cpc-amplia-possibilidade-analise-divergencia>. Acesso em: 17 jun. 2019.

BAUM, Lawrence. *Judges and Their Audiences*: A perspective on judicial behavior. Princeton University Press: New Jersey, 2006.

BECKER, Rodrigo; NÓBREGA, Guilherme Pupe da. Efeito Inverso: artigo 942 do novo CPC pode massacrar a divergência nos julgamentos. *Consultor Jurídico*, 27 mar. 2015. Disponível em: <https://www.conjur.com.br/2015-mar-27/artigo-942-cpc-massacrar-divergencia-julgamentos#author>. Acesso em: 11 jun. 2016.

BENTHAM, J. Considérations d'un Anglois sur la composition des Etats-Généraux y compris réponses aux questions proposées aux notables. In: _______. *Rights, Representation and Reform*. Oxford University Press, 1789.

BERZON, Marsha S. Dissent, "Dissentals," and Decision Making. *California Law Review*, v. 100, n. 6, p. 1479–1492, 2012. Disponível em: <www.jstor.org/stable/23409478>. Acesso em: 08 jun. 2019.

BINDER S. A.; RHODES R. A. W.; ROCKMAN B. A. (Ed.). *The Oxford Handbook of Political Institutions*. New York: Oxford University Press, 2008. Disponível em: <http://www.oxfordhandbooks.com/view/10.1093/oxfordhb/9780199548460.001.0001/oxfordhb-9780199548460>. Acesso em: 11 ago. 2018.

BLACK, Duncan. *Theory of Elections and Committees*. Cambridge: Cambridge University Press, 1958.

BRACE, Paul; HALL, Melinda Gann. Neo-Institutionalism and Dissent in State Supreme Courts. *The Journal of Politics*, v. 52, n. 1, p. 54-70, 1990. Disponível em: <www.jstor.org/stable/2131419>. Acesso em: 10 jun. 2019.

BRASIL. Conselho Nacional de Justiça. *O que é um incidente?* Disponível em: <http://www.cnj.jus.br/pesquisas-judiciarias/demandas-repetitivas/o-que-sao-incidentes>. Acesso em: 03 maio 2019.

BRASIL. Conselho Nacional de Justiça. *Priorização do 1º grau de Jurisdição*. Disponível em: <https://www.cnj.jus.br/programas-e-acoes/priorizacao-do-1o-grau/>, Acesso em: 05 mar. 2022.

BRASIL. Superior Tribunal de Justiça. Corte Especial. REsp 1696396/MT, Rel. Ministra Nancy Andrighi, julgado em 05/12/2018, DJe 19/12/2018.

BRASIL. Superior Tribunal de Justiça. Decisão Monocrática. REsp 1902553/RS (2020/0280763-8). Rel. Ministra Assusete Magalhães, julgado em 01/02/2022, DJe 02/02/2022.

BRASIL. Superior Tribunal de Justiça. Decisão Monocrática. REsp 1958285/SC (2021/0282260-0). Rel. Ministra Assusete Magalhães, julgado em 29/11/2021, DJe 01/12/2021.

BRASIL. Superior Tribunal de Justiça. Decisão Monocrática. AREsp 1805846/DF (2020/0331542-9). Rel. Ministro Gurgel de Faria, julgado em 29/09/2021, DJe 06/10/2021.

BRASIL. Superior Tribunal de Justiça. Primeira Seção. AgInt nos EAREsp 1023023/SP, Rel. Ministro Herman Benjamin, julgado em 27/11/2019, DJe 07/05/2020.

BRASIL. Superior Tribunal de Justiça. Primeira Turma. REsp 1817633/RS, Rel. Ministro Gurgel de Faria, julgado em 17/09/2019, DJe 11/10/2019.

BRASIL. Superior Tribunal de Justiça. Quarta Turma. AgInt no AREsp 1175734/SP, Rel. Ministro Marco Buzzi, julgado em 07/12/2020, DJe 15/12/2020.

BRASIL. Superior Tribunal de Justiça. Quarta Turma. REsp 1722866/MT, Rel. Ministro Luis Felipe Salomão, julgado em 25/09/2018, DJe 19/10/2018.

BRASIL. Superior Tribunal de Justiça. Quarta Turma. Resp 1733820/SC, Rel. Ministro Luis Felipe Salomão, julgado em 02/10/2018, DJe 10/12/2018.

BRASIL. Superior Tribunal de Justiça. Segunda Turma. AgInt no REsp 1886323/RJ, Rel. Ministro Herman Benjamin, julgado em 12/04/2021, DJe 01/07/2021.

BRASIL. Superior Tribunal de Justiça. Segunda Turma. AREsp 1520297/RJ, Rel. Ministro Herman Benjamin, julgado em 23/03/2021, DJe 26/04/2021.

BRASIL. Superior Tribunal de Justiça. Segunda Turma. EDcl nos EDcl nos EDcl no AgRg no AREsp 705.844/SP, julgado em 06/10/2016, DJe 19/10/2016.

BRASIL. Superior Tribunal de Justiça. Segunda Turma. REsp 1811599/SP, Rel. Ministro Herman Benjamin, julgado em 07/11/2019, DJe 19/12/2019.

BRASIL. Superior Tribunal de Justiça. Terceira Turma. AgInt no AREsp 1654813/SP, Rel. Ministra Nancy Andrighi, julgado em 29/06/2020, DJe 01/07/2020.

BRASIL. Superior Tribunal de Justiça. Terceira Turma. AgInt nos EDcl no AREsp 1746505/MS, Rel. Ministra Nancy Andrighi, julgado em 26/04/2021, DJe 28/04/2021.

BRASIL. Superior Tribunal de Justiça. Terceira Turma. REsp 1702725/RJ, Rel. Ministra Nancy Andrighi, julgado em 25/06/2019, DJe 28/06/2019.

BRASIL. Superior Tribunal de Justiça. Terceira Turma. REsp 1736285/MT, Rel. Ministra Nancy Andrighi, julgado em 21/05/2019, DJe 24/05/2019.

BRASIL. Superior Tribunal de Justiça. Terceira Turma. REsp 1746337/RS, Rel. Ministra Nancy Andrighi, julgado em 09/04/2019, DJe 12/04/2019.

BRASIL. Superior Tribunal de Justiça. Terceira Turma. REsp 1762236/SP, Rel. Ministro Marco Aurélio Bellizze, Rel. p/ Acórdão Ministro Ricardo Villas Bôas Cueva, julgado em 19/02/2019, DJe 15/03/2019.

BRASIL. Superior Tribunal de Justiça. Terceira Turma. REsp 1771815/SP. Rel. Ministro Ricardo Villas Bôas Cueva, julgado em 13/11/2018, DJe 21/11/2018.

BRASIL. Superior Tribunal de Justiça. Terceira Turma. REsp 1797866/SP. Rel. Ministro Ricardo Villas Bôas Cueva, julgado em 14/05/2019, DJe 24/05/2019.

BRASIL. Superior Tribunal de Justiça. Terceira Turma. REsp 1798705/SC, Rel. Ministro Paulo de Tarso Sanseverino, julgado em 22/10/2019, DJe 28/10/2019.

BRASIL. Superior Tribunal de Justiça. Terceira Turma. REsp 1798975/SP, Rel. Ministra Nancy Andrighi, julgado em 02/04/2019, DJe 04/04/2019.

BRASIL. Superior Tribunal de Justiça. Terceira Turma. REsp 1841584/SP, Rel. Ministro Ricardo Villas Bôas Cueva, julgado em 10/12/2019, DJe 13/12/2019.

BRASIL. Superior Tribunal de Justiça. Terceira Turma. REsp 1960580/MT. Rel. Ministro Moura Ribeiro, julgado em 05/10/2021, DJe 13/10/2021.

CABRAL, Antonio do Passo. *Coisa julgada e preclusões dinâmicas*: entre continuidade, mudança e transição de posições processuais estáveis. 2. ed Salvador: JusPodivm, 2014.

CÂMARA JÚNIOR, José Maria. Técnica da colegialidade do art. 942 do CPC: extensão e profundidade da matéria submetida ao julgamento prolongado. In: NERY JUNIOR, Nelson; ALVIM, Teresa Arruda (Coord.). *Aspectos polêmicos e atuais dos recursos cíveis e assuntos afins*. São Paulo: Ed. Revista dos Tribunais, 2017. v. 13, p. 217-288.

CÂMARA, Alexandre Freitas. A ampliação do colegiado em julgamentos não unânimes. *Revista de Processo*. São Paulo: Revista dos Tribunais, agosto 2018, v. 282, ano 43. p. 251-266.

CÂMARA, Alexandre Freitas. A complementação de julgamentos não unânimes e a dispersão de votos. *Consultor Jurídico*, 16 mar. 2017. Disponível em: <https://www.conjur.com.br/2017-mar-16/alexandre-camara-complementacao-julgamentos-nao-unanimes>. Acesso em: 18 jun. 2019.

CARDOSO, Antonio Pessoa Cardoso. O judiciário nos Estados Unidos. *Migalhas*, 22 nov. 2006. Disponível em: <https://www.migalhas.com.br/dePeso/16,MI32789,41046-O+judiciario+-nos+Estados+Unidos>. Acesso em: 14 jun. 2019.

CAREY, John. Parchment, Equilibria, and Institutions. *Comparative Political Studies*, v. 33, p. 735-761, 2000.

CARNEIRO, Leonardo. O julgamento ampliado do colegiado em caso de divergência (CPC, art. 942) e as repercussões práticas da definição de sua natureza jurídica. *Migalhas*, 08 fev. 2017. Disponível em: <https://www.migalhas.com.br/dePeso/16,MI253284,101048-O+-julgamento+ampliado+do+colegiado+em+ca>. Acesso em: 18 jun. 2019.

CARVALHO, Fabiano. O princípio da dupla conformidade. *Revista de Ciências Jurídicas e Sociais da Unipar*, v. 11, n. 2, p. 703-717, jul./dez. 2008.

CECIL, Joe S.; WILLGING, Thomas E. *Court-appointed experts*: defining the role of experts appointed under Federal Rule of Evidence 706. United States of America: Federal Judicial Center, 1993.

CHASE, Oscar *et al*. Civil *Litigation in Comparative Context*. United States of America: Thomson West, 2007.

CHASE, Oscar. A excepcionalidade americana e o Direito Processual Comparado. Trad.: José Carlos Barbosa Moreira. *Revista de Processo*, v. 110, ano 28. São Paulo: Revista dos Tribunais, abril/junho 2003.

CINTRA, Antonio Carlos de Araújo; GRINOVER, Ada Pelegrini; DINAMARCO, Cândido Rangel. *Teoria geral do processo*. 25. ed. São Paulo: Malheiros, 2012.

CLAYTON, Cornell W.; GILLMAN, Howard. *Supreme Court Decision-Making*: New Institutionalist Approaches. *The Journal of Politics*, v. 62, n. 3, 2000.

COLLINS, R.; SKOVER, D. *On Dissent*: Its Meaning in America. Cambridge: Cambridge University Press, 2013.

CONDORCET, Marquis de. Essai sur l'application de l'analyse à la probabilité des decision rendues à la pluralité des voix. In: _______. *Sur les elections*. Paris: Fayard, 1788.

CONDORCET, Marquis de. Essay on the Application of Mathematics to the Theory of Decision-Making (1785). In: Keith Michael Baker (Ed.). *Condorcet*: Selected Writings 33, 1976.

COSTA, Eduardo José da Fonseca. Pequena História dos Embargos Infringentes no Brasil: Uma Viagem Redonda. In: *Novas tendências do processo civil*. Estudos sobre o projeto do novo Código de Processo Civil. Baseado no relatório apresentado pelo Deputado Paulo Teixeira, na Comissão Especial presidida pelo Deputado Fábio Trad. Juspodium: Salvador: 2014. v. II.

CROSS, Frank B.; TILLER, Emerson H. Judicial Partisan-ship and Obedience to Legal Doctrine: Whistleblowing on the Federal Courts of Appeals. *Yale Law Journal*, v. 107, p. 2155-2176, 1998.

DANTAS, Marcelo Navarro Ribeiro. A problemática dos embargos infringentes no projeto do novo Código de Processo Civil. In: FREIRE, Alexandre *et al.* (Org.). *Novas tendências do processo civil*: Estudos sobre o projeto do novo Código de Processo Civil. Salvador: JusPodivm, 2013, p. 727-738.

DE LAZARI, Igor; BOLONHA, Carlos. Teoria institucional e decisões colegiadas: novos parâmetros de análise. *Revista Brasileira de Direito*, v. 13, n. 3, p. 97-117, dez. 2017. Disponível em: <https://seer.imed.edu.br/index.php/revistadedireito/article/view/1552>. Acesso em: 18 nov. 2018

DEWEY, John. *The Public and Its Problems*: An Essay in Political Inquiry. Gateway Books, 1946.

DIÁRIO DO SENADO FEDERAL n. 207, publicado em 18.12.2014. Disponível em: <https://legis.senado.leg.br/diarios/ver/19244?sequencia=1>. Acesso em: 05. mar. 2022.

DIDIER JR., Fredie. BRAGA; Paula Sarno; OLIVEIRA, Rafael Alexandria de. *Curso de direito processual civil*: teoria da prova, direito probatório, ações probatórias, decisão, precedente, coisa julgada e antecipação dos efeitos da tutela. 10. ed. Salvador: Ed. Jus Podivm, 2015. v. 2.

DIDIER JR., Fredie; CUNHA, Leonardo Carneiro da. *Curso de Direito Processual Civil*: meios de impugnação às decisões judiciais e processos nos tribunais. 15. ed. Salvador: Editora Jus Podium, 2018. v. 3.

DIDIER JR., Fredie; CUNHA, Leonardo José Carneiro da. *Curso de direito processual civil:* meios de impugnação às decisões judiciais e processo nos tribunais. 13. ed. reform. Salvador: JusPodivm, 2016. v. 3.

DIDIER JR., Fredie; CUNHA, Leonardo José Carneiro da. *Curso de direito processual civil*: Introdução ao Direito Processual Civil, Parte Geral e Processo de Conhecimento. 17 ed. Salvador: Ed. JusPodivm, 2015. v. 1.

DIERMEIER, Daniel; KREHBIEL, Keith. Institutionalism as a methodology. *Journal of Theoretical Politics*, v. 15, n. 2, 2003.

DIETRICH, Franz; LIST, Christian. Arrow's theorem in judgment aggregation. *Social choice and welfare*, v. 29, n. 1, p. 19-33, 2007.

DINAMARCO, Cândido Rangel. *A reforma da reforma*. São Paulo: Malheiros, 2002.

DINAMARCO, Cândido. *Instituições de direito processual civil*. 6. ed. rev. e atual. São Paulo: Malheiros, 2009. v. I.

DONDI, Angelo; ANSANELLI, Vincenzo; COMOGLIO, Paolo. *Processo Civil Comparado*: Uma perspectiva evolutiva. São Paulo: Ed. Revista dos Tribunais, 2017.

DWORKIN, Ronald. *A matter of principle*. Cambridge: Harvard University Press, 1985.

DWORKIN, Ronald. *Law's empire*. Cambridge: Harvard University Press, 1986.

DWORKIN, Ronald. *Taking Rights Seriously*. Cambridge: Cambridge University Press, 1977.

EASTERBROOK, Frank H. Ways of Criticizing the Court. *Harvard Law Review*, v. 95, n. 4, p. 802--832, 1982.

EDWARDS, Harry. The effects of collegiality on judicial decision making. *University of Pensilvania Law Review*, v. 151, n. 5, p. 1639-1690, 2003.

ELSTER, Jon. The Optimal Design of a Constituent Assembly. In: LANDEMORE, H.; ELSTER, J. (Ed.). *Collective Wisdom:* Principles and Mechanisms. *Principles and Mechanisms*. Cambridge: Cambridge University Press, 2012. Disponível em: <doi:10.1017/CBO9780511846427>. Acesso em: 08 jun. 2019.

ELSTER, Jon. *Ulisses liberto*: Estudos sobre racionalidade, pré-compromisso e restrições. São Paulo: Unesp, 2009.

EPSTEIN, Lee; LANDES, William M.; POSNER, Richard A. *Why (and When) Judges Dissent*: A Theoretical and Empirical Analysis. University of Chicago Law & Economics; Olin Working Paper n. 510, p. 1-37, Jan. 2010. Disponível em: <https://ssrn.com/abstract=1542834>. Acesso em: 10 jun. 2019.

EPSTEIN, Lee; OWENS, Ryan J. Judicial Decision Making. In: CLARK, David C. (Ed.). *Encyclopedia of Law and Society*. Thousand Oaks, CA: Sage, 2007.

FEDERAL Courts. Review by Courts of Appeals. Appeal May Be Returned to Panel after Rehearing En Banc Limited to a Single Issue. Farrand Optical Co. v. United States (2d Cir. 1963). *Harvard Law Review*, v. 77, n. 4, p. 767-770, 1964. Disponível em: <www.jstor.org/stable/1339147>. Acesso em: 15 jun. 2019.

FERRAZ JÚNIOR, Tercio Sampaio. *Introdução ao Estudo do Direito*: técnica, decisão, dominação. 11. ed. São Paulo: Atlas, 2018.

FLETCHER, George P.; SHEPPARD, Steve. *American Law in a global context*: the basics. New York: Oxford University Press, 2005.

GALVÃO, Jéssica. *Princípio Constitucional da Colegialidade na Formação da Decisão Pluripessoal no Estado Democrático de Direito*. 154 f. Dissertação (Mestrado em Direito) – Faculdade de Direito, Pontifícia Universidade Católica de Minas Gerais, Belo Horizonte, 2017.

GEORGE, Tracey E. Developing a Positive Theory of Decisionmaking on U.S. Courts of Appeals. *Ohio State Law Journal*, v. 58, p. 1635-1696, 1998.

GEORGE, Tracey E. The Dynamics and Determinants of the Decision to Grant En Banc Review. 74 *Washingon Law Review*, 213, 1999.

GEORGE, Tracey E.; SOLIMINE, Michael E. Supreme Court Monitoring of the United States Courts of Appeals En Banc. *Supreme Court Economic Review*, v. 9, p. 171-204, 2001. Disponível em: <www.jstor.org/stable/1147132>. Acesso em: 15 jun. 2019.

GIBSON, James L. From Simplicity to Complexity: The Development of Theory in the Study of Judicial Behavior. *Political Behavior*, v. 5, n. 1, p. 7-49, 1983.

GILES, Micheal W. *et al.* Setting a Judicial Agenda: The Decision to Grant En Banc Review in the U.S. Courts of Appeals. *The Journal of Politics*, v. 68, n. 4, p. 852-866, 2006. Disponível em: <www.jstor.org/stable/10.1111/j.1468-2508.2006.00475.x>. Acesso em: 15 jun. 2018.

GOLDMAN, Sheldon; LAMB, Charles M. (Ed.). *Judicial Conflict and Consensus:* Behavioral Studies of American Appellate Courts. University Press of Kentucky, 1986. Disponível em: <www.jstor.org/stable/j.ctt130jhw8>. Acesso em: 12 jun. 2019.

GONÇALVES, Marcus Vinicius Rios. *Direito Processual Civil Esquematizado*. 7. ed. São Paulo: Saraiva, 2016.

GRAU, Eros Roberto. Notas sobre a distinção entre obrigação, dever e ônus. *Revista da Faculdade de Direito da Universidade de São Paulo*, v. 77, p. 177-183, 1982.

GRECO, Leonardo. *Instituições de Processo Civil*: Recursos e Processos da Competência Originária dos Tribunais. Rio de Janeiro: Editora Forense. 2016. v. 3.

GREEN, JUSTIN J. Parameters of Dissensus on Shifting Small Groups. In: GOLDMAN, Sheldon; LAMB, Charles M. (Ed.). *Judicial Conflict and Consensus:* Behavioral Studies of American Appellate Courts. University Press of Kentucky, 1986. Disponível em: <www.jstor.org/stable/j.ctt130jhw8>. Acesso em: 12 jun. 2019.

GRINOVER, Ada Pellegrini; LUCON, Paulo Henrique dos Santos; TUCCI, José Rogério Cruz e. Ampliação da colegialidade: em defesa das inovações introduzidas pelo Novo CPC. *Consultor Jurídico*, 15 mar. 2015. Disponível em: <https://www.conjur.com.br/2015-mar-14/defesa-inovacoes-introduzidas-cpc>. Acesso em: 11 jun. 2019.

GRINOVER, Ada. *Os princípios constitucionais e o Código de processo civil*. São Paulo: Bushatsky, 1975.

HALL, Melinda Gann; BRACE, Paul. Order in the Courts: A Neo-Institutional Approach to Judicial Consensus. *The Western Political Quarterly*, v. 42, n. 3, p. 391-407, 1989. Disponível em: <www.jstor.org/stable/448434>. Acesso em: 10 jun. 2019.

HAMILTON, Alexander or MADISON, James. *The Federalist Papers n. 55*. The Total Number of the House of Representatives From the New York Packet, 1788. Disponível em: <http://avalon.law.yale.edu/18th_century/fed55.asp>. Acesso em: 11 jun. 2019.

HAZARD, Geoffrey; TARUFFO, Michelle. *American Civil Procedure*: An Introduction. New Haven and London: Yale University Press, 1993.

HETTINGER, Virginia A. *et al.* Comparing Attitudinal and Strategic Accounts of Dissenting Behavior on the U.S. Courts of Appeals. *American Journal of Political Science*, v. 48, n. 1, p. 123-137, 2004.

HONG, Lu; PAGE, Scott E. Some Microfoundations of Collective Wisdom. In: LANDEMORE, H.; ELSTER, J. (Ed.). *Collective Wisdom: Principles and Mechanisms.* Cambridge: Cambridge University Press, 2012. Disponível em: <doi:10.1017/CBO9780511846427>. Acesso em: 08 jun. 2019.

HORBACH, Carlos Bastide. É preciso mais deliberação no Supremo Tribunal Federal? *Os Constitucionalistas,* 17 nov. 2013. Disponível em: <http://www.osconstitucionalistas.com.br/e-preciso-mais-deliberacao-no-supremo-Tribunal-federal>. Acesso em: 30 out. 2016.

HOWARD JR., J. Woodford. *Courts of Appeals in the Federal Judicial System*: A Study of the Second, Fifth, and Discrict of Columbia Circuits. Princeton: Princeton University Press, 1981.

IMMERGUT, Ellen. The Theoretical Core of the New Institutionalism. *Politics & Society*, v. 26, p. 5-34, 1998.

J. J. W. Playing with Numbers: Determining the Majority of Judges Required to Grant En Banc Sittings in the United States Courts of Appeals. *Virginia Law Review*, v. 70, n. 7, p. 1505--1542, 1984. Disponível em: <www.jstor.org/stable/1073052>. Acesso em: 16 jun. 2019.

JAMES, Fleming; HAZARD, Geoffrey; LEUBSDORF, John. *Civil Procedure*. New York: Foundation Press, 2001.

KIM, Pauline. Deliberation and Strategy on the United States Courts of Appeals: An Empirical Exploration of Panel Effects. *3rd Annual Conference on Empirical Legal Studies Papers*, September 1st, 2008. Disponível em: <https://ssrn.com/abstract=1115357>. Acesso em: 16 jun. 2019.

KNIGHT Jack; JOHNSON, James. Aggregation and deliberation: on the possibility of democratic legitimacy. *Political theory*, v. 22, n. 2, p. 277-296, May 1994.

KNIGHT, Jack. *Institutions and Social Conflict*: Political Economy of Institutions and Decisions. Cambridge: Cambridge University Press, 1992.

KORNHAUSER, L. A. Aggregate rationality in adjudication and legislation. *Politics, Philosophy & Economics*, v. 7, issue 1, p. 5-27, 2008. Disponível em: <https://doi.org/10.1177/1470594X07085149>. Acesso em: 08 jun. 2019.

KORNHAUSER, Lewis A. Adjudication by a Resource-Constrained Team: Hierarchy and Precedent in a Judicial System. *68 Southern California Law Review 1605*, 1995.

KORNHAUSER, Lewis A.; SAGER, Lawrence G. The Many as One: Integrity and Group Choice in Paradoxical Cases. *Philosophy & Public Affairs*, v. 32, n. 3, p. 249-276, 2004. Disponível em: <www.jstor.org/stable/3557987>. Acesso em: 09 jun. 2019.

KORNHAUSER, Lewis A.; SAGER, Lawrence G. The One and the Many: Adjudication in Collegial Courts. *California Law Review*, v. 81, n. 1, p. 1-59, 1993.

KORNHAUSER, Lewis; SAGER, Lawrence. Unpacking the Court. *The Yale Law Journal*, v. 96, n. 1, p. 82-117, 1986.

KOZICKI, Katya. *Levando a justiça a sério*. Belo Horizonte: Arraes Editores, 2012.

LABOVITZ, Judah I. En Banc Procedure in the Federal Courts of Appeals. *University of Pennsylvania Law Review*, v. 111, n. 2, p. 220-231, 1962. Disponível em: <www.jstor.org/stable/3310597>. Acesso em: 15 jun. 2019.

LANDEMORE, H.; ELSTER, J. (Ed.). *Collective Wisdom:* Principles and Mechanisms. Cambridge: Cambridge University Press, 2012. Disponível em: <doi:10.1017/CBO9780511846427>. Acesso em: 08 jun. 2019.

LANDEMORE, Hélène. Collective Wisdom: Old and New. In: LANDEMORE, H.; ELSTER, J. (Ed.). *Collective Wisdom*: Principles and Mechanisms. Cambridge: Cambridge University Press, 2012. Disponível em: <doi:10.1017/CBO9780511846427>. Acesso em: 08 jun. 2019.

LANDEMORE, Hélène. Democratic Reason. The Mechanisms of Collective Intelligence in Politics. In: LANDEMORE, H.; ELSTER, J. (Ed.). *Collective Wisdom:* Principles and Mechanisms. Cambridge: Cambridge University Press, 2012. Disponível em: <doi:10.1017/CBO9780511846427>. Acesso em: 08 jun. 2019.

LANES, Júlio Cesar Goulart. A sistemática decorrente de julgamentos não unânimes. In: WAMBIER, Teresa Arruda Alvim; DIDIER, Fredie; TALAMINI, Eduardo; DANTAS, Bruno (Org.). *Breves comentários ao novo Código de Processo Civil*. 3. ed. São Paulo: Ed. Revista dos Tribunais, 2015.

LARSEN, Alli Orr. Perpetual Dissents. *George Mason Law Review*, v. 15, n. 2, 2008. Disponível em: <https://ssrn.com/abstract=2167421>. Acesso em: 08 jun. 2019.

LEGRAND, Pierre. The Impossibility of Legal Transplants. *Maastricht Journal of European and Comparative Law*, v. 4, n. 2, p. 111-124, June 1997.

LEMOS, Vinicius Silva. O Agravo de Instrumento contra decisão parcial de mérito. *Revista de Processo*, v. 259, p. 275-303, set. 2016.

LIMA, Alcides de Mendonça. *Introdução aos recursos cíveis*. São Paulo: Ed. Revista dos Tribunais, 1976.

LIST, Christian. Collective Wisdom. Lessons from the Theory of Judgment Aggregation. In: LANDEMORE, H.; ELSTER, J. (Ed.). *Collective Wisdom:* Principles and Mechanisms. Cambridge: Cambridge University Press, 2012. Disponível em: <doi:10.1017/CBO9780511846427>. Acesso em: 08 jun. 2019.

LIST, Christian; PETTIT, Philip. *Group agency*: The Possibility, Design, and Status of Corporate Agents. Oxford: Oxford University Press, 2011.

LUCON, Paulo Henrique dos Santos. Colegialidade ampliada: técnica criada no novo CPC permite decisões com mais qualidade. *Consultor Jurídico*, 04 fev. 2015. Disponível em: <https://www.conjur.com.br/2015-fev-04/paulo-lucon-cpc-permite-decisoes-qualidade>. Acesso em: 11 jun. 2019.

LYNCH, Andrew. Dissent: The Rewards and Risks of Judicial Disagreement in the High Court of Australia. *Melbourne University Law Review*, v. 27, issue 3, p. 724-769, 2003.

MACKIE, Gerry. The reception of social choice theory by democratic theory. In: NOVAK, S.; ELSTER, J. (Ed.). *Majority Decisions:* Principles and Practices. Cambridge: Cambridge University Press, 2014. Disponível em: <doi:10.1017/CBO9781107286160>. Acesso em: 08 jun. 2019.

MANSBRIDGE, Jane *et al.* The place of Selfinterest and the Role of Power in deliberative democracy. *The Journal of Political Philosophy*, v. 18, n. 1, p. 64-100, 2010.

MARINONI, Luiz Guilherme. *O STJ enquanto Corte de Precedentes*. 2 ed. São Paulo: Ed. Revista dos Tribunais, 2014.

MARINONI, Luiz Guilherme. *Julgamento nas Cortes Supremas*: precedente e decisão do recurso diante do novo CPC. São Paulo: Ed. Revista dos Tribunais, 2015.

MARINONI, Luiz Guilherme; ARENHART, Sérgio. *Prova e convicção de acordo com o CPC de 2015*. 3. ed. São Paulo: Ed. Revista dos Tribunais, 2015.

MARINONI, Luiz Guilherme; MITIDIERO, Daniel. *Comentários ao Código de Processo Civil*: artigos 926 ao 975. São Paulo: Ed. Revista dos Tribunais, 2016.

MARINONI, Luiz Guilherme. *Precedentes obrigatórios*. 5 ed. São Paulo: Ed. Revista dos Tribunais, 2016.

MARINONI, Luiz Guilherme; ARENHART, Sérgio Cruz; MITIDIERO, Daniel. *Novo Código de Processo Civil Comentado*. 2. ed. São Paulo: Ed. Revista dos Tribunais, 2016.

MARINONI, Luiz Guilherme; ARENHART, Sérgio; MITIDIERO, Daniel. *Novo Curso de Processo Civil*: teoria do processo civil. 2. ed. rev. atual. e ampl. São Paulo: Ed. Revista dos Tribunais, 2016. v. I.

MARINONI, Luiz Guilherme; ARENHART, Sérgio; MITIDIERO, Daniel. *Novo Curso de Processo Civil*. tutela dos direitos mediante procedimento comum. 2. ed. São Paulo: Ed. Revista dos Tribunais, 2016. v. II.

MARINONI, Luiz Guilherme. Novo CPC Deixou Pendente Garantia de Duração Razoável do Processo. *GEN Jurídico*, 08 maio 2019. Disponível em: <http://genjuridico.com.br/2019/05/08/novo-cpc-deixou-pendente-garantia-de-duracao-razoavel-do-processo/>. Acesso em: 21 jun. 2019.

MARQUES, José Frederico. Manual de direito processual civil. 4. ed. São Paulo: Saraiva, 1980. v. III. 2ª parte.

MARQUES, José Frederico. *Manual de Direito Processual Civil*. São Paulo: Saraiva, 1974. v. I.

MARTINO, Alessandra Di. *Le opinioni dissenzienti dei giudici costituzionali*: Uno studio comparativo. Jovene editore: Napoli, 2016.

MARTINS-COSTA, Judith. *Da boa-fé no direito privado*: critérios para sua aplicação. 2. ed. São Paulo: Saraiva, 2018.

MEDINA, José Miguel Garcia. *Novo Código de Processo Civil comentado*: com remissões e notas comparativas ao CPC/73. 4 ed. rev. atual. e ampl. São Paulo: Ed. Revista dos Tribunais, 2016.

MENDES, Conrado Hübner. *Constitutional Courts and Deliberative Performance*. New York: Oxford University Press, 2013.

MENDES, Conrado Hübner. *Controle de Constitucionalidade e Democracia*. São Paulo: Elsevier, 2008.

MENDES, Conrado Hübner. O projeto de uma Corte deliberativa. In: PINTO, H. M. *Jurisdição constitucional no Brasil*. São Paulo: Malheiros, 2012.

MICHAELS, Ralf. The Functional Method of Comparative Law. In: REIMANN, Mathias; ZIMMERMANN, Reinhard. *The Oxford Handbook of Comparative Law*. New York: Oxford University Press, 2007, *Ebook*.

MIRANDA, Pontes de. *Comentários ao código de processo civil*. 2. ed. Rio de Janeiro: Forense, 1975. tomo XI.

MIRANDA, Pontes de. *Comentários ao Código de Processo Civil*: Dos Recursos (arts. 496-538). Rio de Janeiro; São Paulo: Forense, 1975. tomo VII.

MITIDIERO, Daniel. *Colaboração no processo civil*: Do Modelo ao Princípio. 4. ed. rev. atual. e ampl. São Paulo: Ed. Revista dos Tribunais, 2019.

MITIDIERO, Daniel. *Cortes Superiores e Cortes Supremas*. 2. ed. São Paulo: Ed. Revista dos Tribunais, 2014.

MITIDIERO, Daniel. *Precedentes*: da persuasão à vinculação. 2. ed. São Paulo: Ed. Revista dos Tribunais, 2017.

MITIDIERO, Daniel; MARINONI, Luiz Guilherme. *Comentários ao Código de Processo Civil*: artigos 926 ao 975. São Paulo: Ed. Revista dos Tribunais, 2016.

MITIDIERO, Daniel; MARINONI, Luiz Guilherme; ARENHART, Sérgio. *Novo Curso de Processo Civil*: teoria do processo civil. 2. ed. rev. atual. e ampl. São Paulo: Ed. Revista dos Tribunais, 2016. v. I.

MITIDIERO, Daniel; MARINONI, Luiz Guilherme; ARENHART, Sérgio. *Novo Curso de Processo Civil*: tutela dos direitos mediante procedimento comum. 2. ed. São Paulo: Ed. Revista dos Tribunais, 2016. v. II.

MOREIRA, José Carlos Barbosa. *Comentários ao Código de Processo Civil*: arts. 476 a 565. Rio de Janeiro: Forense, 2009, v. V.

NARDELLI, Marcella. *O direito à prova e à não autoincriminação em uma perspectiva comparada entre os processos civil e penal*. Revista de Processo, São Paulo, n.º 246, dez. 2015.

NERY JR., Nelson. *Teoria Geral dos Recursos*. 6. ed. atual. ampl. e reform. São Paulo: Revista dos Tribunais, 2004.

NERY JR., Nelson. *Teoria geral dos recursos*. 7. ed. rev. e atual. São Paulo: Ed. Revista dos Tribunais, 2014.

NERY JR., Nelson; NERY, Rosa Maria de Andrade. *Código de Processo Civil comentado*. 17. ed. São Paulo: Thomson Reuters Brasil, 2018. *E-book*.

NEVES, Daniel Amorim Assumpção. *Novo Código de Processo Civil Comentado*. Salvador: Ed. JusPodivm, 2016.

NEVES, Daniel Amorim Assumpção. Incongruências sistêmicas do Código de Processo Civil de 2015 diante do julgamento antecipado parcial do mérito. *Revista de Processo*, v. 284, p. 41-76, out. 2018.

NOVAK, S.; ELSTER, J. (Ed.). *Majority Decisions:* Principles and Practices. Cambridge: Cambridge University Press, 2014.

NUNES, Dierle; GALVÃO, Jéssica; COUY, Giselle Santos. Ampliação da colegialidade e embargos declaratórios no novo CPC. *Consultor Jurídico*, 11 jul. 2016. Disponível em: <http://www.conjur.com.br/2016-jul-11/ampliacao-colegialidade-embargos- declaratorios-cpc>. Acesso em: 18 jun. 2019.

OBER, Josiah. Epistemic Democracy in Classical Athens: Sophistication, Diversity, and Innovation. In: LANDEMORE, H.; ELSTER, J. (Ed.). *Collective Wisdom:* Principles and Mechanisms. Cambridge: Cambridge University Press, 2012. Disponível em: <doi:10.1017/CBO9780511846427>. Acesso em: 08 jun. 2019.

OLIVEIRA, F. L. de. Processo decisório no Supremo Tribunal Federal: coalizões e "panelinhas". *Revista de Sociologia e Política*, v. 20, n. 44, p. 139-153, nov. 2012.

OLIVEIRA, Pedro Miranda de. O regime especial do agravo de instrumento contra decisão parcial (com ou sem resolução de mérito). *Revista de Processo*, v. 264, p. 183-205, fev. 2017.

ÖRÜCU, Esin. Methodology of comparative law. In: SMITS, Jan M. *Elgar encyclopedia of comparative law*. Cheltenham (UK): Edward Elgar, 2006.

PACHECO, José da Silva. *Direito Processual Civil*. São Paulo: Editora Saraiva, 1976. v. 2.

PANTOJA, Fernanda Medina. *Apelação Cível*: Novas perspectivas para um antigo recurso. Um estudo crítico de direito nacional e comparado. Curitiba: Editora Juruá, 2010.

PANTOJA, F. M.; LUCENA, A.; GUALBERTO, L.; COSTA, N.; PIRES, V. A aplicação da Técnica de Ampliação da Colegialidade no Julgamento das Apelações Cíveis no Tribunal de Justiça do Estado do Rio de Janeiro. *In*: Aspectos Polêmicos dos Recursos Cíveis. 1 ed.: Revista dos Tribunais, 2020, v. 15.

PEIXOTO, Marco Aurélio; BECKER, Rodrigo. O artigo 942 do CPC (técnica de ampliação do colegiado) em xeque. Uma análise das polêmicas sobre o dispositivo. *Jota*, 01 fev. 2018. Disponível em: <https://www.jota.info/?pagename=paywall&redirect_to=//www.jota.info/opiniao-e-analise/colunas/coluna-cpc-nos-tribunais/o-artigo-942-do-cpc-tecnica-de-ampliacao-do-colegiado-em-xeque-01022018>. Acesso em: 18 jun. 2018.

PISSURNO, Marco Antônio Ribas. *Aspectos polêmicos sobre a técnica de julgamento do artigo 942 do CPC/2015 à luz dos debates travados na 1ª. Jornada de Direito Processual Civil do Conselho da Justiça Federal*. Disponível em: <https://www.academia.edu/34620440/Aspectos_pol%C3%AAmicos_sobre_a_t%C3%A9cnica_de_julgamento_do_artigo_942_do_CPC_2015_%C3%A0_luz_dos_debates_travados_na_1a_Jornada_de_direito_processual_civil_do_Conselho_da_Justi%C3%A7a_Federal>. Acesso em: 05 mar. 2022.

PONTES DE MIRANDA, Francisco Cavalcanti. *Comentários ao Código de Processo Civil*. Rio de Janeiro: Forense, 1974. tomo V.

PRITCHETT, C. Herman. *The Roosevelt Court:* A Study of Judicial Politics and Values, 1937-1947. New York: Macmillan, 1948.

PUGLIESE, William; KOZIKOSKI, Sandro. Uniformidade da jurisprudência, divergência e vinculação do colegiado. In: MARANHÃO, Clayton *et al.* (Coord.). *Ampliação da colegialidade*: técnica de julgamento do art. 942 do CPC. Belo Horizonte: Arraes Editores, 2017.

PUGLIESI, William. O papel das súmulas no direito brasileiro contemporâneo. In: *Constituição, Economia e Desenvolvimento*: Revista daAcademia Brasileira de Direito Constitucional. Curitiba, 2020, vol. 11, n. 21, p. 143-166, ago-dez, 2019.

RIBAS, Rogério; LOPES, Fernanda Machado. Artigo 942 do NCPC e o Agravo de Instrumento. In: MARANHÃO, Clayton *et al.* (Coord.). *Ampliação da colegialidade*: técnica de julgamento do art. 942 do CPC. Belo Horizonte: Arraes Editores, 2017.

RIKER, William. *Theory of Political Coalitions*. New Haven and London: Yale University Press, 1962.

RODRIGUEZ, José Rodrigo. *Como decidem as Cortes?* Para uma crítica do direito brasileiro. Rio de Janeiro: Editora FGV, 2013.

SAMPAIO, José Roberto de Albuquerque. Conversa sobre Processo. Elogio ao art. 942 do CPC: O Uso Saudável da Técnica. *Revista da Escola da Magistratura do Estado do Rio de Janeiro – EMERJ*, v. 20, n. 79, maio-ago 2017.

SANTOS, Ernane Fidelis dos. *Manual de Direito Processual Civil*. 11. ed. São Paulo: Saraiva, 2007.

SCHAITZA, Letticia de Pauli. *Interação deliberativa e o papel das Cortes supremas sob uma perspectiva intrainstitucional*. 103 f. Monografia (Graduação em Direito) – Faculdade de Direito, Universidade Federal do Paraná, Curitiba, 2016. Disponível em: <http://hdl.handle.net/1884/45841>. Acesso em: 18 jun. 2019.

SHAPIRO, Ian. Optimal deliberation. *The Journal of Political Philosophy*, v. 10, n. 2, p. 196-211, 2002.

SILVA JÚNIOR, Denarcy Souza e. Reflexões sobre a técnica da ampliação da colegialidade prevista no art. 942 do CPC-15: contribuições para uma sistematização. *Empório do Direito*, 08 maio 2017. Disponível em: <https://emporiododireito.com.br/leitura/reflexoes-sobre-a-tecnica-da-ampliacao-da-colegialidade-prevista-no-art-942-do-cpc-15-contribuicoes-para-uma-sistematizacao-por-denarcy-souza-e-silva-junior>. Acesso em: 18 jun. 2019.

SILVA, Ricardo Alexandre. *A nova dimensão da coisa julgada*. São Paulo: Thompson Reuters Brasil, 2019.

SILVA, Virgílio Afonso da. Deciding without deliberating. *International Journal of Constitutional Law*. v. 11, p. 557-584, 2013.

SILVA, Virgílio Afonso da. De quem divergem os divergentes: os Votos Vencidos no Supremo Tribunal Federal. *Direito, Estado e Sociedade*, n. 47, p. 205-225, jul/dez 2015.

SONGER, Donald R. Factors Affecting Variation in Rates of Dissent in the U.S. Courts of Appeals. In: GOLDMAN, Sheldon; LAMB, Charles M. (Ed.). *Judicial Conflict and Consensus:* Behavioral Studies of American Appellate Courts. University Press of Kentucky, 1986. Dispoível em: <www.jstor.org/stable/j.ctt130jhw8>. Acesso em: 10 jun. 2019.

SPERBER, Dan; MERCIER, Hugo. Reasoning as a Social Competence. In: LANDEMORE, H.; ELSTER, J. (Ed.). *Collective Wisdom*: Principles and Mechanisms. Cambridge: Cambridge University Press, 2012. Disponível em: <doi:10.1017/CBO9780511846427>. Acesso em: 08 jun. 2019.

STEIN, Michael Ashley. Uniformity in the Federal Courts: A Proposal for Increasing the Use of En Banc Appellate Review. *Faculty Publications*, Paper 694, p. 805-860, 1993.

STEINMO, Sven. *Taxation and Democracy:* Swedish, British and American Approaches to Financing the Modern State. New Haven: Yale University Press, 1993.

STRECK, Lênio Luiz; HERZL, Ricardo Augusto. O que é isto – Os novos embargos infringentes? Uma mão dá e a outra... *Consultor Jurídico*, 13 jan. 2015. Disponível em: <http://www.conjur.com.br/2015-jan-13/isto-novos-embargos-infringentes-mao-outra>. Acesso em: 11 jun. 2019.

SUBRIN, Stephen; WOO, Margaret. *Litigating in America*: Civil Procedure in Context. New York: Aspen Publishers, 2006.

SUNSTEIN, Cass R. Conformity and Dissent. *University of Chicago Public Law & Legal Theory*, Working Paper n. 34, 2002.

SUNSTEIN, Cass R.; HASTIE, Reid. Four Failures of Deliberating Groups. *University of Chicago Law & Economics*, Olin Working Paper n. 401, abril 2008; *University of Chicago*, Public Law Working Paper n. 215. Disponível em: <https://ssrn.com/abstract=1121400>. Acesso em: 08 jun. 2018.

SUNSTEIN, Cass R.; SCHKADE, David; ELLMAN, Lisa M.; SAWICKI, Andres. *Are Judges Political?* An Empirical Analysis of the Federal Judiciary. Washington, D.C.: Brookings Institution Press, 2006. Disponível em: <http://www.jstor.org/stable/10.7864/j.ctt12879t7>. Acesso em: 15 jun. 2019.

TALAMINI, Eduardo. *Coisa julgada e sua revisão*. São Paulo: Revista dos Tribunais, 2005.

TALAMINI, Eduardo; WLADECK, F. S. Dos recursos: disposições gerais. In: Cassio Scarpinella Bueno. (Org.). *Comentários ao Código de Processo Civil*. 1. ed. São Paulo: Saraiva, 2017, v. 4, p. 257-418.

TALAMINI, Eduardo. Julgamento "antecipado" e julgamento parcial do mérito. *Migalhas*, 04 mar. 2016. Disponível em: <https://www.migalhas.com.br/dePeso/16,MI235085,41046-Julgamento+antecipado+e+julgamento+ parcial+do+merito>. Acesso em: 17 jun. 2019.

TARUFFO, Michele. Observações sobre os modelos processuais de civil law e de common law. Trad.: José Carlos Barbosa Moreira. *Revista de Processo*, v. 110, ano 28, p. 141-158. São Paulo: Revista dos Tribunais, abril/junho 2003. versão *online*.

TEIXEIRA, Guilherme Freire de Barros. Art. 942 do CPC 2015 e suas dificuldades operacionais. aspectos práticos. In: MARANHÃO, Clayton *et al.* (Coord.). *Ampliação da colegialidade*: técnica de julgamento do art. 942 do CPC. Belo Horizonte: Arraes Editores, 2017.

THE En Banc Procedures of the United States Courts of Appeals. *The University of Chicago Law Review*, v. 21, n. 3, p. 447-454, 1954. Disponível em: <www.jstor.org/stable/1597848>. Acesso em: 15 jun. 2019.

THE Politics of En Banc Review. *Harvard Law Review*, vol. 102, no. 4, 1989, p. 864-884. Disponível em: <www.jstor.org/stable/1341308>. Acesso em: 15 jun. 2019.

TSEBELIS, George. *Atores com Poder de Veto*. Rio de Janeiro: Ed. FGV, 2009.

TSEBELIS, George. *Jogos Ocultos*. São Paulo: Edusp, 1998.

TUCCI, José Rogério Cruz e. Paradoxo da Corte. Limites da devolução da matéria objeto da divergência no julgamento estendido. *Consultor Jurídico*, 31 jan. 2017. Disponível em: <https://www.conjur.com.br/2017-jan-31/paradoxo-Corte-limites-devolucao-materia-divergente--julgamento-estendido>. Acesso em: 18 jun. 2019.

UNITED STATES. Court of Appeals. Judicial Caseload Profile from 2013 to 2018. In: *Federal Court Management Statistics*. Disponível em: <https://www.uscourts.gov/sites/default/files/data_tables/fcms_na_appprofile0630.2018.pdf>. Acesso em: 15 jun. 2019.

UNITED STATES. *Federal Rules of Appellate Procedure*, 2019 Edition. Disponível em: <https://www.federalrulesofappellateprocedure.org/>. Acesso em: 15 jun. 2019.

UNITED STATES. Office of the Law Revision Counsel. *United States Code*. Disponível em: <http://uscode.house.gov/download/download.shtml>. Acesso em: 15.02.2022.

UNITED STATES. Office of the Law Revision Counsel. *United States Code*. Disponível em: <http://uscode.house.gov/>. Acesso em: 15.02.2022.

UNITED STATES. Supreme Court. 470 U.S. 564, 573-574, 105 S. Ct. 1504, 1511, 84 L.Ed 2d 518, 528, 1985. Fleming. 771.

UNITED STATES. Supreme Court. Catlin v. United States, 324 US 229, 233, 1945.

UNITED STATES. Supreme Court. Miller v. Fenton, 474 U.S. 104, 113, 1985.

UNITED STATES. Supreme Court. Pullman-Standard v. Swint, 456 U.S. 273, 288, 1982.

UNITED STATES. Supreme Court. Textile Mills Sec. Corp. v. Commissioner, 314 U.S. 326, 1941. Disponível em: <https://supreme.justia.com/cases/federal/us/314/326/>. Acesso em: 15 jun. 2019.

UNITED STATES. Supreme Court. Thompson v. Keohane, 516 U.S. 99, 111, 1995.

UNITED STATES. Supreme Court. *Western Pacific Railroad Corp. v. Western Pacific Railroad Company*, 345 U.S. 247, 1953. Disponível em: <https://supreme.justia.com/cases/federal/us/352/59/>. Acesso em: 15 jun. 2019.

UNITED STATES. Supreme Court. Williams v. Taylor, 529 U.S. 362, 385, 2000.

UNITED STATES. *The Constitution of the United States*. Seventh Amendment. Disponível em: <https://constitutionus.com/#x7>. Acesso em: 22 jun. 2019.

UNITED STATES. United States Court of Appeals. Ninth Circuit. *Federal Rules of Appellate Procedure. Ninth Circuit Rules. Circuit Advisory Committee Notes*. 1st June 2019. Disponível em: <http://cdn.ca9.uscourts.gov/datastore/uploads/rules/frap.pdf>. Acesso em: 22 jun. 2019.

URFALINO, Philippe. La décision par consensus apparent: Nature et propriétés. *Revue européenne des sciences sociales*, tome XLV, n. 136, p. 47-70, 2007.

URFALINO, Philippe. Reasons and Preferences in Medicine Evaluation Committees. In: LANDEMORE, H.; ELSTER, J. (Ed.). *Collective Wisdom:* Principles and Mechanisms. Cambridge: Cambridge University Press, 2012. Disponível em: <doi:10.1017/CBO9780511846427>. Acesso em: 08 jun. 2019.

VALCKE, Catherine. *Comparative Law as Comparative Jurisprudence* – The Comparability of Legal Systems, March 2003. Disponível em: <https://ssrn.com/abstract=385861>. Acesso em: 14 jun. 2019.

VALCKE, Catherine. Hercules Revisited: An Evolutionary Model of Judicial Reasoning. *Mississippi Law Journal*, v. 59, 1989. Disponível em: <https://ssrn.com/abstract=1443817>. Acesso em: 16 jun. 2019.

VALCKE, Catherine. Reflections on Comparative Law Methodology – Getting inside Contract Law. In: ADAMS, Maurice; BOMHOFF, Jacco (Ed.). *Practice and Theory in Comparative Law*. Cambridge: Cambridge University Press, 2012, p. 22-48. Disponível: <doi:10.1017/CBO9780511863301.002>. Acesso em: 22 jun. 2019.

VAN HOECKE, Mark. Methodology of Comparative Legal Research. *Law and Method*, p. 1-35, 2015. Disponível em: < https://www.bjutijdschriften.nl/tijdschrift/lawandmethod/2015/12/RENM-D-14-00001.pdf>. Acesso em: 20 jun. 2019.

VAN HOECKE, Mark; WARRINGTON, Mark. Legal Cultures, Legal Paradigms and Legal Doctrine: Towards a New Model for Comparative Law. *International and Comparative Law Quarterly*, v. 47, n. 3, p. 495-536, 1998. versão *online*.

VERMEULE, Adrian. Collective Wisdom and Institutional Design. In: LANDEMORE, H.; ELSTER, J. (Ed.). *Collective Wisdom:* Principles and Mechanisms. Cambridge: Cambridge University Press, 2012. Disponível em: <doi:10.1017/CBO9780511846427>. Acesso em: 08 jun. 2019.

VERMEULE, Adrian. *Mechanisms of Democracy*: Institutional Design Writ Small. New York: Oxford University Press, 2007.

VIOLIN, Jordão. Dupla conformidade e julgamento monocrático de mérito: os poderes do relator no código de processo civil. *Revista de Processo*, v. 267, p. 319-344, 2017. versão *online*.

VIOLIN, Jordão. Onde está a segurança jurídica? Colegialidade, polarização de grupo e integridade nos tribunais. *Revista de Processo*, v. 268, p. 407-433, 2017. versão *online*.

WALDRON, Jeremy. Five to four: why do bare majorities rule on courts? *Yale Law Journal*, v. 123, p. 1692 1730, 2014.

WALKER, Thomas G. *Judges in Concert*: The Influence of the Group on Judicial Decision-Making. 1970. Ph.D. Dissertation – University of Kentucky, Lexington.

WAMBIER, Luiz Rodrigues. Ampliação da colegialidade, os "novos" embargos infringentes! *Migalhas*, 29 jul. 2016. Disponível em: <https://www.migalhas.com.br/EntendendoDireito/110,MI243043,61044-Ampliacao+da+colegialidade+os+novos+embargos+infringentes>. Acesso em: 18 jun. 2018.

WAMBIER, Luiz Rodrigues. *Curso avançado de processo civil*: cognição jurisdicional (processo comum de conhecimento e tutela provisória). 16. ed. São Paulo: Ed. Revista dos Tribunais, 2016. v. 2.

WASBY, Stephen L. Of Judges, Hobgoblins, and Small Minds: Dimensions of Disagreement in the Ninth Circuit. In: GOLDMAN, Sheldon; LAMB, Charles M. (Ed.). *Judicial Conflict and Consensus:* Behavioral Studies of American Appellate Courts. University Press of Kentucky, 1986. Disponível em: <www.jstor.org/stable/j.ctt130jhw8>. Acesso em: 16 jun. 2018.

WRÓBLEWSKI, Jerzy. Legal decision and its justification. *Logique & Analyse*, v. 14, n. 53-54, p. 409-419, 1971.

YARSHELL, Flávio Luiz. *Ação Rescisória*. São Paulo: Malheiros, 2005.

ZANETI JR., Hermes. Comentários ao art. 942. In: CABRAL, Antonio do Passo; CRAMER, Ronaldo (Coord.). *Comentários ao novo Código de Processo Civil*. 2. ed. Rio de Janeiro: Forense, 2016.

Diagramação eletrônica:
Linotec Fotocomposição e Fotolito Ltda., CNPJ 60.442.175/0001-80
Impressão e encadernação:
DEK Comércio e Serviços Ltda., CNPJ 01.036.332/0001-99

A.S. L10486